Die Auswirkungen der Richtlinie 2000/78/EG auf das kirchliche Arbeitsrecht unter Berücksichtigung von Gemeinschaftsgrundrechten als Auslegungsmaxime

Schriften zum

STAATSKIRCHENRECHT

Herausgegeben von
Axel Frhr. von Campenhausen
und Christoph Link

Band 24

PETER LANG
Frankfurt am Main · Berlin · Bern · Bruxelles · New York · Oxford · Wien

Heidi Reichegger

Die Auswirkungen der Richtlinie 2000/78/EG auf das kirchliche Arbeitsrecht unter Berücksichtigung von Gemeinschafts-grundrechten als Auslegungsmaxime

PETER LANG
Europäischer Verlag der Wissenschaften

Bibliografische Information Der Deutschen Bibliothek
Die Deutsche Bibliothek verzeichnet diese Publikation in der Deutschen Nationalbibliografie; detaillierte bibliografische Daten sind im Internet über <http://dnb.ddb.de> abrufbar.

Zugl.: Heidelberg, Univ., Diss., 2004

D 16
ISSN 1437-3149
ISBN 3-631-53613-5

www.peterlang.de

Meiner Familie

Vorwort

Die vorliegende Arbeit wurde von der rechtswissenschaftlichen Fakultät der Ruprecht-Karls-Universität Heidelberg im Wintersemester 2004/2005 als Dissertation angenommen. Literatur und Rechtsprechung wurden bis Oktober 2004 berücksichtigt.

Besonderen Dank schulde ich meinem Doktorvater Herrn Prof. Dr. Jörg Winter, der nicht nur zu diesem Thema angeregt, sondern auch die Fertigstellung der Arbeit stets durch hilfreiche und vielfältige Anregungen sowie durch eine intensive Betreuung gefördert hat.

Herrn Prof. Dr. Armin v. Bogdandy danke ich für die zügige Erstellung des Zweitgutachtens.

Den Herren Professoren Dr. Christoph Link und Dr. Axel Frhr. von Campenhausen danke ich für die Aufnahme meiner Dissertation in die Reihe „Schriften zum Staatskirchenrecht".

Darüber hinaus danke ich meinem Verlobten Dr. Rolf Mack. Er hat durch seine wertvollen Hinweise, Nachfragen und auch seine Kritik wesentlich bei der Gestaltung der Arbeit mitgewirkt. Vor allem seine Geduld und sein Rückhalt haben entscheidend zur Fertigstellung der Arbeit beigetragen.

Ich danke ferner meinen Eltern für ihre Unterstützung während des Studiums und auch während der Dissertation sowie für ihre Erziehung, durch die sie mir Werte mitgegeben haben, welche mein Leben noch immer prägen.

Schließlich danke ich auch der Konrad-Adenauer-Stiftung. Sie hat durch ihre Förderung ganz entscheidend zur Fertigstellung der Arbeit beigetragen.

Heidelberg, im Oktober 2004 Heidi Reichegger

Inhaltsverzeichnis

Abkürzungsverzeichnis

a. A.	anderer Ansicht
ABl.	Amtsblatt der Europäischen Gemeinschaften
Abs.	Absatz
a. E.	am Ende
AG	Aktiengesellschaft
Anm.	Anmerkung
AöR	Archiv des öffentlichen Rechts
Art.	Artikel
AuR	Arbeit und Recht
BAG	Bundesarbeitsgericht
BAGE	Entscheidungen des Bundesarbeitsgerichts
BayVBl.	Bayerische Verwaltungsblätter
Bd.	Band
Beil.	Beilage
BetrVG	Betriebsverfassungsgesetz
BGB	Bürgerliches Gesetzbuch
BGBl.	Bundesgesetzblatt
BGH	Bundesgerichtshof
BPersVG	Bundespersonalvertretungsgesetz
BRRG	Beamtenrechtsrahmengesetz
BVerfG	Bundesverfassungsgericht
BVerfGE	Entscheidungen des Bundesverfassungsgerichts
BVerwG	Bundesverwaltungsgericht
bzgl.	bezüglich
bzw.	beziehungsweise
Dec.	Decision
déc.	décision
CML Rev.	Common Market Law Review
COM	European Commission
COMECE	Commissio Episcopatuum Communitatis Europaeensis (Kommission der Bischofskonferenzen der Europäischen Gemeinschaft)
DB	Der Betrieb
ders.	derselbe
dies.	dieselbe (n)
Diss.	Dissertation
DÖV	Die Öffentliche Verwaltung
D.R.	Decisions and Reports
DRiZ	Deutsche Richterzeitung
DVBl.	Deutsches Verwaltungsblatt

EAG	Europäische Atomgemeinschaft
EC	European Community
EEA	Einheitliche Europäische Akte
EG	Europäische Gemeinschaft (en)
EGBGB	Einführungsgesetz zum Bürgerliches Gesetzbuch
EGKS	Europäische Gemeinschaft für Kohle und Stahl
EGMR	Europäischer Gerichtshof für Menschenrechte
EGV	Vertrag zur Gründung der Europäischen Gemeinschaft
E.H.R.L.R.	European Human Rights Law Review
EKD	Evangelische Kirche in Deutschland
EKMR	Europäische Kommission für Menschenrechte
E.L. Rev.	European Law Review
EMRK	(Europäische) Konvention zum Schutze der Menschenrechte und Grundfreiheiten
endg.	endgültig
etc.	et cetera
EU	Europäische Union
EuGH	Gerichtshof der Europäischen Gemeinschaften
EuGRZ	Europäische Grundrechte-Zeitschrift
EuR	Europarecht
Euratom	Europäische Atomgemeinschaft
EUV	Vertrag über die Europäische Union
EuZW	Europäische Zeitschrift für Wirtschaftsrecht
EWG	Europäische Wirtschaftsgemeinschaft
EWS	Europäisches Wirtschafts- und Steuerrecht
f.	folgende (Seite)
ff.	folgende (Seiten)
Frhr.	Freiherr
FS	Festschrift
gem.	gemäß
GG	Grundgesetz für die Bundesrepublik Deutschland
ggf.	gegebenenfalls
GR-Charta	Charta der Grundrechte der Europäischen Union
grds.	grundsätzlich
GrOkathK	Grundordnung des kirchlichen Dienstes im Rahmen kirchlicher Arbeitsverhältnisse der katholischen Kirche in Deutschland
Hrsg.	Herausgeber
IAO	Internationale Arbeitsorganisation
i. e. S.	im engeren Sinne
ILO	International Labour Organization
i. S. d.	im Sinnes der (des)

i. S. v.	im Sinne von
i. V. m.	in Verbindung mit
i. w. S.	im weiteren Sinne
JB	Jahresbericht
JuS	Juristische Schulung
JZ	Juristenzeitung
KOM	Europäische Kommission
KritV	Kritische Vierteljahresschrift für Gesetzgebung und Rechtswissenschaft
KSchG	Kündigungsschutzgesetz
KuR	Kirche und Recht
LG	Landgericht
lit.	littera
LS	Leitsatz
MAVO	Mitarbeitervertretungsordnung für die katholische Kirche
MitbestG	Mitbestimmungsgesetz
MJ	Maastricht Journal of European and Comparative Law
MVG	Kirchengesetz über die Mitarbeitervertretungsordnungen für die evangelische Kirche in Deutschland
m. w. N.	mit weiteren Nachweisen
n. F.	neue Fassung
NJW	Neue juristische Wochenschrift
No.	number
Nr.	Nummer
NVwZ	Neue Zeitschrift für Verwaltungsrecht
NZA	Neue Zeitschrift für Arbeitsrecht
ÖARR	Österreichisches Archiv für Recht und Religion
p.	page
RdA	Recht der Arbeit
RL	Richtlinie
RLBegr.	Richtlinienbegründung
Rn.	Randnummer
Rs.	Rechtssache
S.	Seite
Slg.	Sammlung der Rechtsprechung des EuGH
sog.	sogenannte (r, s)
SprAuG	Sprecherausschussgesetz
ThürVBl.	Thüringer Verwaltungsblätter
u. a.	1) unter anderem 2) und andere

UAbs.	Unterabsatz
UNESCO	United Nations Educational, Scientific and Cultural Organization
Univ.	Universität
UNO	United Nations Organization
u. U.	unter Umständen
v.	1) versus 2) von
v. a.	vor allem
VBlBW	Verwaltungsblätter für Baden-Württemberg
verb.	verbundene
vgl.	vergleiche
VO	Verordnung
VSSR	Vierteljahresschrift für Sozialrecht
WRV	Weimarer Reichsverfassung
Y. B.	Yearbook of the European Convention on Human Rights
ZaöRV	Zeitschrift für ausländisches öffentliches Recht und Völkerrecht
ZAS	Zeitschrift für Arbeitsrecht und Sozialrecht
z. B.	zum Beispiel
ZEuS	Zeitschrift für Europarechtliche Studien
ZevKR	Zeitschrift für evangelisches Kirchenrecht
ZfA	Zeitschrift für Arbeitsrecht
Ziff.	Ziffer (n)
ZIP	Zeitschrift für Internationales Privatrecht
zit. n.	zitiert nach
ZÖR	Zeitschrift für Öffentliches Recht
ZP	Zusatzprotokoll
ZRP	Zeitschrift für Rechtspolitik
zugl.	zugleich

A. Einführung

Am 27. November 2000 hat der Rat die Richtlinie 2000/78/EG zur Festlegung eines allgemeinen Rahmens für die Verwirklichung der Gleichbehandlung in Beschäftigung und Beruf erlassen.[1] Durch sie sollen Diskriminierungen wegen der Religion oder der Weltanschauung, einer Behinderung, des Alters oder der sexuellen Ausrichtung in Beschäftigung und Beruf bekämpft werden (Art. 1 RL). Der Anwendungsbereich der Richtlinie (Art. 3 RL) erstreckt sich dabei sowohl auf individual- als auch auf kollektivarbeitsrechtliche Bereiche. Bei der Richtlinie handelt es sich um eine sog. „Rahmenrichtlinie“, die es den Mitgliedstaaten ermöglicht, ihre bisherigen nationalen Regelungen – soweit als mit dem Zweck der Richtlinie vereinbar – beizubehalten. Deshalb sieht die Richtlinie für die Mitgliedstaaten auch in einigen Artikeln die Möglichkeit zur Schaffung von Ausnahmen vom Verbot der Ungleichbehandlung vor. Hierdurch haben die Mitgliedstaaten die Möglichkeit, bestimmte nationale Eigenheiten zu erhalten. So ermöglicht eine dieser Ausnahmen den Mitgliedstaaten, unter bestimmten Voraussetzungen Ausnahmen vom Verbot der Ungleichbehandlung für Kirchen und andere öffentliche oder private Organisationen, deren Ethos auf religiösen Grundsätzen oder Weltanschauungen beruht, zu schaffen (Art. 4 Abs. 2 RL).

Die Richtlinie 2000/78/EG bettet sich in eine immer breiter werdende Antidiskriminierungspolitik der Gemeinschaft ein. Begonnen hat diese Entwicklung mit dem Verbot von Diskriminierungen aufgrund der Staatsangehörigkeit, welches insbesondere in den Gewährleistungen der Grundfreiheiten deutlich sichtbar wurde. Es folgte das Diskriminierungsverbot aufgrund des Geschlechts, welchem v. a. in der Richtlinie 76/207/EWG des Rates vom 9. Februar 1976 zur Verwirklichung des Grundsatzes der Gleichbehandlung von Männern und Frauen hinsichtlich des Zugangs zur Beschäftigung, zur Berufsbildung und zum beruflichen Aufstieg sowie in Bezug auf die Arbeitsbedingungen[2] und in dem heutigen Art. 141 EG Rechung getragen wurde. Darüber hinaus bekämpft Art. 13 EG seit dem Amsterdamer Vertrag, der im Jahr 1999 in Kraft trat, Diskriminierungen aufgrund des Geschlechts, der Rasse, der ethnischen Herkunft, der Religion oder der Weltanschauung, einer Behinderung, des Alters oder der sexuellen Ausrichtung. Art. 13 EG diente bereits mehrfach als Ermächtigungsgrundlage für Handeln der Gemeinschaft. So wurde am 29. Juni 2000 die Richtlinie zur Anwendung des Gleichbehandlungsgrundsatzes ohne Unterschied der Rasse oder der ethnischen Herkunft verabschiedet (2000/43/EG).[3] Dem folgten die Richtlinie 2000/78/EG und das Aktionsprogramm der Gemeinschaft zur Be-

---

[1] ABl. Nr. L 303 vom 2. Dezember 2000, S. 16 ff.
[2] ABl. Nr. L 39 vom 14. Februar 1976, S. 40 ff.
[3] ABl. Nr. L 180 vom 19. Juli 2000, S. 22 ff.

kämpfung von Diskriminierungen (2001-2006)[4]. Schon dies zeigt, dass die Gemeinschaft auf die Bekämpfung von Diskriminierungen einen Schwerpunkt ihrer Politik legt.[5]

Für die Kirchen und ihre Einrichtungen könnte diese Richtlinie einige rechtliche Veränderungen im Arbeitsrecht zur Folge haben, da sie auf nationaler Ebene (noch) sowohl im Individual- als auch im kollektiven Arbeitsrecht die Möglichkeit haben, innerhalb bestimmter Grenzen aufgrund der Religion oder Weltanschauung ungleich zu behandeln. Ihre besondere Stellung ergibt sich dabei aus dem in der Verfassung verankerten kirchlichen Selbstbestimmungsrecht (Art. 140 GG i. V. m. Art. 137 Abs. 3 WRV) und der Religionsfreiheit nach Art. 4 GG. Es stellen sich deshalb die Fragen, ob und wie sich diese Richtlinie auf das kirchliche Arbeitsrecht in Deutschland auswirken und welche Konsequenzen dies für die Kirche haben kann.

Diese Fragen sollen durch folgende Vorgehensweise beantwortet werden: Zunächst muss festgestellt werden, worauf die Besonderheiten des kirchlichen Arbeitsrechts beruhen und in welcher Form diese zum Ausdruck kommen. Erst hierdurch ist es möglich zu bestimmen, auf welche Bereiche des kirchlichen Arbeitsrechts die Richtlinie Auswirkungen haben kann. Im Anschluss daran muss ermittelt werden, ob die Gemeinschaft überhaupt eine Zuständigkeit zur Regelung dieser Richtlinie hatte. Nur wenn dies der Fall ist, kann die Richtlinie Rechtswirkung entfalten und die Mitgliedstaaten zur Umsetzung verpflichten. In diesem Zusammenhang wird auch erörtert, ob es Anhaltspunkte für einen besonderen Schutz des mitgliedstaatlichen staatskirchenrechtlichen Systems auf Gemeinschaftsebene gibt.

Ferner erfährt die Stellung der Kirche auf gemeinschaftsrechtlicher Ebene möglicherweise einen anderen Schutzumfang als auf nationaler Ebene, so dass zudem erörtert werden muss, in welchem Verhältnis nationales Verfassungsrecht und Gemeinschaftsrecht stehen und wie eine etwaige Kollision von beidem zu lösen ist.

Da die Richtlinie europarechtskonform auszulegen ist, ist es ferner unerlässlich, die gemeinschaftsrechtlich geschützte Position der Kirche zu ermitteln. Die Grundrechtsposition der Kirche wird hierbei durch eine Orientierung an der Grundrechtsprechung des EuGH ermittelt. Dieser Untersuchung kommt eine wesentliche Bedeutung in dieser Arbeit zu, da die Grundrechtsposition der Kirche für die Auslegung der Richtlinie entscheidend ist. Grund hierfür ist, dass sie

---

[4] Beschluss 2000/750/EG, ABl. Nr. L 303 vom 2. Dezember 2000, S. 23 ff.

[5] Siehe hierzu ausführlich unter G.II.2.a)ff).

einerseits als Auslegungsmaßstab gilt und andererseits im Verhältnis zur Richtlinie übergeordnetes bzw. höherrangiges Recht darstellt, an der sich die Richtlinie messen lassen muss. Die Ergebnisse dieser Untersuchung sollen im Anschluss daran auf die Regelungen der Richtlinie angewandt werden und als Auslegungsmaxime dienen. So soll ermittelt werden, mit welchen konkreten Veränderungen des kirchlichen Arbeitsrechts in Deutschland gerechnet werden muss.

Anzumerken ist ferner, dass sich diese Arbeit in weiten Teilen mit rechtlichen Positionen beschäftigt, die sich in einem Case-Law-System entwickelt haben (beispielsweise das Gemeinschaftsrecht[6] und das System der EMRK[7]). Dies ist deshalb von Bedeutung, weil sich die Vorgehensweise bei einer rechtlichen Analyse in einem Case-Law- bzw. Common-Law-System von der im kodifizierten Recht unterscheidet. Im kodifizierten Recht wird man den Inhalt einer Vorschrift stets durch deren Auslegung zu ermitteln versuchen, wobei dem Rechtsanwender mehrere Hilfsmittel zur Verfügung stehen.[8] Zunächst hat er die Möglichkeit, den Inhalt der Vorschrift mit Hilfe des Wortlauts zu bestimmen. Darüber hinaus kann der Inhalt auch mit Hilfe des Sinns und Zwecks der Vorschrift und mit historischen oder auch systematischen Erwägungen bestimmt werden. Bei Anwendung dieser Auslegungsmittel kann deshalb eine von der Rechtsprechung unabhängige Bestimmung des Inhalts erfolgen. Anders ist die Vorgehensweise im Case-Law, das auch als „Fallrecht" bezeichnet wird. Hier kommt, wie der Name schon impliziert, der Rechtsprechung die entscheidende Rolle zu. Das Recht ergibt sich dabei vorwiegend aus den Entscheidungen der Gerichte; die geschriebenen Rechtssätze (Gesetze), die es in geringer Zahl gibt, stehen im Hintergrund.[9] Für die vorliegende Arbeit bedeutet dies, dass immer dann, wenn es um Rechtspositionen geht, die sich aus einem Case-Law-System ergeben, der Rechtsprechung bei der Entwicklung und Analyse dieser Positionen die entscheidende Bedeutung zukommt. Dieser Zusammenhang wird insbesondere bei der Erörterung von Positionen im System der EMRK und im Gemeinschaftsrecht relevant. Hier wird insbesondere auf die Rechtsprechung der jeweiligen Organe eingegangen und diese analysiert.

---

[6] Siehe hierzu beispielsweise *Lenaerts/Foubert,* Legal Issues of Economic Intergration 28 (2001), S. 267, 272 ff.; *Novak,* Rivista di diritti europeo 38 (1998), S. 255 ff.

[7] Exemplarisch hierzu Decision 13 December 2001, Application No. 45701/99 Rn. 114 und Rn. 123.

[8] Siehe hierzu ausführlich *Warnken,* Die Auslegung von Gesetzen.

[9] *Musall/Reichelt,* Grundlagen und Grundformen des Rechts, S. 8; siehe auch *Creifelds,* Rechtswörterbuch, S. 298 und S. 472; siehe auch *Bleckmann,* Die Bindung der Europäischen Gemeinschaft an die Europäische Menschenrechtskonvention, S. 79 ff., der die Unterschiede des angelsächsischen Richterrechts zum kontinentaleuropäischen Recht beschreibt.

B. Nationaler Überblick

Bevor die konkreten Auswirkungen der Richtlinie auf das kirchliche Arbeitsrecht in Deutschland erörtert werden können, müssen zunächst die Besonderheiten des kirchlichen Arbeitsrechts im kollektiven und Individualarbeitsrecht (B.II.) und ihre verfassungsrechtlichen Grundlagen (B.I.) dargestellt werden. Nur so wird erkennbar, auf welchen Grundsätzen das deutsche Staatskirchenrecht beruht, wie sich diese auf das kirchliche Arbeitsrecht auswirken und welche Bereiche durch die Richtlinie 2000/78/EG möglicherweise berührt werden.

I. Das kirchliche Selbstbestimmungsrecht nach Art. 140 GG i. V. m. Art. 137 Abs. 3 WRV

Das kirchliche Selbstbestimmungsrecht nach Art. 140 GG i. V. m. Art. 137 Abs. 3 WRV garantiert den Religionsgemeinschaften, ihre Angelegenheiten selbstständig innerhalb der Schranken des für alle geltenden Gesetzes zu ordnen und zu verwalten. Diese Gewährleistung ist die verfassungsrechtliche Grundlage für die besondere Stellung der Kirchen im deutschen Arbeitsrecht. Sie gewährleistet allen Religionsgesellschaften die vollständige Freiheit von staatlicher Aufsicht und Bevormundung.[10] Grund für diesen Freiheitsbereich der Kirchen ist das Neutralitätsgebot des Staates, der sich nicht selbst zum Wesen und Auftrag der Kirche äußern kann und darf.[11]

Nach der Rechtsprechung des BVerfG können sich neben den verfassten Kirchen auch alle „der Kirche in bestimmter Weise zugeordneten Einrichtungen ohne Rücksicht auf ihre Rechtsform“ auf das Selbstbestimmungsrecht berufen, „wenn sie nach kirchlichem Selbstverständnis ihrem Zweck oder ihrer Aufgabe entsprechend berufen sind, ein Stück Auftrag der Kirche in dieser Welt wahrzunehmen und zu erfüllen“.[12] Dies bedeutet, dass sich auch diakonische und karitative Einrichtungen oder Vereine auf das Selbstbestimmungsrecht berufen können. Diese Erweiterung des Kreises der Träger des Selbstbestimmungsrechts hat vor allem für kirchliche Krankenhäuser, Schulen und Einrichtungen der Wohlfahrtspflege, deren diakonische und karitative Tätigkeit in den Schutzbereich des Art. 137 Abs. 3 WRV fällt, praktische Bedeutung.[13]

---

[10] *V. Campenhausen,* in: *v. Mangoldt/Klein/Starck,* Das Bonner Grundgesetz, Art. 79-146 GG, Art. 140 GG i. V. m. Art. 137 WRV Rn. 24.

[11] *Richardi,* in: Münchener Handbuch Arbeitsrecht, § 192 Rn. 3.

[12] Grundlegend BVerfGE 46, 73, 85 f.; bestätigt durch BVerfGE 53, 366, 391; 57, 220, 242; 70, 138, 162.

[13] *Hesse,* in: Handbuch des Staatskirchenrechts der Bundesrepublik Deutschland, S. 535.

Art. 137 Abs. 3 WRV gewährleistet das selbstständige „Ordnen“ und „Verwalten“ der Kirchen und Religionsgemeinschaften. Die Gewährleistung selbstständiger „Ordnung“ schützt hierbei die Rechtssetzungsfreiheit der Kirchen und Religionsgesellschaften und schließt den Staat aus diesem Bereich völlig aus.[14] Das „Verwalten“ der eigenen Angelegenheiten umfasst die freie Betätigung der Organe zur Verwirklichung der jeweiligen Aufgaben, die einer Religionsgemeinschaft gesetzt sind.[15]

Allerdings hat die Kirche nur im Bereich der eigenen Angelegenheiten eine Regelungsbefugnis. Was zu den eigenen Angelegenheiten zählt und wer diese bestimmt, ist vor dem Hintergrund des Neutralitätsgebots des Staates zu bestimmen. Aus diesem Grund ist allein der Standpunkt der Kirchen maßgeblich, da der Staat den Inhalt der Freiheit, die das Selbstbestimmungsrecht schützt, nicht selbst bestimmen darf.[16] Zu dem Bereich der eigenen Angelegenheiten gehören nicht nur die Fragen mit einem rein religiösen Charakter, sondern alles, was den Auftrag der Kirche nach ihrem Selbstverständnis ausmacht.[17] Hierzu zählen unter anderem Lehre und Kultus, die Verfassung und die Organisation der Kirchen und sonstigen Religionsgemeinschaften, die Ausbildung der Geistlichen, die Rechte und Pflichten der Mitglieder der einzelnen Religionsgemeinschaften, die Vermögensverwaltung und wirtschaftliche Tätigkeit, der Erlass und die Veröffentlichung des Kirchenrechts, die Einrichtung einer eigenen Gerichtsbarkeit und die karitative Tätigkeit.[18] Auch kirchliches Dienst- und Arbeitsrecht gehören zu den eigenen Angelegenheiten der Religionsgemeinschaften.[19]

Das Selbstbestimmungsrecht wird jedoch nicht unbeschränkt gewährleistet, sondern durch die Schranke des „für alle geltenden Gesetzes“ begrenzt. Wie der Inhalt dieser Schrankenklausel zu bestimmen ist, gehört noch immer zu den schwierigsten Problemen des Staatskirchenrechts.[20] So hat das BVerfG im Laufe der Zeit unterschiedliche Formeln entwickelt: Zunächst wollte es nur solchen

---

[14] *V. Campenhausen,* Staatskirchenrecht, S. 108.
[15] *V. Campenhausen,* Staatskirchenrecht, S. 108.
[16] *V. Campenhausen,* in: *v. Mangoldt/Klein/Starck,* Das Bonner Grundgesetz, Art. 79-146 GG, Art. 140 GG i. V. m. Art. 137 WRV Rn. 29; ebenso *Hesse,* in: Handbuch des Staatskirchenrechts der Bundesrepublik Deutschland, S. 542; siehe auch *Neureither,* Recht und Freiheit im Staatskirchenrecht, S. 175 ff.
[17] *Winter,* Staatskirchenrecht der Bundesrepublik Deutschland, S. 106.
[18] Die Auflistung wurde entnommen aus *Jeand'Heur/Korioth,* Grundzüge des Staatskirchenrechts, S. 141, wobei auf die Erläuterungen zu den jeweiligen Bereichen verzichtet wurde.
[19] *V. Campenhausen,* Staatskirchenrecht, S. 113; *Richardi,* NZA 1986, Beil. 1, S. 3, 4; *Joussen,* RdA 2003, S. 32.
[20] *Winter,* Staatskirchenrecht der Bundesrepublik Deutschland, S. 110.

Bestimmungen den Status eines „für alle geltenden Gesetzes“ zugestehen, die für die Kirche die gleiche Bedeutung haben wie für „den Jedermann“:

> „Treffe das Gesetz die Kirche nicht wie den Jedermann, sondern in ihrer Besonderheit als Kirche härter, ihr Selbstverständnis, insbesondere ihren geistig religiösen Auftrag beschränkend, also anders als den normalen Adressaten, dann bilde es insoweit keine Schranke.“[21]

Ziel der sog. „Jedermann-Formel“ war es, die Schaffung von Sonderrecht, das sich gegen die Kirchen richtet, zu verhindern.[22] Das BVerfG ist jedoch nicht bei dieser Formulierung geblieben. Es hat in nachfolgenden Entscheidungen eine weitere Formel entwickelt. Hierbei soll im Rahmen der Schrankenbestimmung der Wechselwirkung von Kirchenfreiheit und Schrankenzweck durch Güterabwägung Rechnung getragen werden.[23] Das bedeutet, dass bei allen Kollisionsfragen zwischen Kirchenfreiheit und staatlichem Rechtsgüterschutz, der die Sicherung von verfassungsrechtlich gewährten Rechten Dritter einschließt, eine Abwägung der beteiligten Rechtsgüter zu erfolgen hat[24]. Dabei ist dem „Selbstverständnis der Kirchen“ besonderes Gewicht beizumessen.[25] Dies soll eine optimale Entfaltung aller betroffenen Rechtsgüter gewährleisten.

II. Das kirchliche Arbeitsrecht

Das Selbstbestimmungsrecht der Kirchen hat entscheidende Auswirkungen auf das kirchliche Arbeitsrecht. Das bedeutet, dass bei Arbeitsverhältnissen mit Beteiligung von Kirchen bzw. kirchlichen Einrichtungen im Vergleich zu sonstigen Arbeitsverhältnissen wesentlich abweichende Regeln gelten. Es bedarf daher zumindest einer kurzen Darstellung der Eckpunkte dieser Besonderheiten, um im Verlauf der Arbeit auf die einzelnen Auswirkungen der Richtlinie 2000/78/EG eingehen zu können.

1. Grundsätzliches

Wie bereits gezeigt, kann die Kirche sich auch im Bereich des kirchlichen Arbeitsrechts auf das Selbstbestimmungsrecht berufen. Es ermöglicht ihr, den kirchlichen Dienst in einer vom kirchlichen Auftrag gebotenen Form auszuges-

---

[21] BVerfGE 42, 312, 334.
[22] *Jeand'Heur/Korioth,* Grundzüge des Staatskirchenrechts, S. 147.
[23] BVerfGE 53, 366, 401.
[24] *Jeand'Heur/Korioth,* Grundzüge des Staatskirchenrechts, S. 149.
[25] BVerfGE 70, 138, 167; 66, 1, 22; 53, 366, 401.

talten.[26] Die von den Kirchen bestimmte Form des kirchlichen Dienstes orientiert sich hierbei am sog. „Leitbild einer Dienstgemeinschaft".[27] Dieser Begriff ist zum zentralen Rechtsbegriff des kirchlichen Arbeitsrechts geworden, da die Kirchen hiermit die Besonderheit ihres Dienstes kennzeichnen.[28] Nach ihrem Selbstverständnis umfasst dieser Dienst die Verkündigung des Evangeliums, den Gottesdienst und den Dienst am Mitmenschen[29] und ist geprägt durch ein vertrauenvolles Miteinander, gegenseitige Rücksichtnahme und der Bereitschaft zu gemeinsamer Konfliktlösung.[30] Gleichzeitig bringt er zum Ausdruck, dass alle kirchlichen Bediensteten dem Auftrag der Kirche verpflichtet sind.[31] Die Ausrichtung des kirchlichen Dienstes am Leitbild der Dienstgemeinschaft führt zu besonderen Regelungsmöglichkeiten der Kirche im kollektiven und im Individualarbeitsrecht.

Zwar sind die Religionsgesellschaften grundsätzlich an die staatlich vorgegebenen Rechtsformen gebunden, allerdings unterliegt nicht jede Tätigkeit innerhalb einer kirchlichen Einrichtung dem staatlichen Arbeitsrecht.[32] So eröffnet sich den Kirchen die Möglichkeit, Beamte zu haben (§ 121 BRRG) und ihre Dienstverhältnisse öffentlich-rechtlich zu gestalten, wenn sie die Rechte einer Körperschaft des öffentlichen Rechts (Art. 137 Abs. 5 WRV) besitzen und damit dienstherrenfähig sind.[33] Die so geregelten Dienstverhältnisse unterliegen nicht dem staatlichen Arbeits- und Sozialrecht.[34] Die Kirche kann hierbei frei entscheiden, welche Dienstverhältnisse sie öffentlich-rechtlich regeln will und welche nicht.[35]

Abgesehen von den öffentlich-rechtlich geregelten Dienstverhältnissen ist auch bei einer Mitgliedschaft in einem Orden oder einer ähnlichen geistlichen Kommunität das staatliche Arbeitsrecht nicht anwendbar.[36] Für die Mitglieder einer solchen Gemeinschaft kann die Kirche eine Lebensordnung schaffen, die

---

[26] *V. Campenhausen,* Staatskirchenrecht, S. 198.

[27] *Richardi,* in: Münchener Handbuch Arbeitsrecht, § 192 Rn. 54; *Joussen,* RdA 2003, S. 32, 33.

[28] *Joussen,* RdA 2003, S. 32, 33; *Richardi,* in: Münchener Handbuch Arbeitsrecht, § 192 Rn. 53.

[29] *Joussen,* RdA 2003, S. 32, 33.

[30] *Rüfner,* in: Handbuch des Staatskirchenrechts der Bundesrepublik Deutschland, S. 893.

[31] *V. Campenhausen,* in: *v. Mangoldt/Klein/Starck,* Das Bonner Grundgesetz, Art. 79-146 GG, Art. 140 GG i. V. m. Art. 137 Abs. 3 WRV Rn. 80.

[32] *Heinig,* Öffentlich-rechtliche Religionsgesellschaften, S. 162 f.

[33] *Heinig,* Öffentlich-rechtliche Religionsgesellschaften, S. 291.

[34] *Heinig,* Öffentlich-rechtliche Religionsgesellschaften, S. 291; *Richardi,* Arbeitsrecht in der Kirche, S. 7; *ders.,* NZA 1986, Beil. 1, S. 3, 4.

[35] *Richardi,* in: Münchener Handbuch Arbeitsrecht, § 192 Rn. 16.

[36] *Heinig,* Öffentlich-rechtliche Religionsgesellschaften, S. 163.

ausschließlich vom religiösen Bekenntnis geprägt ist.[37] Hintergrund für die Möglichkeit der Herausnahme aus dem staatlichen Arbeitsrecht ist Art. 4 GG, da die Freiheit des religiösen Bekenntnisses auch das Recht garantiert, die Lebensführung nach den Geboten einer religiösen Gemeinschaft auszurichten.[38]

Bei allen anderen Tätigkeiten innerhalb einer kirchlichen Einrichtung ist das staatliche Arbeitsrecht grundsätzlich anwendbar, da dies die Folge kirchlicher Rechtswahl ist.[39]

2. Besonderheiten im kollektiven Arbeitsrecht

Die Möglichkeit der Kirchen, ihren Dienst am Leitbild einer Dienstgemeinschaft auszurichten, begründet für die Kirchen zunächst im kollektiven Arbeitsrecht eine Sonderstellung.[40] Diese findet einerseits im Bereich der Kollektivverträge („Dritter Weg") und andererseits im Bereich der Mitbestimmung ihren Niederschlag.

a) „Dritter Weg"

Als „Dritten Weg" bezeichnet man das kirchenspezifische Verfahren zur kollektiven Regelung des Inhalts kirchlicher Arbeitsverhältnisse. Diese Regelungen kommen nicht durch Tarifverträge, sondern durch ein kircheneigenes Regelungsverfahren zustande.[41] Das Tarifvertragssystem erscheint für den kirchlichen Dienst aufgrund des Leitbilds einer Dienstgemeinschaft als ungeeignet, da dessen Grundgedanke die Möglichkeit des Arbeitskampfes zur Durchsetzung der jeweiligen Arbeitnehmer- bzw. Arbeitgeberinteressen ist.[42] Gerade dies widerspricht jedoch dem Leitbild der Dienstgemeinschaft[43], da die Kirche ihren Dienst nicht einstellen kann, um zur Wahrung von Vermögensinteressen einen Arbeitskampf zu führen.[44] Durch einen Arbeitskampf würde darüber hinaus die

---

[37] *Richardi,* Arbeitsrecht in der Kirche, S. 61.
[38] *Richardi,* in: Münchener Handbuch Arbeitsrecht, § 193 Rn. 3; *ders.,* Arbeitsrecht in der Kirche, S. 61.
[39] BVerfGE 70, 138, 165; *v. Campenhausen,* Staatskirchenrecht, S. 200; *Dütz,* NZA 1986, Beil. 1, S. 11, 12; *Spengler,* NZA 1987, S. 833, 834.
[40] *Richardi,* in: Münchener Handbuch Arbeitsrecht, § 192 Rn. 60; *Richardi,* NZA 1986, Beil. 1, S. 3, 5.
[41] Siehe hierzu u. a. *Thüsing,* RdA 2003, S. 210, 213; *ders.,* NZA 2002, S. 306, 310; *Schliemann,* NZA 2003, S. 407, 413; *Reichold,* NZA 2001, S. 1054, 1056; *Joussen,* RdA 2003, S. 32, 34; *Richardi,* NZA 2002, S. 929, 932; *Pahlke,* NJW 1986, S. 350 ff.
[42] *Richardi,* in: Münchener Handbuch Arbeitsrecht, § 194 Rn. 19.
[43] Siehe hierzu *v. Hoyningen-Huene,* RdA 2002, S. 65, 66.
[44] *Richardi,* in: Münchener Handbuch Arbeitsrecht, § 194 Rn. 19.

Glaubwürdigkeit der Kirche erheblich beeinträchtigt, da gerade die Wahrung des Friedens das grundlegende Anliegen der Kirche ist.[45] Aus diesem Grund dürfen kirchliche Mitarbeiter weder ihre Arbeit zur Durchsetzung wirtschaftlicher Forderungen niederlegen noch darf ein kirchlicher Arbeitgeber seine Mitarbeiter durch Aussperrung an der Erfüllung ihres Auftrags hindern.[46] Zur kollektiven Regelung der Arbeitsverhältnisse ihrer Mitarbeiter haben die Kirchen deshalb ein eigenständiges Verfahren, den sog. „Dritten Weg", entwickelt.[47]

Beim „Dritten Weg" tritt die von einer paritätisch besetzten Arbeitsrechtlichen Kommission (bzw. Kommissionen zur Ordnung des Arbeitsrechts[48]) beschlossene Dienstvertragsordnung an die Stelle eines ausgehandelten Tarifvertrags.[49] Hierdurch wird der Abschluss eines Tarifvertrags vermieden und dennoch eine paritätische Beteiligung der Arbeitnehmer bei der Festlegung der Bestimmungen gesichert. Die so beschlossenen Dienstvertragsordnungen regeln im Wesentlichen das Verfahren, in dem die Bestimmungen über Inhalt, Abschluss und Beendigung von Arbeitsverhältnissen festgelegt werden.[50] Allerdings kann nicht jeder kirchliche Mitarbeiter Mitglied einer solchen Kommission werden. Welche Voraussetzungen an die Mitgliedschaft geknüpft werden, wird durch die jeweilige Kirche bestimmt. Grundsätzlich wird vorausgesetzt, dass die Wählbarkeit zu einem kirchlichen Amt bzw. eine bestimmte Religionszugehörigkeit gegeben ist.[51]

---

[45] *Grethlein,* NZA 1986, Beil. 1, S. 18, 19.

[46] *Grethlein,* NZA 1986, Beil. 1, S. 18, 19; zu der Frage, inwieweit kirchliche Mitarbeiter sich in einer arbeitskampfbereiten Gewerkschaft organsisieren und sich ihr anschließen dürfen siehe *Richardi,* in: Münchener Handbuch Arbeitsrecht, § 194 Rn. 11; *ders.,* Arbeitsrecht in der Kirche, S. 128 f.

[47] Siehe auch *Joussen,* RdA 2003, S. 32, 34; *v. Hoyningen-Huene,* RdA 2002, S. 65, 66; kritisch zum „Dritten Weg" *Bieback,* in: Arbeitskampfrecht, S. 395 ff. sowie *Kühling,* AuR 2001, S. 241 ff., der die Auffassung vertritt, dass der „Dritte Weg" die strukturelle Unterlegenheit des einzelnen Arbeitnehmers gegenüber dem Arbeitgeber nicht verfassungskonform ausgleichen kann und deshalb für die grundsätzliche Zulassung von Arbeitskämpfen auch im kirchlichen Bereich eintritt.

[48] Die Kommission zur Ordnung des Arbeitsrechts stellt den Ausschuss der katholischen Kirche dar, während die Arbeitsrechtlichen Kommissionen der evangelischen Kirche angehören; *Rüfner,* in: Handbuch des Staatskirchenrechts der Bundesrepublik Deutschland, S. 889.

[49] *V. Campenhausen,* in: *v. Mangoldt/Klein/Starck,* Das Bonner Grundgesetz, Art. 79-146 GG, Art. 140 GG i. V. m. Art. 137 WRV Rn. 87.

[50] *V. Campenhausen,* in: *v. Mangoldt/Klein/Starck,* Das Bonner Grundgesetz, Art. 79-146 GG, Art. 140 GG i. V. m. Art. 137 WRV Rn. 88 m. w. N.; *v. Campenhausen,* Essener Gespräche zum Thema Staat und Kirche 18 (1984), S. 9, 31 ff.; *Richardi,* Arbeitsrecht in der Kirche, S. 189 ff.

[51] *Richardi,* Arbeitsrecht in der Kirche, S. 191, 197; *Kühling,* AuR 2001, S. 241, 244.

b) Mitarbeitervertretungsrecht

Auch im Bereich der betrieblichen Mitbestimmung gelten für die Kirchen besondere Regelungen. Sie sind vom Geltungsbereich der Gesetze über die Betriebsverfassung, die Personalvertretung und Unternehmensmitbestimmung ausgenommen (§ 118 Abs. 2 BetrVG, § 1 Abs. 3 Nr. 2 SprAuG, § 112 BPersVG, § 1 Abs. 4 Satz 2 MitbestG und § 81 Abs. 2 BetrVG 1952).[52] Grund hierfür ist, dass die Kirchen und vor allem ihre karitativen Einrichtungen ansonsten auf die Ebene von Dienstleistungsbetrieben sinken würden, ohne dass ihr religiöser Auftrag berücksichtigt würde.[53] Die Kirchen können selbst festlegen, „ob und in welcher Weise die Arbeitnehmer und ihre Vertretungsorgane in Angelegenheiten des Betriebs, die ihre Interessen berühren, mitwirken und mitbestimmen".[54] Die Kirchen haben deshalb eigene Mitarbeitervertretungen geschaffen. Ähnlich wie bei den Arbeitsrechtlichen Kommissionen kann jedoch auch bei den kirchlichen Mitarbeitervertretungen nicht jeder kirchliche Mitarbeiter Mitglied werden. Seit der Novellierung des katholischen Mitarbeitervertretungsrechts 1995 ist für die Wählbarkeit in der katholischen Kirche keine bestimmte Religionszugehörigkeit mehr erforderlich; lediglich der Vorsitzende der Mitarbeitervertretung soll bzw. muss der katholischen Kirche angehören.[55] Anders sind die Wählbarkeitsvoraussetzungen in der evangelischen Kirche. Hiernach sind nur die Mitarbeiter wählbar, welche „Glieder einer christlichen Kirche oder Gemeinschaft sind, die der Arbeitsgemeinschaft Christlicher Kirchen in Deutschland" angeschlossen ist.[56]

3. Besonderheiten im Individualarbeitsrecht

Wie bereits vorstehend erwähnt, gilt das staatliche Arbeitsrecht nur bei privatrechtlich ausgestalteten Arbeitsverhältnissen.[57] Allerdings sind auch hier die Arbeitsgesetze stets im Lichte der Wertentscheidung des verfassungsrechtlich ga-

---

[52] *V. Campenhausen,* in: *v. Mangoldt/Klein/Starck,* Das Bonner Grundgesetz, Art. 79-146 GG, Art. 140 GG i. V. m. Art 137 WRV Rn. 92; *Joussen,* RdA 2003, S. 32, 34; *Heinig,* Öffentlichrechtliche Religionsgesellschaften, S. 175.

[53] *Richardi,* NZA 1986, Beil. 1, S. 3, 5.

[54] BVerfGE 46, 73, 94; siehe auch *Joussen,* RdA 2003, S. 32, 34; die Kirchen haben dem durch die Schaffung eigenen Mitarbeitervertretungsrechts Rechnung getragen (MAVO – Mitarbeitervertretungsordnung für die katholische Kirche und MVG – Kirchengesetz über die Mitarbeitervertretungen für die evangelische Kirche).

[55] *Richardi,* Arbeitsrecht in der Kirche, S. 282.

[56] *Richardi,* Arbeitsrecht in der Kirche, S. 317.

[57] *V. Campenhausen,* in: *v. Mangoldt/Klein/Starck,* Das Bonner Grundgesetz, Art. 79-146 GG, Art. 140 GG i. V. m. Art. 137 WRV Rn. 100.

rantierten kirchlichen Selbstbestimmungsrechts auszulegen.[58] Es ergeben sich deshalb Besonderheiten bei der Entstehung, bei der Ausgestaltung sowie der Beendigung von Arbeitsverhältnissen.

a) Begründung von Arbeitsverhältnissen

Soweit staatliches Recht im Rahmen kirchlicher Dienstverhältnisse Anwendung findet, gilt dies auch für die Begründung von Arbeitsverhältnissen. Deshalb sind Benachteiligungsverbote und Einstellungsgebote grundsätzlich auch für einen kirchlichen Arbeitgeber verbindlich.[59] Allerdings kann eine kirchliche Einrichtung nur mit geeignetem Personal die „religiöse Dimension" ihres Wirkens sicherstellen, so dass es ihr möglich sein muss, das Personal nach bestimmten Kriterien auszusuchen.[60] Aus diesem Grund sind Einstellungsgebote bzw. Benachteiligungsverbote nur insoweit verbindlich, als der Bewerber die Anforderungen erfüllt, durch die die Erfüllung des besonderen Auftrags der Kirche gewährleistet werden soll.[61] Im Rahmen der Personalauswahl beansprucht der kirchliche Arbeitgeber deshalb nicht nur die Auswahlfreiheit als Teil der allgemeinen Vertragsfreiheit, sondern auch das verfassungsrechtlich gewährleistete Selbstbestimmungsrecht der Kirchen.[62]

b) Pflichten eines kirchlichen Arbeitnehmers im Rahmen seines Arbeitsverhältnisses

Im Allgemeinen ist der Arbeitsvertrag Grundlage für Rechte und Pflichten des (kirchlichen) Arbeitnehmers. Hierbei hat der Arbeitnehmer im Rahmen seiner Tätigkeit seine Verpflichtungen aus dem Arbeitsverhältnis so zu erfüllen, wie es von ihm nach Treu und Glauben billigerweise verlangt werden kann.[63] Für kirchliche Arbeitsverhältnisse bedeutet dies, dass der Arbeitnehmer seine Arbeit so zu leisten hat, „dass die Kirche ihren bekenntnismäßig geprägten Auftrag zu erfüllen vermag".[64] Bei diesen Treuepflichten handelt es sich um innerdienstliche Verpflichtungen des Arbeitnehmers, die sich direkt aus dem Arbeitsvertrag

---

[58] *Richardi,* in: Münchener Handbuch Arbeitsrecht, § 193 Rn. 2.
[59] *Richardi,* in: Münchener Handbuch Arbeitsrecht, § 193 Rn. 12.
[60] BVerfGE 70, 138, 164; ebenfalls in BVerfGE 24, 236, 249; 53, 366, 399; 57, 220, 243.
[61] *Richardi,* in: Münchener Handbuch Arbeitsrecht, § 193 Rn. 12.
[62] *Richardi,* in: Münchener Handbuch Arbeitsrecht, § 193 Rn. 7; *Heinig,* Öffentlich-rechtliche Religionsgesellschaften, S. 167.
[63] *Heinig,* Öffentlich-rechtliche Religionsgesellschaften, S. 167 m. w. N.
[64] *Richardi,* Arbeitsrecht in der Kirche, S. 72; *Heinig,* Öffentlich-rechtliche Religionsgesellschaften, S. 167.

herleiten lassen und die je nach Art des Arbeitsverhältnisses in unterschiedlichem Umfang für alle Arbeitnehmer bestehen.

Von den innerdienstlichen Verpflichtungen des Arbeitnehmers sind die privaten Lebensführungspflichten (außerdienstliche Verpflichtungen) zu trennen.[65] Außerdienstliche Verpflichtungen bestehen nur in Ausnahmefällen, da es grundsätzlich nicht erlaubt ist, arbeitsvertraglich besondere Loyalitätspflichten zu vereinbaren.[66] Etwas anderes gilt jedoch, wenn der Arbeitgeber aufgrund seiner eigenen verfassungsrechtlich geschützten Position verlangen kann, dass der Arbeitnehmer auch im außerdienstlichen Bereich bestimmte Verhaltensformen pflegt.[67] Eine solche verfassungsrechtlich geschützte Position steht der Kirche aufgrund des kirchlichen Selbstbestimmungsrechts zu. Diese berechtigt den kirchlichen Arbeitgeber, die Arbeitspflicht im Rahmen des Arbeitsvertrags so zu konkretisieren, dass die Kirche mit der Dienstleistung ihren religiös geprägten Auftrag erfüllen kann.[68] Die Kirche hat deshalb das Recht, von ihren Mitarbeitern u. a. die Beachtung der tragenden Grundsätze der kirchlichen Glaubens- und Sittenlehre und der fundamentalen Verpflichtungen, die sich aus der Zugehörigkeit der Kirche ergeben, zu verlangen. Zwar hat der Arbeitgeber keinen Rechtsanspruch auf deren Erfüllung, jedoch kann deren Nichterfüllung eine Kündigung durch den Arbeitgeber rechtfertigen, so dass es sich um „Loyalitäts*obliegenheiten*“ handelt.[69] Beispiele für Verstöße gegen Loyalitätsobliegenheiten sind u. a. die Unterstützung von Abtreibungen[70], ein nichteheliches Verhältnis mit einem Mönch als Schulleiter[71], praktizierte Homosexualität[72], Kirchenaustritt[73] oder Wiederverheiratung nach Scheidung[74].

---

[65] Zu den Lebensführungspflichten in der evangelischen Kirche siehe ausführlich *v. Notz,* Lebensführungspflichten im evangelischen Kirchenrecht.
[66] *Rüfner,* in: Handbuch des Staatskirchenrechts der Bundesrepublik Deutschland, S. 901.
[67] Siehe hierzu nachstehend beim „Tendenzschutz“: B.II.3.d)aa).
[68] *Richardi,* in: Münchener Handbuch Arbeitsrecht, § 193 Rn. 17.
[69] *Richardi,* in: Münchener Handbuch Arbeitsrecht, § 193 Rn. 22; *ders.,* Arbeitsrecht in der Kirche, S. 74; *Rüfner,* in: Handbuch des Staatskirchenrechts der Bundesrepublik Deutschland, S. 914.
[70] BVerfGE 70, 138 ff.
[71] Siehe BVerfG, NZA 2001, S. 717 ff.
[72] BAG, NJW 1984, S. 1917 ff.
[73] BAGE 47, 292 ff.
[74] BAGE 47, 144 ff.

aa) Festlegung der Loyalitätsobliegenheiten durch die Kirche

Fraglich ist, wer festlegt, wie weit das Ausmaß der Loyalitätsobliegenheit eines kirchlichen Mitarbeiters reicht und ob ein Verstoß hiergegen eine Kündigung im konkreten Fall rechtfertigt.

Seit der richtungsweisenden Entscheidung des BVerfG vom 4. Juni 1985[75] ist klar, dass zum einen die Entscheidung darüber, ob und wie innerhalb der im kirchlichen Dienst tätigen Mitarbeiter eine „Abstufung" der Loyalitätsobliegenheiten eingreifen soll, grundsätzlich eine dem kirchlichen Selbstbestimmungsrecht unterliegende Angelegenheit ist[76]. Zum anderen richtet es sich ausschließlich nach den von der verfassten Kirche anerkannten Maßstäben, „welche kirchlichen Grundverpflichtungen als Gegenstand des Arbeitsverhältnisses bedeutsam sein können."[77] Hierbei sind die Gerichte an die kirchlichen Vorgaben gebunden, es sei denn, sie begäben sich dadurch in Widerspruch zu den Grundprinzipien der Rechtsordnung, wie sie im allgemeinen Willkürverbot (Art. 3 Abs. 1 GG), sowie in dem Begriff der „guten Sitten" (§ 138 Abs. 1 BGB) und des ordre public (ehemals: Art. 30 EGBGB – heute: Art. 6 EGBGB) ihren Niederschlag gefunden haben.[78] In diesem Rahmen können die Kirchen ihre Maßstäbe selbst festlegen. Sollte es Unklarheiten bezüglich kirchlicher Grundsätze geben, haben die Gerichte diese durch Rückfragen bei den jeweils zuständigen kirchlichen Behörden zu klären.[79]

Die Kirchen können also die Loyalitätsanforderungen festsetzen, den Adressatenkreis zuordnen und einen Verstoß gegen ihre Loyalitätsanforderungen gewichten.[80] Die staatliche Gerichtsbarkeit stellt dagegen sicher, dass die kirchlichen Einrichtungen nicht in Einzelfällen unannehmbare Anforderungen an die Loyalität ihrer Mitarbeiter stellen[81] und entscheiden, ob die Verletzung einer Loyalitätspflicht eine Kündigung des kirchlichen Arbeitsverhältnisses gemäß §§ 1 KSchG, 626 BGB rechtfertigt.[82] Im Übrigen ist es Aufgabe der Arbeitsgerichte, den Sachverhalt festzustellen und unter die von der Kirche festgelegten,

---

75 BVerfGE 70, 138 ff.; ausführlich hierzu *v. Notz,* Lebensführungspflichten im kirchlichen Arbeitsrecht, S. 97 ff.

76 BVerfGE 70, 138, 168; *Belling,* NZA 2004, S. 885, 886.

77 BVerfGE 70, 138, 166.

78 BVerfGE 70, 138, 168; siehe auch *Dütz,* NJW 1990, S. 2025, 2026 f.; *v. Notz,* Lebensführungspflichten im evangelischen Kirchenrecht, S. 116 ff.

79 BVerfGE 70, 138; *Dütz,* NZA 1986, Beil. 1, S. 11, 13.

80 *Mummenhoff,* NZA 1990, S. 585, 588.

81 BVerfGE 70, 138, 168.

82 *Mummenhoff,* NZA 1990, S. 585, 588.

arbeitsrechtlich abgesicherten Loyalitätsobliegenheiten zu subsumieren.[83] Ihre Aufgabe ist es, die wesentlichen Tatsachen in dem konkreten Fall zu ermitteln und zu prüfen, ob sie die Voraussetzungen der kirchlicherseits vorgegebenen Verhaltenspflichten erfüllen.[84] Sie dürfen jedoch weder entscheiden, ob ein Mitarbeiter an kirchliche Loyalitätsobliegenheiten gebunden ist oder nicht, noch dürfen sie festlegen, welche Bedeutung der jeweilige kirchliche Grundsatz im kirchlichen Dienst hat.

bb) Festlegung kirchenspezifischer Loyalitätsobliegenheiten durch Kirchengesetze

Die Kirchen haben die Möglichkeit, ihre Loyalitätsobliegenheiten im Rahmen von Kirchengesetzen festzulegen. Die katholische Kirche hat in Art. 4 ihrer Grundordnung (GrOkathK) die Loyalitätsobliegenheiten ihrer Mitarbeiter festgelegt. Diese werden hierbei unter anderem danach unterschieden, ob es sich um einen katholischen (Art. 4 Abs. 1 GrOkathK), einen nichtkatholischen christlichen (Art. 4 Abs. 2 GrOkathK) oder einen nichtchristlichen (Art. 4 Abs. 3 GrOkathK) Mitarbeiter handelt. Besonders betont wird schließlich, dass alle Mitarbeiter kirchenfeindliches Verhalten zu unterlassen haben und dass sie in ihrem dienstlichen Verhalten die Glaubwürdigkeit der Kirche und der Einrichtung, in der sie beschäftigt sind, nicht gefährden dürfen (Art. 4 Abs. 4 GrOkathK).[85]

Für die evangelische Kirche besteht keine EKD-einheitliche Regelung, wobei auch ohne ausdrückliche Regelung, die Glaubwürdigkeit der Kirche daran gemessen wird, in welcher Weise kirchliche Mitarbeiter ihr Leben gestalten und ihre Aufgaben erfüllen.[86]

c) Kündigung und Kündigungsschutz

Auch das Kündigungs- und Kündigungsschutzrecht begrenzt als „für alle geltendes Gesetz" das kirchliche Selbstbestimmungsrecht.[87] Hierbei ist bei der Auslegung der jeweiligen Normen dem Selbstverständnis der Kirchen besonderes Gewicht beizumessen.[88] Es fällt demnach in die Kompetenz der Kirchen, die

---

[83] BVerfGE 70, 138, 168.
[84] *Dütz,* NJW 1990, S. 2025, 2026.
[85] Siehe hierzu auch *Richardi,* Arbeitsrecht in der Kirche, S. 79.
[86] *Richardi,* Arbeitsrecht in der Kirche, S. 79.
[87] BVerfGE 70, 138, 168 f.; *Dütz,* NZA 1986, Beil. 1, S. 11, 12.
[88] BVerfGE 70, 138, 167; 53, 366, 401; 66, 1, 22; siehe hierzu auch *Rüfner,* in: Handbuch des Staatskirchenrechts der Bundesrepublik Deutschland, S. 885; *Dütz,* NZA 1986, Beil. 1, S. 11, 12.

tragenden Grundsätze der Glaubens- und Sittenlehre festzulegen, darüber zu entscheiden, welche davon arbeitsvertraglich auch im außerdienstlichen Bereich eingehalten werden müssen und zu bestimmen, was unter Umständen als schwerer Verstoß gegen diese Grundsätze anzusehen ist.[89] Der staatsgerichtlichen Kompetenz obliegen hingegen die Tatsachenfeststellung und die Subsumtion unter die von Seiten der Kirche vorgegebenen Loyalitätsobliegenheiten.[90]

Auch im Rahmen der Kündigungsgründe hat die Kirche die Möglichkeit, diese im Rahmen von Kirchengesetzen festzulegen. Die katholische Kirche hat in Art. 5 ihrer Grundordnung (GrOkathK) festgelegt, unter welchen Voraussetzungen der Loyalitätsverstoß eines Mitarbeiters zur Beendigung des Arbeitsverhältnisses führen kann. Dies ist in den Absätzen 2 bis 5 näher präzisiert.[91] Die evangelische Kirche hat keine kirchenspezifischen Kündigungsgründe im Rahmen von Kirchengesetzen festgelegt.[92] Allerdings ist auch hier das Selbstbestimmungsrecht der Kirche zu beachten und ihrem Selbstverständnis besonderes Gewicht beizumessen.[93] In Zweifelsfällen müssen die Arbeitsgerichte durch gerichtliche Rückfragen bei den zuständigen Kirchenbehörden aufklären, was im konkreten Fall zu den anerkannten Maßstäben der verfassten Kirche gehört.[94]

d) Abgrenzung von kirchlichem Selbstbestimmungsrecht und Tendenzschutz

Die Besonderheiten des kirchlichen Arbeitsrechts ergeben sich aus dem verfassungsrechtlich geschützten Selbstbestimmungsrecht der Kirchen. Häufig wird jedoch bei der Erklärung dieser Besonderheiten fälschlicherweise auf den Begriff des „Tendenzschutzes“ zurückgegriffen. Auch das Bundesarbeitsgericht hat vor der richtungsweisenden Entscheidung des Bundesverfassungsgerichts 1985[95] dazu tendiert, Kriterien für säkulare Tendenzunternehmen auf den kirchlichen Dienst zu übertragen, ohne der Verfassungsgarantie des Art. 140 GG i. V. m. Art. 137 Abs. 3 WRV ausreichend Rechnung zu tragen.[96] Aus diesem Grund soll der Inhalt beider Begriffe genauer bestimmt und die unterschiedlichen rechtlichen Konsequenzen dargestellt werden.

---

[89] *Dütz,* NJW 1990, S. 2025, 2026.
[90] Siehe BVerfGE 70, 138, 168.
[91] Hierzu auch *Richardi,* in: Münchener Handbuch Arbeitsrecht, § 193 Rn. 36 und 37; *ders.,* Arbeitsrecht in der Kirche, S. 89.
[92] *Richardi,* in: Münchener Handbuch Arbeitsrecht, § 193 Rn. 38; *ders.,* Arbeitsrecht in der Kirche, S. 90.
[93] BVerfGE 70, 138, 167; 53, 366, 401; 66, 1, 22.
[94] BVerfGE 70, 138, 168.
[95] BVerfGE 70, 138 ff.
[96] *Richardi,* in: Münchener Handbuch Arbeitsrecht, § 193 Rn. 23.

aa) Arbeitsrechtlicher Tendenzschutz

Die unter den arbeitsrechtlichen Tendenzschutz fallenden Tendenzbetriebe sind Betriebe, die unmittelbar und überwiegend politischen, koalitionspolitischen, konfessionellen, karitativen, erzieherischen, wissenschaftlichen oder künstlerischen Bestimmungen oder Zwecken der Berichterstattung oder Meinungsäußerung im Rahmen der Presse-, Rundfunk- und Filmfreiheit dienen.[97] Der Tendenzschutz dient damit der Verwirklichung der Grundrechte des Unternehmers nach Art. 2 Abs. 1, Art. 4, Art. 5 und Art. 9 Abs. 3 GG. Dieser unternehmerische Grundrechtsschutz wirkt sich auch auf die Rechte und Pflichten des Arbeitnehmers im Arbeitsverhältnis aus: Er darf – auch im außerdienstlichen Bereich – grundsätzlich nicht der vom Unternehmer bestimmten Tendenz zuwider handeln.[98] In einem Tendenzbetrieb ergeben sich für einen Arbeitnehmer deshalb besondere Treuebindungen.[99] Welche Anforderungen an den jeweiligen Arbeitnehmer zu stellen sind, wird hierbei nach der Nähe der Tendenzverwirklichung mit der Folge abgestufter Loyalitätsobliegenheiten bestimmt.[100] Insbesondere die sog. Tendenzträger, die durch ihre Arbeit an der geistig-ideellen Zielsetzung des Unternehmens mitwirken sollen, haben sich bei ihrer Tätigkeit in einem Tendenzbetrieb nach der Tendenz des Unternehmers zu richten und dürfen ihr nicht zuwider handeln.[101]

Verstößt der Arbeitnehmer nachhaltig gegen die Tendenz des Unternehmens, kann hierdurch eine personen- oder verhaltensbedingte Kündigung, je nach den Umständen des Einzelfalls auch eine außerordentliche Kündigung gerechtfertigt sein, wenn hierdurch die betrieblichen Interessen berührt werden.[102] In einem nachfolgenden Kündigungsschutzprozess wird deshalb durch das Arbeitsgericht zum einen überprüft, ob es sich bei dem betroffenen Unternehmen um einen Tendenzbetrieb handelt und der Arbeitnehmer Tendenzträger ist. Zum anderen entscheidet das Arbeitsgericht darüber, ob das Verhalten des Arbeitnehmers gegen die Tendenz des Unternehmens verstoßen hat und ob dieser Verstoß die angegriffene Kündigung rechtfertigt. Es ist also der Staat, der die äußeren Grenzen

---

97 *Etzel,* in: KR – Gemeinschaftskommentar zum Kündigungsschutzgesetz und zu sonstigen kündigungsschutzrechtlichen Vorschriften, § 1 KSchG Rn. 75.
98 *Etzel,* in: KR – Gemeinschaftskommentar zum Kündigungsschutzgesetz und zu sonstigen kündigungsschutzrechtlichen Vorschriften, § 1 KSchG Rn. 75; siehe hierzu auch *Richardi,* Arbeitsrecht in der Kirche, S. 75.
99 *Rüthers,* NJW 1978, S. 2066.
100 *Richardi,* Arbeitsrecht in der Kirche, S. 75.
101 *Etzel,* in: KR – Gemeinschaftskommentar zum Kündigungsschutzgesetz und zu sonstigen kündigungsschutzrechtlichen Vorschriften, § 1 KSchG Rn. 77.
102 *Küttner,* Personalhandbuch 2004, Tendenzbetrieb Rn. 21.

des Schutzbereichs bestimmt und nicht die tendenzgeschützte Einrichtung oder Korporation.[103]

bb) Selbstbestimmungsrecht der Kirchen

Anders verhält es sich im Rahmen des verfassungsrechtlich gewährleisteten Selbstbestimmungsrechts. Im Vergleich zu den vorstehend beschriebenen Tendenzbetrieben haben die Gerichte in diesem Bereich einen wesentlich geringeren Überprüfungsspielraum. Das Selbstbestimmungsrecht ermöglicht es den Kirchen, den kirchlichen Dienst nach ihrem Selbstverständnis zu regeln und die spezifischen Obliegenheiten ihrer Arbeitnehmer verbindlich zu machen. Welche kirchlichen Grundverpflichtungen als Gegenstand des Arbeitsvertrags bedeutsam sein können, richtet sich nach den von der Kirche anerkannten Maßstäben.[104] Sollten Zweifel hierüber bestehen, müssen diese durch gerichtliche Rückfragen bei den zuständigen Kirchenbehörden aufgeklärt werden.[105] An diese kirchlichen Vorgaben sind die Arbeitsgerichte gebunden. Sie dürfen deshalb beispielsweise nicht selbst die Verbindlichkeit der kirchlichen Glaubens- und Sittenordnung danach abstufen, welche Bedeutung der kirchliche Grundsatz ihrer Meinung nach bei den kirchlichen Mitarbeitern für die Erfüllung ihrer dienstlichen Aufgabe hat, denn die Verbindlichkeit kirchlicher Grundpflichten dürfen nur die Kirchen selbst bestimmen.[106] Ferner steht es den Arbeitsgerichten nicht zu, die kirchlich vorgegebenen Loyalitätsobliegenheiten nur für solche Mitarbeiter als verbindlich zu erachten, die – entsprechend zu den Tendenzträgern – den Verkündigungsauftrag der Kirche erfüllen.[107] Eine Entscheidung darüber, für wen die Loyalitätsobliegenheiten verbindlich sind und für wen nicht, ist den Gerichten nicht erlaubt. Dies ist, wie das BVerfG in Anbetracht des Grundgesetzes urteilt, Sache der Kirche. Sie allein entscheidet darüber, „ob und wie innerhalb der im kirchlichen Dienst tätigen Mitarbeiter eine „Abstufung" der Loyalitätspflichten eingreifen soll."[108] Die Arbeitsgerichte sind nur dann nicht an vorstehend genannte Vorgaben gebunden, wenn sie sich hierdurch in Widerspruch zu Grundprinzipien der Rechtsordnung begäben.[109]

---

[103] *Schliemann,* in: Deutsches Staatskirchenrecht zwischen Grundgesetz und EU-Gemeinschaft, S. 113, 116.
[104] BVerfGE 70, 138, 166.
[105] BVerfGE 70, 138, 168.
[106] BVerfGE 70, 138, 169; *Richardi,* in: Münchener Handbuch Arbeitsrecht, § 193 Rn. 23.
[107] Siehe hierzu auch *Joussen,* RdA 2003, S. 32, 33.
[108] BVerfGE 70, 138, 168.
[109] BVerfGE 70, 138, 168.

Zusammenfassend ergibt sich deshalb Folgendes: Der Begriff des arbeitsrechtlichen Tendenzschutzes und der des Selbstbestimmungsrechts sind nicht identisch. Das Arbeitsgericht kann im Rahmen der Tendenzbetriebe bestimmen, für wen und in welchem Umfang die Loyalitätsobliegenheiten gelten und gegebenenfalls eine Abstufung ihrer Verbindlichkeit vornehmen. Diese Entscheidung macht das Gericht von der Nähe des Mitarbeiters zur Tendenzverwirklichung abhängig. Ein solches Vorgehen ist den Gerichten verwehrt, wenn es das kirchliche Selbstbestimmungsrecht zu berücksichtigen gilt. In diesem Zusammenhang entscheiden ausschließlich die Kirchen, für wen welche Loyalitätsobliegenheiten in welchem Umfang gelten. Eine Beschränkung auf bestimmte Mitarbeiter oder eine Abstufung von Loyalitätsobliegenheiten dürfen die Gerichte nicht selbst vornehmen.

III. Die kirchliche Gerichtsbarkeit

Das Selbstbestimmungsrecht der Kirchen beinhaltet auch das Recht zur Ausübung kirchlicher Gerichtsbarkeit in den eigenen Angelegenheiten der Kirche[110], um die richtige Anwendung des kirchlichen Rechts zu sichern.[111] Die Kirchen haben hierbei das Recht, die eigenen Angelegenheiten einschließlich des erforderlichen Verfahrensrechts gerichtsmäßig zu erledigen.[112] Dies bedeutet, dass ein Rechtsschutz durch staatliche Gerichte im kirchlichen Bereich (bisher) entweder überhaupt nicht gegeben oder zumindest doch stark eingeschränkt ist. In Anbetracht der Tatsache, dass der Staat verpflichtet ist, einen Rechtsweg zu unabhängigen (staatlichen) Gerichten aus dem allgemeinen Rechtstaatsgebot und dem staatlichen Rechtsprechungsmonopol zu gewährleisten, ist ein Konflikt zwischen der staatlichen Justizgewährungspflicht und dem kirchlichen Selbstbestimmungsrecht unausweichlich.[113] Aus diesem Grund gehört die Frage der staatlichen Justizgewährung gegenüber kirchlichen Gerichten zu den am heftigsten diskutierten Problemen des Staatskichenrechts.[114]

Bisher haben die staatlichen Gerichte eine äußerst restriktive Linie vertreten und Klagen aus dem kirchlichen Bereich häufig als unzulässig erachtet, jedoch deu-

---

[110] *V. Campenhausen*, in: *v. Mangoldt/Klein/Starck*, Das Bonner Grundgesetz, Art. 79-146 GG, Art. 140 GG i. V. m. Art. 137 WRV Rn. 113.
[111] *Richardi*, NZA 2000, S. 1305, 1306.
[112] *V. Campenhausen*, in: *v. Mangoldt/Klein/Starck*, Das Bonner Grundgesetz, Art. 79-146 GG, Art. 140 GG i. V. m. Art. 137 WRV Rn. 112.
[113] Siehe hierzu *Weber*, NJW 1989, S. 2217, 2219.
[114] *Weber*, NJW 2003, S. 2067; zu diesem Problembereich *Weber*, NJW 2003, S. 2067 ff.; *ders.*, NJW 1989, S. 2217 ff.; *Kästner*, NVwZ 2000, S. 889 ff.; *Richardi*, NZA 2000, S. 1305 ff.; *Nolte*, NJW 2000, S. 1844 ff.; *Kirchberg*, NVwZ 1999, S. 734 ff.; *Steiner*, NVwZ 1989, S. 410.

tet sich durch die neuere Rechtsprechung des BGH vom 11. Februar 2000[115], des 7. Senats des BVerwG vom 28. Februar 2002[116] und des BGH vom 28. März 2003[117] eine Tendenzwende an.[118] Es kann deshalb erwartet werden, dass die Gerichte in Zukunft in weiterem Umfang als bisher Klagen aus dem kirchlichen Bereich als zulässig betrachten und dafür im Rahmen der Begründetheit eine Abwägung zwischen den Interessen des Betroffenen und dem kirchlichen Selbstbestimmungsrecht vornehmen.[119]

Allerdings kann diese Aussage nicht uneingeschränkt bleiben, da der 2. Senat des BVerwG – entgegen dem zeitlich vorausgehenden Urteil des 7. Senats – noch immer die bisherige ständige Rechtsprechung bestätigt und Klagen vor staatlichen Gerichten, die sich auf den „innerkirchlichen“ Bereich beziehen, stets für unzulässig erachtet.[120] Dies bedeutet, dass es trotz Tendenzen zur Ausweitung des staatlichen Rechtsschutzes noch immer Gerichte gibt, die an der bisherigen restriktiven Rechtsprechung festhalten.

Aber selbst in den Fällen, in denen die neue Tendenz der staatlichen Gerichte zum Tragen kommt, haben die kirchlichen Gerichte, insbesondere im Bereich des öffentlich-rechtlichen Dienst- und des kirchlichen Mitarbeitervertretungsrechts, weiterhin weit reichende Rechtsprechungskompetenzen.

Nachfolgend muss geklärt werden, in welchem Umfang die kirchlichen Gerichte bei Sachverhalten aus dem Arbeitsrecht noch immer die ausschließliche Rechtssprechungsbefugnis besitzen. Dies ist erforderlich, weil das Fehlen eines staatlichen Gerichtsschutzes in diesem Bereich möglicherweise verhindert, dass eine Überprüfung des angewandten kirchlichen Arbeitrechts auf seine Konformität mit europäischem Recht erfolgt. Konkret könnte dies bedeuten, dass die Kirchen die Vorgaben aus der Richtlinie 2000/78/EG nach deren Umsetzung nicht beachten und der einzelne betroffene Arbeitnehmer dies nicht vor staatlichen Gerichten geltend machen könnte, da in diesem Bereich eine ausschließliche Zuständigkeit der kirchlichen Gerichte gegeben wäre.

---

[115] BGH, NJW 2000, S. 1555.
[116] BVerwG, NVwZ 2002, S. 987.
[117] BGH, NJW 2003, S. 2097.
[118] So auch *Weber*, NJW 2003, S. 2067; *Kästner*, NVwZ 2000, S. 889; *Nolte*, NJW 2000, S. 1844.
[119] *Weber*, NJW 2003, S. 2067.
[120] BVerwG, Urteil vom 30. Oktober 2002, NJW 2003, S. 2112 ff.; kritische Anmerkungen hierzu von *Weber*, NJW 2003, S. 2067 ff.

1. Rechtsschutz im kirchlichen Individualarbeitsrecht

Streitigkeiten aus privatrechtlich ausgestalteten Arbeitsverhältnissen, zu denen auch solche aus Dienstverhältnissen von Pfarrern und anderen Amtsträgern, die im Angestelltenverhältnis beschäftigt sind, gehören, unterliegen der staatlichen Gerichtsbarkeit.[121] Anders ist die Rechtslage bei Streitigkeiten zwischen Angehörigen von Orden und anderen religiösen Gemeinschaften und der jeweiligen kirchlichen Einrichtung.[122] Gleiches gilt für die Fälle, in denen die Kirchen Bedienstete in öffentlich-rechtlichen Dienstverhältnissen beschäftigen, da hierdurch die Anwendbarkeit des Arbeits- und Sozialrechts auf diese Dienstverhältnisse ausgeschlossen ist.[123] So sieht sich das BVerwG aufgrund des kirchlichen Selbstbestimmungsrechts zur Rechtsschutzversagung in „Statusangelegenheiten" der Pfarrer und Kirchenbeamten verpflichtet.[124] Bei der Bestimmung des Anwendungsbereichs des staatlichen bzw. des kirchlichen Rechts versucht die Rechtsprechung eine Trennung von innerkirchlich-geistlichem und weltlich-rechtlichen Aspekten vorzunehmen (sog. „Bereichslehre").[125] Im Bereich der „innerkirchlichen Angelegenheit" wird hierbei eine Kontrollbefugnis staatlicher Gerichte verneint, während im weltlich-rechtlichen Bereich der staatliche Rechtsschutz gewährt wird, da hier die Kompetenz des Staates berührt ist.[126] Darüber hinaus soll der Klage vor einem staatlichen Gericht das Rechtsschutzbedürfnis fehlen, wenn und soweit die Kirchen die Möglichkeit geschaffen haben, Rechtsstreitigkeiten von einem kirchlichen Gericht beurteilen zu lassen.[127]

Welche konkreten Auswirkungen dies haben kann, soll zum einen anhand des an der bisherigen Rechtsprechung orientierten Urteils vom 2. Senat des BVerwG und zum anderen – unter Einbeziehung der neueren Entwicklung der Rechtsprechung – anhand des BGH-Urteils vom 28. März 2003 aufgezeigt werden.

In dem vom BVerwG zu entscheidenden Fall wurde ein evangelischer Pfarrer in den Ruhestand versetzt. Dieser wehrte sich hiergegen, so dass schließlich das BVerwG als Revisionsgericht über den Streit zu entscheiden hatte. Es bestätigte die bisherige Rechtsprechung des BVerwG und hielt daran fest, dass bei Klagen bzgl. des Dienstrechts der Geistlichen der Rechtsweg zu den staatlichen Gerich-

---

[121] *Weber*, NJW 1989, S. 2217, 2221.
[122] *Weber*, NJW 1989, S. 2217, 2221.
[123] *Weber*, NJW 1989, S. 2217, 2225; siehe außerdem vorstehend unter B.II.1.
[124] BVerwG, NJW 2003, S. 2112; so auch *Steiner*, NVwZ 1989, S. 410, 412.
[125] *Hollerbach*, in: Handbuch des Staatsrechts der Bundesrepublik Deutschland, § 138 Rn. 153.
[126] *Hollerbach*, in: Handbuch des Staatsrechts der Bundesrepublik Deutschland, § 138 Rn. 153.
[127] BVerfG, Beschluss vom 18. September 1998, NJW 1999, S. 350.

ten nicht eröffnet sei, da auch das öffentlich-rechtliche Dienstrecht der Geistlichen zum „Kernbereich der innergemeinschaftlichen Angelegenheiten der Kirchen“ gehöre.[128] Diese Rechtsprechungspraxis bedeutet für alle in einem Dienstverhältnis beschäftigten kirchlichen Mitarbeiter, dass sie keinen staatlichen Rechtsschutz für Streitigkeiten aus einem öffentlich-rechtlichen Dienstverhältnis genießen.

Etwas anders sieht es in dem vom BGH entschiedenen Fall aus. Hier wurde einem Geistlichen gekündigt, der vor einem staatlichen Gericht seinen Gehaltsanspruch einklagte. Neu an diesem Urteil des BGH – ähnlich wie zuvor die Entscheidungen des BGH aus dem Jahre 2000 und des 7. Senats des BVerwG aus dem Jahre 2002 – war, dass der BGH seine Zuständigkeit nicht ausgeschlossen hat, obwohl es um einen Anspruch aus dem Dienstverhältnis und damit um ein „verkapptes Statusverhältnis“[129] ging. Darüber hinaus stellte der BGH in diesem Fall jedoch fest, dass die Frage, ob ein Geistlicher wirksam entlassen worden sei, der autonomen Entscheidung der Kirche oder Glaubensgemeinschaft unterfalle.[130] So könne eine von der geistlichen Grundordnung und von dem Selbstverständnis der Kirche oder Glaubensgemeinschaft getragene Maßnahme nach autonomem Kirchen- oder Gemeinschaftsrecht durch staatliche Gerichte nicht auf ihre Rechtsmäßigkeit, sondern nur auf ihre Wirksamkeit überprüft werden. Die Wirksamkeitskontrolle sei dabei jedoch auf die Prüfung eines Verstoßes gegen das allgemeine Willkürverbot, die guten Sitten und den ordre public beschränkt.[131]

Zwar ist es nach dieser Rechtsprechung für den jeweils betroffenen Bürger nun leichter, auch bei Ansprüchen aus einem Dienstverhältnis vor einem staatlichen Gericht zu klagen, da die staatlichen Gerichte sich nicht wie bisher stets für unzuständig erklären, jedoch gilt auch unter Einbeziehung der neueren Rechtsprechung nach wie vor, dass einzig und allein die Kirche bestimmen kann, ob dieses Verhältnis beendet wurde oder nicht.

Zusammenfassend ergibt sich Folgendes: Noch ist nicht geklärt, ob und in welchem Umfang staatlicher Rechtsschutz bei Klagen aus einem öffentlich-rechtlichen kirchlichen Dienstverhältnis gegeben ist. Zwar gibt es bereits Tendenzen, die auf eine Ausweitung des staatlichen Rechtschutzes auch in diesem Bereich hindeuten, jedoch gibt es auch noch immer Gerichte, die an der bisherigen restriktiven Rechtsprechung festhalten. Allerdings gilt auch unter Berück-

---

[128] BVerwG, NJW 2003, S. 2112, 2113.
[129] BGH, NJW 2003, S. 2097, 2098.
[130] BGH, NJW 2003, S. 2097 LS 8.
[131] BGH, NJW 2003, S. 2097 LS 5, 6.

sichtigung neuerer Tendenzen weiterhin, dass alleine die Kirche bestimmen kann, ob ein kirchliches Dienstverhältnis beendet wurde oder nicht.

2. Rechtsschutz im kollektiven Arbeitsrecht

Neben dem öffentlich-rechtlichen Dienstrecht haben die kirchlichen Gerichte auch im Mitarbeitervertretungsrecht weitreichende Entscheidungsbefugnisse.[132] So stellte das BAG bereits 1986 fest, dass die staatlichen Gerichte zur „Entscheidung der Rechtsfrage, welche Anforderungen die Religionsgesellschaften an die Wählbarkeit von Arbeitnehmers zu kirchlichen Mitarbeitervertretungen aufstellen dürfen" nicht befugt seien.[133] Grund hierfür ist auch hier, dass das Mitarbeitervertretungsrecht als eine eigene Angelegenheit der Kirche im Sinne von Art. 140 GG i. V. m. Art. 137 Abs. 3 WRV gesehen wird, da es in einem hohen Maße die innere Organisation der Kirche berührt.[134]

---

[132] Siehe hierzu *Richardi,* NZA 2000, S. 1305 ff.

[133] BAG, NZA 1986, S. 685; siehe auch *Richardi,* NZA 2000, S. 1305, 1306.

[134] Zum kirchengerichtlichen Rechtsschutz bei Streitigkeiten im Rahmen des Mitarbeitervertretungsrechts siehe *Kienitz,* NZA 1996, S. 963, 964.

C. Mögliche Auswirkungen der Richtlinie zur Gleichbehandlung in Beschäftigung und Beruf auf das kirchliche Arbeitsrecht

Nach Art. 3 RL erstreckt sich der Regelungsbereich der Richtlinie 2000/78/EG[135] u. a. auf die Bedingungen für den Zugang zu einer Erwerbstätigkeit, die Beschäftigungs- und Arbeits- einschließlich der Entlassungsbedingungen sowie die Mitgliedschaft und Mitwirkung in einer Arbeitgeber- oder Arbeitnehmerorganisation. In diesen Bereichen sollen Diskriminierungen wegen der Religion oder der Weltanschauung und anderer Kriterien bekämpft werden. In Deutschland gelten für die Kirchen jedoch sowohl im kollektiven als auch im Individualarbeitsrecht besondere Regelungen. Innerhalb dieses Abschnitts soll deshalb erörtert werden, welche möglichen Auswirkungen sich aufgrund der Richtlinie 2000/78/EG ergeben können.

I. Europarechtlicher Arbeitnehmerbegriff

Bei der Auslegung von Bestimmungen der Richtlinie ist zunächst zu beachten, dass der anzuwendende Arbeitnehmerbegriff europarechtlich zu konkretisieren ist. Der gemeinschaftsrechtliche Arbeitnehmerbegriff wird vom EuGH weit ausgelegt und anhand objektiver Kriterien bestimmt, die das Arbeitsverhältnis im Hinblick auf die Rechte und Pflichten der betroffenen Personen kennzeichnen.[136] Er ist nicht deckungsgleich mit dem des nationalen Arbeitsrechts[137], sondern weiter als der Arbeitnehmerbegriff nach deutschem Verständnis.[138]

Aus diesem Grund ist fraglich, ob und inwieweit auch die Mitarbeiter unter den europarechtlichen Arbeitnehmerbegriff fallen, die ihre Tätigkeit im Rahmen einer religiös bestimmten Lebensordnung oder aufgrund eines öffentlich-rechtlichen Dienstverhältnisses ausüben.

II. Europarechtlicher „Kirchenbegriff“

Art. 4 Abs. 2 RL sieht eine Ausnahmemöglichkeit vor für die „Kirchen und anderen öffentlichen oder privaten Organisationen, deren Ethos auf religiösen

---

[135] Zu den möglichen Auswirkungen auf Bereiche des Arbeitsrechts wie beispielsweise vorvertragliche Konsequenzen, Sozialauswahl, Sozialabfindungen, befristete Arbeitsverhältnisse mit älteren Arbeitnehmern, Altersgrenzen, sachliche Differenzierungen und Vergütungsfragen, sowie besonderer Schutz behinderter Arbeitnehmer siehe *Bauer*, NJW 2001, S. 2672, 2673 ff.

[136] *Borchardt*, Die rechtlichen Grundlagen der Europäischen Union, S. 305.

[137] *Borchardt*, Die rechtlichen Grundlagen der Europäischen Union, S. 305.

[138] *Schliemann*, in: Deutsches Staatskirchenrecht zwischen Grundgesetz und EU-Gemeinschaft, S. 113, 119.

Grundsätzen oder Weltanschauungen beruht". Wie schon der Begriff des Arbeitnehmers ist auch hier der Inhalt dieser Bestimmung europarechtlich zu bestimmen. Nach nationalem Recht haben alle Einrichtungen, die ungeachtet ihrer Rechtsform der Kirche zur Erfüllung ihres religiösen Auftrags zugeordnet sind, eine Sonderstellung bezüglich der Regelungsmöglichkeiten ihres Arbeitsrechts.[139]

Fraglich ist in diesem Zusammenhang deshalb insbesondere, ob und inwieweit der „Ethos" von Organisationen außerhalb der verfassten Kirche (z. B. Diakonie oder Caritas) nach europarechtlichen Grundsätzen „auf religiösen Grundsätzen oder Weltanschauungen" beruht. Hiervon hängt ab, ob sich diese Organisationen auf eine etwaige Ausnahmeregelung, die aufgrund von Art. 4 Abs. 2 RL möglicherweise geschaffen wird, berufen können.

III. Mögliche Auswirkungen auf das kollektive Arbeitsrecht

Auch im kollektiven Arbeitsrecht sind Auswirkungen auf den „Dritten Weg" und das Mitarbeitervertretungsrecht denkbar.

1. Mögliche Auswirkungen auf den „Dritten Weg"

Wie bereits erwähnt wurde, sind die Kirchen nicht an das geltende Tarifvertragssystem gebunden. Die Richtlinie der Europäischen Union sieht jedoch vor, dass auch im Bereich der Mitgliedschaft und Mitwirkung in einer Arbeitgeber- oder Arbeitnehmerorganisation Diskriminierungen aufgrund der Religion oder Weltanschauung bekämpft werden müssen. Dies könnte zum einen bedeuten, dass die Kirchen von der Möglichkeit des Modells des „Dritten Weges" Abschied nehmen müssen, da kirchliche Arbeitnehmer in diesem Rahmen nicht die Möglichkeit haben, den Arbeitskampf als Mittel zur Durchsetzung ihrer Interessen einzusetzen und hierin eine Diskriminierung im Sinne von Art. 1 RL zu sehen sein könnte.

Sollten die Kirchen ihr Modell des „Dritten Weges" doch beibehalten können, könnte es zum anderen bedeuten, dass sie die Religion oder Weltanschauung nicht wie bisher[140] als Entscheidungsgrundlage oder Auswahlkriterium für die Mitgliedschaft einer Person in der paritätisch besetzten Arbeitsrechtlichen

---

[139] BVerfGE 46, 73, 85; 70, 138, 162.

[140] Siehe zu den genaueren Anforderungen, die für die Mitgliedschaft in der Arbeitsrechtlichen Kommission bzw. Kommission zur Ordnung des Arbeitsrechts gelten: *Richardi,* in: Münchener Handbuch Arbeitsrecht, § 195 Rn. 12 und 23, wonach die Zugehörigkeit zur evangelischen bzw. katholischen Kirche zumeist für die Wählbarkeit ausreicht.

Kommission (bzw. Kommission zur Ordnung des Arbeitsrechts) heranziehen können. Auch hierin könnte eine religiös bzw. weltanschaulich begründete Diskriminierung zu sehen sein, da die Kirchen nicht jedem Mitarbeiter die Gelegenheit geben, Kommissionsmitglied zu werden.

2. Mögliche Auswirkungen auf das Mitarbeitervertretungsrecht

Die Kirchen haben die Möglichkeit, die Wählbarkeitsvoraussetzungen für die kirchliche Mitarbeitervertretung zu bestimmen. Voraussetzung hierfür ist bei einigen Kirchen eine bestimmte Religionszugehörigkeit. Da auch eine Mitarbeitervertretung als Arbeitnehmerorganisation im Sinne von Art. 3 Abs. 1 lit. d RL verstanden werden kann, stellt sich die Frage, ob eine Ungleichbehandlung aufgrund der Religion oder Weltanschauung bei der Wahl zu einer kirchlichen Mitarbeitervertretung zulässig ist.

IV. Mögliche Auswirkungen auf das Individualarbeitsrecht

Im Bereich des Individualarbeitsrechts haben die Kirchen im nationalen Recht bei der Entstehung, der Ausgestaltung und der Beendigung besondere Rechte.[141]

Die Richtlinie könnte sich in allen diesen Bereichen auswirken, da Art. 3 Abs. 1 lit. a RL Diskriminierungen für den Zugang zu einer Erwerbstätigkeit und Art. 3 Abs. 1 lit. c RL Diskriminierungen in Bezug auf die Beschäftigungs-, Arbeits- und Entlassungsbedingungen verbietet.

Ob die Ungleichbehandlungen im Bereich des kollektiven bzw. des Individualarbeitsrechts europarechtlich gerechtfertigt sind, hängt davon ab, welche Stellung die Kirche im Gemeinschaftsrecht hat und wie die Ausnahmebedingungen in Art. 4 Abs. 2 RL auszulegen sind.

V. Mögliche Auswirkungen im Bereich der kirchlichen Rechtsprechung

Für Rechtsstreitigkeiten in öffentlich-rechtlichen Dienstverhältnissen und im Rahmen des Mitarbeitervertretungsrechts steht den staatlichen Gerichten in weiten Teilen keine Kontrollbefugnis zu, soweit es sich hierbei um eine „innerkirchliche Angelegenheit“ handelt. Anders könnte es jedoch zu beurteilen sein, wenn die Richtlinie 2000/78/EG umgesetzt wird und sich daraus ein Rechtsstreit ergibt.

---

[141] B.II.3.

Problematisch ist insbesondere, dass den staatlichen Gerichten in diesen Bereichen – auch unter Berücksichtigung der neuen Rechtsprechung – kaum Kontrollbefugnisse zustehen. Noch immer können die Kirchen in öffentlich-rechtlichen Dienstverhältnissen allein und ausschließlich bestimmen, unter welchen Voraussetzungen dieses Verhältnis beendet wird. Auch die Zusammensetzung einer kirchlichen Mitarbeitervertretung ist noch immer nicht durch staatliche Gerichte überprüfbar.

Es stellt sich deshalb die Frage, wie sichergestellt wird, dass auch im Bereich des kirchlichen Arbeitsrechts die europäischen Vorgaben eingehalten werden. Möglicherweise kann die Nichteinhaltung von Europarecht als Verstoß gegen die Grundprinzipien der Rechtsordnung wie das Willkürverbot, die guten Sitten oder den ordre public gewertet werden, so dass hierdurch eine Kontrolle der kirchlichen Gerichtsbarkeit im Bereich des Arbeitsrechts möglich wird. Ferner bestünde die Möglichkeit, den staatlichen Rechtsschutz so zu erweitern, dass hierdurch auch in innerkirchlichen Angelegenheiten zumindest einen Verstoß gegen Europarecht überprüft werden könnte. Darüber hinaus könnte eine Kooperation der kirchlichen Gerichte mit dem EuGH notwendig werden, so dass möglicherweise auch ein kirchliches Gericht – wenn es um die Auslegung von Gemeinschaftsrecht geht – dem EuGH vorlegen kann bzw. muss.

D. Regelungsbefugnis der EG zum Erlass der Richtlinie 2000/78/EG

Bevor die Rechtssetzungsorgane der Gemeinschaften tätig werden dürfen, bedarf es einer ausdrücklichen Kompetenzzuweisung in den Gründungsverträgen[142], da die Gemeinschaft über keine allgemeine Rechtssetzungskompetenz verfügt.[143] Die Folge hiervon ist, dass Normierungen in nicht vergemeinschafteten Bereichen untersagt werden und ein Überschreiten der konkret erteilten Handlungsermächtigung verboten ist.[144]

Die Richtlinie 2000/78/EG kann erhebliche Auswirkungen auf das kirchliche Arbeitsrecht als besondere Ausprägung des deutschen Staatskirchenrechts haben. Da die Materie des Staatskirchenrechts jedoch nicht von den Gemeinschaftsverträgen erfasst wird, stellt sich die Frage, ob und ggf. in welchem Umfang die Gemeinschaft in diesem Bereich überhaupt eine Regelungsbefugnis hat. Ferner ist zu erörtern, ob alle Einschränkungen der konkreten Regelungsbefugnis beachtet wurden.

I. Das Prinzip der begrenzten Ermächtigung nach Art. 5 Abs. 1 EG

Nach Art. 5 Abs. 1 EG darf die Gemeinschaft nur innerhalb der ihr in den Gemeinschaftsverträgen zugewiesenen Befugnisse und gesetzten Ziele tätig werden.[145] Zu prüfen ist deshalb, welches Ziel mit der Maßnahme erreicht werden soll, ob sich die Maßnahme im Hinblick auf eines der Ziele des Vertrages begründen lässt bzw. die für die Annahme erforderliche Rechtsgrundlage hinreichend ist.[146] Die Tatsache allein, dass ein Bereich nicht von der Materie der europäischen Verträge erfasst wird, führt jedoch nicht zu einer generellen Bereichsausnahme.[147]

1. Ermächtigung zum Erlass der Richtlinie 2000/78/EG: Art. 13 EG

In der Richtlinie 2000/78/EG wurde in den einleitenden Worten auf Art. 13 EG Bezug genommen. Hiernach wurde die Richtlinie insbesondere auf Art. 13 EG

---

[142] *Streinz*, Essener Gespräche zum Thema Staat und Kirche 31 (1997), S. 53, 66; *ders.*, Europarecht, S. 181; *Fastenrath/Müller-Gerbes*, Europarecht, S. 180.
[143] *Lienbacher*, in: *Schwarze*, EU-Kommentar, Art. 5 EG Rn. 7.
[144] *Link*, ZevKR 42 (1997), S. 130, 133.
[145] *Geiger*, Kommentar zum EUV/EGV, Art. 5 EG Rn. 2.
[146] *Calliess*, in: *Calliess/Ruffert*, Kommentar zu EU-Vertrag und EG-Vertrag, Art. 5 EG Rn. 12.
[147] EuGH, Rs. 9/74, Slg. 1974, S. 773 ff. (Donato Casagrande/Landeshauptstadt München); *Link*, ZevKR 42 (1997), S. 130, 134; *Hollerbach*, ZevKR 35 (1990), S. 250, 268.

gestützt. So kann der Rat nach Art. 13 Abs. 1 EG (ex Art. 13 EG[148]) unbeschadet der sonstigen Bestimmungen dieses Vertrags im Rahmen der durch den Vertrag auf die Gemeinschaft übertragenen Zuständigkeiten auf Vorschlag der Kommission und nach Anhörung des Europäischen Parlaments einstimmig geeignete Vorkehrungen treffen, um Diskriminierungen aus Gründen des Geschlechts, der Rasse, der ethnischen Herkunft, der Religion oder der Weltanschauung, einer Behinderung, des Alters oder der sexuellen Ausrichtung zu bekämpfen. Art. 13 EG ist somit die entscheidende Ermächtigungsgrundlage für den Richtlinienerlass durch den Rat. Allerdings ist noch zu klären, ob er auch eine ausreichende Rechtsgrundlage hierfür darstellt.

Art. 13 EG wurde durch den Vertrag von Amsterdam neu eingeführt.[149] Durch ihn sollten die Rechtsgrundlagen zur Schaffung von Maßnahmen gegen Diskriminierungen außerhalb der Gründe der Staatsangehörigkeit erweitert werden.[150] Darüber hinaus ist Art. 13 EG systematisch im ersten Teil des Vertrags geregelt, der mit „Grundsätze" überschrieben ist.[151]

Abgesehen von diesen allgemeinen Aussagen wirft die Formulierung von Art. 13 EG jedoch einige Fragen insbesondere bezüglich seines Umfangs und Anwendungsbereichs auf, die auch in der Literatur streitig diskutiert werden. Nachfolgend sollen deshalb die wichtigsten Streitfragen dargestellt und erörtert werden, da sich aus ihnen ergeben kann, ob der Rat die richtige Ermächtigungsgrundlage gewählt hat und er zum Erlass dieser Richtlinie tatsächlich ermächtigt war oder nicht.

a) Unmittelbare Anwendung von Art. 13 EG

Art. 13 EG ist als „Kann"-Bestimmung formuliert, die den Rat ermächtigt, unter bestimmten Voraussetzungen Maßnahmen gegen Diskriminierungen zu erlassen. Hieraus wird ganz überwiegend geschlossen, dass Art. 13 EG nicht unmit-

---

[148] Mit dem Vertrag von Nizza wurde ein zweiter Absatz eingefügt.

[149] *Epiney*, in: *Calliess/Ruffert*, Kommentar zu EU-Vertrag und EG-Vertrag, Art. 13 EG Rn. 1; *Holoubek*, in: *Schwarze*, EU-Kommentar, Art. 13 EG Rn. 1; *Bell*, MJ 1999, S. 5; *Waddington*, MJ 1999, S. 1; *Flynn*, CML Rev. 1999, S. 1127; *Kummer*, Umsetzungsanforderungen der neuen arbeitsrechtlichen Antidiskriminierungsrichtlinie (RL 2000/78/EG), S. 140.

[150] *Bell*, MJ 1999, S. 5; *Holoubek*, in: *Schwarze*, EU-Kommentar, Art. 13 EG Rn. 1; ähnlich *Flynn*, CML Rev. 1999, S. 1127, der jedoch die Einfügung von Art. 13 EG darauf zurückführte, dass man den Schutz der Menschenrechte auf eine sicherere Grundlage stellen wolle.

[151] *Heinig*, in: Religion und Weltanschauung im säkularen Staat, S. 215, 219; *ders.*, Öffentlich-rechtliche Religionsgesellschaften, S. 386; *Flynn*, CML Rev. 1999, S. 1127; *Bell*, MJ 1999, S. 5, 10; *Kummer*, Umsetzungsanforderungen der neuen arbeitsrechtlichen Antidiskriminierungsrichtlinie (2000/78/EG), S. 140.

telbar anwendbar ist[152] und keinen allgemeinen Gleichheitssatz, sondern lediglich eine Ermächtigungsgrundlage für den Rat beinhaltet.[153] Neben dem Wortlaut wird die Entstehungsgeschichte der Norm als weiteres Argument für diese Auffassung angeführt.[154] So diskutierte der Europäische Rat von Dublin bereits im Jahr 1996 darüber, eine mit Art. 12 EG deckungsgleiche Vorschrift einzuführen, die zu einer unmittelbaren Anwendbarkeit der entsprechenden Norm geführt hätte.[155] Allerdings wurde diese Formulierung bekanntermaßen nicht übernommen, so dass nach dieser Auffassung daraus geschlossen werden kann, dass eine unmittelbare Wirkung, wie sie in Art. 12 EG vorliegt, nicht gewollt war.[156]

Neben dieser Auffassung wird – wenn auch selten – vertreten, dass Art. 13 EG eine unmittelbare Wirkung haben kann.[157] So schreibt *Holoubek*, dass es nicht von vorneherein ausgeschlossen sei, dass der EuGH Art. 13 EG ein unmittelbar anwendbares Diskriminierungsverbot aufgrund der darin formulierten Gründe entnehme.[158] Er begründet dies damit, dass die Ermächtigung zur Bekämpfung bestimmter Diskriminierungen bereits ein entsprechendes Verbot voraussetzen

---

[152] *Zuleeg*, in: Bekämpfungen der Diskriminierungen: Orientierungen für die Zukunft, S. 104 f.; *Bergmann*, in: Der Amsterdamer Vertrag, S. 37; *Epiney*, in: *Calliess/Ruffert*, Kommentar zu EU-Vertrag und EG-Vertrag, Art. 13 EG Rn. 1; *Geiger*, Kommentar zum EUV/EGV, Art. 13 EG Rn. 4; *Heinig*, in: Religion und Weltanschauung im säkularen Staat, S. 215, 218; *ders.*, Öffentlich-rechtliche Religionsgesellschaften, S. 385; *Fries*, Die Grundrechtsbindung der Mitgliedstaaten nach dem Gemeinschaftsrecht, S. 142; *Kummer*, Umsetzungsanforderungen der neuen arbeitsrechtlichen Antidiskriminierungsrichtlinie (RL 2000/78/EG), S. 140; *Vachek*, Das Religionsrecht der Europäischen Union im Spannungsfeld zwischen mitgliedstaatlichen Kompetenzreservaten und Art. 9 EMRK, S. 244; *Koukoulis-Spiliotopoulos*, in: Bekämpfungen der Diskriminierungen: Orientierungen für die Zukunft, S. 108; *Waldhoff*, JZ 2003, S. 978, 982; *Robbers*, KuR 1999, S. 87; *Hepple*, Liber Amicorum in Honour of Roger Blanpain, S. 291, 295; *Bell*, MJ 1999, S. 5, 8; *Flynn*, CML Rev. 1999, S. 1127, 1135.

[153] *Epiney*, in: *Calliess/Ruffert*, Kommentar zu EU-Vertrag und EG-Vertrag, Art. 13 EG Rn. 1, 2; *Geiger*, Kommentar zum EUV/EGV, Art. 13 EG Rn. 1; *Heinig*, in: Religion und Weltanschauung im säkularen Staat, S. 215, 218; *Robbers*, KuR 1999, S. 87; *Bell*, MJ 1999, S. 5, 8; *Whittle*, E.H.R.L.R. 2000, S. 33, 37.

[154] Zur Entstehungsgeschichte der Norm siehe ausführlich *Bell*, MJ 1999, S. 5 ff.; *Flynn*, CML Rev. 1999, S. 1127, 1129 ff.; *Kehlen*, Europäische Antidiskriminierung und kirchliches Selbstbestimmungsrecht, S. 25 ff. und S. 41.

[155] *Bell*, MJ 1999, S. 5, 7; *Heinig*, in: Religion und Weltanschauung im säkularen Staat, S. 215, 219; *Fries*, Die Grundrechtsbindung der Mitgliedstaaten nach dem Gemeinschaftsrecht, S. 142 f.

[156] *Heinig*, in: Religion und Weltanschauung im säkularen Staat, S. 215, 219.

[157] *Holoubek*, in: *Schwarze*, EU-Kommentar, Art. 13 EG Rn. 9; *Cirkel*, NJW 1998, S. 3332, 3333; *Szczekalla*, EuZW 1998, S. 215, 216, wobei die beiden Letzteren sich vor dem In-Kraft-Treten des Amsterdamer Vertrags für die unmittelbare Wirkung des „zukünftigen" Art. 13 EG ausgesprochen haben.

[158] *Holoubek*, in: *Schwarze*, EU-Kommentar, Art. 13 EG Rn. 9.

würde und der Charakter als Ermächtigungsnorm lediglich die effektive Durchsetzung des entsprechenden bereits bestehenden Diskriminierungsverbots sicherstellen sollte.[159]

Auch wenn der Wortlaut und die Entstehungsgeschichte der Vorschrift dafür sprechen, eine unmittelbare Anwendbarkeit zu verneinen, gibt es – wie sich aus der Argumentation *Holoubeks* ableiten lässt – doch auch gute Gründe für eine solche Auslegung. Ob dieser Artikel letztlich unmittelbar anwendbar ist oder doch „nur" eine Ermächtigungsnorm für den Rat darstellt, ohne subjektive Rechte des Einzelnen zu begründen, wird durch den EuGH geklärt werden müssen. Wie sich dieser entscheiden wird, ist noch offen. Auch die in einem obiter dictum erwähnten Hinweise des EuGH auf den zum Zeitpunkt der Entscheidung noch nicht in Kraft getretenen Art. 13 EG in der Entscheidung *Grant*[160], geben keine eindeutigen Hinweise auf das zukünftige Auslegungsverhalten des EuGH.[161]

b) „Geeignete Vorkehrungen"

Nach Art. 13 Abs. 1 EG kann der Rat bei Erfüllung der darin genannten Voraussetzungen „geeignete Vorkehrungen" treffen, um Diskriminierungen zu bekämpfen.

Unter „geeigneten Vorkehrungen" sind sämtliche durch den Vertrag eröffneten Handlungsmöglichkeiten zu verstehen.[162] Hierunter fallen insbesondere Akte nach Art. 249 EG.[163] Die Richtlinie 2000/78/EG ist ein solcher Akt und stellt deshalb eine „geeignete Vorkehrung" i. S. d. Art. 13 Abs. 1 EG dar.

c) „Unbeschadet der sonstigen Bestimmungen"

Der Rat kann jedoch nur „unbeschadet der sonstigen Bestimmungen" auf Art. 13 EG als Ermächtigungsgrundlage zurückgreifen. Die wohl überwiegende Auffassung schließt hieraus, dass Art. 13 EG als subsidiäre Rechtsgrundlage zu verstehen ist, die nur dann Anwendung findet, wenn die übrigen Rechtsgrundlagen

---

[159] *Holoubek*, in: *Schwarze*, EU-Kommentar, Art. 13 EG Rn. 9.

[160] EuGH, Rs. C-249/96, EuZW 1998, S. 212 ff. (Lisa Jacqueline Grant/South-West Trains Ltd.).

[161] EuGH, Rs. C-249/96, EuZW 1998, S. 212, 215 (Rn. 48).

[162] *Epiney*, in: *Calliess/Ruffert*, Kommentar zu EU-Vertrag und EG-Vertrag, Art. 13 EG Rn. 5; *Kehlen*, Europäische Antidiskriminierung und kirchliches Selbstbestimmungsrecht, S. 102 m. w. N.

[163] *Holoubek*, in: *Schwarze*, EU-Kommentar, Art. 13 EG Rn. 11.

den Erlass von Maßnahmen gegen Diskriminierungen nicht erlauben.[164] Darüber hinaus ist Art. 13 EG systematisch im Bereich der allgemeinen Vorschriften geregelt, so dass auch daraus geschlussfolgert werden kann, dass es sich hierbei um eine allgemeine Vorschrift handelt, auf die nur dann zurückgegriffen werden kann, wenn keine besondere Vorschrift aus den anderen Teilen des EG-Vertrags einschlägig ist.[165]

Allerdings ist diese Auffassung nicht völlig unumstritten. So vertritt auch hier *Holoubek* entgegen der überwiegenden Meinung die Auffassung, dass Art. 13 EG keine subsidiäre Rechtsgrundlage sei, sondern kumulativ neben andere Ermächtigungen des Rates treten könne.[166] Er begründet dies u. a. damit, dass sich der Wortlaut von Art. 12 EG von dem des Art. 13 EG deutlich unterscheide. So sei in Art. 12 EG die Formulierung „Unbeschadet *besonderer* Bestimmungen" gebraucht worden, was deutlich auf eine Subsidiarität gegenüber anderen Vorschriften deute, während in Art. 13 EG „Unbeschadet der *sonstigen* Bestimmungen" formuliert wurde und Letzterer deshalb im Rahmen eines Umkehrschlusses so ausgelegt werden müsse, dass Art. 13 EG gerade nicht subsidiär ist.[167]

Die Frage, ob es sich bei Art. 13 EG um eine subsidiäre Rechtsgrundlage handelt, hat Bedeutung, wenn – abhängig von der jeweiligen Ermächtigungsgrundlage – unterschiedliche Anforderungen an den Erlass von Antidiskriminierungsmaßnahmen gestellt werden. So setzt beispielsweise Art. 13 Abs. 1 EG für Maßnahmen gegen Diskriminierungen die Einstimmigkeit des Rates voraus und lässt dem Europäischen Parlament nur eine geringe Rolle zukommen, während es im Rahmen von Art. 141 EG lediglich einer qualifizierten Mehrheit des Rates bedarf, dafür aber dem Europäischen Parlament eine einflussreichere Position zukommt (siehe Art. 251 EG).[168] Würde Art. 13 EG keinen subsidiären Charakter haben, wäre in Fällen, bei denen eine Antidiskriminierungsmaßnahme sowohl auf Art. 13 EG als auch auf eine andere Rechtsgrundlage des EG-Vertrags gestützt werden könnte (z. B. Art. 141 EG im Bereich der Geschlechterdiskrimi-

---

[164] *Epiney,* in: *Calliess/Ruffert,* Kommentar zu EU-Vertrag und EG-Vertrag, Art. 13 EG Rn. 3; *Geiger,* Kommentar zum EUV/EGV, Art. 13 EG Rn. 7; *Kummer,* Umsetzungsanforderungen der neuen arbeitsrechtlichen Antidiskriminierungsrichtlinie (RL 2000/78/EG), S. 140; *Fries,* Die Grundrechtsbindung der Mitgliedstaaten nach dem Gemeinschaftsrecht, S. 145; *Zuleeg,* in: Bekämpfung der Diskriminierungen: Orientierungen für die Zukunft, S. 105; *Bell,* MJ 1999, S. 5, 9.

[165] So wohl auch *Kummer,* Umsetzungsanforderungen der neuen arbeitsrechtlichen Antidiskriminierungsrichtlinie (RL 2000/78/EG), S. 140.

[166] *Holoubek,* in: *Schwarze,* EU-Kommentar, Art. 13 EG Rn. 3.

[167] *Holoubek,* in: *Schwarze,* EU-Kommentar, Art. 13 EG Rn. 3.

[168] Siehe hierzu *Bell,* MJ 1999, S. 5, 9.

nierung in Beschäftigung und Beruf), nicht klar, welche Voraussetzungen für die Rechtmäßigkeit der Maßnahme eingehalten werden müssen.

Auch hier lassen sich für beide Auffassungen gewichtige Argumente anführen, so dass letztendlich der EuGH entscheiden muss, welche sich durchsetzen wird.

Im Rahmen der vorliegenden Richtlinie müsste der Meinungsstreit bzgl. der Subsidiarität von Art. 13 EG jedoch nicht entschieden werden, wenn es – außer in Art. 13 EG – keine Rechtsgrundlage im EG-Vertrag gäbe, die zu Maßnahmen gegen Diskriminierungen wegen der Religion oder der Weltanschauung, einer Behinderung, des Alters oder der sexuellen Ausrichtung in den in Art. 3 RL genannten Bereichen ermächtigt. Nachfolgend wird deshalb erörtert, ob die Richtlinie 2000/78/EG auch auf eine andere Rechtsgrundlage im EG-Vertrag hätte gestützt werden können. Dies müsste man im Übrigen auch dann prüfen, wenn man von einer Subsidiarität des Art. 13 EG ausginge, da Art. 13 EG die falsche Ermächtigungsgrundlage für die Richtlinie darstellen würde, wenn diese auch auf andere (speziellere) Artikel des EG-Vertrags gestützt werden könnte.[169]

aa) Art. 137 Abs. 2 lit. b EG als weitere Ermächtigungsgrundlage für die Richtlinie 2000/78/EG

Möglicherweise könnte in diesem Fall argumentiert werden, dass für den Erlass der Richtlinie 2000/78/EG auch Art. 137 Abs. 2 lit. b EG hätte herangezogen werden können, da diese Vorschrift die Gemeinschaft in dem Bereich der Beschäftigung dazu ermächtigt, unter gewissen Voraussetzungen Richtlinien mit dem Zweck zu erlassen, die in Art. 136 EG genannten Ziele zu unterstützen und zu ergänzen (Art. 137 Abs. 1 EG). Nach Art. 136 Abs. 1 EG verfolgt die Gemeinschaft u. a. auch das Ziel der „Bekämpfung von Ausgrenzungen“, so dass man diese Vorschrift möglicherweise heranziehen könnte, um Maßnahmen gegen „Ausgrenzungen“ jeder Art zu bekämpfen.[170] Fraglich ist jedoch, was unter dem Begriff der „Ausgrenzungen“ zu verstehen ist. Nach Auffassung *Krebbers* deutet der Plural in der Formulierung darauf hin, dass alle Arten von Ausgren-

---

[169] Leider wird diese Prüfung kaum von einem Vertreter der Auffassung vorgenommen, die von der Subsidiarität des Art. 13 EG ausgeht. Lediglich von *Whittle* wird dies ansatzweise getan, zumal er Art. 137 EG als die richtige Ermächtigungsgrundlage der RL 2000/78/EG darstellt. Allerdings prüft auch er nicht die genauen Voraussetzungen von Art. 137 Abs. 2 lit. b i. V. m. Art. 137 Abs. 1 i. V. m. Art. 136 EG bzw. von Art. 3 RL. Aus diesem Grund geht er auch nicht auf die sich dadurch ergebenden rechtlichen Probleme ein.

[170] Allgemein hierzu *Rebhahn*, in: *Schwarze*, EU-Kommentar, Art. 136 EG Rn. 6, der in den in Art. 136 EG genannten Zielen rechtfertigende Gründe auch für Maßnahmen der EG selbst sieht.

zungen hierdurch gemeint seien, also auch solche der Rasse oder des Alters[171]. Folglich könnte auch Art. 137 Abs. 2 lit. b EG als Ermächtigungsgrundlage für die Richtlinie 2000/78/EG in Betracht kommen.[172] Ähnlich argumentiert *Whittle*, der aufgrund der dargestellten Zusammenhänge Art. 137 EG für die richtige Ermächtigungsgrundlage der Richtlinie 2000/78/EG hält.[173] Nachfolgend muss deshalb erörtert werden, ob der konkrete Inhalt des Geltungsbereichs der Richtlinie auch auf Art. 137 Abs. 2 lit. b EG hätte gestützt werden können.

bb) Ist der Geltungsbereich der Richtlinie (Art. 3 RL) von den in Art. 137 Abs. 1 EG genannten Bereichen abgedeckt?

Ob Art. 137 Abs. 2 lit. b EG als weitere Ermächtigungsgrundlage in Betracht kommt, hängt davon ab, ob der Geltungsbereich der Richtlinie (Art. 3 RL) mit den in Art. 137 Abs. 1 EG genannten Bereichen übereinstimmt, in denen die Gemeinschaft ermächtigt wird, Maßnahmen gemäß Art. 137 Abs. 2 EG zu erlassen. Nur wenn beide übereinstimmen, kann die Richtlinie von der Ermächtigungsgrundlage in Art. 137 Abs. 2 lit. b EG gedeckt sein.

Art. 3 Abs. 1 lit. a bis d RL regelt den Anwendungsbereich der Richtlinie. Art. 3 Abs. 1 lit. a RL bezieht sich hierbei auf die „Bedingungen – einschließlich Auswahlkriterien und Einstellungsbedingungen – für den Zugang zu unselbstständiger und selbstständiger Erwerbstätigkeit, unabhängig von Tätigkeitsfeld und beruflicher Position, einschließlich des beruflichen Aufstiegs“, und Art. 3 Abs. 1 lit. b RL erstreckt sich auf den Bereich des „Zugangs zu allen Formen und allen Ebenen der Berufsberatung, der Berufsbildung, der beruflichen Weiterbildung und der Umschulung, einschließlich der praktischen Berufserfahrung“. Beide Bereiche sind nicht vom Katalog des Art. 137 Abs. 1 EG erfasst, so dass Art. 137 Abs. 2 lit. b EG diesbezüglich keine Ermächtigungsgrundlage darstellen kann.

Etwas anders sieht es bei den in Art. 3 Abs. 1 lit. c und d RL genannten Bereichen aus. So bezieht sich Art. 3 Abs. 1 lit. c RL auf die „Beschäftigungs- und Arbeitsbedingungen, einschließlich der Entlassungsbedingungen und des Arbeitsentgelts“. Zwar wird der Bereich des „Arbeitsentgelts“ nach Art. 137 Abs. 5 EG nicht durch Art. 137 EG erfasst, aber dafür werden die Bereiche der „Be-

---

[171] *Krebber*, in: *Calliess/Ruffert*, Kommentar zu EU-Vertrag und EG-Vertrag, Art. 136 EG Rn. 30.
[172] Ähnliche Erwägungen prüft *Kehlen*, Europäische Antidiskriminierung und kirchliches Selbstbestimmungsrecht, S. 32 f., der jedoch lediglich Aussagen zu dem in Art. 137 EG enthaltenen Verbot der Ungleichbehandlung von Männern und Frauen macht.
[173] *Whittle*, E.H.R.L.R. 2000, S. 33, 44.

schäftigungs- und Arbeitsbedingungen“ durch Art. 137 Abs. 1 lit. b EG und der „Entlassungsbedingungen“ durch Art. 137 Abs. 1 lit. d EG abgedeckt. Des Weiteren bezieht sich Art. 3 Abs. 1 lit. d RL auf die „Mitgliedschaft und Mitwirkung in einer Arbeitnehmer- oder Arbeitgeberorganisation oder einer Organisation, deren Mitglieder einer bestimmten Berufsgruppe angehören, einschließlich der Inanspruchnahme der Leistungen solcher Organisationen“. Dieser Bereich ist teilweise durch Art. 137 Abs. 1 lit. f EG abgedeckt, welcher der Gemeinschaft eine Regelungsbefugnis im Bereich der „Vertretung und kollektiven Wahrnehmung der Arbeitnehmer- und Arbeitgeberinteressen, einschließlich der Mitbestimmung“, jedoch „vorbehaltlich des Absatzes 5“ gibt. Da Art. 137 Abs. 5 EG das Koalitionsrecht, das Streik- sowie das Aussperrungsrecht vom Anwendungsbereich des Art. 137 EG herausnimmt, ermöglicht Art. 137 Abs. 1 lit. f EG lediglich im Bereich der betrieblichen Mitbestimmung eine gemeinschaftsrechtliche Regelungsbefugnis.[174] Soweit sich Art. 3 Abs. 1 lit. d RL lediglich auf die betriebliche Mitbestimmung bezieht, ist er vom Geltungsbereich des Art. 137 Abs. 1 lit. f EG abgedeckt. Sollte sich der Geltungsbereich der Richtlinie jedoch auf die in Art. 137 Abs. 5 EG genannten Bereiche erstrecken, kann Art. 137 Abs. 2 lit. b EG keine Ermächtigungsgrundlage hierfür darstellen.

Zusammenfassend ergibt sich deshalb Folgendes: Art. 137 Abs. 2 lit. b EG kann lediglich bezüglich der Beschäftigungs-, Arbeits- und Entlassungsbedingungen sowie der betrieblichen Mitbestimmung als Ermächtigungsgrundlage dienen. Alle anderen in Art. 3 Abs. 1 RL genannten Bereiche sind nicht vom Katalog des Art. 137 Abs. 1 EG erfasst.

Eine andere Auffassung diesbezüglich vertritt *Kehlen*, der in Art. 137 EG (mit Ausnahme der Ungleichbehandlung aufgrund des Geschlechts) keine weiteren Kompetenzen zur Regelung der Diskriminierungsformen des Art. 13 EG sieht.[175] Allerdings wählt er auch einen anderen Prüfungsmaßstab: *Kehlen* erörtert, ob Art. 137 EG Kompetenzen enthält, die zur Regelung der in Art. 13 EG erwähnten Diskriminierungsformen ermächtigt. Er geht nicht darauf ein, ob bzw. inwieweit die *Regelungen der Richtlinie* auch auf eine andere Ermächtigungsgrundlage hätten gestützt werden können. Da jedoch geprüft werden muss, ob *diese Richtlinie* gemeinschaftskonform erlassen wurde, bedarf es einer *konkreten* Prüfung. Dies bedeutet, dass untersucht werden muss, ob die konkreten Regelungen der Richtlinie 2000/78/EG bzgl. ihres Geltungsbereichs (Art. 3 RL) mit den in Art. 137 EG genannten Bereichen übereinstimmen, so dass hierin möglicherweise eine alternative Rechtsgrundlage zum Erlass der Richtlinie ge-

---

[174] Siehe hierzu *Krebber*, in: *Calliess/Ruffert*, Kommentar zu EU-Vertrag und EG-Vertrag, Art. 137 EG Rn. 14.

[175] *Kehlen*, Europäische Antidiskriminierung und kirchliches Selbstbestimmungsrecht, S. 33.

sehen werden kann. Nur so lässt sich bestimmen, ob die Gemeinschaft dazu ermächtigt war, diese Richtlinie gestützt auf Art. 13 EG zu erlassen.

Zwar fallen einige Bereiche der Richtlinie in die Kompetenzbefugnis der Gemeinschaft nach Art. 137 Abs. 2 lit. b EG, andere jedoch nicht, so dass sich nach wie vor die Frage stellt, ob der Meinungsstreit bezüglich der Subsidiarität von Art. 13 EG entschieden werden muss. Auch hier sind unterschiedliche Meinungen möglich: Einerseits kann man die Auffassung vertreten, dass die Bereiche, die von Art. 137 Abs. 2 lit. b i. V. m. Art. 137 Abs. 1 i. V. m. Art. 136 EG erfasst werden, auch auf diese Grundlage gestützt werden müssen, damit die besonderen Voraussetzungen beim Erlass der Richtlinie (z. B. eine stärkere Beteiligung des Europäischen Parlaments im Rahmen des Verfahrens nach Art. 251 EG) nicht umgangen werden können, während zugleich alle anderen nicht von Art. 137 EG erfassten Bereiche auf die hiervon getrennte Grundlage des Art. 13 EG gestützt werden müssen. Nach dieser Auffassung müsste der Meinungsstreit bezüglich der Subsidiarität entschieden werden, da für einen Teil des Geltungsbereichs der Richtlinie eine weitere Rechtsgrundlage im EG-Vertrag bestünde. Andererseits kann man jedoch auch die Auffassung vertreten, dass es ausreichend ist, wenn die jeweilige Antidiskriminierungsmaßnahme nicht vollständig auf eine andere Grundlage als Art. 13 EG gestützt werden kann, da ansonsten eine praktisch schwer verwirklichbare Aufteilung einer einheitlichen Richtlinie erfolgen müsste. Nach der zweiten Auffassung müsste der Meinungsstreit bezüglich der Subsidiarität nicht entschieden werden, da für den gesamten Geltungsbereich der Richtlinie lediglich Art. 13 EG und ansonsten keine weitere Rechtsgrundlage im EG-Vertrag vorläge.

Praktikabilitätsgründe sprechen gegen die erste Auffassung, da dies ansonsten dazu führen würde, dass in einheitlichen Bereichen wie „Beschäftigung und Beruf“ oder „Wettbewerb“ Antidiskriminierungsmaßnahmen aufgeteilt und unterschiedlichen Verfahren unterzogen werden müssten. Hierdurch würde die Handlungsfähigkeit der Gemeinschaft geschwächt und es fiele schwer, den Überblick über den jeweiligen Bereich zu behalten. Es ist deshalb der zweiten Auffassung zu folgen, wonach eine einheitliche Richtlinie nicht aufgeteilt werden und somit auch der Streit um die Subsidiarität von Art. 13 EG nicht entschieden werden muss.[176]

[176] Anzumerken ist jedoch auch hier, dass es erst mit einer Entscheidung des EuGH Klarheit über diesen Streitstand geben wird.

cc) Ergebnis

Art. 137 Abs. 2 lit. b EG hätte bezüglich der Beschäftigungs-, Arbeits- und Entlassungsbedingungen sowie der betrieblichen Mitbestimmung als Ermächtigungsgrundlage dienen können. Alle anderen in Art. 3 RL genannten Bereiche sind nicht vom Katalog des Art. 137 Abs. 1 EG abgedeckt. Ob dies dazu führt, dass eine einheitlich angelegte Richtlinie aufgeteilt werden muss, ist ungeklärt, jedoch sprechen Praktikabilitätsgründe dagegen. Folgt man dieser praktisch orientierten Auffassung, muss der Meinungsstreit bezüglich der Subsidiarität von Art. 13 EG zumindest im Rahmen dieser Richtlinie nicht entschieden werden. Demnach wäre Art. 13 EG eine (zumindest) zulässige Ermächtigungsgrundlage für die Richtlinie 2000/78/EG und es läge kein Verstoß gegen die Forderung „Unbeschadet der sonstigen Bestimmungen“ vor.

d) „Im Rahmen der durch den Vertrag auf die Gemeinschaft übertragenen Zuständigkeiten“

Diese in Art. 13 EG genannte Voraussetzung ist wohl die bedeutendste, da sie ihrem Wortlaut nach darauf hindeutet, dass Art. 13 EG nur im Bereich bereits bestehender Gemeinschaftszuständigkeiten als Ermächtigungsgrundlage dienen kann und damit keine singuläre Rechtsgrundlage darstellt. Fraglich ist deshalb, welche bereits bestehenden Zuständigkeiten im Rahmen der Richtlinie 2000/78/EG in Betracht kommen.

In der Richtlinie selbst wird keine weitere Zuständigkeitsnorm oder ein bestimmter Zuständigkeitsbereich explizit erwähnt, um eine Befugnis für den Erlass der Richtlinie zu begründen. So lassen – abgesehen von der Bezeichnung der Richtlinie[177] – lediglich Hinweise in den Erwägungsgründen (z. B. RLBegr. Nr. 6, 7 und 11) und der in Art. 3 RL beschriebene Geltungsbereich darauf schließen, dass es auf die in Art. 136 ff. EG (Sozialpolitik) genannten Gemeinschaftszuständigkeiten ankommen muss. Ansonsten fehlen genauere Angaben oder gar eine Einschränkung auf bestimmte Normen aus dem Bereich der Sozialpolitik, auf die man die Richtlinie zusammen mit Art. 13 EG stützen könnte.

Es stellt sich deshalb die Frage, welche Regelungsbefugnisse die Gemeinschaft in dem bereits bestehenden Zuständigkeitsbereich haben muss, damit bestimmte Maßnahmen auf Art. 13 EG gestützt werden können. Reicht es beispielsweise schon aus, dass grundsätzlich nur der Anwendungsbereich des Vertrags eröffnet ist oder kann eine auf Art. 13 EG beruhende Maßnahme nur so weit gehen, wie

---

[177] Richtlinie zur Festlegung eines allgemeinen Rahmens für die Verwirklichung der Gleichbehandlung in *Beschäftigung* und *Beruf*.

die bereits bestehende gemeinschaftsrechtliche Kompetenz in dem betroffenen Bereich reicht? Ersteres würde dazu führen, dass die Gemeinschaft auch in einem Bereich, in dem die sie kaum Handlungskompetenzen hat, in Verbindung mit Art. 13 EG Richtlinien oder gar Verordnungen erlassen dürfte, während die zweite Variante bedeuten würde, dass Art. 13 EG kaum einen eigenen Anwendungsbereich hätte.

Auch diese Frage wird in der Literatur streitig diskutiert. Nach einer nur vereinzelt vertretenen Auffassung setzt Art. 13 EG lediglich voraus, dass der Anwendungsbereich des Vertrags eröffnet sein muss. Das Vorliegen einer Zuständigkeitsnorm hingegen ist nach dieser Auffassung nicht erforderlich.[178] Begründet wird dies damit, dass ansonsten die Ermächtigungsnorm des Art. 13 EG „leer laufen würde".[179]

Dagegen gibt es jedoch zahlreiche Gegenstimmen, die insbesondere auf den Wortlaut der Vorschrift, aber auch auf systematische Erwägungen verweisen, so dass sich eine stark vertretene zweite Meinung herausgebildet hat.[180] Die Vertreter dieser Auffassung gehen davon aus, dass Art. 13 EG lediglich in einem Bereich, in dem die Gemeinschaft bereits zum Erlass von Rechtsakten zuständig ist, eine Rechtsgrundlage darstellen kann, so dass diesbezüglich von einem „akzessorischen Charakter" der Norm gesprochen werden kann.[181]

Einige Vertreter versuchen dies durch einen Vergleich von Art. 12 EG und Art. 13 EG zu begründen.[182] So vertritt *Holoubek* die Auffassung, Art. 12 EG stelle auf den „Anwendungsbereich dieses Vertrags" ab, was nach der Rechtsprechung des EuGH bedeute, dass lediglich ein Zusammenhang mit einer durch Gemeinschaftsrecht geregelten Norm bestehen müsse, während Art. 13 EG die Ermächtigung dahingehend begrenze, dass die Befugnis nur „im Rahmen der

---

[178] *Kummer*, Umsetzungsanforderungen der neuen arbeitsrechtlichen Antidiskriminierungsrichtlinie (RL 2000/78/EG), S. 142; so wohl auch *Fries*, Die Grundrechtsbindung der Mitgliedstaaten nach dem Gemeinschaftsrecht, S. 146 f.

[179] *Kummer*, Umsetzungsanforderungen der neuen arbeitsrechtlichen Antidiskriminierungsrichtlinie (RL 2000/78/EG), S. 142.

[180] *Heinig*, in: Religion und Weltanschauung im säkularen Staat, S. 215, 218 ff.; *ders.*, Öffentlich-rechtliche Religionsgesellschaften, S. 386 ff.; *Holoubek*, in: *Schwarze*, EU-Kommentar, Art. 13 EG Rn. 5; *Geiger*, Kommentar zum EUV/EGV, Art. 13 EG Rn. 6; *Zuleeg*, in: Bekämpfung der Diskriminierungen: Orientierungen für die Zukunft, S. 105; *Waldhoff*, JZ 2003, S. 978, 982; *Robbers*, KuR 1999, S. 87, 90; *Whittle*, E.H.R.L.R. 2000, S. 33, 39 f.; *Flynn*, CML Rev. 1999, S. 1127, 1134 f.; *Hepple*, in: Labour Law and Industrial Relations at the Turn of the Century, S. 291, 295.

[181] *Geiger*, Kommentar zum EUV/EGV, Art. 13 EG Rn. 6.

[182] *Holoubek*, in: *Schwarze*, Kommentar zum EUV/EGV, Art. 13 EG Rn. 5; *Whittle*, E.H.R.L.R. 2000, S. 33, 39 f.; *Flynn*, CML Rev. 1999, S. 1127, 1135.

durch den Vertrag auf die Gemeinschaft übertragenen Zuständigkeiten" bestehe, so dass tatsächlich eine Rechtssetzungsbefugnis der Gemeinschaft vorliegen müsse.[183] Ähnlich formuliert es *Whittle*:

> „In contrast, therefore, to Article 12 EC – where the only limit on legislative action is the scope of application of the Treaty – the legislative remit of Article 13 EC is unlikely to include Community action based purely on the Treaty's "objectives" or "scope of application"."[184]

Andere hingegen sehen in der Entstehungsgeschichte Hinweise für eine restriktivere Auslegung von Art. 13 EG, da – wie bereits in anderem Zusammenhang erwähnt wurde – der Rat von Dublin im Jahr 1996 noch eine mit Art. 12 EG deckungsgleiche Vorschrift in den Blick genommen hatte, welche jedoch zu Gunsten der jetzigen Fassung aufgegeben wurde.[185] Hieraus wird geschlussfolgert, dass sich auch die Reichweite von Art. 13 EG von der in Art. 12 EG unterscheiden müsse.

Bell sieht in der systematischen Stellung von Art. 13 EG, der im ersten Teil, der mit „Grundsätze" überschrieben ist, verankert ist, ein weiteres Argument für eine restriktivere Auslegung:

> „The "principles" chapter sets out basic rules, but does not tend to provide for the construction of a common policy in a specific field; this is reserved to the subsequent chapters of the Treaty. This would imply that Article 13 is more restricted in nature; it may be relied on to require non-discrimination within the other activities of the Community, but it is not an independent source for anti-discrimination law."[186]

Ähnliche Erwägungen zieht *Heinig* heran, der im ersten Teil des EG-Vertrags nur einen Katalog von Grundregeln aufgestellt sieht, die in den nachfolgenden Vorschriften zu den einzelnen Politikbereichen konkretisiert würden.[187] So er-

---

[183] *Holoubek*, in: *Schwarze*, Kommentar zum EUV/EGV, Art. 13 EG Rn. 5.

[184] *Whittle*, E.H.R.L.R. 2000, S. 33, 40.

[185] *Heinig*, in: Religion und Weltanschauung im säkularen Staat, S. 215, 219; *ders.*, Öffentlich-rechtliche Religionsgesellschaften, S. 386.

[186] *Bell*, MJ 1999, S. 5, 10, wobei anzumerken ist, dass *Bell* – ohne sich letztendlich festzulegen – diese systematischen Erwägungen auch verwendet, um Argumente für die Gegenauffassung zu entwickeln. So argumentiert er, dass die Stellung von Art. 13 EG im Bereich der „Grundsätze" auch so verstanden werden könnte, dass hierdurch seine überragende Bedeutung als fundamentales Gemeinschaftsprinzip zum Ausdruck käme, mit der Folge, dass Art. 13 EG als Rechtsgrundlage für Diskriminierungsverbote auch außerhalb von bestimmten Politikbereichen dienen könnte.

[187] *Heinig*, in: Religion und Weltanschauung im säkularen Staat, S. 215, 219; *ders.*, Öffentlich-rechtliche Religionsgesellschaften, S. 386.

öffne analog hierzu auch Art. 13 EG eine Möglichkeit, den Gesichtspunkt des Diskriminierungsverbots in den jeweiligen Politikfeldern zu berücksichtigen, ohne dass dieser Artikel eine völlig unabhängige Rechtsgrundlage für gemeinschaftsrechtliche Maßnahmen gegen Diskriminierungen darstelle.[188]

Unter Anwendung der üblichen Auslegungsmethoden ist der zweiten Auffassung der Vorzug zu geben, wonach Art. 13 EG lediglich in einem Bereich, in dem die Gemeinschaft bereits zum Erlass von Rechtsakten zuständig ist, eine Rechtsgrundlage darstellen kann, da sie sowohl den Wortlaut als auch historische sowie systematische Argumente berücksichtigt. Der ersten Auffassung hingegen, wonach die Eröffnung des Anwendungsbereichs ausreichend ist, ist nicht zu folgen, da sie u. a. eine Begründung anführt, die sich – wie nachstehend noch gezeigt wird – als wenig überzeugend erweist.[189]

Auch wenn sich nach dem bisherigen Stand des Gemeinschaftsrechts die zweite Auffassung durchsetzen wird, stellen sich im Rahmen dieser Problematik weitere Fragen. So ist noch ungeklärt, welchen Umfang die Rechtsgrundlagen aus den Bereichen haben müssen, auf die sich Art. 13 EG bezieht. Darf Art. 13 EG nur zu solchen Maßnahmen ermächtigen, die auch durch die bereits bestehenden Rechtsgrundlagen in dem betroffenen Bereich abgedeckt sind oder kann er auch zu weiter reichenden Maßnahmen ermächtigen? Kann dies auch zu einer Ausweitung des Regelungsbereichs der Gemeinschaft bei Antidiskriminierungsmaßnahmen führen?

Auch zu diesem Problem gibt es unterschiedliche Auffassungen. Sehr selten wird vertreten, dass Art. 13 EG nur zu solchen Maßnahmen ermächtigen könne, die auch durch die bereits vorhandenen Rechtsgrundlagen erlassen werden könnten. Als Begründung wird angeführt, dass es zu Widersprüchen führen würde, wenn die Gemeinschaft zu weiter reichenden Maßnahmen berechtigt wäre.[190]

Dagegen kann jedoch vorgebracht werden, dass Art. 13 EG bei diesem Verständnis keine selbstständige, sondern lediglich deklaratorische Bedeutung hätte.[191] Aus diesem Grund wird durch die überwiegende Auffassung vertreten,

---

[188] *Heinig*, in: Religion und Weltanschauung im säkularen Staat, S. 215, 219; *ders.*, Öffentlich-rechtliche Religionsgesellschaften, S. 386.

[189] Leider gibt es auch hierzu noch keine Rechtsprechung des EuGH, so dass nicht abschließend beurteilt werden kann, welche Auffassung sich schließlich durchsetzen wird. Erst mit einem Urteil des EuGH wird es diesbezüglich Sicherheit geben.

[190] Siehe hierzu *Whittle*, E.H.R.L.R. 2000, S. 33, 40.

[191] So auch *Heinig*, in: Religion und Weltanschauung im säkularen Staat, S. 215, 221; *ders.*, Öffentlich-rechtliche Religionsgesellschaften, S. 388; *Waldhoff*, JZ 2003, S. 978, 982.

dass Art. 13 EG auch zu Maßnahmen ermächtigen kann, die weiter reichen als die Maßnahmen, die auf die entsprechenden Rechtsgrundlagen in dem jeweils betroffenen Bereich begründet werden könnten.[192] Dies schließt auch eine Ausweitung des konkreten Regelungsbereichs der Gemeinschaft bei Maßnahmen gegen Diskriminierung ein. In welchem Umfang eine solche Ausweitung zulässig ist, ist bisher jedoch angesichts der Komplexität des Vertrags kaum abstrakt-generell festzustellen, so dass stattdessen in jedem Einzelfall zu prüfen ist, ob sich die entsprechende Maßnahme im Anwendungsbereich des Gemeinschaftsrechts bewegt. Folgende Erwägungen könnten bei dieser Prüfung berücksichtigt werden: zum einen die sachliche Nähe zu dem Bereich, in dem die Gemeinschaft bereits zum Erlass von Rechtsakten berechtigt ist, und zum anderen auch der jeweilige Stand der Integration.

Bestätigung findet diese Auffassung auch in dem Vertag von Nizza, durch den zwar in Art. 13 EG ein zweiter Absatz eingefügt wurde, nach dem bei bestimmten Maßnahmen auch Entscheidungen des Rats mit qualifizierter Mehrheit zugelassen werden, aber dennoch in Art. 13 Abs. 1 EG am Einstimmigkeitsprinzip festhält. Diese hohe Anforderung würde keinen rechten Sinn ergeben, wenn Art. 13 EG lediglich zu Maßnahmen ermächtigen würde, die auch auf die bereits bestehenden Rechtsgrundlagen gestützt werden könnten. Folglich kann Art. 13 EG auch zu solchen Maßnahmen ermächtigen, die weiter reichen als die in den bereits bestehenden Ermächtigungsgrundlagen, sofern eine sachliche Nähe zwischen dem durch Art. 13 EG und dem in der bereits bestehenden Rechtsgrundlage geregelten Bereich besteht. Hierdurch zeigt sich, dass Art. 13 EG also durchaus eine eigene Bedeutung innerhalb des EG-Vertrags hat. Damit schließt sich der Kreis zu dem bereits erwähnten Argument der Auffassung, dass es im Rahmen von Art. 13 EG ausreiche, dass lediglich der Anwendungsbereich des EG-Vertrags betroffen sein müsse, weil Art. 13 EG sonst keine eigenständige Bedeutung habe. Gerade bei dem hier vertretenen Verständnis von Art. 13 EG kommt diesem durchaus eine eigene Bedeutung zu.

Art. 13 EG kann somit zum einen zu Maßnahmen ermächtigen, die weiter reichen als die in den bereits bestehenden Ermächtigungsgrundlagen, und zum anderen zu einer Ausweitung der Regelungsbefugnis der Gemeinschaft führen, wenn der konkret betroffene Bereich in sachlicher Nähe zu dem bereits durch eine andere Ermächtigungsgrundlage regelbaren Bereich steht.

---

[192] *Heinig*, in: Religion und Weltanschauung im säkularen Staat, S. 215, 221; *ders.*, Öffentlich-rechtliche Religionsgesellschaften, S. 388; *Flynn*, CML Rev. 1999, S. 1127, 1134.

2. Auswirkungen auf den Erlass der Richtlinie 2000/78/EG

Nachdem vorstehend geklärt wurde, welche Voraussetzungen Art. 13 EG beinhaltet, muss nun erörtert werden, welche Auswirkungen dies auf die Richtlinie 2000/78/EG hat. Es stellt sich insbesondere die Frage, ob Art. 13 EG dazu ermächtigt, jeden der in Art. 3 Abs. 1 RL formulierten Bereiche zu regeln oder ob bei einigen dieser Bereiche möglicherweise die Gemeinschaftskompetenz überschritten wurde.

Vorstehend wurde erörtert, dass Art. 3 Abs. 1 lit. a und b RL nicht in den Regelungsbereich von Art. 137 Abs. 2 lit. b EG fallen. Dies schließt eine Regelungsmöglichkeit durch Art. 13 EG jedoch nicht aus, da dieser, wie soeben erarbeitet wurde, auch die Regelungsbefugnisse der Gemeinschaft ausweiten kann, sofern der konkret betroffene Bereich in sachlicher Nähe zu dem durch eine andere Ermächtigungsgrundlage regelbaren Bereich besteht. Für den vorliegenden Fall muss deshalb geklärt werden, ob die in Art. 3 Abs. 1 lit. a und lit. b RL geregelten Bereiche in sachlicher Nähe zu den in Art. 137 EG formulierten Regelungen stehen. Art. 137 EG regelt insbesondere die Bedingungen während eines *bestehenden* Arbeitsverhältnisses, während Art. 3 Abs. 1 lit. a und lit. b RL den *Zugang* zu einem solchen regeln. Sowohl der Zugang zu einer Beschäftigung als auch die Ausgestaltung eines bestehenden Verhältnisses sind jedoch eng mit einander verbunden, so dass das Vorliegen einer sachlichen Nähe bejaht werden kann. Folglich können diese Bereiche der Richtlinie durch Art. 13 EG geregelt werden.

Unproblematisch erscheinen zunächst Art. 3 Abs. 1 lit. c und d RL, da diese doch zumindest schon teilweise durch die Ermächtigungsgrundlage in Art. 137 Abs. 2 lit. b EG gedeckt sind. Allerdings enthält Art. 3 Abs. 1 lit. c RL mit dem „Arbeitsentgelt" einen Bereich, der ausdrücklich nicht durch die in Art. 137 EG formulierte Gemeinschaftskompetenz geregelt werden kann (Art. 137 Abs. 5 EG). In diesem Bereich hat die Gemeinschaft überhaupt keine Regelungsmöglichkeit.[193] Hier kann nicht wie bei den in Art. 3 Abs. 1 lit. a und b RL geregelten Bereichen argumentiert werden, dass eine Regelung durch Art. 13 EG dennoch möglich sei, da es sich insoweit um eine „Ausweitung der Regelungsbefugnis" handele. Eine Ausweitung ist sprachlich nur dann möglich, wenn etwas bereits besteht, das ausgeweitet werden kann. Dies ist hier jedoch gerade nicht der Fall. Es muss deshalb dem ausdrücklichen Wortlaut der Art. 136 ff. EG

[193] Eine Ausnahme hierzu ist Art. 141 EG. Dieser bezieht sich jedoch ausschließlich auf den Grundsatz des gleichen Entgelts für Männer und Frauen bei gleichwertiger Arbeit. Eine analoge Anwendung auf andere Diskriminierungsgründe ist nicht möglich, da Ausnahmevorschriften grds. nicht analogiefähig sind.

Rechnung getragen werden, wonach in diesem Bereich überhaupt keine Regelungsmöglichkeit der Gemeinschaft besteht. Würde dennoch eine Regelung durch Art. 13 EG zugelassen, läge ein Verstoß gegen den Wortlaut sowohl von Art. 13 EG, der nur zu Maßnahmen „im Rahmen der durch den Vertrag auf die Gemeinschaft übertragenen Zuständigkeiten" ermächtigt, als auch von Art. 137 Abs. 5 EG vor, der der Gemeinschaft innerhalb von Art. 137 EG keine Zuständigkeit für das Arbeitsentgelt zukommen lässt. Folglich hätte dieser Bereich auch nicht durch Art. 13 EG geregelt werden dürfen.

Ähnliche Probleme ergeben sich bei Art. 3 Abs. 1 lit. d RL, der sich u. a. auf die „Mitgliedschaft und Mitwirkung in einer Arbeitnehmer- oder Arbeitgeberorganisation" bezieht. Eine Regelung in diesem Bereich ist grds. nach Art. 137 Abs. 1 lit. f EG auch möglich, jedoch muss hierbei beachtet werden, dass die Gemeinschaft beim Koalitionsrecht, dem Streik- sowie dem Aussperrungsrecht wiederum keine Regelungskompetenz besitzt (Art. 137 Abs. 5 EG). Somit darf sich der Regelungsbereich in Art. 3 Abs. 1 lit. d RL nur auf die betriebliche Mitbestimmung, jedoch nicht auf das Koalitions-, Streik- oder Aussperrungsrecht beziehen, da ansonsten wiederum ein Verstoß gegen den Wortlaut vorliegen würde. Das bedeutet, dass die Gemeinschaft keine verbindlichen Vorgaben machen kann, wie die Mitgliedstaaten diese Bereiche ausgestalten wollen.[194]

Im Ergebnis bedeutet dies, dass durch Art. 13 EG fast der gesamte Geltungsbereich der Richtlinie geregelt werden darf, allerdings mit Ausnahme der Bereiche des Arbeitsentgelts, des Koalitions-, Aussperrungs- sowie des Streikrechts. In diesem Zusammenhang ist jedoch erneut darauf hinzuweisen, dass erst durch die noch ausstehende Rechtsprechung des EuGH die einzelnen Merkmale bestimmt und festgelegt werden, so dass erst dann abschließend beurteilt werden kann, in welchem Umfang der in Art. 3 RL genannte Geltungsbereich durch Art. 13 EG geregelt werden kann. Soviel kann jedoch vorweg genommen werden: Verwendet der EuGH die klassischen Auslegungsmethoden bei der Interpretation von Art. 13 EG, wird er zu einem ähnlichen Ergebnis wie das vorstehend dargestellte kommen. Legt er diesen Artikel jedoch vor dem Hintergrund rechtspolitischer Erwägungen aus, ist nicht auszuschließen, dass er entgegen dem Wortlaut beispielsweise zu dem Ergebnis kommt, dass es für eine Regelungsmöglichkeit durch Art. 13 EG ausreicht, dass lediglich der Anwendungsbereich des EG betroffen ist.

---

[194] A. A. *Schiek*, NZA 2004, S. 873, 882, wobei sie nicht prüft, ob die Voraussetzungen von Art. 13 EG tatsächlich vorliegen.

II. Einschränkungen von Art. 13 EG

Auch wenn eine Kompetenz der Gemeinschaft zur Regelung dieser Richtlinie (weitestgehend) besteht, müssen bei ihrem Erlass alle Kompetenzschranken beachtet worden sein. Deshalb ist zunächst zu prüfen, ob die Voraussetzungen der allgemeinen Kompetenzschranken von Art. 5 EG eingehalten wurden. Im Anschluss daran muss erörtert werden, ob sich besondere Rücksichtnahmegebote im EU- bzw. EG-Vertrag ergeben, aus denen sich eine Einschränkung der Regelungsbefugnis der Gemeinschaft bzgl. dieser Richtlinie ergibt. Da durch diese Richtlinie das nationale Staatskirchenrecht stark berührt wird, könnten sich besondere Rücksichtnahmegebote aus Art. 6 Abs. 3 EU oder Art. 151 Abs. 4 EG ergeben, wenn das Staatskirchenrecht Teil der „nationalen Identität“ (Art. 6 Abs. 3 EU) bzw. der „kulturellen Aspekte“ (Art. 151 Abs. 4 EG) ist. Darüber hinaus wurde der mitgliedstaatlichen Stellung der Kirche durch eine gemeinsame Erklärung zum Amsterdamer Vertrag Rechnung getragen. Auch hierdurch könnte sich eine Einschränkung gemeinschaftsrechtlicher Regelungsbefugnisse ergeben.

1. Das Subsidiaritätsprinzip nach Art. 5 Abs. 2 EG

Das Subsidiaritätsprinzip ist einer der zentralen Begriffe des EG-Vertrags[195] und wird durch Art. 5 Abs. 2 EG erstmals ausdrücklich als Grundprinzip des Gemeinschaftsrechts formuliert.[196] Hiernach wird die Gemeinschaft in Bereichen, die nicht ihrer ausschließlichen Zuständigkeit angehören, nur tätig, sofern und soweit Ziele der in Betracht gezogenen Maßnahmen auf Ebene der Mitgliedstaaten nicht ausreichend und daher wegen ihres Umfangs oder ihrer Wirkungen besser auf Gemeinschaftsebene erreicht werden können. Grundidee des Subsidiaritätsprinzips ist, dass die größere Einheit keine Aufgaben übernehmen darf, die durch die kleinere Einheit zufrieden stellend erfüllt werden können.[197] Allerdings bedeutet die Beachtung des Subsidiaritätsprinzips nicht, dass der Gemeinschaft Kompetenzen genommen und diese an die Mitgliedstaaten zurück übertragen werden, sondern vielmehr, dass die Ausübung vorhandener Kompetenzen beschränkt werden soll (Kompetenzausübungsmaxime).[198] Allgemein ausgedrückt betrifft Art. 5 Abs. 2 EG also die Frage des „Ob“ eines Tätigwerdens der

---

[195] Siehe hierzu *Pieper*, DVBl. 1993, S. 705.
[196] *Geiger*, Kommentar zum EUV/EGV, Art. 5 EG Rn. 6.
[197] *Geiger*, Kommentar zum EUV/EGV, Art. 5 EG Rn. 5; *Calliess*, in: *Calliess/Ruffert*, Kommentar zu EU-Vertrag und EG-Vertrag, Art. 5 EG Rn. 1; *Pieper*, DVBl. 1993, S. 705, 706.
[198] *Koenig/Haratsch*, Europarecht, S. 28; *Lienbacher*, in: *Schwarze*, EU-Kommentar, Art. 5 EG Rn. 1; *Fastenrath/Müller-Gerbes*, Europarecht, S. 33; *Calliess*, in: *Calliess/Ruffert*, Kommentar zu EU-Vertrag und EG-Vertrag, Art. 5 EG Rn. 2; *Kahl*, AöR 1993, S. 414, 433.

EG, mit anderen Worten die Frage, ob ein Bedarf für ein Gemeinschaftshandeln besteht.[199]

a) Gerichtliche Überprüfbarkeit

Bevor jedoch auf die konkreten Voraussetzungen von Art. 5 EG eingegangen werden kann, muss erörtert werden, ob dieser Artikel justiziabel ist, da ansonsten ein Verstoß hiergegen ohne Rechtsfolgen bliebe.

Die Diskussion darüber, ob eine juristische Kontrolle des Subsidiaritätsprinzips möglich ist, ist sehr kontrovers: Es gibt hierbei sowohl Ansichten, die eine gerichtliche Kontrolle verneinen, als auch solche, die sie befürworten.[200] Hinweise für eine grundsätzliche Justiziabilität enthält Nr. 13 des Subsidiaritätsprotokolls, worin geregelt wird, dass die Einhaltung des Subsidiaritätsprinzips gemäß den Bestimmungen des Vertrags geprüft wird. Auch der EuGH hält das Subsidiaritätsprinzip – wie sich aus den ersten Urteilen[201] ergibt – für grundsätzlich justiziabel.[202] Jedoch will er dann, wenn es sich um ein Gebiet handelt, auf dem der Gesetzgeber sozialpolitische Entscheidungen und komplexe Abwägungen zu treffen hat, dem Rat und dem Europäischen Parlament einen weiten Ermessensspielraum zuerkennen, so dass eine gerichtliche Überprüfung nur daraufhin erfolgt, ob ein offenkundiger Irrtum oder ein Ermessensmissbrauch vorliegt, oder ob das Organ die Grenzen seines Ermessens offenkundig überschritten hat.[203] Ob ein solcher Irrtum oder Ermessensmissbrauch vorliegt, soll nachfolgend anhand der Voraussetzungen von Art. 5 EG geprüft werden. Wenn seine Voraussetzungen eingehalten wurden, liegt offenkundig kein Irrtum oder Ermessensmissbrauch vor.

---

199 *Calliess,* in: *Calliess/Ruffert,* Kommentar zu EU-Vertrag und EG-Vertrag, Art. 5 EG Rn. 17.

200 Siehe hierzu ausführlich und mit weiteren Literaturhinweisen *Calliess,* Subsidiaritäts- und Solidaritätsprinzip in der Europäischen Union, S. 298 ff.; *Lienbacher,* in: *Schwarze,* EU-Kommentar, Art. 5 EG Rn. 2 und 4 m. w. N.

201 Z. B. EuGH, Rs. C-233/94, Slg. 1997, S. I-2405 ff. (Bundesrepublik Deutschland/Europäisches Parlament und Rat der Europäischen Union).

202 *Pieper/Schollmeier/Krimphove,* Europarecht – Das Casebook, S. 49.

203 EuGH, C-233/94, Slg. 1997, S. I-2405, 2461 (Rn. 55 und 56); *Calliess,* in: *Calliess/Ruffert,* Kommentar zu EU-Vertrag und EG-Vertrag, Art. 5 EG Rn. 61.

b) Ausschließliche Zuständigkeit der Gemeinschaft

Das Subsidiaritätsprinzip findet keine Anwendung in Bereichen, die unter die ausschließliche Zuständigkeit der Gemeinschaft fallen.[204] Es soll damit nur in Bereichen gelten, in denen die Gemeinschaft und die Mitgliedstaaten gemeinsam über Zuständigkeiten verfügen.[205] Allerdings regelt der Vertrag nicht ausdrücklich, in welchen Sachbereichen eine ausschließliche Kompetenz der Gemeinschaft besteht.[206] Es ist deshalb nicht verwunderlich, dass die Frage nach der Auslegung des Begriffs der ausschließlichen Zuständigkeit umstritten ist.[207]

Es gibt – soweit ersichtlich – noch keine konkrete Rechtsprechung des EuGH zu der Frage, wie der Begriff der ausschließlichen Zuständigkeit im Rahmen von Art. 5 Abs. 2 EG auszulegen ist. Allerdings belegen ältere Urteile[208] des EuGH, dass er praktisch zwischen ausschließlichen, konkurrierenden und parallelen Kompetenzen der Gemeinschaft unterscheidet.[209] Im Übrigen muss die Frage der Ausschließlichkeit der Gemeinschaftskompetenz durch Auslegung anhand von Wortlaut, Sinn und Zweck der jeweiligen Vorschrift ermittelt werden.[210] Eine ausschließliche Zuständigkeit liegt also nur dort vor, wo der Gemeinschaftsvertrag ein Tätigwerden der Mitgliedstaaten von vorneherein verbietet.[211] Das bedeutet, dass alle Zuständigkeiten in diesem Bereich auf die Gemeinschaft übergegangen und die Mitgliedstaaten zur Rechtsetzung nicht weiter befugt sind.[212]

Im Rahmen der vorliegenden Arbeit ist zunächst zu prüfen, ob der Rat bei Erlass der Richtlinie 2000/78/EG die Vorgaben des Subsidiaritätsprinzips eingehalten

---

[204] *Calliess*, in: *Calliess/Ruffert*, Kommentar zu EU-Vertrag und EG-Vertrag, Art. 5 EG Rn. 18.

[205] *Pieper*, DVBl. 1993, S. 705, 708.

[206] *Geiger*, Kommentar zum EUV/EGV, Art. 5 EG Rn. 7; *Lienbacher*, in: *Schwarze*, EU-Kommentar, Art. 5 EG Rn. 11. Dies wird sich jedoch mit In-Kraft-Treten des Vertrags über eine Verfassung für Europa ändern.

[207] *Calliess*, in: *Calliess/Ruffert*, Kommentar zu EU-Vertrag und EG-Vertrag, Art. 5 EG Rn. 18.

[208] Z. B. EuGH, Rs. 41/76, Slg. 1976, S. 1921 ff., zu Art. 133 EG (gemeinsame Handelspolitik); EuGH, Rs. 804/79, Slg. 1981, S. 1045 ff. zu Art. 102 Beitrittsakte 1972 (Erhaltung der Fischbestände); EuGH, Rs. 40/69, Slg. 1970, S. 69 ff. (Zollrecht).

[209] *Calliess*, in: *Calliess/Ruffert*, Kommentar zu EU-Vertrag und EG-Vertrag, Art. 5 EG Rn. 21 m. w. N.

[210] *Calliess*, in: *Calliess/Ruffert*, Kommentar zu EU-Vertrag und EG-Vertrag, Art. 5 EG Rn. 25.

[211] *Geiger*, Kommentar zum EUV/EGV, Art. 5 EG Rn. 7.

[212] *Calliess*, in: *Calliess/Ruffert*, Kommentar zu EU-Vertrag und EG-Vertrag, Art. 5 EG Rn. 27; *Streinz*, Europarecht, S. 60; *Fastenrath/Müller-Gerbes*, Europarecht, S. 184.

hat. Voraussetzung hierfür ist zunächst, dass die Gemeinschaft in dem durch die Richtlinie geregelten Bereich keine ausschließliche Zuständigkeit besitzt. Wie eingangs beschrieben, ist durch Auslegung der jeweiligen Kompetenzvorschriften zu ermitteln, ob es sich hierbei um ausschließliche, konkurrierende oder parallele Zuständigkeitsnormen handelt.

Relevante Zuständigkeitsnorm für den Erlass der Richtlinie ist Art. 13 EG. Allerdings kann diese Norm nicht isoliert betrachtet werden, da sie nur „im Rahmen der durch den Vertrag auf die Gemeinschaft übertragenen Zuständigkeiten" Wirkung entfalten kann. Durch dieses Merkmal wird vorausgesetzt, dass die Gemeinschaft in dem betroffenen Bereich bereits zum Erlass von Rechtsakten zuständig ist.[213] Die Prüfung des Vorliegens einer ausschließlichen Zuständigkeit, welche nur Art. 13 EG berücksichtigt, muss somit ins Leere gehen.[214] Aus diesem Grund ist für die Bestimmung der Zuständigkeit auch und gerade der Bereich heranzuziehen, der in Zusammenhang mit Art. 13 EG gesehen werden muss. Da die Richtlinie den Bereich von „Beschäftigung und Beruf" regelt, ist die Sozialpolitik (Art. 136 ff. EG) betroffen.

Nach Art. 136 EG verfolgen „die Gemeinschaft und die Mitgliedstaaten" (gemeinsam) die in Satz 1 beschriebenen Ziele[215] und führen zu diesem Zweck die in Satz 2 näher bestimmten Maßnahmen durch. Darüber hinaus wird in Art. 137 Abs. 1 EG geregelt, dass die Gemeinschaft die Tätigkeit der Mitgliedstaaten „unterstützt" und „ergänzt". Diese Formulierungen sind deutliche Hinweise dafür, dass sowohl gemeinschaftliche, als auch mitgliedstaatliche Kompetenzen in dem durch die RL 2000/78/EG betroffenen Bereich (Beschäftigung und Beruf) vorliegen. Daraus folgt, dass es sich hierbei um keine ausschließliche Gemeinschaftskompetenz handelt.[216] Dies muss auch bei Einbeziehung von Art. 13 EG gelten, da dieser ausdrücklich nur „im Rahmen der durch den Vertrag auf die Gemeinschaft übertragenen Zuständigkeiten" Wirksamkeit erlangt.

c) Materielle Vorgaben des Subsidiaritätsprinzips

Nach Art. 5 Abs. 2 EG wird die Gemeinschaft nur tätig, „sofern und soweit die Ziele der in Betracht gezogenen Maßnahmen auf Ebene der Mitgliedstaaten

---

[213] D.I.1.d).

[214] So jedoch *Kehlen*, Europäische Antidiskriminierung und kirchliches Selbstbestimmungsrecht, S. 116.

[215] U. a. die Förderung der Beschäftigung, ein dauerhaft hohes Beschäftigungsniveau und die Bekämpfung von Ausgrenzungen.

[216] Siehe auch *Calliess*, Subsidiaritäts- und Solidaritätsprinzip in der Europäischen Union, S. 98.

nicht ausreichend erreicht werden können und daher wegen ihres Umfangs oder ihrer Wirkungen *besser* auf Gemeinschaftsebene erreicht werden können". Damit werden die Zuständigkeitsbereiche der Gemeinschaft und der Mitgliedstaaten sowohl positiv als auch negativ abgegrenzt.[217] Beide in Art. 5 Abs. 2 EG beschriebenen Voraussetzungen müssen kumulativ vorliegen[218], so dass dies zu einer doppelten Bedingung für Gemeinschaftshandeln führt.[219] Dies ergibt sich auch aus Nr. 5 des Protokolls[220] über die Anwendung der Grundsätze der Subsidiarität und der Verhältnismäßigkeit (Subsidiaritätsprotokoll)[221].

aa) Negativkriterium („nicht ausreichend")

Hinweise bzw. Leitlinien für eine Prüfung des Negativkriteriums enthält Nr. 5 des Subsidiaritätsprotokolls. Danach ist zu prüfen, ob zum einen der betreffende Bereich „transnationale Aspekte" aufweist, die durch Maßnahmen der Mitgliedstaaten nicht ausreichend geregelt werden können und zum anderen, ob alleinige Maßnahmen der Mitgliedstaaten oder das Fehlen von Gemeinschaftsmaßnahmen gegen die „Anforderungen des Vertrags" (beispielsweise Erfordernis der Korrektur von Wettbewerbsverzerrungen, der Vermeidung verschleiernder Handelsbeschränkungen oder der Stärkung des wirtschaftlichen und sozialen Zusammenhalts) verstoßen oder auf sonstige Weise die Interessen der Mitgliedstaaten erheblich beeinträchtigen. Dies deutet darauf hin, dass eine Gemeinschaftszuständigkeit immer dann gegeben ist, wenn die Mitgliedstaaten eine Aufgabe nicht ausreichend verwirklichen können[222], also eine „Überforderung der Mitgliedstaaten" vorliegt.[223] Solange jedoch die konkret verfolgten Ziele von den Mitgliedstaaten zwar möglicherweise schlechter als auf gemeinschaftsrechtlicher Ebene, aber noch immer ausreichend erreicht werden können, fehlt der Gemeinschaft die Handlungsbefugnis.[224]

---

[217] *Calliess*, in: *Calliess/Ruffert*, Kommentar zu EU-Vertrag und EG-Vertrag, Art. 5 EG Rn. 35, *Borchardt*, Die rechtlichen Grundlagen der Europäischen Union, S. 140.
[218] *Koenig/Haratsch*, Europarecht, S. 29; *Pieper*, DVBl. 1993, S. 705, 709; *Kenntner*, NJW 1998, S. 2871, 2873; *Kahl*, AöR 1993, S. 414, 433.
[219] *Borchardt*, Die rechtlichen Grundlagen der Europäischen Union, S. 140.
[220] Die Protokolle zu den Gemeinschaftsverträgen sind integrale Bestandteile dieser Verträge (vgl. Art. 311 EG, Art. 84 EGKS, Art. 207 Euratom).
[221] ABl. Nr. C 340 vom 10. November 1997, S. 105; siehe hierzu *Kenntner*, NJW 1998, S. 2871 ff.
[222] *Pieper*, DVBl. 1993, S. 705, 709.
[223] *Calliess*, in: *Calliess/Ruffert*, Kommentar zu EU-Vertrag und EG-Vertrag, Art. 5 EG Rn. 40.
[224] *Kenntner*, NJW 1998, S. 2871, 2873.

Fraglich ist, ob diese Voraussetzungen beim Erlass der Richtlinie 2000/78/EG beachtet wurden. Danach muss zunächst der Bereich der Bekämpfung von Diskriminierungen in Beschäftigung und Beruf *„transnationale Aspekte"* ausweisen, die durch Maßnahmen der Mitgliedstaaten *nicht ausreichend* geregelt werden können.

Diskriminierungen in Beschäftigung und Beruf sind ein gemeinschaftsweites Problem, das alle Mitgliedstaaten und nicht nur ein einzelnes Land oder wenige Mitgliedstaaten betrifft.[225] Es weist deshalb transnationale Aspekte auf, die gemeinschaftsweite Lösungen fordern, um diesem Problem zu begegnen. Darüber hinaus müssen alleinige Maßnahmen der Mitgliedstaaten oder das Fehlen von Gemeinschaftsmaßnahmen gegen die *Anforderungen des Vertrags* verstoßen. Diskriminierungen in Beschäftigung und Beruf haben zur Folge, dass bestimmte Arbeitnehmer eine zurücksetzende Behandlung im Vergleich zu anderen Personen erfahren.[226] Dies kann dazu führen, dass benachteiligte Personengruppen sich gezwungen sehen, sich lediglich in den Ländern aufzuhalten, in denen ihnen eine Gleichbehandlung gewährt wird. Dies könnte die Freizügigkeit in Europa beeinträchtigen. Ferner können Arbeitgeber in einigen Bereichen einen Wettbewerbsvorteil haben, wenn sie in bestimmten Bereichen diskriminieren können. Dies trifft z. B. in den Fällen zu, in denen ein Mitgliedstaat seinen Unternehmen verbietet, eine Ungleichbehandlung aufgrund einer Behinderung vorzunehmen, während eine solches Verbot in anderen Ländern nicht besteht. Diese Unternehmen werden durch das bestehende Diskriminierungsverbot dazu veranlasst, einen u. U. kostenintensiven behindertengerechten Arbeitsplatz einzurichten und haben damit gegenüber anderen Unternehmen, die dazu nicht verpflichtet sind, einen (finanziellen) Wettbewerbsnachteil. Will man also Diskriminierungen in Europa bekämpfen, muss dies aufgrund gemeinschaftsweiter Regelungen erfolgen, da die Mitgliedstaaten dies nicht durch eigene Maßnahmen erreichen können.[227]

---

[225] Siehe hierzu *Kehlen,* Europäische Antidiskriminierung und kirchliches Selbstbestimmungsrecht, S. 119; *Allen,* in: Bekämpfungen der Diskriminierungen: Orientierungen für die Zukunft, S. 77, 83.

[226] *Zuleeg,* in: Bekämpfung der Diskriminierungen: Orientierungen für die Zukunft, S. 104.

[227] So auch mit weiteren Argumenten *Kehlen,* Europäische Antidiskriminierung und kirchliches Selbstbestimmungsrecht, S. 118 ff.; a. A. *Högenauer,* Die europäischen Richtlinien gegen Diskriminierung im Arbeitsrecht, S. 81 f., wobei dieser weder das Vorliegen der Voraussetzungen von Art. 5 Abs. 2 EG, noch der Regelungen des Subsidiaritätsprotokolls überprüft, sondern lediglich auf die Erwägungsgründe der Richtlinie oder etwaige Äußerungen der Gemeinschaftsorgane eingeht. Die Äußerungen der Gemeinschaftsorgane haben jedoch nicht bei der Erörterung der materiellen Vorgaben des Subsidiaritätsprinzips, sondern nur im Rahmen der Begründungspflicht nach Art. 253 EG Bedeutung.

bb) Positivkriterium („besser“)

Auch bezüglich des Positivkriteriums lassen sich Hinweise und Leitlinien im Subsidiaritätsprotokoll finden. Nach Nr. 4 des Protokolls muss die Feststellung, dass ein Gemeinschaftsziel *besser* auf Gemeinschaftsebene erreicht werden kann, auf qualitativen oder – soweit möglich – auf quantitativen Kriterien beruhen. Darüber hinaus verlangt Nr. 5, 3. Spiegelstrich des Protokolls, dass Maßnahmen auf Gemeinschaftsebene wegen ihres *Umfangs* und ihrer *Wirkungen* im Vergleich zu Maßnahmen auf der Ebene der Mitgliedstaaten *deutliche Vorteile* mit sich bringen.

Das Kriterium des „Umfangs“ deutet auf einen transnationalen bzw. grenzüberschreitenden Aspekt hin, so dass diesbezüglich zum einen auf die Art, Größe und Schwere des jeweils zu lösenden Problems und zum anderen auf die Frage abzustellen ist, ob mehrere oder alle Mitgliedstaaten hiervon betroffen sind (quantitatives Element).[228] Auch das Kriterium der „Wirkungen“ enthält transnationale Aspekte, wobei hier jedoch die Auswirkungen der Maßnahme in den jeweiligen Mitgliedstaaten zu untersuchen sind (qualitatives Element).[229] Ob die entsprechenden Maßnahmen auf Gemeinschaftsebene „deutliche Vorteile“ im Vergleich zu mitgliedstaatlichen Maßnahmen mit sich bringen, ist durch einen „wertenden Vergleich zwischen zusätzlichem Integrationsgewinn und mitgliedstaatlichem Kompetenzverlust“ vorzunehmen.[230]

Fraglich ist, ob bei Erlass der Richtlinie 2000/78/EG auch die Voraussetzungen des Positivkriteriums eingehalten wurden. Hierfür müssten Maßnahmen der Gemeinschaft in dem Bereich der Bekämpfung von Diskriminierungen gegenüber Maßnahmen der Mitgliedstaaten deutlich erkennbare Vorteile haben. Gemeinschaftsrechtliche Maßnahmen in dem Bereich der Antidiskriminierung haben gegenüber mitgliedstaatlichen Maßnahmen den Vorteil, dass sie alle Mitgliedstaaten in gleichem Maße betreffen und es deshalb u. a. nicht zu Wettbewerbsverzerrungen aufgrund unterschiedlicher Standards kommen kann. Darüber hinaus schaffen einheitliche Standards ein erhöhtes Bewusstsein für die Problematik und die Bedeutung der Bekämpfung von Diskriminierungen und erleichtern somit die Schaffung einer einheitlichen Grundlage der Rechte auf Gleichbehandlung. Dies wiederum vereinfacht die „Vertiefung des Konzepts der europäischen Staatsbürgerschaft“ und hilft anderen Ländern, die wünschen,

---

[228] *Calliess*, in: *Calliess/Ruffert*, Kommentar zu EU-Vertrag und EG-Vertrag, Art. 5 EG Rn. 44; *ders.*, Subsidiaritäts- und Solidaritätsprinzip in der Europäischen Union, S. 115.

[229] Vgl. *Calliess*, in: *Calliess/Ruffert*, Kommentar zu EU-Vertrag und EG-Vertrag, Art. 5 EG Rn. 44; *ders.*, Subsidiaritäts- und Solidaritätsprinzip in der Europäischen Union, S. 115.

[230] *Calliess*, in: *Calliess/Ruffert*, Kommentar zu EU-Vertrag und EG-Vertrag, Art. 5 EG Rn. 44; *ders.*, Subsidiaritäts- und Solidaritätsprinzip in der Europäischen Union, S. 116.

Mitglieder der Gemeinschaft zu werden, die Grundnormen der Gemeinschaft auf diesem Gebiet deutlicher zu erkennen.[231] Folglich sind auch die Anforderungen des Positivkriteriums erfüllt worden.[232]

Als Ergebnis lässt sich festhalten, dass die materiellen Vorgaben des Subsidiaritätsprinzips eingehalten wurden.

d) Formelle Vorgaben des Subsidiaritätsprinzips: Begründungspflicht

Art. 253 EG fordert, dass u. a. Richtlinien mit Gründen zu versehen sind. Da Art. 5 EG nur bei der Inanspruchnahme einer Kompetenznorm von Bedeutung ist, erstreckt sich die in Art. 253 EG enthaltene Begründungspflicht auch auf die im Subsidiaritätsprinzip enthaltenen Anforderungen.[233] Die Begründung eines Rechtsaktes muss demnach Ausführungen zum Subsidiaritätsprinzip haben.[234] Diese allgemeine Begründungspflicht für Rechtsakte wird im Rahmen der Subsidiarität durch Nr. 4 des Subsidiaritätsprotokolls ergänzt. Danach muss jeder Vorschlag für gemeinschaftliche Rechtsvorschriften begründet werden, um zu rechtfertigen, dass die Grundsätze der Subsidiarität und der Verhältnismäßigkeit eingehalten werden.[235] Welchen Inhalt und Umfang die Begründungspflicht hat, ist jedoch schwer zu bestimmen, da Art. 253 EG diesbezüglich keine konkreten Angaben macht.[236] Nach Ansicht des EuGH müssen jedoch die wichtigsten rechtlichen und tatsächlichen Erwägungen, auf denen die Maßnahme beruht, in der Begründung enthalten sein, so dass hieraus die Gedankengänge der erlassenden Organe erkennbar werden.[237]

Fraglich ist, ob die Anforderungen an eine ordnungsgemäße Begründung beim Erlass der Richtlinie 2000/78/EG beachtet wurden. Zwar wird das Subsidiaritätsprinzip in den Erwägungen zur Richtlinie ausdrücklich erwähnt[238], allerdings wird hierin lediglich festgestellt, dass dessen Anforderungen beachtet wurden. Es lassen sich aus ihr weder Gründe entnehmen, weshalb die Ziele durch Maß-

---

[231] So *Allen*, in: Bekämpfung der Diskriminierungen: Orientierungen für die Zukunft, S. 77, 84, der auch den Begriff der „europäischen Staatsbürgerschaft" verwendet.

[232] Ebenso mit weiteren Argumenten *Kehlen*, Europäische Antidiskriminierung und kirchliches Selbstbestimmungsrecht, S. 121 ff.

[233] *Calliess*, Subsidiaritäts- und Solidaritätsprinzip in der Europäischen Union, S. 331; *Kahl*, AöR 1993, S. 414, 440 f.

[234] *Pieper*, DVBl. 1993, S. 705, 711.

[235] Zu den Funktionen der Begründungspflicht siehe *Calliess*, Subsidiaritäts- und Solidaritätsprinzip in der Europäischen Union, S. 331 ff.

[236] *Calliess*, Subsidiaritäts- und Solidaritätsprinzip in der Europäischen Union, S. 333.

[237] *Calliess*, Subsidiaritäts- und Solidaritätsprinzip in der Europäischen Union, S. 333.

[238] RLBegr. 37.

nahmen der Mitgliedstaaten nicht ausreichend erreicht werden können, noch enthält sie Gründe, die für ein Handeln der Gemeinschaft sprechen. Fraglich ist deshalb, ob die bloße Wiedergabe der Anforderungen an das Subsidiaritätsprinzip und die Feststellung, dass diese Anforderungen beachtet wurden, ausreicht, um dem formalen Kriterium der Begründungspflicht nachzukommen. Ist dies nicht der Fall, liegt die Verletzung einer wesentlichen Formvorschrift vor.

Grundsätzlich genügt eine formelhafte Begründung den Anforderungen des Art. 253 EG nicht, jedoch hält der EuGH eine ausdrückliche Erwähnung des Subsidiaritätsprinzips für entbehrlich, wenn die sonstigen Erwägungen der Richtlinie „eine Darstellung der Gründe enthalten, die das Organ zu ihrem Handeln veranlasst haben"[239]. Es muss deshalb erörtert werden, ob diese Gründe in den sonstigen Erwägungsgründen zur Richtlinie 2000/78/EG zu finden sind. Diese müssen sich sowohl auf das Positiv- als auch auf das Negativkriterium beziehen.

In den Erwägungsgründen 1, 2, 3 und 4 beschreibt der Rat den Schutz vor Diskriminierungen als *allgemeines*, den Mitgliedstaaten *gemeinsames* Menschenrecht, das – nach Erwägungsgrund 5 – geachtet werden muss. Hierdurch lässt sich ein vager Hinweis darauf erahnen, dass Antidiskriminierung transnationale Aspekte beinhaltet, die durch Maßnahmen der Mitgliedstaaten nicht ausreichend geregelt werden können. Es muss jedoch festgehalten werden, dass es einer sehr integrationsfreundlichen Interpretation dieser Erwägungsgründe bedarf, um darin Aussagen zu dem Kriterium der „transnationalen Aspekte" zu finden. Aus dem Wortlaut der Erwägungsgründe selbst sind die Gründe des Rates für das Vorliegen dieses Kriteriums jedenfalls kaum erkennbar. Dagegen sind Hinweise auf die Gründe, die für einen „Verstoß gegen die Anforderungen des Vertrags" sprechen, leichter aus den Erwägungsgründen ableitbar. Diese finden sich z. B. in den Erwägungsgründen 3, 7, 8, 9 und 11. Am deutlichsten tritt dies in RLBegr. 11 hervor, wonach Diskriminierungen „die Verwirklichung der im EG-Vertrag festgelegten Ziele" unterminieren können, „insbesondere die Erreichung eines hohen Beschäftigungsniveaus und eines hohen Maßes an sozialem Schutz, die Hebung des Lebensstandards und der Lebensqualität, den wirtschaftlichen und sozialen Zusammenhalt, die Solidarität sowie die Freizügigkeit". Schließlich müssen sich noch Gründe für die Ansicht finden lassen, dass die Maßnahmen auf Gemeinschaftsebene *deutliche Vorteile* mit sich bringen. Mit diesem Kriterium verhält es sich ähnlich wie dem bereits erwähnten der „transnationalen Aspekte". Auch hier bedarf es einer sehr integrationsfreundlichen Auslegung, um in den Erwägungsgründen überhaupt Aussagen zu diesem Kriterium zu finden. So könnte man beispielsweise auf RLBegr. 2 verweisen, die auf die

---

[239] EuGH, Rs. C-233/84, Slg. 1997, S. I-2405, 2452 (Rn. 25).

Gleichbehandlungsrichtlinie von 1976[240] Bezug nimmt, und argumentieren, dass die Erwähnung dieser Richtlinie darauf hindeutet, dass erfolgreiche Antidiskriminierungsmaßnahmen, die zur Durchsetzung einer effektiven Gleichbehandlung geführt haben, bisher stets auf der Ebene des Gemeinschaftsrechts eingeführt und durchgesetzt wurden und der Erlass von Richtlinien deshalb wegen ihrer Verbindlichkeit allen Mitgliedstaaten gegenüber „deutliche Vorteile" gegenüber mitgliedstaatlichen Maßnahmen hat.

Zusammenfassend lässt sich festhalten, dass in den Erwägungsgründen kaum Hinweise zu finden sind, die erkennen lassen, weshalb der Rat die Auffassung vertritt, sein Handeln stehe mit den Anforderungen des Subsidiaritätsprinzips im Einklang. Zwar lassen sich durch eine sehr integrationsfreundliche Auslegung solche Hinweise „konstruieren", jedoch müssen ernsthafte Zweifel am Vorliegen einer ordnungsgemäßen Begründung hinsichtlich des Subsidiaritätsprinzips bei dieser Richtlinie bleiben, wenn man die Anforderungen an die Begründungspflicht ernst nimmt.[241]

e) Ergebnis

Die materiellen Vorgaben des Subsidiaritätsprinzips wurden zwar eingehalten, jedoch bleiben Zweifel am Vorliegen einer ordnungsgemäßen Begründung diesbezüglich bestehen.

2. Das Verhältnismäßigkeitsprinzip nach Art. 5 Abs. 3 EG

Das Verhältnismäßigkeitsprinzip[242] wurde schon früh durch den EuGH als allgemeines Prinzip des Gemeinschaftsrechts anerkannt und ist mittlerweile integrierter Bestandteil des Gemeinschaftsrechts.[243] Art. 5 Abs. 3 EG formuliert das gemeinschaftsrechtliche Verhältnismäßigkeitsprinzip, welches in diesem Zusammenhang für das Handeln der Gemeinschaft im Verhältnis zu den Mitglied-

---

[240] ABl. Nr. L 39 vom 14. Februar 1976, S. 40 (Gleichbehandlung von Männern und Frauen hinsichtlich des Zugangs zur Beschäftigung, zur Berufsbildung und zum beruflichen Aufstieg sowie in Bezug auf die Arbeitsbedingungen).

[241] Eine ordnungsgemäße Begründung bejahend *Kehlen,* Europäische Antidiskriminierung und kirchliches Selbstbestimmungsrecht, S. 127; dagegen verneinend *Högenauer,* Die europäischen Richtlinien gegen Diskriminierung im Arbeitsrecht, S. 82; so wohl auch *Bauer,* NJW 2001, S. 2672 f.

[242] Siehe hierzu ausführlich *Hirsch,* in: Scritti in onore di Giuseppe Federico Mancini, S. 459 ff.

[243] *Hirsch,* in: Scritti in onore di Giuseppe Federico Mancini, S. 459, 466, 467; *Pache,* NVwZ 1999, S. 1033, 1034.

staaten gilt.[244] Danach dürfen die Maßnahmen der Gemeinschaft nicht über das für die Erreichung der Ziele erforderliche Maß hinausgehen. Dieses Gebot wird in Nr. 6 und Nr. 7 des Subsidiaritätsprotokolls weiter präzisiert. So sollte u. a. bei Maßnahmen der Gemeinschaft „so viel Raum für nationale Entscheidungen bleiben, wie dies im Einklang mit dem Ziel der Maßnahme und den Anforderungen des Vertrags möglich ist". Ferner sollten „bewährte nationale Regelungen sowie Struktur und Funktionsweise der Rechtssysteme der Mitgliedstaaten geachtet werden".

Nach der Rechtsprechung des EuGH sind Maßnahmen der Gemeinschaft verhältnismäßig, wenn die gewählten Mittel zur Erreichung des angestrebten Zwecks geeignet sind und das Maß des hierzu Erforderlichen nicht übersteigen.[245] Als Merkmale der Verhältnismäßigkeit haben sich so im Laufe der Zeit wie im deutschen Recht die Geeignetheit, die Erforderlichkeit und die Verhältnismäßigkeit im engeren Sinne herausgebildet.[246] Gibt es mehrere Handlungsmöglichkeiten, muss die Gemeinschaft die am wenigsten belastende wählen. Allerdings räumt der EuGH den Gemeinschaftsorganen – ähnlich wie im Rahmen des Subsidiaritätsprinzips – einen weiten Ermessensspielraum ein und überprüft auch hier lediglich, ob ein „offensichtlicher Irrtum" oder ein „Ermessensmissbrauch" vorliegt, oder ob das Organ die „Grenzen seines Ermessens offenkundig überschritten hat".[247]

Fraglich ist, ob der Rat bei Erlass der Richtlinie 2000/78/EG das Verhältnismäßigkeitsprinzip beachtet hat. Für seine Beachtung lassen sich in der Richtlinie einige Hinweise finden: Zum einen hat der Rat mit dieser Richtlinie lediglich Mindestanforderungen festgelegt, in deren Rahmen die Mitgliedstaaten ihre Regelungen frei gestalten können. Zum anderen haben diese die Möglichkeit, in einigen Bereichen eine Ausnahmeregelung zu schaffen, um beispielsweise den Status, den Kirchen und religiöse Vereinigungen in den Mitgliedstaaten nach deren Rechtsvorschriften genießen[248], so weitgehend wie möglich zu erhalten. Gerade dies zeugt davon, dass der Rat bemüht war, „nationale Strukturen"[249] zu achten.

---

[244] *Geiger*, Kommentar zum EUV/EGV, Art. 5 EG Rn. 13.
[245] EuGH, Rs. C-233/94, Slg. 1997, S. I-2405, 2461 (Rn. 54).
[246] *Hirsch*, in: Scritti in onore di Giuseppe Federico Mancini, S. 459, 468; *Pache*, NVwZ 1999, S. 1033, 1035.
[247] Siehe auch *Pache*, NVwZ 1999, S. 1033, 1039.
[248] Siehe RLBegr. 24 mit einem Hinweis auf die der Schlussakte zum Vertrag von Amsterdam beigefügten Erklärung Nr. 11 zum Status der Kirchen und weltanschaulichen Gemeinschaften.
[249] Nr. 7 des Subsidiaritätsprotokolls.

Im Übrigen kann nur darüber spekuliert werden, ob es unter Umständen eine Handlungsmöglichkeit gäbe, die einen geringeren Eingriff in mitgliedstaatliche Kompetenzen mit sich brächte, da der Rat hierzu keine näheren Ausführungen macht. Zwar ist die Einhaltung des Verhältnismäßigkeitsprinzips ebenfalls gerichtlich überprüfbar, jedoch wird auch hier den handelnden Organen ein weiter Ermessenspielraum eingeräumt.[250] Wegen dieses Ermessens stellt der EuGH einen Verstoß gegen den Verhältnismäßigkeitsgrundsatz nur dann fest, wenn ein Gemeinschaftsrechtsakt diesen Grundsatz offensichtlich verletzt.[251] Da sich jedoch bei dieser Richtlinie kein offenkundiger Irrtum oder ein Ermessensmissbrauch finden lässt, liegt auf der Grundlage der Rechtsprechung des EuGH kein Verstoß gegen das Verhältnismäßigkeitsprinzip vor.

3. Die Achtung der nationalen Identität nach Art. 6 Abs. 3 EU

Nach Art. 6 Abs. 3 EU achtet die Union die nationale Identität ihrer Mitgliedstaaten. Möglicherweise wird durch dieses Achtungsgebot das deutsche Staatskirchenrecht auf europäischer Ebene so weit geschützt, dass die Gemeinschaft in diesem Bereich keinerlei Regelungen treffen darf. Um diese Frage zu klären, muss die Bedeutung dieser Vorschrift v. a. bzgl. der Stellung der Kirchen in Deutschland erörtert werden. In diesem Zusammenhang stellen sich zunächst die Fragen, was unter dem Begriff der „nationalen Identität" zu verstehen ist und ob das nationale Staatskirchenrecht – insbesondere das kirchliche Arbeitsrecht – hierdurch geschützt wird. Darüber hinaus muss geklärt werden, welchen Inhalt das Achtungsgebot hat bzw. welche Rechtsfolgen sich daran knüpfen und an wen es adressiert ist.

a) Begriff der „nationalen Identität"

Hintergrund der Aufnahme der Achtung der nationalen Identität war die Sorge vor einer möglichen Entstaatlichung der Nationalstaaten im Rahmen der Europäischen Union durch die sich ausprägende europäische Identität auf der einen und die Aufwertung der Regionen auf der anderen Seite.[252]

Welchen Inhalt der Begriff der nationalen Identität hat, wird im Vertrag jedoch nicht definiert und ist deshalb ungewiss.[253] Deshalb gibt es verschiedene Auffassungen darüber, wie dieser Begriff zu bestimmen ist. Nach einer Auffassung

---

[250] *Geiger*, Kommentar zum EUV/EGV, Art. 5 EG Rn. 15.
[251] *Pache*, NVwZ 1999, S. 1033, 1039.
[252] *Puttler*, in: *Calliess/Ruffert*, Kommentar zu EU-Vertrag und EG-Vertrag, Art. 6 EU Rn. 212; *Stumpf*, in: *Schwarze*, EU-Kommentar, Art. 6 EU Rn. 42.
[253] *Doehring*, in: FS für Ulrich Everling, S. 263; *Rupp*, in: FS für Walter Rudolf, S. 173.

versteht man unter dem Begriff der nationalen Identität Ideengehalte, mit denen sich das Individuum (oder eine Nation) identifiziert.[254] Nach einer zweiten Auffassung wird festgestellt, dass lediglich die Staatlichkeit sowie die Souveränität der Mitgliedstaaten den Inhalt dieses Begriffs determinieren.[255] Vertreter dieser Auffassung verstehen unter nationaler Identität die Verfassungsidentität des Staates, die im Falle Deutschlands insbesondere durch Art. 79 Abs. 3 GG geprägt ist.[256] Eine dritte Auffassung versteht unter der nationalen Identität die unterschiedlichen Kulturen, Weltanschauungen, Politikverständnisse, Lebensweisen, Sprachen sowie diejenigen Vorstellungen, welche die Bürger in ihrem jeweiligen politischen System nach ihrer Geschichte, Rechtskultur und Rechtspraxis zum Ausdruck bringen.[257]

Diese Vielfalt an unterschiedlichen Definitionen lässt schon erkennen, dass es keine einheitlichen Kriterien zur Beschreibung der nationalen Identität gibt. Will man ihren Inhalt dennoch bestimmen, muss dies deshalb vor dem Hintergrund der Norm geschehen: Wie eingangs schon erwähnt, war Sinn und Zweck der Vorschrift die Verhinderung einer völligen Entstaatlichung der Mitgliedstaaten. Trotz eines zusammenwachsenden Europas sollten einige nationale Eigenheiten erhalten bleiben und nicht völlig zu Gunsten einer europäischen Identität aufgegeben werden. Entscheidend muss deshalb einerseits sein, was die Mitgliedstaaten als diejenigen Werte bestimmen, die ihr nationales Selbstverständnis und damit ihre Identität ausmachen,[258] da nur sie selbst entscheiden können, was zu ihrer Identität gehört. Andererseits ist erforderlich, dass die Kriterien, die ein Mitgliedstaat als Merkmal seiner nationalen Identität festlegt, gegenüber anderen Nationen auch eine abgrenzende Wirkung haben[259] und dadurch eine Unterscheidbarkeit von Staaten herbeiführen[260], da es schwer fällt, etwas als nationale Eigenheit/Identität zu beschreiben, was in allen europäischen Ländern gleichermaßen vorhanden ist. Ein Schutz über Art. 6 Abs. 3 EG wäre außerdem über-

---

[254] *Bleckmann,* JZ 1997, S. 265.
[255] *Doehring,* in: FS für Ulrich Everling, S. 263, 264.
[256] *Vachek,* Das Religionsrecht der Europäischen Union im Spannungsfeld zwischen mitgliedstaatlichen Kompetenzreservaten und Art. 9 EMRK, S. 274; *Kruttschnitt,* Europa: Christentum im Vollzug, S. 112.
[257] *Rupp,* in: FS für Walter Rudolf, S. 173, 174.
[258] So auch *Puttler,* in: *Calliess/Ruffert,* Kommentar zu EU-Vertrag und EG-Vertrag, Art. 6 EU Rn. 213; *Müller-Volbehr,* Europa und das Arbeitsrecht der Kirchen, S. 93.
[259] *Puttler,* in: *Calliess/Ruffert,* Kommentar zu EU-Vertrag und EG-Vertrag, Art. 6 EU Rn. 213.
[260] *Vachek,* Das Religionsrecht der Europäischen Union im Spannungsfeld zwischen mitgliedstaatlichen Kompetenzreservaten und Art. 9 EMRK, S. 272; *Müller-Volbehr,* Europa und das Arbeitsrecht der Kirchen, S. 94.

flüssig, da das betroffene Merkmal ja ohnehin in allen anderen europäischen Ländern gegeben ist.

Außerdem ist darauf hinzuweisen, dass der Begriff der nationalen Identität keinen schon immer vorliegenden oder immerwährenden Zustand beschreibt, sondern als Identitätskern das begreift, was sich in der geschichtlichen Entwicklung des jeweiligen Mitgliedstaats bis zum Zeitpunkt der Betrachtung herausgebildet hat. Dies bedeutet, dass sich die nationale Identität eines Staates im Laufe der Zeit auch ändern kann.

Zusammenfassend ergibt sich deshalb, dass jeder Mitgliedstaat selbst bestimmen kann und muss, was seine nationale Identität ausmacht, wobei nur solche Kriterien in Betracht kommen, die der Abgrenzung zu anderen Mitgliedstaaten dienen.

Vor diesem Hintergrund müssen die bereits genannten Auffassungen betrachtet werden. Die erste Auffassung berücksichtigt zwar das Kriterium, dass jeder Staat selbst zu bestimmen hat, was seine nationale Identität ausmacht, geht aber nicht darauf ein, dass auch eine Unterscheidbarkeit zu anderen Staaten gegeben sein muss. Nach der zweiten Auffassung ist lediglich das Kriterium der Staatlichkeit bzw. Souveränität geeignet, die nationale Identität zu bestimmen. Sie lässt damit außer Acht, dass jeder Mitgliedstaat selbst bestimmen können muss, was zu seiner Identität gehört. Dies können neben der Staatlichkeit bzw. Souveränität auch andere Kriterien (z. B. Sprache, Kultur, ethnische Zugehörigkeit etc.) sein. Die nationale Identität Deutschlands ist deshalb nicht gleichbedeutend mit der Verfassungsidentität i. S. d. Art. 79 Abs. 3 GG; sie muss weder zu jener rechnen, noch sich in jener erschöpfen.[261] Im Rahmen der dritten Auffassung wird lediglich einen Kriterienkatalog angegeben, der verschiedene Punkte enthält, die die Mitgliedstaaten möglicherweise als Teil ihrer Identität verstehen, macht jedoch keine grundlegenden Aussagen dazu, wie diese Auswahl zustande kam und welche Kriterien möglicherweise noch in Betracht kommen. Daraus folgt, dass alle Auffassungen durchaus berechtigte, jedoch keine umfassenden Kriterien zur Bestimmung des Begriffs der nationalen Identität geben. Nur wenn ein Mitgliedstaat das jeweilige Merkmal als Teil seiner Identität betrachtet und dieses ferner der Abgrenzung zu anderen Nationen dient, ist das Kriterium zur Bestimmung der jeweiligen nationalen Identität geeignet. Es ist deshalb möglich (aber nicht notwendig), dass jeder Staat andere Kriterien hat, die er zur Bestimmung seiner Identität heranzieht.

---

[261] Ebenso *Mückl*, Religions- und Weltanschauungsfreiheit im Europarecht, S. 25; *Waldhoff*, JZ 2003, S. 978, 985.

b) Das Staatskirchenrecht als Kriterium der nationalen Identität

Im Rahmen dieser Arbeit ist entscheidend, ob das staatskirchenrechtliche System in Deutschland – und das kirchliche Arbeitsrecht als besondere Ausprägung hiervon – durch Art. 6 Abs. 3 EU als nationale Identität geachtet werden müssen. Es muss deshalb zum einen geprüft werden, ob das Staatskirchenrecht in Deutschland als Teil der eigenen Identität betrachtet wird und ob es zum anderen als Merkmal der Unterscheidbarkeit bzw. Abgrenzung herangezogen werden kann.

aa) Das staatskirchenrechtliche System als Identitätsmerkmal

Hier ist erneut darauf hinzuweisen, dass die Bestimmung des Identitätsbereichs eines Mitgliedstaates durch diesen selbst erfolgen muss. Für den vorliegenden Fall bedeutet dies, dass geprüft werden muss, ob das staatskirchenrechtliche System im Rahmen des deutschen Selbstverständnisses als Teil der eigenen Identität betrachtet wird.

Aus der Literatur[262] lässt sich erkennen, dass dies ganz überwiegend bejaht wird.[263] Begründet wird dies zumeist damit, dass die Beziehungen zwischen Staat und Kirche bzw. Religions- und Weltanschauungsgemeinschaften ein Pro-

---

[262] Mangels anderweitiger praktikabler Möglichkeiten zur Untersuchung der Frage, ob das Staatskirchenrecht in Deutschland als Teil der eigenen Identität betrachtet wird, wird auf die vielfältige juristische Literatur hierzu zurückgegriffen.

[263] *Müller-Volbehr,* Europa und das Arbeitsrecht der Kirchen, S. 94; *Hillgruber,* DVBl. 1999, S. 1155, 1178; *Robbers,* Handbuch des Staatskirchenrechts der Bundesrepublik Deutschland, S. 315, 323; *ders.,* in: Staat und Kirche in der Europäischen Union, S. 351, 359; *van Bijsterveld,* in: Religions in European Union Law 1998, S. 27, 32; *Mückl,* Religions- und Weltanschauungsfreiheit im Europarecht, S. 26; *Link,* ZevKR 42 (1997), S. 130, 153; *Winter,* in: Kirchen und Religionsgemeinschaften in der Europäischen Union, S. 157, 166; *ders.,* in: Kultur, Tradition, eigenes Kulturbewusstsein und Europäisches Gemeinschaftsrecht, S. 13, 16; *ders.,* in: FS für Alexander Hollerbach, S. 893, 898; *Streinz,* Essener Gespräche zum Thema Staat und Kirche 31 (1997), S. 53, 83; *de Wall,* ZevKR 47 (2002), S. 205, 206; *ders.,* ZevKR 45 (2000), S. 157, 159; *Bausback,* EuR 2000, S. 261, 265; *Hollerbach,* in: Religions in European Law 1998, S. 89, 90; *Richardi,* Arbeitsrecht in der Kirche, S. 13; *ders.,* in: Münchener Handbuch Arbeitsrecht, § 192 Rn. 9, *Dill,* ZRP 2003, S. 318, 321; *Waldhoff,* JZ 2003, S. 978, 985; vorsichtiger: *Heinig,* in: Kirchen und Religionsgemeinschaften in der Europäischen Union, S. 125, 139; *ders.,* in: Religion und Weltanschauung im säkularen Staat, S. 215, 247; *Heintzen,* in: FS für Joseph Listl, S. 29, 35; *Brenner,* in: Deutsches Staatskirchenrecht zwischen Grundgesetz und EU-Gemeinschaft, S. 43, 62; a. A.: *Vachek,* Das Religionsrecht der Europäischen Union im Spannungsfeld zwischen mitgliedstaatlichen Kompetenzreservaten und Art. 9 EMRK, S. 275 f.; *Kruttschnitt,* Europa: Christentum im Vollzug, S. 114, die jedoch beide die „nationale Identität“ auf die Verfassungsidentität i. S. d. Art. 79 Abs. 3 GG reduzieren.

dukt der jeweiligen historischen Entwicklung darstellen und vielfach auch für die Gegenwart prägend sind.[264]

bb) Das staatskirchenrechtliche System als Unterscheidungsmerkmal

Das mitgliedstaatlich bestimmte Identitätsmerkmal muss ferner der Unterscheidung bzw. Abgrenzung von anderen Mitgliedstaaten dienen. Im Rahmen der vorliegenden Problematik bedeutet dies, dass das staatskirchenrechtliche System und damit verbunden auch das kirchliche Arbeitsrecht Deutschlands sich von den anderen Mitgliedstaaten unterscheiden müssen.

Auch wenn das Verhältnis von Staat und Kirche in Deutschland einige besondere Ausprägungen (z. B. Kirchensteuer, religiöse Erziehung in öffentlichen Schulen[265]) im Vergleich zu anderen Mitgliedstaaten aufweist, kann man die Auffassung vertreten, dass das deutsche staatskirchenrechtliche System keine Besonderheit in der Europäischen Union darstellt, da es in mehreren Staaten der Europäischen Union so wie in Deutschland eine Kooperation[266] zwischen Staat und Kirche gibt.[267] Auch die Tatsache, dass es innerhalb Europas eine Konvergenzbewegung[268] der verschiedenen staatskirchenrechtlichen Systeme gibt, kann als weiteres Argument dafür herangezogen werden, dass das jeweilige Verhältnis von Staat und Kirche nicht identitätsprägend sein kann.[269] Allerdings greift diese Argumentation zu kurz, da allein aus der Tatsache, dass die Möglichkeit besteht, einen Staat in eines der drei Grundmodelle des Staatskirchenrechts einzuordnen, nicht geschlussfolgert werden kann, dass die Systeme einer solchen Gruppe im Wesentlichen gleich oder gar identisch sind.[270] So hat jeder Staat einige staatskirchenrechtliche Besonderheiten, die ihn von anderen Staaten – auch denen aus

---

[264] Statt vieler *Mückl,* Religions- und Weltanschauungsfreiheit im Europarecht, S. 26; *Hollerbach,* in: Religions in European Law 1998, S. 89, 90; *Dill,* ZRP 2003, S. 318, 321.
[265] *Hollerbach,* in: Religions in European Law 1998, S. 89.
[266] Zu den unterschiedlichen staatskirchenrechtlichen Modellen siehe unter F.II.2.b)aa)bbb)(2)(a).
[267] Siehe hierzu *Vachek,* Das Religionsrecht der Europäischen Union im Spannungsfeld zwischen mitgliedstaatlichen Kompetenzreservaten und Art. 9 EMRK, S. 274.
[268] Siehe unter F.II.2.b)aa)bbb)(2)(b).
[269] *Vachek,* Das Religionsrecht der Europäischen Union im Spannungsfeld zwischen mitgliedstaatlichen Kompetenzreservaten und Art. 9 EMRK, S. 274.
[270] Siehe hierzu *Torfs,* ÖARR 46 (1999), S. 14 ff., der anhand verschiedener Länder zeigt, wie groß die Unterschiede des Verhältnisses von Staat und Kirche auch innerhalb eines der drei Grundmodelle sein können. Beispielhaft sei hier Irland erwähnt, dass zu der Gruppe der laizistischen Staaten gerechnet wird. Trotz dieser Tatsache hat die Kirche in Irland – anders als etwa die Kirche in Frankreich – starke Einflussmöglichkeiten auf die irische Gesetzgebung. Dies kommt z. B. in der Abtreibungsfrage zum Ausdruck.

demselben Grundmodell – unterscheiden. Gerade das deutsche Staatskirchenrecht weist in einigen Bereichen Besonderheiten auf, die es in keinem anderen Mitgliedstaat gibt. Ein solcher Bereich ist das kirchliche Arbeitsrecht.[271] Zwar wird die Position des kirchlichen Arbeitgebers in fast allen Staaten berücksichtigt, jedoch können die Kirchen nur in Deutschland auf einen so weiten Schutz, wie ihnen durch das Selbstbestimmungsrecht gewährt wird, zurückgreifen. In allen anderen Ländern können die Kirchen die Einhaltung von Loyalitätsobliegenheiten lediglich mit Hilfe von Tendenzschutzerwägungen einfordern.[272] Daraus folgt, dass das staatskirchenrechtliche System in Deutschland insbesondere im Bereich des kirchlichen Arbeitsrechts die Voraussetzung der Unterscheidbarkeit und Abgrenzung zu anderen Staaten erfüllt.

Zusammenfassend ergibt sich deshalb, dass das staatskirchenrechtliche System – und insbesondere das kirchliche Arbeitsrecht – zum einen als Identitätsmerkmal des deutschen Staats verstanden wird und zum anderen auch zur Unterscheidung und Abgrenzung von anderen Mitgliedstaaten dienen kann. Daraus folgt, dass das Staatskirchenrecht zur nationalen Identität Deutschlands i. S. v. Art. 6 Abs. 3 EU gehört.

c) Inhalt des Achtungsgebots und seine Rechtsfolgen

Nachdem festgestellt worden ist, dass das Staatskirchenrecht Bestandteil der nationalen Identität Deutschlands ist, stellt sich die Frage, welchen Inhalt das Achtungsgebot aus Art. 6 Abs. 3 EU hat und welche Rechtsfolgen sich daraus ergeben.

Seinem Wortlaut nach enthält Art. 6 Abs. 3 EU eine rechtliche Verpflichtung. Danach muss die Union die mitgliedstaatliche Identität achten, verlangt aber nicht ihre Sicherung oder Bewahrung.[273] Daraus folgt, dass den nationalen Werten kein Vorrang eingeräumt wird und sich die Union bei einem Konflikt zwischen identitätsbildenden Grundwerten der Union und solchen der Mitgliedstaaten lediglich um einen Ausgleich bemühen muss.[274] Das deutsche Staatskirchenrecht und die aus dem Selbstbestimmungsrecht abgeleiteten Besonderheiten des

---

[271] Siehe nachstehend unter F.II.2.b)aa)bbb)(2)(b); *Vachek*, Das Religionsrecht der Europäischen Union im Spannungsfeld zwischen mitgliedstaatlichen Kompetenzreservaten und Art. 9 EMRK, S. 405; *Heinig*, in: Religion und Weltanschauung im säkularen Staat, S. 240.

[272] *Vachek*, Das Religionsrecht der Europäischen Union im Spannungsfeld zwischen mitgliedstaatlichen Kompetenzreservaten und Art. 9 EMRK, S. 405.

[273] *Puttler*, in: *Calliess/Ruffert*, Kommentar zu EU-Vertrag und EG-Vertrag, Art. 6 EU Rn. 217.

[274] *Putter*, in: *Calliess/Ruffert*, Kommentar zu EU-Vertrag und EG-Vertrag, Art. 6 EU Rn. 217.

kirchlichen Arbeitsrechts sind demnach nicht gemeinschaftsfest; Art. 6 Abs. 3 EU begründet keine Sicherung des Status quo, sondern lediglich ein Gebot zur Rücksichtnahme gegenüber den jeweiligen Nationalstaaten.[275]

d) Adressat des Achtungsgebots

Aus dem Wortlaut von Art. 6 Abs. 3 EU folgt zunächst nur eine Verpflichtung der Europäischen Union. Nach Art. 1 Abs. 3 EU sind jedoch auch die Europäischen Gemeinschaften Grundlage der Union, so dass sich die Achtungsverpflichtung auch auf diese erstreckt.[276] Allerdings lässt der EU-Vertrag nach Art. 47 EU die Gemeinschaftsverträge grds. unberührt, mit der Folge, dass aus Art. 6 Abs. 3 EU keine unmittelbaren Schranken für die Ausübung von Kompetenzen abgeleitet werden können.[277] Darüber hinaus regelt Art. 46 EU ausdrücklich, für welche Vorschriften aus dem EU-Vertrag eine Zuständigkeit des EuGH besteht. Art. 6 Abs. 3 EU ist darin nicht aufgeführt und fällt damit aus dem Zuständigkeitsbereich des Gerichtshofs heraus.[278] Anders verhält es sich beispielsweise mit Art. 6 Abs. 2 EU: Nach Art. 46 lit. d EU besteht eine Zuständigkeit des EuGH für Art. 6 Abs. 2 EU in Bezug auf Handlungen der Organe, sofern der Gerichtshof im Rahmen der Verträge zur Gründung der Europäischen Gemeinschaften und im Rahmen dieses Vertrags zuständig ist. Auch wenn also Art. 6 Abs. 3 EU keine Schranke für die Ausübung von EG-Recht darstellt, bleibt die nationale Identität nicht völlig ungeschützt: Durch Beachtung Kompetenz begrenzender Gemeinschaftsprinzipien wie das Subsidiaritätsprinzip und der Verhältnismäßigkeitsgrundsatz sowie durch eine entsprechende Auslegung von Art. 10 EG wird die Wahrung der nationalen Identität gesichert.[279]

---

[275] *Hanau/Thüsing,* Europarecht und kirchliches Arbeitsrecht, S. 21; *Heinig,* in: Religion und Weltanschauung im säkularen Staat, S. 215, 247; *ders.,* in: Kirchen und Religionsgemeinschaften in der Europäischen Union, S. 125, 139; ähnlich *Mückl,* Religions- und Weltanschauungsfreiheit im Europarecht, S. 27; a. A.: *Müller-Volbehr,* Europa und das Arbeitsrecht der Kirchen, S. 98; *Bleckmann,* JZ 1997, S. 265, 269; *Richardi,* Arbeitsrecht in der Kirche, S. 13; *ders.,* in: Münchener Handbuch Arbeitsrecht, § 192 Rn. 9-11.

[276] So auch *Puttler,* in: *Calliess/Ruffert,* Kommentar zu EU-Vertrag und EG-Vertrag, Art. 6 EU Rn. 218; a. A.: *Stumpf,* in: *Schwarze,* EU-Kommentar, Art. 6 EU Rn. 43.

[277] *Puttler,* in: *Calliess/Ruffert,* Kommentar zu EU-Vertrag und EG-Vertrag, Art. 6 EU Rn. 218.

[278] *Puttler,* in: *Calliess/Ruffert,* Kommentar zu EU-Vertrag und EG-Vertrag, Art. 6 EU Rn. 218; *Cremer,* in: *Calliess/Ruffert,* Kommentar zu EU-Vertrag und EG-Vertrag, Art. 46 EU Rn. 18; *Herrnfeld,* in: *Schwarze,* EU-Kommentar, Art. 46 EU Rn. 20; *Vachek,* Das Religionsrecht der Europäischen Union im Spannungsfeld zwischen mitgliedstaatlichen Kompetenzreservaten und Art. 9 EMRK, S. 272.

[279] *Puttler,* in: *Calliess/Ruffert,* Kommentar zu EU-Vertrag und EG-Vertrag, Art. 6 EU Rn. 218.

e) Ergebnis

Das Staatskirchenrecht – insbesondere das kirchliche Arbeitsrecht, das aus dem Selbstbestimmungsrecht abgeleitet wird – gehört zur nationalen Identität Deutschlands und muss deshalb nach Art. 6 Abs. 3 EU geachtet werden. An das Achtungsgebot ist auch die Gemeinschaft und mit ihr der EuGH gebunden, welcher jedoch bzgl. dieser Norm keine Zuständigkeit besitzt. Allerdings begründet das Achtungsgebot keine Sicherung des Status quo im Sinne einer unmittelbaren Einschränkung der Ausübung von Kompetenzen, sondern lediglich ein Gebot zur Rücksichtnahme gegenüber den jeweiligen Mitgliedstaaten.

Bezüglich der Richtlinie 2000/78/EG sind die staatskirchenrechtlichen Belange der Mitgliedstaaten berücksichtigt worden. Dies lässt sich zum einen in Erwägungsgrund 24 zur Richtlinie erkennen, in der auf die Kirchenerklärung[280] des Amsterdamer Vertrags hingewiesen wird, und wonach die Gemeinschaft den Status, den Kirchen und religiöse Vereinigungen oder Gemeinschaften in den Mitgliedstaaten nach deren Rechtsvorschriften genießen, achtet und nicht beeinträchtigt. Zum anderen hat die Gemeinschaft die Kirche auch in der Richtlinie selbst berücksichtigt, indem sie den Mitgliedstaaten die Möglichkeit gegeben hat, unter bestimmten Voraussetzungen eine Ausnahme für die Kirchen vorzusehen.

4. Rücksichtnahmegebot der Gemeinschaft im Bereich der Kultur: Art. 151 EG

Vor dem In-Kraft-Treten des Vertrags von Maastricht stand der Gemeinschaft keine allgemeine Kulturkompetenz zu.[281] Durch den Maastrichter Vertrag wurde jedoch ein neuer Titel IX „Kultur“ (ex Art. 128 EG; jetzt Art. 151 EG) geschaffen[282], der den Maßnahmen der Gemeinschaft in diesem Bereich eine kulturpolitische Legitimation verliehen hat.[283] Möglicherweise kann das Staatskirchenrecht unter den Kulturbegriff des Art. 151 EG subsumiert werden, da es als Bestandteil einer „seit Jahrzehnten tradierten nationalen Kultur“ betrachtet werden kann.[284] Dies hätte zur Folge, dass sich damit einerseits eine originäre Kompetenz der Gemeinschaft im Bereich des Staatskirchenrechts und andererseits ein Rücksichtnahmegebot der EG in Bezug auf diesen Bereich ergeben könnten.

---

[280] Siehe hierzu ausführlich unter D.II.5.

[281] *Ress*, DÖV 1992, S. 944.

[282] *Sparr*, in: *Schwarze*, EU-Kommentar, Art. 151 EG Rn. 3; *Müller-Volbehr*, Europa und das Arbeitsrecht der Kirchen, S. 89.

[283] *Blanke*, in: *Calliess/Ruffert*, Kommentar zu EU-Vertrag und EG-Vertrag, Art. 151 EG Rn. 1.

[284] So *Müller-Volbehr*, Europa und das Arbeitsrecht der Kirchen, S. 91.

a) Art. 151 EG als Ermächtigungsnorm

Nach Art. 151 Abs. 1 EG leistet die Gemeinschaft einen Beitrag zur Entfaltung der Kulturen der Mitgliedstaaten unter Wahrung ihrer nationalen und regionalen Vielfalt sowie gleichzeitiger Hervorhebung des gemeinsamen kulturellen Erbes. Art. 151 Abs. 1 EG enthält damit eine eigene – wenn auch eng begrenzte – zusätzliche Kompetenz der Gemeinschaft im Bereich der Kultur[285], die durch Art. 151 Abs. 2 und Abs. 3 EG noch weiter konkretisiert wird.[286]

Fraglich ist, ob diese zusätzliche Ermächtigungsnormen für den Erlass der Richtlinie 2000/78/EG von Bedeutung sind. Da der Rat durch den Erlass dieser Richtlinie jedoch keine die Kultur fördernden Maßnahmen betreiben wollte und sich deshalb auch nicht auf Art. 151 EG gestützt hat, sind die Ermächtigungsnormen des Art. 151 EG nicht weiter zu prüfen. Allerdings muss die Gemeinschaft nach Art. 151 Abs. 4 EG bei ihrer Tätigkeit aufgrund *anderer* Bestimmungen dieses Vertrags den kulturellen Aspekten Rechnung tragen, insbesondere zur Wahrung und Förderung der Vielfalt der Kulturen. Fraglich ist deshalb, ob solche „kulturellen Aspekte" beim Erlass der Richtlinie 2000/78/EG zu berücksichtigen waren. Zu diesen kulturellen Aspekten ist möglicherweise das Staatskirchenrecht zu zählen, da es als Bestandteil einer „seit Jahrzehnten tradierten nationalen Kultur" betrachtet werden kann.[287] Ob das Staatskirchenrecht jedoch tatsächlich als kultureller Aspekt zu berücksichtigen war bzw. ist, kann erst dann beantwortet werden, wenn der Inhalt dieses Begriffs bestimmt worden ist.

b) Der Kulturbegriff in Art. 151 EG

Was die „kulturellen Aspekte", deren Berücksichtigung in Art. 151 Abs. 4 EG gefordert wird, im einzelnen sind, wird im Vertrag nicht präzisiert, jedoch ist anzunehmen, dass es die „Kulturen der Mitgliedstaaten" und das „gemeinsame kulturelle Erbe" sind, die in Art. 151 Abs. 1 EG erwähnt werden.[288] Will man den Inhalt dieser beiden Formulierungen bestimmen, muss zunächst der Inhalt des in Art. 151 Abs. 1 EG erwähnten Kulturbegriffs geklärt werden. Nur wenn feststeht, was zum Bereich der Kultur gehört, kann bestimmt werden, durch was die „Kulturen der Mitgliedstaaten" und das „gemeinsame kulturelle Erbe" determiniert werden. Allerdings ergeben sich bei der Bestimmung des Kulturbegriffs ähnliche Probleme wie im Rahmen der Bestimmung der „kulturellen As-

---

[285] *Sparr*, in: *Schwarze*, EU-Kommentar, Art. 151 EG Rn. 11.
[286] Ähnlich *Sparr*, in: *Schwarze*, EU-Vertrag, Art. 151 EG Rn. 21.
[287] *Müller-Volbehr*, Europa und das Arbeitsrecht der Kirchen, S. 91.
[288] *Ress*, DÖV 1992, S. 944, 947.

pekte", da auch der Begriff der „Kultur" weder in Art. 151 EG, noch an anderer Stelle im EG-Vertrag definiert ist.[289]

Zunächst muss erörtert werden, ob der Begriff mitgliedstaatlich bestimmt wird oder ob es sich um einen Gemeinschaftsrechtsbegriff handelt.[290] Für eine mitgliedstaatliche Bestimmung spricht die Referenz auf die „nationale und regionale Vielfalt"[291] sowie ein Blick auf die „Vielfalt der Kulturen und unterschiedlichen nationalen Identitäten"[292]. Da jedoch Art. 151 EG die Gemeinschaft ausdrücklich ermächtigt, unter den darin genannten Voraussetzungen Maßnahmen im kulturellen Bereich zu erlassen, ist es erforderlich, den Kulturbegriff im Sinne des Gemeinschaftsrechts zu konkretisieren.[293] Ansonsten bliebe unklar, in welchen Bereichen die Gemeinschaft Regelungen auf Art. 151 EG stützen kann und in welchen nicht. Allerdings ist auch die für die Kulturklausel geltende Verfahrensvorschrift (Art. 151 Abs. 5 EG) zu beachten, wonach kulturpolitische Maßnahmen durch den Rat nur einstimmig umgesetzt werden können. Der Rat besteht gem. Art. 203 EG aus einem Vertreter jedes Mitgliedstaats, so dass aufgrund des in Art. 151 EG enthaltenen Einstimmigkeitserfordernisses alle kulturpolitischen Maßnahmen auf der Grundlage des Kulturartikels die zusammengefassten mitgliedstaatlichen Ansichten enthalten.[294] Im Ergebnis bedeutet dies, dass der Kulturbegriff zwar gemeinschaftsrechtlich festzulegen ist, die Mitgliedstaaten über ihren Einfluss im Rat jedoch bestimmen, was unter den Begriff der Kultur i. S. v. Art. 151 Abs. 1 EG fällt.[295] Um des Konsens' willen wird dies immer der kleinste gemeinsame Nenner sein.[296]

Darüber hinaus ist streitig, ob der Kulturbegriff weit oder eng auszulegen ist.[297] Einen weiten Begriff enthält beispielsweise die Erklärung über Kulturpolitik[298], die anlässlich der UNESCO-Generalkonferenz vom 16. Juli bis 6. August 1982 beschlossen wurde: Danach ist Kultur „die Gesamtheit der einzigartigen geisti-

---

289 *Sparr*, in: *Schwarze*, EU-Kommentar, Art. 151 Rn. 5; *Wemmer*, Die neuen Kulturklauseln des EG-Vertrags, S. 12; *Hochbaum*, BayVBl. 1997, S. 641; *Blanke*, in: *Calliess/Ruffert*, Kommentar zu EU-Vertrag und EG-Vertrag, Art. 151 EG Rn. 2.

290 Siehe hierzu *Hochbaum*, BayVBl. 1997, S. 641.

291 *Blanke*, in: *Calliess/Ruffert*, Kommentar zu EU-Vertrag und EG-Vertrag, Art. 151 EG Rn. 2.

292 *Hochbaum*, BayVBl. 1997, S. 641.

293 *Wemmer*, Die neuen Kulturklauseln des EG-Vertrags, S. 13; *Sparr*, in: *Schwarze*, EU-Kommentar, Art. 151 EG Rn. 5.

294 Siehe auch *Wemmer*, Die neuen Kulturklauseln des EG-Vertrags, S. 13.

295 *Wemmer*, Die neuen Kulturklauseln des EG-Vertrags, S. 14.

296 *Wemmer*, Die neuen Kulturklauseln des EG-Vertrags, S. 14.

297 Siehe hierzu *Hochbaum*, BayVBl. 1997, S. 641, 642.

298 Zit. n. *Hochbaum*, BayVBl. 1997, S. 641, 642.

gen, materiellen, intellektuellen und emotionalen Aspekte. (...) Dies schließt nicht nur Kunst und Literatur ein, sondern auch Lebensformen, die Grundrechte des Menschen, Wertsysteme und Glaubensrichtungen". Ein so weit gehender Kulturbegriff wäre jedoch als Aufgabenstellung für die Gemeinschaft nicht einzugrenzen und ist deshalb abzulehnen.[299] Ein enger Kulturbegriff, der beispielsweise nur die Bereiche Bildung, Wissenschaft oder Kunst umfasst, würde wegen der Sonderregelungen in Art. 149 EG und Art. 150 EG in Bezug auf Bildung und Wissenschaft der Aufgabe der „Kultur" nicht gerecht.[300] Vorzuziehen ist deshalb auch hier ein Rückgriff auf die Bereiche nationaler Kulturpolitik in den Mitgliedstaaten.[301]

Zusammenfassend ergibt sich deshalb, dass der Kulturbegriff dogmatisch zwar gemeinschaftsrechtlich zu bestimmen ist, aber aus verfahrensrechtlichen und pragmatischen Gründen durch einen Rückgriff auf die Bereiche nationaler Kulturpolitik in den Mitgliedstaaten erfolgt. Bedingt durch das Einstimmigkeitserfordernis in Art. 151 Abs. 5 EG wird hierbei lediglich der kleinste gemeinsame Nenner erreicht. Da eine stringente Definition der „Kultur" kaum möglich ist, ist zu erwarten, dass sich enumerative Aufzählungen im Rahmen der kulturpolitischen Maßnahmen herausbilden werden.[302]

c) Das Staatskirchenrecht als Teil der „Kultur"

Fraglich ist, ob das Staatskirchenrecht unter den gemeinschaftsrechtlichen Kulturbegriff fällt. Zur Beantwortung dieser Frage ist zunächst zu bestimmen, ob in Deutschland das Staatskirchenrecht als Teil der Kultur betrachtet wird. Nur wenn das der Fall ist, muss erörtert werden, ob das Staatskirchenrecht auch auf gemeinschaftsrechtlicher Ebene unter den Kulturbegriff zu subsumieren ist, da bei der Bestimmung des Kulturbegriffs vom kleinsten gemeinsamen Nenner auszugehen ist.

Es ist umstritten, ob das Staatskirchenrecht unter den Kulturbegriff des Art. 151 EG zu subsumieren ist. Nach überwiegender Auffassung in der Literatur hat die Gemeinschaft im Bereich des Staatskirchenrechts keine originäre Regelungskompetenz.[303] Daraus folgt, dass nach dieser Auffassung das Staatskirchenrecht

---

[299] *Geiger*, Kommentar zum EUV/EGV, Art. 151 EG Rn. 3.
[300] *Geiger*, Kommentar zum EUV/EGV, Art. 151 EG Rn. 3.
[301] *Geiger*, Kommentar zum EUV/EGV, Art. 151 EG Rn. 3.
[302] *Ress*, DÖV 1992, S. 944, 950; *Wemmer*, Die neuen Kulturklauseln des EG-Vertrags, S. 14.
[303] *Hollerbach*, ZevKR 35 (1990), S. 251, 268; *Hillgruber*, DVBl. 1999, S. 1155, 1177; *de Wall*, ZevKR 45 (2000), S. 157, 160; *Mückl*, Religions- und Weltanschauungsfreiheit im Europarecht, S. 22 m. w. N.; *Brenner*, in: Deutsches Staatskirchenrecht zwischen Grundgesetz

auch nicht als Teil der Kultur betrachtet werden kann, da die Gemeinschaft ansonsten über Art. 151 EG auch im Bereich des Staatskirchenrechts eine originäre Regelungskompetenz hätte. Dennoch wird häufig gleichzeitig gefordert, dass die staatskirchenrechtlichen Belange aufgrund „kultureller Aspekte" zu berücksichtigen sind, wenn die Gemeinschaft ihre Maßnahmen auf andere Rechtsgrundlagen als Art. 151 EG stützt und hierbei staatskirchenrechtliche Bereiche berührt werden.[304] Man gewinnt deshalb den Eindruck, dass einerseits versucht wird, die Regelungskompetenz der Gemeinschaft in dem Bereich des Staatskirchenrechts möglichst weit einzugrenzen mit der Folge, dass das Staatskirchenrecht nicht zum Kulturbegriff zu zählen ist, wenn dies eine Regelungskompetenz der Gemeinschaft in diesem Bereich begründen würde. Andererseits will man auch bestimmte europäische Regelungen, die ein Rücksichtnahmegebot (z. B. Art. 151 Abs. 4 EG) beinhalten, für das nationale Staatskirchenrecht nutzbar machen. Hierbei lässt man jedoch unberücksichtigt, dass für eine Anwendbarkeit von Art. 151 Abs. 4 EG das Staatskirchenrecht unter den Kulturbegriff fallen müsste. Eine solche Argumentation ist jedoch widersprüchlich und deshalb kontraproduktiv für die Bestimmung des Kulturbegriffs in Zusammenhang mit dem Staatskirchenrecht. Abgesehen von dieser durch bestimmte Interessen motivierten Argumentation gibt es jedoch auch gute Gründe, die zum einen für und zum anderen gegen die Einbeziehung des Staatskirchenrechts in den europäischen Kulturbegriff sprechen. Für eine Einbeziehung spricht die Tatsache, dass das Staatskirchenrecht als Bestandteil einer „seit Jahrzehnten tradierten nationalen Kultur" betrachtet werden kann.[305] Das heutige Staatskirchenrecht ist das Ergebnis einer weit zurückreichenden und für jedes Land spezifischen geschichtlichen Entwicklung und kann deshalb zu den kulturellen Errungenschaften des jeweiligen Staates gezählt werden. Allerdings gibt es auch gewichtige Argumente, die gegen eine Einbeziehung des Staatskirchenrechts in den Kulturbegriff sprechen. Diese hat *Isensee* in einem Diskussionsbeitrag in den Essener Gesprächen zum Thema Staat und Kirche vorgetragen:[306]

> „Wenn man die Staat-Kirche-Beziehungen nicht als Thema der Verfassung und des Rechts betrachten möchte, läge es näher, hier die Kategorie der Religion zu verwenden, als offenen Begriff, wie er dem Grundrecht der Religionsfreiheit zu eigen ist. (…) Warum also das Ausweichen in die unspezifischen Begriffe Kultur und kulturelles Er-

---

und EU-Gemeinschaft, S. 43, 56; *Reichold*, NZA 2001, S. 1054, 1056; *Kirchhof*, in: Deutsches Staatskirchenrecht zwischen Grundgesetz und EU-Gemeinschaft, S. 147, 154; *Grzeszick*, ZevKR 48 (2003), S. 284, 292.

304 Statt vieler: *Streinz*, Essener Gespräche zum Thema Staat und Kirche 31 (1997), S. 53, 72 f.; *Müller-Volbehr*, Europa und das Arbeitsrecht der Kirchen, S. 91.

305 *Müller-Volbehr*, Europa und das Arbeitsrecht der Kirchen, S. 91.

306 *Isensee*, Diskussionsbeitrag in Essener Gespräche zum Thema Staat und Kirche 31 (1997), S. 101.

be? Das Staatskirchenrecht gerät in die Nähe zum Denkmalschutz. Freilich neigen die Kirchen heute dazu, sich der pluralen Gesellschaft als Kulturfaktor darzustellen, eine unverfängliche Rolle, für die sich leicht Konsens finden lässt. Doch leugnen die Kirchen mit dieser Präsentation das Religiöse. Sie gehen auf die Flucht vor sich selbst.
Aus der Sicht des Staates ist es nicht gleichgültig, ob seine Beziehungen zu den Kirchen als Religion oder Kultur qualifiziert werden. Der Schutzbereich der Religionsfreiheit ist offen für Religionen aller Art, auch für den Islam. Der Islam gehört aber nicht zum kulturellen Erbe Deutschlands. Kulturelles Erbe ist dagegen das Christentum. Als solches gehört es zu den Voraussetzungen des Verfassungsstaats."

Ähnlich argumentiert *Vachek*[307], der die Begriffe „Religion" und „Kultur" als „aliud" verstanden wissen will.

Da die Literatur in diesem Bereich sehr widersprüchlich ist und beide Positionen gut vertretbar sind, kann erst dann abschließend geklärt werden, ob das Staatskirchenrecht Teil der „Kultur" ist, wenn auf gemeinschaftsrechtlicher Ebene zu dieser Frage Stellung bezogen worden ist. Dies ist bislang nicht geschehen. Obwohl diese Frage also noch nicht eindeutig beantwortet werden kann, ist nach dem derzeitigen Stand der Diskussion der zweiten Auffassung der Vorzug zu geben, da eine Vermischung der Begriffe „Kultur" und „Religion" vermieden werden sollte. Für eine solche Trennung spricht auch die Entwicklung bei dem Entwurf der Kirchenerklärung[308], in der der Bezug zum „gemeinsamen kulturellen Erbe der europäischen Völker" bewusst nicht aufgenommen wurde.[309] Demnach gehört das Staatskirchenrecht nicht zum Kulturbegriff des Art. 151 EG. Dies bedeutet, dass die Gemeinschaft einerseits keine originäre Regelungskompetenz im Bereich des Staatskirchenrechts hat und andererseits auch nicht nach Art. 151 Abs. 4 EG zu besonderer Rücksichtnahme verpflichtet ist. Aber selbst wenn man das Staatskirchenrecht unter den Begriff der Kultur subsumieren würde und Art. 151 Abs. 4 EG beachtet werden müsste, ergäben sich daraus keinerlei Einschränkungen der Gemeinschaftsaktivitäten.[310] Die Querschnittsklausel[311] des Art. 151 Abs. 4 EG beinhaltet lediglich ein Rücksichtnahmegebot der Gemeinschaft auf die kulturellen Belange der Mitgliedstaaten, ohne dass dadurch gemeinschaftsrechtliche Zuständigkeiten etwa im Sinne eines „Kulturvor-

---

[307] *Vachek,* Das Religionsrecht der Europäischen Union im Spannungsfeld zwischen mitgliedstaatlichen Kompetenzreservaten und Art. 9 EMRK, S. 252 f.
[308] Siehe hierzu D.II.5.
[309] Ausführlich hierzu *Vachek,* Das Religionsrecht der Europäischen Union im Spannungsfeld zwischen mitgliedstaatlichen Kompetenzreservaten und Art. 9 EMRK, S. 147 f., 252.
[310] *Blanke,* in: *Calliess/Ruffert,* Kommentar zu EU-Vertrag und EG-Vertrag, Art. 151 EG Rn. 14; *Stein,* in: FS für Ulrich Everling, S. 1439, 1442; *Sparr,* in: *Schwarze,* EU-Kommentar, Art. 151 EG Rn. 61.
[311] Zur Bedeutung des Begriffs siehe *Stein,* in: FS für Ulrich Everling, S. 1439, 1441 ff. m. w. N.

behalts" beschnitten werden.[312] Selbst wenn also das Staatskirchenrecht unter den Kulturbegriff subsumiert würde, würde dies zu keinem „Schutzreservat"[313] für die Kirchen führen. Art. 151 EG stellt demnach im Rahmen dieser Richtlinie keine Einschränkung der gemeinschaftlichen Kompetenzen dar.

d) Ergebnis

Das Staatskirchenrecht ist nicht unter den gemeinschaftsrechtlich zu bestimmenden Kulturbegriff des Art. 151 EG zu subsumieren, da die Begriffe der Religion und der Kultur verschieden und deshalb zu trennen sind. Folglich ist das Rücksichtnahmegebot in Art. 151 Abs. 4 EG auch keine Einschränkung der auf Art. 13 EG beruhenden Richtlinie.

5. Die Erklärung Nr. 11 zum Status der Kirchen und weltanschaulichen Gemeinschaften

Die Erklärung Nr. 11 zum Status der Kirchen und weltanschaulichen Gemeinschaften[314] wurde der Schlussakte des am 2. Oktober 1997 unterzeichneten Vertrags von Amsterdam als gemeinsame Erklärung beigefügt. Hierin wurden die Kirchen und Religionsgemeinschaften zum ersten Mal ausdrücklich in einem europäischen Vertragswerk erwähnt.[315] Die sog. „Kirchenerklärung" lautet:

> „Die Europäische Union achtet den Status, den Kirchen und religiöse Vereinigungen oder Gemeinschaften in den Mitgliedstaaten nach deren Rechtsvorschriften genießen, und beeinträchtigt ihn nicht. Die Europäische Union achtet den Status von weltanschaulichen Gemeinschaften in gleicher Weise."

Hierdurch wurde ansatzweise einer Entschließung des Deutschen Bundesrates vom 15. Dezember 1995 nachgekommen[316], die dieser auf Anregung der Kir-

---

[312] *Blanke*, in: *Calliess/Ruffert*, Kommentar zu EU-Vertrag und EG-Vertrag, Art. 151 EG Rn. 14.

[313] Zu dem Begriff siehe *Heinig*, in: Religion und Weltanschauung im säkularen Staat, S. 215, 147.

[314] ABl. 1997, Nr. C 340, S. 133.

[315] *De Wall*, ZevKR 45 (2000), S. 157; *Vachek*, Das Religionsrecht der Europäischen Union im Spannungsfeld zwischen mitgliedstaatlichen Kompetenzreservaten und Art. 9 EMRK, S. 125; *Winter*, in: FS für Alexander Hollerbach, S. 893, 900; *Jansen*, ÖARR 46 (1999), S. 71, 80; *Robbers*, Stimmen der Zeit (216) 1998, S. 147, 151.

[316] *Bergmann*, Der Amsterdamer Vertrag, S. 40 m. w. N.; siehe hierzu auch *Weber*, ZevKR 45 (2000), S. 109, 150; *Grzeszick*, ZevKR 48 (2003), S. 284, 285 f.

chen erhoben hatte.[317] Möglicherweise wird hierdurch die Regelungsbefugnis der Gemeinschaft im Bereich des Staatskirchenrechts eingeschränkt, da der mitgliedstaatliche Status der Kirchen geachtet und nicht beeinträchtigt wird. Dies könnte zur Folge haben, dass die RL 2000/78/EG in den Bereichen des Staatskirchenrechts keine Wirkung entfalten bzw. keine Umsetzungsverpflichtung hervorrufen kann. Ob bzw. inwieweit sich eine solche Beschränkung der gemeinschaftsrechtlichen Regelungsbefugnis aus der Kirchenerklärung ableiten lässt, ist durch eine Erörterung ihrer Bedeutung und rechtlichen Relevanz zu ermitteln.

Zunächst ist festzuhalten, dass eine Erklärung – im Gegensatz zu einem Protokoll[318] – keine rechtliche Verbindlichkeit hat und deshalb nicht durch die Mitgliedstaaten ratifiziert werden muss.[319] Grund hierfür ist, dass den Mitgliedstaaten als „Urhebern" der Kirchenerklärung ein Bindungswille fehlte.[320] Dies ist insbesondere daran erkennbar, dass der Inhalt der Erklärung nicht zum Bestandteil des Vertrags gemacht wurde.[321] Deshalb kann die Kirchenerklärung auch nicht den Status quo der jeweiligen staatskirchenrechtlichen Systeme sichern[322].

Dennoch ist auch eine Erklärung nicht ohne Bedeutung, da es sich hierbei grundsätzlich um „soft law"[323] handelt. Unter dem Begriff des „soft law" versteht man Erklärungen, zu deren Einhaltung die Unterzeichnenden zwar gehal-

---

[317] *Streinz,* EuZW 1998, S. 137, 146. Zur weiteren Entstehungsgeschichte der Kirchenerklärung siehe *Vachek,* Das Religionsrecht der Europäischen Union im Spannungsfeld zwischen mitgliedstaatlichen Kompetenzreservaten und Art. 9 EMRK, S. 125 ff.; *van Bijsterveld,* ÖARR 46 (1999), S. 46 ff.; *Stotz,* ÖARR 46 (1999), S. 64 f.; *Grzeszick,* ZevKR 48 (2003), S. 284, 285 ff.

[318] Siehe Art. 311 EG: Die in diesem Vertrag im gegenseitigen Einvernehmen der Mitgliedstaaten beigefügten Protokolle sind Bestandteil dieses Vertrags.

[319] *Heintzen,* in: FS für Joseph Listl, S. 29, 31 f.

[320] *Heintzen,* in: FS für Joseph Listl, S. 29, 32; *Vachek,* Das Religionsrecht der Europäischen Union im Spannungsfeld zwischen mitgliedstaatlichen Kompetenzreservaten und Art. 9 EMRK, S. 133.

[321] *Heintzen,* in: FS für Joseph Listl, S. 29, 32.

[322] *Bausback,* EuR 2000, S. 261, 266; a. A. *Potz,* ÖARR 46 (1999), S. 6, 8; *Mückl,* Religions- und Weltanschauungsfreiheit im Europarecht, S. 12; *Hillgruber,* DVBl. 1999, S. 1155, 1178; *Schliemann,* NZA 2003, S. 407, 410.

[323] *Heintzen,* in: FS für Joseph Listl, S. 29, 47; *Reichold,* NZA 2001, S. 1054, 1055; *Vachek,* Das Religionsrecht der Europäischen Union im Spannungsfeld zwischen mitgliedstaatlichen Kompetenzreservaten und Art. 9 EMRK, S. 135, der allerdings den Begriff des „gentlemen's agreement" verwendet; *Brenner,* in: Deutsches Staatskirchenrecht zwischen Grundgesetz und EU-Gemeinschaft, S. 43, 62; *Schliemann,* in: Deutsches Staatskirchenrecht zwischen Grundgesetz und EU-Gemeinschaft, S. 113, 123; *Grzeszick,* ZevKR 48 (2003), S. 284, 298.

ten sind, die aber keine rechtliche Bindungswirkung entfalten.[324] Es handelt sich um Normen, die soziale, aber keine rechtlich verbindlichen Normen darstellen.[325] Dennoch ist das „soft law" nicht völlig bedeutungslos, da es zum einen gewisse „Verhaltenserwartungen" schafft[326] und damit zu einer politischen Bindungswirkung führt[327], die grundsätzlich nach dem Prinzip von Treu und Glauben entsteht[328]. Zum anderen wird das „soft law" auch bei der Entwicklung von Grundrechten[329] und zur Auslegung anderer Normen herangezogen.[330]

Problematisch an vorstehend beschriebener Bedeutung der Kirchenerklärung als „soft law" ist, dass die Kirchen dadurch weiterhin davon abhängig sind, ob und in welchem Umfang sie von den Gemeinschaftsorganen überhaupt berücksichtigt werden. *Robbers* vertritt deshalb die Auffassung, dass ein Mitgliedstaat nicht gegen Gemeinschaftsrecht verstoße, wenn er bei der Umsetzung von sekundärem Gemeinschaftsrecht den Inhalt der Kirchenerklärung berücksichtige.[331] Dafür spricht seiner Meinung nach, dass es sich bei der Kirchenerklärung um eine *gemeinsame* Erklärung handelt, die alle Mitgliedstaaten abgegeben und damit unterstützt haben. Dennoch ist diese Auffassung abzulehnen, da ein Mitgliedstaat bei einem solchen Vorgehen seinen Verpflichtungen aus Art. 249 EG nicht nachkommen und dadurch dem Gebot der Gemeinschaftstreue gemäß Art. 10 EG widersprechen würde.[332] Außerdem kann aus der Tatsache, dass es sich um eine gemeinsame Erklärung handelt, nicht geschlussfolgert werden, dass es den einzelnen Mitgliedstaaten unter Berufung auf die Kirchenerklärung möglich sein soll, ihre Verpflichtungen aus Art. 249 EG zu verletzen, da ansonsten eine unverbindliche Erklärung im Rang über dem verbindlichen Sekundärrecht stünde.[333] Gerade dies wollten die Mitgliedstaaten bei der Regierungskonferenz zum Amsterdamer Vertrag aber nicht. Durch die Kirchenerklärung sollte keine Verpflichtung und damit auch keine unmittelbare Berechtigung für die

---

324 *Bothe,* in: FS für Hans-Jürgen Schlochauer, S. 761, 765 ff.; *Ehricke,* NJW 1989, S. 1906, 1907; *Bornemann,* Die Bedeutung der Grundrechtsquellen für den Grundrechtsschutz und für Grundrechtskollisionen in der Rechtsprechung des Europäischen Gerichtshofs, S. 144.
325 *Bothe,* in: FS für Hans-Jürgen Schlochauer, S. 761, 769.
326 *Bothe,* in: FS für Hans-Jürgen Schlochauer, S. 761, 768.
327 *Bothe,* in: FS für Hans-Jürgen Schlochauer, S. 761, 769.
328 *Ehricke,* NJW 1989, S. 1906, 1907.
329 Siehe nachstehend unter F.II.2.a)bb)ccc).
330 *Bornemann,* Die Bedeutung der Grundrechtsquellen für den Grundrechtsschutz und für Grundrechtskollisionen in der Rechtsprechung des Europäischen Gerichtshofs, S. 145; *Ehricke,* NJW 1989, S. 1906, 1907 f.; *Waldhoff,* JZ 2003, S. 978, 984.
331 *Robbers,* Stimmen der Zeit (216) 1998, S. 147, 154.
332 Siehe hierzu auch *Vachek,* Das Religionsrecht der Europäischen Union im Spannungsfeld zwischen mitgliedstaatlichen Kompetenzreservaten und Art. 9 EMRK, S. 140.
333 Ebenso *Vachek,* Das Religionsrecht der Europäischen Union im Spannungsfeld zwischen mitgliedstaatlichen Kompetenzreservaten und Art. 9 EMRK, S. 140.

Kirchen begründet werden. Hierfür spricht auch der gescheiterte Versuch der Kirchen, einen Religionsartikel in das europäische Vertragswerk aufzunehmen, der wie folgt lautete:

> „Die Europäische Union achtet die verfassungsrechtliche Stellung der Religionsgemeinschaften in den Mitgliedstaaten als Ausdruck der Identität der Mitgliedstaaten und ihrer Konturen sowie als Teil des gemeinsamen kulturellen Erbes."[334]

Deshalb kann die Erklärung als solche der Geltung primär- oder sekundärrechtlicher Gemeinschaftsbestimmungen nicht entgegenstehen.[335]

Möglicherweise ergibt sich jedoch eine Änderung der Stellung der Kirchen im Gemeinschaftsrecht, wenn der Vertrag über eine Verfassung für Europa in der Form ratifiziert wird, wie er am 29. Oktober 2004 in Rom unterzeichnet wurde. Darin wird in Art. I-52[336] der Status der Kirchen und weltanschaulichen Gemeinschaften geregelt:

> (1) Die Union achtet den Status, den Kirchen und religiöse Vereinigungen oder Gemeinschaften in den Mitgliedstaaten nach deren Rechtsvorschriften genießen, und beeinträchtigt ihn nicht.
> (2) Die Union achtet in gleicher Weise den Status, den weltanschauliche Gemeinschaften nach den einzelstaatlichen Rechtsvorschriften genießen.
> (3) Die Union pflegt mit diesen Kirchen und Gemeinschaften in Anerkennung ihrer Identität und ihres besonderen Beitrags einen offenen, transparenten und regelmäßigen Dialog.

Im Gegensatz zur Kirchenerklärung des Amsterdamer Vertrags ist dieser Artikel ausdrücklich in der Verfassung verankert und hat deshalb verbindlichen Charakter. Allerdings war seine Aufnahme in den Verfassungstext im Konvent nicht völlig unumstritten[337], so dass die Ratifizierung durch die jeweiligen Mitgliedstaaten abzuwarten bleibt. Darüber hinaus ist nicht anzunehmen, dass dieser Artikel den Status quo der staatskirchenrechtlichen Systeme sichern kann und will. Wahrscheinlicher ist, dass hierdurch lediglich ein Achtungsgebot, also ein Gebot der Rücksichtnahme, auf europäischer Ebene gewollt wurde. Dennoch ist seine Aufnahme in den Vertrag über eine Verfassung für Europa ein Fortschritt für die

---

[334] Zit. n. *Brenner,* in: Deutsches Staatskirchenrecht zwischen Grundgesetz und EU-Gemeinschaft, S. 43, 62.
[335] *Stotz,* ÖARR 46 (1999), S. 64, 65.
[336] Art. I-52 ist Teil des Titels VI des ersten Teils des Verfassungsvertrags, der mit „Das demokratische Leben der Union" überschrieben ist.
[337] Siehe hierzu *Triebel,* Religion und Religionsgemeinschaften im künftigen Europäischen Verfassungsvertrag, Nomo@non-Webdokument: http://www.nomokanon.de/abhandlungen/014.htm (Stand: 13. Februar 2004, 12:25 h CET).

Kirchen, da diese zum ersten Mal ausdrücklich im primären Gemeinschaftsrecht Erwähnung finden und hierdurch auch das Bewusstsein der Gemeinschaft bzgl. staatskirchenrechtlicher Belange geschärft wird.

Zusammenfassend ergibt sich deshalb Folgendes: Die Erklärung Nr. 11 zum Status der Kirchen und weltanschaulichen Gemeinschaften ist rechtlich nicht verbindlich. Aus ihr kann deshalb keine Sicherung des Status quo der bestehenden staatskirchenrechtlichen Modelle abgeleitet werden. Folglich kann sie auch nicht die Gemeinschaft in ihrem Handeln im Bereich des Staatskirchenrechts einschränken. Allerdings führt sie – ähnlich wie die nationale Identität nach Art. 6 Abs. 3 EU – zu einem Rücksichtnahmegebot der Gemeinschaftsorgane, das insbesondere bei der Auslegung von Gemeinschaftsrecht zum Tragen kommt.

6. Ergebnis

Art. 13 EG ist die entscheidende Rechtsgrundlage für die Richtlinie 2000/78/EG. Fast der gesamte Geltungsbereich der Richtlinie (Art. 3 RL) kann hierdurch geregelt werden. Dies gilt jedoch nicht für die Bereiche des Arbeitsentgelts, des Koalitions-, des Aussperrungs- sowie des Streikrechts. Hierfür hat die Gemeinschaft – auch und gerade unter Zugrundelegung von Art. 13 EG – keine Regelungsbefugnis.

Das Subsidiaritäts- und das Verhältnismäßigkeitsprinzip wurden gewahrt, wobei deutliche Defizite im Rahmen der Begründungspflicht nach Art. 253 EG und Nr. 4 des Subsidiaritätsprotokolls festzustellen sind.

Das staatskirchenrechtliche System – insbesondere das kirchliche Arbeitsrecht – gehört zur nationalen Identität Deutschlands im Sinne von Art. 6 Abs. 3 EU. Allerdings fällt es nicht unter den gemeinschaftsrechtlich zu bestimmenden Kulturbegriff. Hieraus ergeben sich jedoch keine Einschränkungen der auf Art. 13 EG beruhenden Regelungsbefugnis.

Auch aus der Amsterdamer Kirchenerklärung ergeben sich für die Gemeinschaft keine Handlungseinschränkungen, sondern lediglich ein Rücksichtnahmegebot zugunsten der Kirchen, das v. a. bei der Auslegung von Gemeinschaftsrecht zum Tragen kommt.

E. Kollision von nationalem Verfassungsrecht und Gemeinschaftsrecht

Die Richtlinie 2000/78/EG kann erhebliche Auswirkungen auf das verfassungsrechtlich geschützte Selbstbestimmungsrecht der Kirchen haben. Es stellt sich daher die Frage, in welchem (Rang-)Verhältnis nationales Verfassungsrecht und Gemeinschaftsrecht stehen und wie eine Kollision von beiden Rechtskreisen zu lösen ist.

Zu dieser Frage gibt es unterschiedliche Lösungsansätze, die sich nicht nur in einzelnen Argumenten, sondern auch im Grundsätzlichen unterscheiden. Gemeinsam ist ihnen jedoch, dass sie alle vom grundsätzlichen Vorrang des Gemeinschaftsrechts ausgehen. Allerdings können erhebliche Unterschiede in der jeweiligen Argumentation zu unterschiedlichen Ergebnissen bei der Lösung des Kollisionsproblems führen. Es muss deshalb insbesondere mit Blick auf das Selbstbestimmungsrecht nach Art. 140 GG i. V. m. Art. 137 Abs. 3 WRV erörtert werden, wie die Kollision dieses verfassungsrechtlich geschützten Rechts der Kirchen mit dem Gemeinschaftsrecht zu lösen ist.

Besonders zu berücksichtigen sind hierbei die Rechtsprechung des EuGH und die des BVerfG, da beide einen dogmatisch völlig unterschiedlichen Ansatz zur Begründung des Vorrangverhältnisses verfolgen und ihre Entscheidungen für die jeweils vertretenen Auffassungen wegweisenden Charakter haben.

I. Lösungsansatz des EuGH

Der EuGH begründet den Vorrang des Gemeinschaftsrechts mit dessen eigenständigem Rechtscharakter (rein europarechtliche Lösung).[338] Wegweisend in diesem Zusammenhang ist die Entscheidung *Costa/E.N.E.L.*[339], in der der EuGH feststellte:

> „Aus alledem folgt, dass dem vom Vertrag geschaffenen, somit aus einer autonomen Rechtsquelle fließenden Recht wegen dieser seiner Eigenschaft keine wie immer gearteten innerstaatlichen Rechtsvorschriften vorgehen können, wenn ihm nicht sein Charakter als Gemeinschaftsrecht aberkannt und wenn nicht die Rechtsgrundlage der Gemeinschaft selbst in Frage gestellt werden soll."[340]

[338] Siehe hierzu *Streinz*, Europarecht, S. 76, 78; *Arndt*, Europarecht, S. 107.
[339] EuGH, Rs. 6/64, Slg. 1964, S. 1251 ff. (Flaminio Costa/E.N.E.L.).
[340] EuGH, Rs. 6/64, Slg. 1964, S. 1251, 1270.

Diesen dogmatischen Ansatz vom Vorrang des Gemeinschaftsrechts kraft Eigenständigkeit hat der EuGH in ständiger Rechtsprechung wiederholt.[341] Grundlage dieses Lösungsansatzes ist die Loslösung des Gemeinschaftsrechts von seiner völkerrechtlichen Grundlage, so dass es nach dieser Auffassung nicht mehr auf eine verfassungsrechtliche Ermächtigung[342] ankommt.[343] Vielmehr sind etwaige Kollisionsnormen ausschließlich im Gemeinschaftsrecht zu suchen.[344] Grund hierfür ist – wie sich auch aus vorstehend zitierter Textstelle in *Costa/E.N.E.L.* ergibt – die Funktionsfähigkeit des Gemeinschaftsrechts. Nur wenn etwaige Kollisionen des Gemeinschaftsrechts mit nationalen Rechtsordnungen gemeinschaftsrechtlich entschieden werden, kann sichergestellt werden, dass überall der gleiche Standard gilt und somit die Einheitlichkeit des Gemeinschaftsrechts gesichert ist.[345] Ist die Geltung und Reichweite des Gemeinschaftsrechts jedoch abhängig vom Umfang der verfassungsrechtlichen Ermächtigungen der Mitgliedstaaten, kann eine einheitliche Geltung nicht mehr gewährleistet werden. Dies wird insbesondere in den Fällen relevant, in denen der Umfang bzw. die Schranken der Integrationsermächtigung unterschiedlich sind.

Folgte man dieser rein europarechtlichen Auffassung wäre eine Kollision des verfassungsrechtlich gewährleisteten Selbstbestimmungsrechts der Kirchen mit dem Gemeinschaftsrecht stets zu Gunsten des Gemeinschaftsrechts zu lösen.

II. Lösungsansatz des BVerfG

Der Ansatz des BVerfG zur Begründung des Vorrangs des Gemeinschaftsrechts unterscheidet sich grundsätzlich von dem des EuGH. Das BVerfG geht von einem Vorrang des Gemeinschaftsrechts kraft verfassungsrechtlicher Ermächtigung aus.[346] Danach liegt der Geltungsgrund für den Vorrang des Gemeinschaftsrechts im Verfassungsrecht der Mitgliedstaaten, das zur Einräumung eines solchen Vorrangs ermächtigen muss.[347] Der Unterschied beider Ansätze besteht darin, dass nach Auffassung des EuGH die Kollisionsnormen ausschließlich im Gemeinschaftsrecht zu suchen sind und deren Einhaltung nur durch den EuGH kontrolliert werden kann, während das BVerfG davon ausgeht, dass das

---

341 Siehe beispielsweise EuGH, Rs. 106/77, Slg. 1978, S. 629, 643 ff. (Staatliche Finanzverwaltung/S.p.A. Simmenthal).
342 Siehe hierzu nachstehend unter E. II.
343 *Ipsen*, Europäisches Gemeinschaftsrecht, S. 58 ff.
344 *Streinz*, Europarecht, S. 77; *Hirsch*, NJW 1996, S. 2457, 2463.
345 Siehe hierzu *Hirsch*, NJW 1996, S. 2457, 2458; *Nicolaysen/Nowak*, NJW 2001, S. 1233, 1234 m. w. N.
346 *Streinz*, Europarecht, S. 80; ausführlich *Kirchhof*, in: Perspektiven des Rechts in der Europäischen Union, S. 163, 170 ff.
347 *Streinz*, Europarecht, S. 77; *Arndt*, Europarecht, S. 108.

Gemeinschaftsrecht nur so weit reicht wie die jeweilige verfassungsrechtliche Ermächtigung, wobei das entsprechende Verfassungsgericht überprüfen muss, ob die Schranken der jeweiligen Integrationsermächtigung eingehalten wurden.

Im Rahmen der vorliegenden Frage muss deshalb zunächst geklärt werden, ob die Gemeinschaft nach Auffassung des BVerfG wirksam ermächtigt wurde, auch Regelungen im Bereich des Staatskirchenrechts – v. a. im Bereich des kirchlichen Arbeitsrechts – zu treffen. Nur wenn dies der Fall ist, durfte nach dieser Auffassung die Gemeinschaft Regelungen in diesem Bereich treffen. Im Anschluss daran wird die Rechtsprechung des BVerfG genauer analysiert. Sollten hierbei die Auffassung des EuGH und die des BVerfG im Rahmen dieses Problems zum gleichen Ergebnis kommen, ist eine Entscheidung darüber, welcher hiervon der Vorzug zu geben ist, nicht erforderlich. Dies wäre dann der Fall, wenn auch nach der Rechtsprechung des BVerfG der EuGH bei Rechtsstreitigkeiten zuständig ist, in denen es um die Geltendmachung einer Grundrechtsverletzung in Zusammenhang mit der Richtlinie 2000/78/EG geht.

1. „Nemo plus iuris transferre potest quam ipse habet"

Nach dem Grundsatz „Nemo plus iuris transferre potest quam ipse habet" können Hoheitsbefugnisse nur insoweit übertragen werden, als der Staat von Verfassungs wegen selbst über sie verfügt.[348] Kommen dem jeweiligen Mitgliedstaat keine Regelungskompetenzen für einen Bereich zu, kann er sie auch nicht auf die Gemeinschaft übertragen.[349] Daraus folgt, dass auch die Gemeinschaft in diesem Bereich keine Kompetenz besitzen kann. Relevanz erlangt dieser Grundsatz im vorliegenden Zusammenhang nach Auffassung *Mückls* insbesondere in dem Bereich der „innerkirchlichen Angelegenheiten", da der Staat aufgrund des bestehenden Verfassungsrechts in diesem Bereich keine Regelungsbefugnisse hat, die er übertragen könnte.[350]

Folgte man dieser Auffassung, hätte die Richtlinie 2000/78/EG nur einen sehr beschränkten Anwendungsbereich im deutschen kirchlichen Arbeitsrecht, da aufgrund fehlender mitgliedstaatlicher Regelungskompetenz auch die Gemeinschaft keinerlei Befugnisse hätte, Regelungen für kirchliche Amtsträger sowie im Bereich des kirchlichen Mitarbeitervertretungsrechts und des „Dritten Weges" zu treffen. Gegen diese Auffassung spricht jedoch der Grundsatz, dass jeder souveräne Staat – im Gegensatz zur Europäischen Gemeinschaft – keiner

---

[348] *Mückl,* Religions- und Weltanschauungsfreiheit im Europarecht, S. 29; siehe hierzu auch *Müller-Volbehr,* Europa und das Arbeitsrecht der Kirchen, S. 42 m. w. N.
[349] *Mückl,* Religions- und Weltanschauungsfreiheit im Europarecht, S. 29 f.
[350] *Mückl,* Religions- und Weltanschauungsfreiheit im Europarecht, S. 30.

ausdrücklichen Zuweisung einer Regelungskompetenz bedarf, sondern seine Legislativorgane aufgrund umfassender Verbands- und Organkompetenz grundsätzlich jede Materie regeln können.[351] So hat auch der deutsche Staat das Recht, das Staatskirchenrecht nach seiner Vorstellung zu regeln.[352]

Darüber hinaus ist diese Argumentation auch deswegen abzulehnen, weil ansonsten jedem Mitgliedstaat die Möglichkeit offen stünde, bestimmten Organisationen weitgehende Autonomierechte zuzugestehen, um eine Anwendung von Gemeinschaftsrecht auf diesen Bereich zu vermeiden. Hierdurch würde die Einheitlichkeit des Gemeinschaftsrechts und dessen Funktionsfähigkeit erheblich gefährdet.

Folglich verhindert der Grundsatz des „Nemo plus iuris transferre potest quam ipse habet" keine Regelung der Gemeinschaft in den bereits erwähnten Bereichen des Staatskirchenrechts.

2. Anforderungen von Art. 23 GG

Nach Art. 23 Abs. 1 Satz 1 GG „wirkt die Bundesrepublik Deutschland zur Verwirklichung eines vereinten Europas bei der Entwicklung der Europäischen Union mit, die (...) einen diesem Grundgesetz *im wesentlichen vergleichbaren* Grundrechtsschutz gewährleistet"[353]. Mit dieser Formulierung hat 1992 der Verfassungsgeber bewusst die zentrale Aussage der „*Solange*-Rechtsprechung"[354] in das Grundgesetz aufgenommen.[355] Wie diese Voraussetzung zu konkretisieren ist, wird im nachfolgenden Abschnitt erörtert.

Ferner gilt Art. 79 Abs. 2 und 3 GG nach Art. 23 Abs. 1 Satz 3 GG bei der Begründung der Europäischen Union sowie für Änderungen ihrer vertraglichen Grundlagen und vergleichbare Regelungen, durch die dieses Grundgesetz seinem Inhalt nach geändert oder ergänzt wird oder solche Änderungen oder Ergänzungen ermöglicht. Relevant für das vorliegende Problem ist jedoch lediglich die in Art. 79 Abs. 3 GG genannte Anforderung, wonach eine Änderung des Grundgesetzes unzulässig ist, die die in den Artikeln 1 und 20 niedergelegten Grundsätze berührt. Bezogen auf das vorliegende Problem wäre eine Übertragung von Kompetenzen im Bereich des kirchlichen Selbstbestimmungsrechts

---

[351] *Streinz*, Europarecht, S. 190.
[352] So wohl auch *Vachek*, Das Religionsrecht der Europäischen Union im Spannungsfeld zwischen mitgliedstaatlichen Kompetenzreservaten und Art. 9 EMRK, S. 99.
[353] Hervorhebung durch die Verfasserin.
[354] BVerfGE 37, 271 ff.; 73, 339 ff.
[355] *Kischel*, Der Staat 2000, S. 523 m. w. N.

auf die EU dann unzulässig, wenn sie eine Verletzung von Art. 1 bzw. Art. 20 GG darstellen würde. Die Annahme einer solchen Verletzung ist jedoch abzulehnen, zumal Art. 79 Abs. 3 GG als Ausnahmevorschrift eng auszulegen ist und über Art. 1 GG gerade nicht die sonstigen Grundrechte geschützt werden, sondern lediglich deren sog. Menschenwürdegehalt, welcher in jedem Grundrecht als „unantastbarer Wesenskern" wiederkehrt.[356] Das Selbstbestimmungsrecht der Kirchen ist dem unantastbaren Wesenskern der Verfassung jedoch nicht zuzuordnen, so dass eine Verletzung von Art. 1 GG ausscheidet.[357] Eine Verletzung von Art. 20 GG kommt ebenfalls nicht in Betracht.

3. Rechtsprechung des BVerfG zum Selbstbestimmungsrecht der Kirchen

Die wichtigsten Aussagen des BVerfG zum Verhältnis von Gemeinschaftsrecht und nationalem Verfassungsrecht lassen sich in vier Grundlagenentscheidungen finden.[358] Hierin leitet das BVerfG zwei Einschränkungen für die innerstaatliche Anwendbarkeit von Gemeinschaftsrecht ab: zum einen die „Grundrechtsschranke" und zum anderen die „Kompetenzschranke".[359]

Welche dieser Schranken für das kirchliche Selbstbestimmungsrecht relevant ist, hängt u. a. davon ab, ob das kirchliche Selbstbestimmungsrecht als Grundrecht oder als institutionelles Recht zu verstehen ist.

a) Das Selbstbestimmungsrecht der Kirchen als Grundrecht?

Zunächst ist festzuhalten, dass Art. 140 GG i. V. m. Art. 137 Abs. 3 WRV kein Grundrecht im Sinne des Art. 93 Abs. 1 Nr. 4 a GG darstellt, auf das die Kirche direkt eine Verfassungsbeschwerde stützen könnte, wenn sie sich in ihrem Selbstbestimmungsrecht verletzt wähnt. Dennoch haben die Kirchen nach der Rechtsprechung des BVerfG die Möglichkeit, über die „verfahrensrechtliche Brücke"[360] des Art. 4 GG die Verletzung ihres Selbstbestimmungsrechts geltend zu machen. U. a. aufgrund dieses Zusammenhangs werden unterschiedliche

---

[356] *Kehlen,* Europäische Antidiskriminierung und kirchliches Selbstbestimmungsrecht, S. 233 m. w. N.; siehe hierzu auch *Vachek,* Das Religionsrecht der Europäischen Union im Spannungsfeld zwischen mitgliedstaatlichen Kompetenzreservaten und Art. 9 EMRK, S. 109.
[357] *Kehlen,* Europäische Antidiskriminierung und kirchliches Selbstbestimmungsrecht, S. 233 m. w. N.
[358] Solange I-Beschluss vom 29. April 1974, BVerfGE 37, 271 ff.; Solange II-Beschluss vom 22. Oktober 1986, BVerfGE 73, 339 ff.; Maastricht-Urteil vom 12. Oktober 1993, BVerfGE 89, 155 ff.; Bananenmarkt-Beschluss vom 7. Juni 2000, BVerfGE 102, 147 ff.
[359] Siehe hierzu *Hirsch,* NJW 1996, S. 2457, 2458; *Nicolaysen/Nowak,* NJW 2001, S. 1233, 1235; *Sander,* ThürVBl. 2001, S. 265.
[360] *Winter,* Staatskirchenrecht der Bundesrepublik Deutschland, S. 106.

Theorien zu der Frage vertreten[361], inwieweit das Selbstbestimmungsrecht bereits vom Schutzbereich des Art. 4 GG umfasst wird. Nach einer vertretenen Auffassung ist das kirchliche Selbstbestimmungsrecht bereits im Schutzbereich von Art. 4 GG enthalten, so dass Art. 140 GG i. V. m. Art. 137 Abs. 3 WRV lediglich deklaratorische Bedeutung zukommt[362]. Folgt man dieser Auffassung handelt es sich bei dem Selbstbestimmungsrecht um ein Grundrecht. Nach einer anderen Auffassung haben beide Garantien eine unterschiedliche sachliche Reichweite und sind somit nicht identisch.[363] Da das Selbstbestimmungsrecht hiernach nicht vollständig im Schutzbereich des Art. 4 GG aufgeht, ist zumindest zweifelhaft, ob das Selbstbestimmungsrecht im Rahmen dieser Theorie als Grundrecht zu werten ist.

Eine ausführliche Erörterung dieser Frage ist jedoch nicht erforderlich, wenn bereits andere Gründe dafür sprechen, dass das Selbstbestimmungsrecht entweder als Grundrecht oder als institutionelles Recht zu werten ist. Ausgangspunkt dieser Überlegung ist der verfahrensrechtliche Rahmen für die Geltendmachung einer Verletzung des Selbstbestimmungsrechts: Fühlen sich die Kirchen durch Gemeinschaftsrecht in ihrem Selbstbestimmungsrecht verletzt und wollen gegen diese Verletzung im Rahmen einer Verfassungsbeschwerde vorgehen, müssen sie dies über die vorstehend beschriebene „verfahrensrechtliche Brücke“ des Art. 4 GG tun. Ansonsten wäre eine solche Verfassungsbeschwerde der Kirche von vorneherein nicht zulässig (Art. 93 Abs. 1 Nr. 4 a GG). Folglich beruft sich die Kirche bei der Geltendmachung des Selbstbestimmungsrechts auf ein Grundrecht. Es wäre deshalb widersprüchlich, wenn die Kirche sich im Rahmen der Zulässigkeit der Verfassungsbeschwerde gegen Gemeinschaftsrecht einerseits auf ein Grundrecht berufen könnte und andererseits bei der Frage der Schranken für die innerstaatliche Anwendung von Gemeinschaftsrecht geltend machen könnte, dass das Selbstbestimmungsrecht kein Grundrecht sei und somit die Rechtsprechung des BVerfG zu den Grundrechtsschranken keine Anwendung fände. Das Selbstbestimmungsrecht ist deshalb – zumindest bei einer Verfassungsbeschwerde gegen Gemeinschaftsrecht – als Grundrecht zu werten.

[361] Zu einer Darstellung der unterschiedlichen Theorien siehe *Müller-Volbehr*, Europa und das Arbeitsrecht der Kirchen, S. 23 ff.
[362] So wohl *Lücke*, EuGRZ 1995, S. 651, 653 f.; siehe hierzu auch *Müller-Volbehr*, Europa und das Arbeitsrecht der Kirchen, S. 23 m. w. N.
[363] *Winter*, Staatskirchenrecht der Bundesrepublik Deutschland, S. 106; siehe hierzu auch *Müller-Volbehr*, Europa und das Arbeitsrecht der Kirchen, S. 23.

b) Vorbehalte des BVerfG im Rahmen des Grundrechtsschutzes

Die Rechtsprechung des BVerfG hat in den bereits erwähnten vier Grundlagenentscheidungen eine „wechselvolle Entwicklung"[364] erfahren.[365] Da das Selbstbestimmungsrecht als Grundrecht zu werten ist, wird nachfolgend nur auf die Rechtsprechung des BVerfG im Rahmen des Grundrechtsschutzes, nicht jedoch auf seine Rechtsprechung bzgl. der „Kompetenzschranken" bzw. der sog. „Ultra-vires-Akte"[366] eingegangen.

Nachdem das BVerfG sich im *Solange I*-Beschluss[367] noch das Recht vorbehielt, Akte des Gemeinschaftsrechts aufgrund eines fehlenden formellen Grundrechtskatalogs im Gemeinschaftsrecht am nationalen Grundrechtsstandard zu überprüfen, hat es seine Prüfungskompetenz seit dem *Solange II*-Beschluss[368] im Rahmen des Grundrechtsschutzes von hohen Voraussetzungen abhängig gemacht. Trotz der missverständlichen Formulierung im *Maastricht*-Urteil[369] hielt das BVerfG darin doch weitgehend – zumindest in seinen Aussagen zum Prüfungsvorbehalt im Rahmen des Grundrechtsschutzes[370] – an den Aussagen in *Solange II* fest und stellte fest, dass das BVerfG durch seine Zuständigkeit gewährleiste,

> „dass ein wirksamer Schutz der Grundrechte für die Einwohner Deutschlands auch gegenüber den Akten der Hoheitsgewalt *generell* sichergestellt und dieser dem vom Grundgesetz als unabdingbar gebotenen Grundrechtsschutz *im wesentlichen gleich* zu

---

364 *Nettesheim,* NVwZ 2002, S. 932.

365 Veränderungen haben sich u. a. im Bereich der „Grundrechtsschranke" und der „Kompetenzschranke" ergeben, wobei für die nachfolgende Betrachtung lediglich die Grundrechtsschranke relevant ist. Zur Entwicklung der Rechtsprechung siehe *Altmaier,* in: Deutsches Staatskirchenrecht zwischen Grundgesetz und EU-Gemeinschaft, S. 15, 19 ff.; *Kehlen,* Europäische Antidiskriminierung und kirchliches Selbstbestimmungsrecht, S. 233 ff.; *Limbach,* NJW 2001, S. 2913, 2916 f.; *Hirsch,* VSSR 1996, S. 159, 163 ff.; *Sander,* ThürVBl. 2001, S. 265, 266 f.

366 *Sander,* ThürVBl. 2001, S. 265.

367 BVerfGE 37, 271 ff.

368 BVerfGE 73, 339 ff.

369 BVerfGE 89, 155 ff.; zum Maastricht-Urteil siehe insbesondere *v. Bogdandy,* KritV 2000, S. 284 ff.; *Kirchhof,* in: Perspektiven des Rechts in der Europäischen Union, S. 163 ff.

370 Kritik erntete das Urteil weniger wegen seiner Aussagen zum Prüfungsvorbehalt im Rahmen des Grundrechtsschutzes, sondern überwiegend wegen seiner Aussagen zur sog. „Kompetenzschranke" von Art. 38 GG i. V. m. dem Demokratieprinzip (*Hirsch,* NJW 1996, S. 2457, 2458); BVerfGE 89, 155, 182 ff.; siehe hierzu auch *Lecheler,* NJW 2000, S. 120, 122; *Mayer,* EuZW 2000, S. 685, 688.

achten ist, zumal den Wesensgehalt der Grundrechte *generell* verbürgt (vgl. BVerfG 73, 339 [386])".[371]

Darüber hinaus wies das BVerfG daraufhin, dass es seine Gerichtsbarkeit über die Anwendbarkeit von abgeleitetem Gemeinschaftsrecht in einem „Kooperationsverhältnis" zum EuGH ausübe,

> „in dem der Europäische Gerichtshof den Grundrechtsschutz in jedem Einzelfall für das gesamte Gebiet der Europäischen Gemeinschaften garantiert, das Bundesverfassungsgericht sich deshalb auf die *generelle* Gewährleistung der unabdingbaren Grundrechtsstandards beschränken kann".[372]

Es ist also auch im *Maastricht*-Urteil – zumindest im Bereich des Grundrechtsschutzes – keine wesentliche Abkehr von *Solange II* festzustellen.[373]

Am deutlichsten äußerte sich das BVerfG jedoch im sog. *Bananenmarkt*-Beschluss[374] zu diesem Problembereich. Danach sind Verfassungsbeschwerden und Vorlagen von Gerichten, die eine Verletzung in Grundrechten des Grundgesetzes durch sekundäres Gemeinschaftsrecht geltend machen, von vorneherein unzulässig, „wenn ihre Begründung nicht darlegt, dass die europäische Rechtsentwicklung einschließlich der Rechtsprechung des Europäischen Gerichtshofes nach Ergehen der Solange II-Entscheidung (BVerfGE 73, 339 [378 bis 381]) unter den erforderlichen Grundrechtsstandard abgesunken sei".[375] Der Inhalt einer solchen Begründung wird dabei von hohen Voraussetzungen abhängig gemacht[376]:

> „Deshalb muss die Begründung der Vorlage oder einer Verfassungsbeschwerde im Einzelnen darlegen, dass der jeweils als unabdingbar gebotene Grundrechtsschutz *generell* nicht gewährleistet ist. Dies erfordert eine Gegenüberstellung des Grundrechtsschutzes auf nationaler und auf Gemeinschaftsebene in der Art und Weise, wie das Bundesverfassungsgericht sie in BVerfGE 73, 339 (378 bis 381) geleistet hat."[377]

---

[371] BVerfGE 89, 155, 174 f. (Hervorhebung durch die Verfasserin); siehe hierzu *Lecheler*, JuS 2001, S. 120 ff.; *Mayer*, EuZW 2000, S. 685 ff.; *Schmid*, NVwZ 2001, S. 249 ff.; *Nettesheim*, NVwZ 2002, S. 932 ff.

[372] BVerfGE 89, 155, 175 (Hervorhebung durch die Verfasserin).

[373] Auch wenn die Formulierungen im Maastricht-Urteil manchmal etwas unglücklich sind, ist hierdurch noch keine ausdrückliche Abkehr von Solange II festzustellen; so sieht es auch das BVerfG im Bananenmarkt-Beschluss: BVerfGE 102, 147, 163; siehe hierzu *Kirchhof*, in: Perspektiven des Rechts in der Europäischen Union, S. 163, 177, der in der Maastricht-Entscheidung eine ausdrückliche Abweichung von der früheren Rechtsprechung sieht.

[374] BVerfGE 102, 147 ff.

[375] BVerfGE 102, 147 (1. LS).

[376] Kritisch hierzu *Schmid*, NVwZ 2001, S. 249, 253.

[377] BVerfGE 102, 147 (2. LS) (Hervorhebung durch die Verfasserin).

Auch in der Begründung der Entscheidung zieht das BVerfG nochmals die in *Solange II* entwickelten Grundsätze heran:

> „Den verfassungsrechtlichen Erfordernissen ist dementsprechend dem in BVerfGE 73, 339 (340, 387) genannten Voraussetzungen genügt, wenn die Rechtsprechung des Europäischen Gerichtshofs einen wirksamen Schutz der Grundrechte gegenüber der Hoheitsgewalt der Gemeinschaften *generell* gewährleistet, der dem vom Grundgesetz als unabdingbar gebotenen Grundrechtsschutz *im Wesentlichen gleich zu* achten ist, zumal den Wesensgehalt der Grundrechte *generell* verbürgt.“[378]

In all diesen Entscheidungen hat das BVerfG bestimmte Voraussetzungen festgelegt, bei deren Vorliegen Verfassungsbeschwerden oder Vorlagen von Gerichten, die eine Verletzung von Grundrechten des Grundgesetzes durch sekundäres Gemeinschaftsrecht geltend machen, von vorneherein unzulässig sind. Das BVerfG formuliert in diesem Zusammenhang, dass hierfür eine *generelle* Gewährleistung eines mit dem Grundgesetz *im Wesentlichen gleich* zu achtenden Grundrechtsschutzes vorhanden sein müsse. Fraglich ist deshalb, welchen konkreten Inhalt diese Anforderungen haben.

aa) „Generelle“ Gewährleistung

Hinweise auf das, was das BVerfG unter einer „generellen“ Gewährleistung versteht, hat es u. a. im *Maastricht*-Urteil gegeben, als es die Ausprägungen des „Kooperationsverhältnisses“ zwischen dem EuGH und dem BVerfG im Bereich des Grundrechtsschutzes beschrieben hat. Danach obliege der Grundrechtsschutz in jedem *Einzelfall* dem EuGH, während das BVerfG sich deshalb auf eine *generelle* Gewährleistung des unabdingbaren Grundrechtsschutzes beschränken könne.[379] Folglich ist – wie es *Kischel* formuliert – die „Struktur der Europäischen Union“ in den Blick zunehmen, „also die generelle Gewährleistung“, nicht der „Einzelfall“.[380] Um festzustellen, ob eine solche generelle Gewährleistung vorliegt oder nicht, muss deshalb ein „Gesamtvergleich“ [381] bzw. eine „Gegenüberstellung“[382] zwischen dem in beiden Rechtsordnungen gewährleisteten Grundrechtsschutz vorgenommen werden.[383]

---

[378] BVerfGE 102, 147, 164 (Hervorhebung durch die Verfasserin).
[379] BVerfGE 89, 155, 175.
[380] *Kischel,* Der Staat 2000, S. 523, 537; siehe auch *Limbach,* NJW 2001, S. 2913, 2917.
[381] *Nettesheim,* NVwZ 2002, S. 932.
[382] BVerfGE 102, 147 (2. LS); *Nicolaysen/Nowak,* NJW 2001, S. 1233, 1235.
[383] Zu dogmatischen Folgeproblemen hinsichtlich eines Gesamtvergleichs siehe *Nettesheim,* NVwZ 2002, S. 932, 933.

bb) „Im wesentlichen gleich zu achtender Grundrechtschutz“

Eine Vergleichbarkeit des Grundrechtsschutzes liegt vor, wenn die jeweiligen Grundlinien übereinstimmen, wobei Divergenzen in bestimmten Einzelfällen hinzunehmen sind.[384] Hierfür spricht bereits der Wortlaut der Formulierung. Dies bedeutet, dass der durch den EuGH gewährleistete Grundrechtsschutz auch mal hinter dem Grundrechtsschutz des BVerfG zurückbleiben kann. Ohne eine solche „prinzipielle Einschränkbarkeit“[385] der grundgesetzlichen Anforderungen würde die Rechtskultur eines Mitgliedstaates zum Maßstab der europäischen Rechtsordnung erhoben, mit der Folge, dass diese „Verfassungsdominanz“ bzw. dieser „Verfassungsegoismus“[386] zum Scheitern der europäischen Union führen würde.[387] So ist es nicht schwer, sich vorzustellen, dass auch die anderen Mitgliedstaaten der Europäischen Union Vorbehalte zugunsten ihrer Verfassung und ihres Verfassungsgerichts geltend machen würden, wenn sich das BVerfG die Rolle eines „Superrevisionsgerichts“[388] anmaßen würde.[389] Dies würde jedoch das Ende einer einheitlichen europäischen Rechtsordnung bedeuten.

Ein Verstoß gegen die vom BVerfG und in Art. 23 Abs. 1 Satz 1 GG formulierten Voraussetzungen liegt deshalb nur dann vor, wenn der EuGH in einer Vielzahl von Fällen generell nicht mehr gewillt oder befähigt ist, den im Grundgesetz postulierten Standard zu erfüllen.[390]

cc) Auswirkungen auf das kirchliche Selbstbestimmungsrecht

Es ist unerheblich, ob der Grundrechtsstandard des Gemeinschaftsrechts im Einzelfall von dem des Grundgesetzes abweicht. Entscheidend ist lediglich die *generelle* Gewährleistung. Selbst wenn also der EuGH die kollektive Religionsfreiheit überhaupt nicht berücksichtigen würde, würde der Prüfungsvorbehalt des BVerfG nicht eingreifen, da bei einer Gegenüberstellung der beiden Rechtsordnungen keine Abkehr vom Grundrechtsstandard seit *Solange II* festzustellen ist.

•

384 *Kischel,* Der Staat 2000, S. 523, 531; *Limbach,* NJW 2001, S. 2913, 2917; *Lecheler,* JuS 2001, S. 120, 123; *Heinig,* Öffentlich-rechtliche Religionsgesellschaften, S. 436.
385 *Kischel,* Der Staat 2000, S. 523, 528.
386 *Schwarze,* JZ 1999, S. 637, 640.
387 *Heinig,* Öffentlich-rechtliche Religionsgesellschaften, S. 436.
388 *Limbach,* NJW 2001, S. 2913, 2917.
389 *Kischel,* Der Staat 2000, S. 523, 529.
390 *Kischel,* Der Staat 2000, S. 523, 541 f.

III. Ergebnis

Da auch nach der Rechtsprechung des BVerfG allein der EuGH dafür zuständig ist, die Einhaltung des Grundrechtsschutzes bei der Auslegung der Richtlinie zu prüfen, muss nicht darüber entschieden werden, ob der Auffassung des EuGH oder der des BVerfG hinsichtlich der Begründung des Vorrangs des Gemeinschaftsrechts zu folgen ist.

F. Schutz der Kirchen innerhalb des Europarechts

Zu Beginn dieser Arbeit wurde gezeigt, welche Auswirkungen die Richtlinie 2000/78/EG auf das kirchliche Arbeitsrecht in Deutschland haben kann. Bevor jedoch im Einzelnen darauf eingegangen werden kann, muss zunächst erörtert werden, welchen Schutz die Kirchen auf europäischer Ebene genießen. Erst dann ist es möglich, die konkreten Auswirkungen der Richtlinie auf das kirchliche Selbstbestimmungsrecht im nationalen Recht zu erörtern. Grund hierfür ist, dass sich auch die Richtlinie als sekundäres Gemeinschaftsrecht an den Gemeinschaftsgrundrechten messen lassen muss. Dies bedeutet, dass Regelungen der Richtlinie einen Verstoß gegen höherrangiges Rechts darstellen, wenn sie gegen Gemeinschaftsgrundrechte verstoßen. Liegt kein eindeutiger Verstoß gegen höherrangiges Gemeinschaftsrecht vor, ist jedoch zumindest eine primärrechtskonforme Auslegung der Richtlinie geboten. Daher kann der genaue Regelungsgehalt der Richtlinie nur mit Kenntnis des höherrangigen Gemeinschaftsrechts beurteilt werden. Nachstehend wird deshalb der Inhalt der Religionsfreiheit auf europäischer Ebene bestimmt.

I. Art. 9 EMRK

Gemäß Art. 9 Abs. 1 EMRK hat jedermann Anspruch auf Gedanken-, Gewissens- und Religionsfreiheit, wobei dieses Recht die Freiheit des einzelnen zum Wechsel der Religion oder Weltanschauung sowie die Freiheit umfasst, seine Religion oder Weltanschauung einzeln oder in Gemeinschaft mit anderen öffentlich oder privat, durch Gottesdienst, Unterricht, Andachten und Beachtung religiöser Gebräuche auszuüben.[391]

1. Überblick zur EMRK

Die EMRK wurde am 4. November 1950 in Rom als völkerrechtlicher Vertrag unterzeichnet.[392] Wie bei anderen völkerrechtlichen Verträgen sind die Mitgliedstaaten jedoch nur dann an diese Verpflichtungen gebunden, wenn sie die Verträge ratifiziert haben.[393] In Deutschland ist die EMRK 1952 transformiert worden und hat damit den Rang eines einfachen Bundesgesetzes.[394]

---

[391] Diese übersetzte Version wurde aus *Frowein*, in: *Frowein/Peukert*, EMRK-Kommentar, Art. 9 EMRK entnommen.

[392] *Frowein*, in: *Frowein/Peukert*, EMRK-Kommentar, Einführung Rn. 1, 4; *Bleckmann*, Völkerrecht, S. 284.

[393] *Klose*, DRiZ 1997, S. 122, 123.

[394] Art. II des Zustimmungsgesetzes vom 7. August 1952, BGBl. II, S. 685; *Kugelmann*, Grundrechte in Europa, S. 20; *Klose*, DRiZ 1997, S. 122, 123.

Berechtigte sind nach Art. 1 EMRK alle Personen, die der Jurisdiktion der Mitgliedstaaten unterstehen, unabhängig von deren Staatsangehörigkeit. Ferner fallen auch juristische Personen oder sonstige Personenzusammenschlüsse, die nach den materiellen Bestimmungen Konventionsrechte beanspruchen können, unter den Begriff der Person in Art. 1 EMRK.[395]

Beschwerdegegenstand ist die hoheitliche Maßnahme eines Mitgliedstaates, wobei Voraussetzung für ein Verfahren vor dem EGMR ist, dass der innerstaatliche Rechtsweg bereits erschöpft ist.[396]

Seit dem 11. Zusatzprotokoll, das am 1. November 1998 in Kraft trat, existiert nur noch ein einziges Organ, das mit der Überprüfung von Verletzungen der Konventionsrechte betraut ist: der Europäische Gerichthof für Menschenrechte (EGMR).[397] Vor dem EGMR sind zwei Verfahren möglich: zum einen die Staatenbeschwerde (Art. 33 EMRK), mit der die Mitgliedstaaten die Einhaltung der EMRK durch einen anderen Mitgliedstaat überprüfen lassen können, und zum anderen die praktisch bedeutsamere Individualbeschwerde (Art. 34 EMRK), die es dem Einzelnen ermöglicht, eine Verletzung seiner Konventionsrechte geltend zu machen.[398]

2. Verhältnis der EG zur EMRK

Art. 9 EMRK schützt die Gedanken-, Gewissens- und Religionsfreiheit im Geltungsbereich der Konvention. Allerdings ist die EMRK – dogmatisch betrachtet – kein Gemeinschaftsrecht, so dass sich die Frage stellt, inwiefern der Schutzbereich der konventionsrechtlichen Religionsfreiheit bei der Umsetzung der Richtlinie 2000/78/EG überhaupt eine Bedeutung hat.

Es lassen sich zwei Argumentationsstränge aufzeigen, aus denen hervorgeht, dass der Umfang des Schutzbereichs von Art. 9 EMRK auch im Rahmen der Umsetzung der Richtlinie von Bedeutung ist:

Zum einen könnte der Schutzbereich von Art. 9 EMRK so umfassend sein, dass er dem deutschen Standard – insbesondere im Hinblick auf das kirchliche Selbstbestimmungsrecht – nahezu entspricht. Sollte der Standard der Gemeinschaft hinter diesem zurückbleiben, könnte der EGMR nach Ausschöpfung sämtlicher Rechtsbehelfe möglicherweise entscheiden, dass ein Rechtsakt der

[395] *Frowein/Peukert*, Europäische Menschenrechtskonvention, S. 18 f.
[396] Art. 35 EMRK; siehe hierzu auch *Kugelmann*, Grundrechte in Europa, S. 21.
[397] *Philippi*, ZEuS 2000, S. 97, 99.
[398] *Philippi*, ZEuS 2000, S. 97, 99 f.

Gemeinschaft oder eine Entscheidung des EuGH nicht dem Standard der EMRK entspricht und damit konventionswidrig ist.

Zum anderen hat die EMRK auch über Art. 6 Abs. 2 EU Bedeutung im Gemeinschaftsrecht, da die Union die Grundrechte achtet, wie sie in der am 4. November 1950 in Rom unterzeichneten Europäischen Konvention zum Schutze der Menschenrechte und Grundfreiheiten gewährleistet sind. Durch diese Vorschrift könnte die Gemeinschaft verpflichtet sein, die Grundrechte so zu achten, dass der Mindeststandard der EMRK (insbesondere in ihrer konkreten Auslegung durch die Konventionsorgane) in keinem Fall unterschritten werden darf.

Bei allen Varianten ist deshalb entscheidend, in welchem Verhältnis die Gemeinschaft zur EMRK steht.

a) Beitritt der Gemeinschaft zur EMRK

Die Gemeinschaft ist noch kein Mitglied der EMRK[399], so dass sie auch nicht unmittelbar verpflichtet ist, die Konventionsgrundrechte zu achten. Deshalb gibt es zahlreiche Stimmen, die einen Beitritt der EG zur EMRK fordern.[400] Die Diskussion um einen möglichen Beitritt der EG zur EMRK hat schon in den siebziger Jahren begonnen.[401] Allerdings hat sie durch das Gutachten 2/94 des EuGH vom 28. März 1996 ein vorläufiges Ende gefunden. Hierin stellt der EuGH fest, dass die Gemeinschaft beim gegenwärtigen Stand des Gemeinschaftsrechts nicht über die Zuständigkeit verfügt, der Konvention beizutreten.[402] Er begründet dies

---

[399] Mit einer Änderung ist nach dem In-Kraft-Treten des Vertrags über eine Verfassung für Europa zu rechnen; siehe Art. I-9 Abs. 2 Satz 1 des Verfassungsvertrags: „Die Union tritt der Europäischen Konvention zum Schutze der Menschenrechte bei".

[400] Statt vieler *Philippi,* Die Charta der Grundrechte der Europäischen Union, S. 77.

[401] *Müller-Volbehr,* Europa und das Arbeitsrecht der Kirchen, S. 64; *Hummer,* in: Völker- und Europarecht, S. 289, 331.

[402] EuGH, Gutachten 2/94 vom 28. März 1996, EuGRZ 1996, S. 197, 207; zu beachten ist in diesem Zusammenhang, dass der EuGH hier nur zu einem der zwei grundsätzlichen Probleme im Rahmen dieses Gutachtens Stellung bezogen hat: Er hatte zum einen zu prüfen, ob die Gemeinschaft die Zuständigkeit zum Abschluss eines solchen Abkommens hat; dieses hat er abgelehnt (siehe vorstehend). Zum anderen stellte sich das Problem der Vereinbarkeit eines möglichen Abkommens mit den Bestimmungen des Vertrages, insbesondere den Bestimmungen über die Befugnisse des Gerichtshofs. Hierzu hat er keine Stellung bezogen, da er diese Frage „fundiert" nur dann beantworten könne, „wenn in hinreichendem Umfang die Bedingungen bekannt sind, zu denen sich die Gemeinschaft den gegenwärtigen und künftigen gerichtlichen Kontrollmechanismen der Konvention zu unterwerfen beabsichtigt" (EuGRZ 1996, S. 197, 206). Durch Art. I-9 Abs. 2 Satz 1 des Verfassungsentwurfs ist nun die Basis für einen Beitritt der Union zur EMRK geschaffen worden. Es ist jedoch noch nicht geklärt, wie der EuGH diese zweite Frage beantworten wird, sobald der Verfassungsvertrag in Kraft tritt.

zum einen mit dem Prinzip der begrenzten Ermächtigung, das sowohl für internes als auch für völkerrechtliches Handeln gelte, wobei die auf die Gemeinschaft übertragenen Befugnisse sich nicht ausdrücklich aus spezifischen Bestimmungen des Vertrags ergeben müssten, sondern auch implizit aus ihnen abgeleitet werden könnten.[403] Eine Befugnis zur Eingehung völkerrechtlicher Verpflichtungen ist nach Auffassung des EuGH immer dann gegeben, wenn das Gemeinschaftsrecht ihren Organen im Hinblick auf ein bestimmtes Ziel eine Zuständigkeit verleiht und zur Erreichung dieses Ziels die Eingehung der völkerrechtlichen Verpflichtung notwendig ist.[404] Den Gemeinschaftsorganen stünden nach den Vorschriften des Vertrags jedoch keine Befugnisse zu, Vorschriften auf dem Gebiet der Menschenrechte zu erlassen. Auch Art. 235 EG (Art. 308 EG n. F.) stelle nach Auffassung des EuGH keine Rechtsgrundlage für den Beitritt dar, da der Beitritt zur Konvention eine wesentliche Änderung des gegenwärtigen Gemeinschaftssystems des Schutzes der Menschenrechte zur Folge hätte, weil er die „Einbindung der Gemeinschaft in ein völkerrechtliches, andersartiges institutionelles System und die Übernahme sämtlicher Bestimmungen der Konvention in die Gemeinschaftsrechtsordnung mit sich brächte". Hierfür ist nach Auffassung des EuGH jedoch eine Vertragsänderung erforderlich[405], die – solange der Vertrag über eine Verfassung für Europa nicht ratifiziert wurde – bislang noch nicht erfolgt ist.

b) Unmittelbare Bindung der EG an die EMRK aufgrund von Art. 6 Abs. 2 EU[406]

Nach Art. 6 Abs. 2 EU achtet die Union die Grundrechte, wie sie in der am 4. November 1950 in Rom unterzeichneten Europäischen Konvention zum Schutze der Menschenrechte und Grundfreiheiten gewährleistet sind und wie sie sich aus den gemeinsamen Verfassungsüberlieferungen der Mitgliedstaaten als allgemeine Grundsätze des Gemeinschaftsrechts ergeben. Auf diese Vorschrift wird deshalb häufig eine Bindung der Gemeinschaft und ihrer Organe an die EMRK gestützt.[407] Bei genauerer Betrachtung ergibt sich aus dem Wortlaut von Art. 6 Abs. 2 EU („Die Union achtet") zunächst allerdings nur eine Bindung der EU, nicht der EG. In diesem Zusammenhang ist zu beachten, dass aus der Bindung der EU nicht ohne weiteres auf eine Bindung der Gemeinschaft geschlossen

---

[403] EuGH, EuGRZ 1996, S. 197, 206.
[404] EuGH, EuGRZ 1996, S. 197, 206.
[405] EuGH, EuGRZ 1996, S. 197, 207.
[406] Zur Grundrechtsentwicklung des EuGH siehe auch F.II.2.a).
[407] So beispielsweise *Wolf*, in: Der Grundrechtsschutz in Europa, S. 20, wonach Art. 6 Abs. 2 EU i. V. m. Art. 5 EU „eine klare Rechtsbindung der Unions- und Gemeinschaftsorgane an die Konventionsrechte formuliert".

werden kann, da die Europäischen Gemeinschaften gegenüber der Europäischen Union rechtlich selbstständige Organisationen darstellen.[408] In Anbetracht von Art. 1 Abs. 3 EU (bzgl. der EG) und Art. 46 lit. d EU (bzgl. der Organe der EG) ist dies jedoch möglicherweise anders zu beurteilen. Nach Art. 1 Abs. 3 EU sind die Europäischen Gemeinschaften Grundlage der Union, so dass diese primärrechtliche Verankerung auch für die Gemeinschaften als Bestandteile der Union gelten.[409] Für die Organe der EG gilt Art. 46 lit. d EU.[410] Nach dieser Vorschrift gelten die Bestimmungen des Vertrags zur Gründung der Europäischen Gemeinschaft, (...), betreffend die Zuständigkeit des Gerichtshofs der Europäischen Gemeinschaften und die Ausübung dieser Zuständigkeit für Art. 6 Abs. 2 in Bezug auf Handlungen der Organe, sofern der Gerichtshof im Rahmen der Verträge zur Gründung der Europäischen Gemeinschaften und im Rahmen dieses Vertrages zuständig ist. Daraus folgt, dass auch die Organe der EG zur Achtung der EMRK verpflichtet sind[411] und der EuGH überprüfen muss, ob das Handeln der Institutionen konventionskonform ist.[412] Allerdings wird hieraus allein noch nicht deutlich, welche Geltung der EMRK im Gemeinschaftsrecht zukommt.[413] Der Wortlaut von Art. 6 Abs. 2 EU, insbesondere die zweimalige Verwendung des Wortes „wie" lässt zwei Interpretationsmöglichkeiten zu: Zum einen könnte damit zum Ausdruck gebracht worden sein, dass nur die „gemeinsamen Verfassungsüberlieferungen der Mitgliedstaaten" als „allgemeine Grundsätze des Gemeinschaftsrechts" zu betrachten sind, nicht jedoch die EMRK. Dies würde bedeuten, dass die EMRK die Bedeutung einer eigenständigen Rechtquelle im Gemeinschaftsrecht hätte.[414] Zum anderen kann die Vorschrift auch so gelesen werden, dass die EMRK neben den „gemeinsamen Verfassungsüberlieferungen der Mitgliedstaaten" ebenfalls Ausdruck der „allgemeinen Grundsätze des Gemeinschaftsrechts" ist. Dies hätte zur Folge, dass die EMRK keine eigenständige Rechtsquelle, sondern lediglich eine Rechtserkenntnisquelle[415] darstellen würde, die zur Ermittlung der allgemeinen Rechtsgrundsätze des Gemeinschaftsrechts

---

[408] *Strasser,* Grundrechtsschutz in Europa und der Beitritt der Europäischen Gemeinschaften zur Europäischen Menschenrechtskonvention, S. 76.

[409] *Streinz,* Europarecht, S. 138.

[410] Siehe hiezu auch *Herrnfeld,* in: *Schwarze,* EU-Kommentar, Art. 46 EU Rn. 14.

[411] *Strasser,* Grundrechtsschutz in Europa und der Beitritt der Europäischen Gemeinschaften zur Europäischen Menschenrechtskonvention, S. 80.

[412] *Lenaerts,* E.L. Rev. 2000, S. 575, 578.

[413] Siehe hierzu insbesondere *Strasser,* Grundrechtsschutz in Europa und der Beitritt der Europäischen Gemeinschaften zur Europäischen Menschenrechtskonvention, S. 80; *Fink,* in: Die Europäische Union nach dem Amsterdamer Vertrag, S. 71.

[414] *Fink,* in: Die Europäische Union nach dem Amsterdamer Vertrag, S. 71; *Strasser,* Grundrechtsschutz in Europa und Beitritt der Europäischen Gemeinschaften zur Europäischen Menschenrechtskonvention, S. 81.

[415] Zur Abgrenzung von Rechts- und Rechtserkenntnisquelle siehe nachfolgend unter F.I.2.c).

dienen soll.[416] Auch wenn vom Wortlaut her betrachtet beide Auslegungsvarianten möglich sind, spricht für Letztere jedoch die Tatsache, dass Art. 6 Abs. 2 EU an die Rechtsprechung des EuGH anknüpfen will, die der EMRK lediglich die Bedeutung einer Rechtserkenntnisquelle zugewiesen hat.[417] Eine vollständige Einbindung der EMRK im Sinne einer unmittelbaren Wirkung innerhalb des EG-Rechts aufgrund von Art. 6 Abs. 2 EU ist deshalb abzulehnen.[418]

c) Die EMRK als Rechtserkenntnisquelle für den EuGH

Die EG kennt keinen geschriebenen Grundrechtskatalog.[419] Der EuGH hat jedoch im Wege der Rechtsfortbildung Grundrechte in die Rechtsordnung der Gemeinschaft eingefügt, wobei er sich auf die gemeinsamen Verfassungsüberlieferungen der Mitgliedstaaten, auf die EMRK und auf andere völkerrechtliche Verträge über Grund- und Menschenrechte, denen die Mitgliedstaaten der Gemeinschaft beigetreten sind, gestützt hat.[420] Diese Rechtsprechungspraxis des EuGH hat mittlerweile über Art. 6 Abs. 2 EU Eingang in das Primärrecht gefunden.

Bei der Ermittlung von Grundrechten ist methodisch zwischen Rechts- und Rechtserkenntnisquellen zu unterscheiden.[421] Rechtsquellen werden unmittelbar bei der Grundrechtsentwicklung herangezogen und sind rechtlich verbindlich, während Rechtserkenntnisquellen lediglich bei der Ermittlung der allgemeinen Rechtsgrundsätze des Gemeinschaftsrechts als „Quelle der Inspiration" dienen

---

[416] *Fink*, in: Die Europäische Union nach dem Amsterdamer Vertrag, S. 71; *Strasser*, Grundrechtsschutz in Europa und der Beitritt der Europäischen Gemeinschaften zur Europäischen Menschenrechtskonvention, S. 81.

[417] *Bornemann*, Die Bedeutung der Grundrechtsquellen für den Grundrechtsschutz und für Grundrechtskollisionen in der Rechtsprechung des Europäischen Gerichtshofs, S. 116; *Fink*, in: Die Europäische Union nach dem Amsterdamer Vertrag, S. 71; *Strasser*, Grundrechtsschutz in Europa und der Beitritt der Europäischen Gemeinschaften zur Europäischen Menschenrechtskonvention, S. 81; *Grabenwarter*, Europäische Menschenrechtskonvention, S. 30.

[418] *Bornemann*, Die Bedeutung der Grundrechtsquellen für den Grundrechtsschutz und für Grundrechtskollisionen in der Rechtsprechung des Europäischen Gerichtshofs, S. 117; *Fink* in: Die Europäische Union nach dem Amsterdamer Vertrag, S. 72; *Strasser*, Grundrechtsschutz in Europa und der Beitritt der Europäischen Gemeinschaften zur Europäischen Menschenrechtskonvention, S. 81 f.; *Hummer*, in: Völker- und Europarecht, S. 289, 300.

[419] *Lenz*, EuGRZ 1993, S. 585; *Limbach*, Grundrechtsschutz in der Europäischen Union, S. 15.

[420] *Zuleeg*, EuGRZ 2000, S. 511; *Stumpf*, in: *Schwarze*, EU-Kommentar, Art. 6 EU Rn. 17; zur Entwicklung der Grundrechtssprechung des EuGH siehe unter F.II.2.a).

[421] *Kingreen*, in: *Calliess/Ruffert*, Kommentar zu EU-Vertrag und EG-Vertrag, Art. 6 EU Rn. 33.

sollen.[422] Zu den Rechtserkenntnisquellen gehören zum einen die gemeinsamen Verfassungsüberlieferungen der Mitgliedstaaten und zum anderen die internationalen Verträge, an denen die Mitgliedstaaten beteiligt sind.[423] Zu Letzteren zählt u. a. die EMRK, die seit den Entscheidungen *Rutili*[424], *Hauer*[425] und *Hoechst*[426] durch den EuGH neben den Verfassungsordnungen der Mitgliedstaaten als eine weitere Erkenntnisquelle für den europäischen Grundrechtsschutz anerkannt wurde.[427] Die Bezugnahme des EuGH auf die gemeinsamen Verfassungsüberlieferungen der Mitgliedstaaten und die EMRK ist deshalb nur deklaratorisch und hat keine konstitutive Wirkung.[428] Neben der EMRK gibt es noch weitere Rechtserkenntisquellen, wie z. B. die Europäische Sozialcharta, die Internationalen Pakte der Vereinten Nationen und die allgemeine Erklärung der Menschenrechte. Allerdings lässt der EuGH bei der Grundrechtsentwicklung der EMRK eine besondere Stellung zukommen[429], indem er betont, dass die „leitenden Grundsätze“ der EMRK nicht nur „zur Orientierung dienen“, sondern „im Rahmen des Gemeinschaftsrechts zu berücksichtigen sind“.[430] Die EMRK gewinnt zudem in den jüngsten Entscheidungen zu den Gemeinschaftsgrundrechten weiter an Bedeutung, da der EuGH sich mitunter nur noch auf die Konventionsrechte stützt.[431]

---

[422] Siehe hierzu *Wolf*, in: Der Grundrechtsschutz in Europa, S. 22 m. w. N.
[423] *Rengeling*, Grundrechtsschutz in der Europäischen Gemeinschaft, S. 184.
[424] EuGH, Rs. 36/75, Slg. 1975, S. 1219 ff. (Roland Rutili/Minister des Innern).
[425] EuGH, Rs. 44/87, Slg. 1979, S. 3727 ff. (Liselotte Hauer/Land Rheinland-Pfalz).
[426] EuGH, verb. Rs. 46/87 und 227/88, Slg. 1989, S. 2859 ff. (Hoechst AG/Kommission der Europäischen Gemeinschaften).
[427] *Fink*, in: Die Europäische Union nach dem Amsterdamer Vertrag, S. 63.
[428] Siehe hierzu auch *Hummer*, in: Völker- und Europarecht, S. 289, 300.
[429] Gutachten 2/94 des EuGH vom 28. März 1996, EuGRZ 1996, S. 197, 206 (Rn. 33); *Kingreen*, in: *Calliess/Ruffert*, Kommentar zu EU-Vertrag und EG-Vertrag, Art. 6 EU Rn. 35; *Rengeling*, Grundrechtsschutz in der Europäischen Gemeinschaft, S. 184; *Fink*, in: Die Europäische Union nach dem Amsterdamer Vertrag, S. 71.
[430] EuGH, Rs. 222/84, Slg. 1986, S. 1651, 1682 (Rn. 18), (Marguerite Johnston/Chief Constable of the Royal Ulster Constabulary).
[431] *Wolf*, in: Der Grundrechtsschutz in Europa, S. 19.

d) Verhältnis zwischen EuGH und EGMR[432]

Sowohl der EuGH als auch der EGMR sind dazu berufen, Grundrechte in Europa zu schützen und zu sichern. Aufgabe des EGMR ist es hierbei, die Einhaltung der Grundrechte, wie sie in der Europäischen Menschenrechtskonvention gewährleistet sind, durch ihre Mitgliedstaaten zu überwachen. Der EuGH hingegen kann auf keinen geschriebenen Grundrechtskatalog zurückgreifen, sondern entwickelt den europäischen Grundrechtsschutz durch umfassendes Richterrecht auf dem Gebiet des Gemeinschaftsrechts. Er bedient sich hierbei des wertenden Vergleichs der Verfassungen der Mitgliedstaaten sowie völkerrechtlicher Verträge der Mitgliedstaaten zum Menschenrechtsschutz, u. a. auch der EMRK.[433] Beide Gerichte legen also im Rahmen ihrer jeweiligen Tätigkeit die Vorschriften der EMRK aus, so dass die Möglichkeit besteht, dass die Bestimmungen desselben Konventionsgrundrechts durch den EuGH und den EGMR unterschiedlich interpretiert werden. Konfliktpotential besteht jedoch nur dann, wenn der Grundrechtsschutz des EuGH hinter dem des EGMR zurückbleibt, da die EMRK einen Mindeststandard an Grundrechtsschutz sichern will (siehe Art. 53 EMRK; ehemals Art. 60 EMRK); weitergehende Gewährleistungen werden durch die Konvention nicht berührt.[434]

Es bestehen zwei denkbare Möglichkeiten, die zu Divergenzen zwischen dem Rechtsschutz des EuGH und dem des EGMR führen können: Zum einen kann es einen Fall geben, der zunächst vor den EuGH und im Anschluss daran vor den EGMR gebracht wird, wobei der EGMR die Entscheidung des EuGH für konventionswidrig erklärt (siehe aa)) und zum anderen besteht die Möglichkeit, dass EuGH und EGMR in verschiedenen Fällen dasselbe Konventionsgrundrecht unterschiedlich auslegen (siehe bb)).

---

[432] Eingehend hierzu: *Warnken,* Das Verhältnis der Europäischen Gemeinschaften zur Europäischen Menschenrechtskonvention; *Canor,* E.L. Rev. 2000, S. 3 ff.; *Weiß,* EWS 1997, S. 253 ff.; *Philippi,* Die Charta der Grundrechte der Europäischen Union; *Philippi,* ZEuS 2000, S. 97 ff.; *Ress,* ZEuS 1999, 471 ff.; *Klose,* DRiZ 1997, S. 122 ff.; *Rodriguez Iglesias,* in: FS für Rudolf Bernhardt, S. 1269 ff.; *Langenfeld/Zimmermann,* ZaöRV 1992, S. 259 ff.; *Kugelmann,* Grundrechte in Europa; *Lenz,* EuZW 1999, S. 311 ff.; *Winkler,* EuGRZ 1999, S. 181 ff.; *Hummer,* in: Völker- und Europarecht, S. 289, 324 ff.

[433] *Philippi,* ZEuS 2000, S. 97, 98.

[434] *Frowein/Peukert,* in: *Frowein/Peukert,* Europäische Menschenrechtskonvention, Art. 60 EMRK.

aa) Überprüfbarkeit von EuGH-Entscheidungen bzw. EG-Akten durch den EGMR

Fraglich ist, ob der EGMR Akte der EG bzw. Entscheidungen des EuGH auf ihre Übereinstimmung mit der EMRK überprüfen kann. Wie bereits erwähnt, ist die EG noch kein Mitglied der EMRK. Deshalb besteht auch grds. keine Kompetenz des EGMR, Akte der EG bzw. EuGH-Entscheidungen daraufhin zu überprüfen, ob sie die Gewährleistungen der EMRK einhalten. Allerdings hat der EGMR (bzw. vor In-Kraft-Treten des 11. Zusatzprotokolls auch die EKMR) mehrfach entschieden, dass die EG als solche zwar nicht gegenüber der EMRK verpflichtet ist, jedoch die Mitgliedstaaten möglicherweise für einen Konventionsverstoß durch EG-Akte verantwortlich sind, da sie ihre Hoheitsrechte auf die EG übertragen haben.[435] Beispielhaft wird hier ein Abschnitt aus dem Fall *Matthews*[436] zitiert, der als „echter Paukenschlag“ beschrieben wurde:[437]

> „The Court observes that acts of the EC as such cannot be challenged before the Court because the EC is not a Contracting Party. The Convention does not exclude the transfer of competences to international organisations provided that Convention rights continue to be “securred”. Member States’ responsibility therefore continues even after the transfer.”

Wollte man jedoch aus dieser und den anderen (wenigen) Entscheidungen einen allgemeinen Grundsatz des EGMR ableiten, der detailliert beschreibt, unter welchen Voraussetzungen eine Überprüfbarkeit von EG-Akten mittelbar über die Verantwortung der Mitgliedstaaten für deren Kompetenzübertragung möglich ist, müsste man diese Entscheidungen genauestens auf Gemeinsamkeiten bzgl. ihrer Aussagen zum EG-Recht analysieren.[438] Da sie jedoch wesentliche Unterschiede[439] aufweisen, erscheint es kaum möglich, verbindliche Aussagen über

---

[435] Wegweisend in diesem Zusammenhang sind folgende Entscheidungen: Denise Matthews/ Vereinigtes Königreich, Urteil vom 18. Februar 1999, Beschwerdenummer 24833/94, EuGRZ 1999, S. 200 ff.; Richard Waite und Terry Kennedy/Deutschland, Urteil vom 18. Februar 1999, Beschwerdenummer 26083/94, EuGRZ 1999, S. 207 ff.; Michel Cantoni/Frankreich, Urteil vom 15. November 1996, EuGRZ 1999, S. 193 ff.; M. & Co./Deutschland, Urteil vom 9. Februar 1990, Application No. 13258/87 („Fall Melchers“); *Grabenwarter,* Europäische Menschenrechtskonvention, S. 32; *Hummer,* in: Völker- und Europarecht, S. 289, 316 ff. m. w. N.

[436] Urteil vom 18. Februar 1999, Application No. 24833/94, Rn. 32.

[437] *Lenz,* EuZW 1999, S. 311.

[438] Siehe hierzu insbesondere *Philippi,* Die Charta der Grundrechte der Europäischen Union, *Philippi,* ZEuS 1999, S. 97 ff.; *Canor,* E.L. Rev. 2000, S. 3 ff.

[439] Beispielsweise hatte der Fall Matthews primäres Gemeinschaftsrecht zum Gegenstand; im Fall Cantoni ging es um sekundäres Gemeinschaftsrecht in Form einer Richtlinie; der Fall Waite und Kennedy beschäftigte sich mit einer internationalen (und keiner supranationalen) Organisation und der Fall Melchers hatte den gemeinschaftsrechtlich determinierten Akt des

das Rechtsprechungsverhalten des EGMR zu treffen. Festhalten lässt sich deshalb lediglich, dass die Mitgliedstaaten möglicherweise verantwortlich bleiben, wenn EG-Recht Konventionsgrundrechte verletzt, wobei nicht eindeutig feststeht, unter welchen Voraussetzungen dies der Fall ist. Interessant ist an dieser Stelle, dass der EGMR bis auf den Fall *Matthews* keiner dieser Beschwerden stattgegeben hat und selbst in diesem Fall ein gemeinsames abweichendes Sondervotum der Richter Sir *John Freeland* und *K. Jungwiert* abgegeben wurde[440]:

> „An erster Stelle und ohne nähere Sachprüfung hat uns von vornherein die Überlegung stark beeinflusst, dass sich der Gerichtshof besondere Zurückhaltung auferlegen sollte, wenn er, wie in diesem Fall, aufgefordert ist, sich zu Rechtsakten der Europäischen Gemeinschaft bzw. zu solchen, die als deren Folge erforderlich sind, zu äußern."

Möglicherweise lässt dies den Schluss zu, dass der EGMR grds. eher um Zurückhaltung bemüht ist, wenn es um die Überprüfung von Akten der EG geht.[441] Ob dies tatsächlich der Fall ist, wird sich jedoch erst in Zukunft zeigen.

bb) Auslegung eines Konventionsgrundrechts durch EuGH und EGMR

Es gibt mehrere Entscheidungen des EuGH und des EGMR zu demselben Konventionsgrundrecht, bei denen der EuGH (noch) ein geringeres Schutzniveau als der EGMR gewährleistet.[442] An dieser Stelle soll jedoch nur auf die unterschiedliche Interpretation des EuGH und des EGMR im Rahmen von Art. 8 EMRK (Privat- und Familienleben) eingegangen werden, um die Entstehung und die mögliche Handhabung eines solchen Widerspruchs zu illustrieren.

Im Fall *Hoechst*[443] hatte der EuGH darüber zu entscheiden, ob die Geschäftsräume von Unternehmen in den Schutzbereich des Grundrechts auf Unverletzlichkeit der Wohnung (Art. 8 EMRK) fallen. Zum Zeitpunkt der *Hoechst*-Entscheidung hatte der EGMR noch nicht eindeutig Stellung dazu bezogen, ob Art. 8 EMRK sich nur auf Privatwohnungen bezieht oder auch auf Geschäfts-

---

deutschen Bundesjustizministers zum Gegenstand, wobei dieser keinerlei eigene Prüfungskompetenz hatte.

440 EuGRZ 1999, S. 205.

441 Ähnlich *Mancini/di Bucci,* in: Grundrechtsschutz im europäischen Raum, S. 208, 226, allerdings lediglich bezogen auf die zurückhaltende „Solange"- Entscheidung der Kommission im Fall Melchers: M & Co./Deutschland, Urteil vom 9. Februar 1990, Application No. 13258/87.

442 Zu einer ausführlichen Analyse dieser Entscheidungen siehe *Philippi,* ZEuS 2000, S. 97, 107 ff.; *Rodriguez Iglesias,* in: FS für Rudolf Bernhardt, S. 1269, 1275 ff.

443 EuGH, verb. Rs. 46/87 und 227/88, Slg. 1989, S. 2859 ff.

räume anwendbar ist[444], so dass der EuGH schließlich entschied, dass Geschäfträume nicht in den Schutzbereich von Art. 8 EMRK fallen. Bemerkenswert im Rahmen dieser Entscheidung ist, dass der EuGH bei seiner Urteilsfindung auch die Rechtsprechungspraxis des EGMR berücksichtigt hat:

> „Im Übrigen ist festzustellen, dass hierzu keine Rechtsprechung des Europäischen Gerichtshofs für Menschenrechte vorliegt."[445]

In einer dem *Hoechst*-Urteil zeitlich nachfolgenden Entscheidung des EGMR (Fall *Niemitz*[446]) hat dieser jedoch Art. 8 EMRK in dem Sinne ausgelegt, dass dessen Schutzbereich auch Geschäfträume umfasst. Der EGMR legte folglich den Schutzbereich von Art. 8 EMRK weiter aus als der EuGH.

Es stellt sich also die Frage, welche Folgen sich daraus ergeben, dass der EuGH im Rahmen des europäischen Grundrechtsschutzes den Grundrechtsstandard des EGMR unterschreitet. Eine Beantwortung sollte jedoch nicht ohne Berücksichtigung folgender Tatsachen versucht werden: Zum einen sind die Entscheidungen des EuGH, die von einem geringeren Schutzbereich ausgegangen sind, stets zeitlich vor der Entscheidung des EGMR ergangen und zum anderen ist der EuGH ausdrücklich auf die bisherige Rechtsprechung des EGMR eingegangen. Sieht man beides in Zusammenhang, deutet dies darauf hin, dass der EuGH den Standard des EGMR nicht unterschreiten will und in den Fällen, in denen dies bereits geschehen ist, der EuGH diesen Widerspruch dadurch ausräumen wird, dass er seine Rechtsprechung zurücknimmt und an die des EGMR anpasst.[447] Demnach ist davon auszugehen, dass das Niveau des durch den EuGH gewähr-

---

[444] *Philippi,* ZEuS 2000, S. 97, 108.

[445] EuGH, verb. Rs. 46/87 und 227/88, Slg. 1989, S. 2859, 2924 (Rn. 18).

[446] EGMR, Urteil vom 16. Dezember 1992, EuGRZ 1993, S. 65 ff.

[447] Ebenso *Rodriguez Iglesias,* in: FS für Rudolf Bernhardt, S. 1269, 1277; *Kingreen,* in: *Calliess/Ruffert,* Kommentar zu EU-Vertrag und EG-Vertrag, Art. 6 EU Rn. 92 a; *Limbach,* Grundrechtsschutz in der Europäischen Union, S. 19; *Lenaerts,* E.L. Rev. 2000, S. 575, 581, der vom EuGH fordert: „(…) to modify earlier case-law to keep in line with interpretations of the Convention given by the Court of Human Rights at a time later than the Community case-law on the same point."; ähnlich *Hilf,* in: FS für Rudolf Bernhardt, S. 1195, der in der Rechtsprechung der Gerichte der EG zunehmend die Tendenz beobachtet, „EMRK-konforme Schutzstandards zu entwickeln und aufrecht zu erhalten sowie hierbei zu einer institutionell bisher noch nicht abgesicherten Konkordanz zu gelangen"; *Hummer,* in: Völker- und Europarecht, S. 289, 330, 332 spricht von einer „mittelbaren Unterordnung" des EuGH unter die Rechtsprechung der Straßburger Konventionsorgane, zweifelt aber dennoch an der Bereitschaft des EuGH zu einem gewissen „self restraint".

leisteten Grundrechtsschutzes den des EGMR nicht unterschreiten soll.[448] Dies ist einerseits deswegen anzunehmen, weil ansonsten die Glaubwürdigkeit des EuGH bei der Auslegung der EMRK leiden würde[449] und andererseits, weil eine unterschiedliche Rechtsprechungspraxis beider Organe den Einigungsprozess innerhalb Europas, den auch die EMRK laut ihrer Präambel zum Ziel hat, gefährden könnte. Nur wenn die gesamte öffentliche Gewalt einen Minimalstandard von Grundrechten gewährleistet, können Grundrechte eine integrierende Wirkung haben.[450] Wollen beide Gerichte dieses Ziel nicht in Frage stellen, werden sie darum bemüht sein, Auseinandersetzungen und Konflikte gerade in diesem Bereich zu vermeiden und die Urteile des jeweils anderen Gerichtshofs beachten.[451] Insofern ist davon auszugehen, dass der durch die EMRK gewährleistete Grundrechtsschutz als Mindeststandard zu betrachten ist, den der EuGH in seiner Rechtsprechung zwar überschreiten kann, jedoch nicht unterschreiten will.

Ein Indiz für die Richtigkeit dieser These ist eine neuere Entscheidung des EuGH[452], in der er die Rechtsprechung des EGMR zu Art. 8 EMRK anerkennt mit der Folge, dass jetzt auch Geschäfträume in den Schutzbereich von Art. 8 EMRK fallen. So formulierte der EuGH:

> „Bei der Bestimmung der Tragweite dieses Grundsatzes hinsichtlich des Schutzes der Geschäftsräume von Unternehmen ist die nach dem Urteil Hoechst/Kommission ergangene Rechtsprechung des *EGMR* zu berücksichtigen, aus der sich zum einen ergibt, dass der Schutz der Wohnung, um den es in Art. 8 EMRK geht, unter bestimmten Umständen auf Geschäftsräume ausgedehnt werden kann (...).“[453]

Aus alledem folgt, dass der EuGH darauf bedacht ist, den Schutzstandard der EMRK in der Auslegung der Konventionsorgane nicht zu unterschreiten und soweit dies bereits geschehen ist, den gemeinschaftsrechtlichen Standard dem des EGMR anzupassen. Dies gilt auch für die rechtliche Stellung der Kirche, so dass nachfolgend erörtert werden muss, ob und ggf. in welchem Umfang die Kirche in der EMRK Berücksichtigung findet. Hieraus lässt sich zumindest der

---

448 Ähnlich *Due/Gulman,* in: Scritti in onore di Giuseppe Federico Mancini, S. 405, 407; *Weiler,* in: Du droit international au droit de l'intégration, Liber amicorum Pierre Pescatore, S. 821, 822.

449 *Lenaerts,* E.L Rev. 2000, S. 575, 580.

450 *Frowein/Schulhofer/Shapiro* in: Integration Through Law, S. 231; *Rothley,* in: Der Schutz der Grundrechte in der Europäischen Gemeinschaft, S. 20.

451 So auch *Lenaerts,* E.L. Rev. 2000, S. 575, 580.

452 Siehe hierzu EuGH, Rs. C-94/00, NJW 2003, S. 35, 36 (Roquette Frères SA/Directeur général de la concurrence, de la consommation et de la répression des fraudes).

453 EuGH, NJW 2003, S. 35, 36 (Hervorhebung durch die Verfasserin).

gemeinschaftsrechtliche *Mindeststandard* für die kollektive Religionsfreiheit bestimmen.

3. Inhalt von Art. 9 EMRK

Art. 9 EMRK schützt die Religionsfreiheit im Geltungsbereich der Konvention. In Anbetracht der Tatsache, dass die Besonderheiten des kirchlichen Arbeitsrechts in Deutschland aus dem Selbstbestimmungsrecht der Kirchen (Art. 140 GG i. V. m. Art. 137 Abs. 3 WRV) und der kollektiven Religionsfreiheit (Art. 4 GG) resultieren, soll auch im Rahmen von Art. 9 EMRK lediglich auf den kollektiven bzw. korporativen Aspekt dieses Konventionsgrundrechts eingegangen werden. In diesem Zusammenhang wird u. a. untersucht, ob Art. 9 EMRK ebenfalls ein Selbstbestimmungsrecht gewährleistet, das dem des Art. 140 GG i. V. m. Art. 137 Abs. 3 WRV inhaltlich entspricht oder zumindest nahe kommt.

a) Kollektive Religionsfreiheit

Nach Art. 34 EMRK (ehemals Art. 25 EMRK) kann der Gerichtshof von jeder natürlichen Person, nichtstaatlichen Organisation oder Personengruppe, die behauptet, durch eine der Hohen Vertragsparteien in einem der in dieser Konvention oder den Protokollen dazu anerkannten Rechte verletzt worden zu sein, mit einer Beschwerde befasst werden. Der jeweilige Beschwerdeführer macht mit dieser sog. Individualbeschwerde die Verletzung eigener Konventionsgrundrechte geltend. Voraussetzung hierfür ist, dass er selbst Träger der geltend gemachten Rechte ist oder sein kann.[454] Will also die Kirche eine Verletzung von Art. 9 EMRK geltend machen, muss sie selbst Träger dieses Konventionsgrundrechts sein.

Ob das für die Kirche zutrifft, soll anhand der Rechtsprechung der Konventionsorgane untersucht werden, da in einem Case-Law-System, um das es sich bei der EMRK handelt, insbesondere die Rechtsprechung der entscheidende Bezugspunkt für die Bestimmung des Inhalts einer Vorschrift ist.[455] Sie soll Aufschluss darüber geben, ob und in welchem Umfang sich die Kirche auf die kollektive Religionsfreiheit berufen kann.

Da sich die Rechtsprechung im Laufe der Zeit – mal wesentlich und mal nur in Nuancen – geändert hat, soll durch eine chronologische Darstellung verdeutlicht werden, in welche Richtung sich diese Änderung vollzogen hat und welche Aus-

---

[454] *Peukert*, in: *Frowein/Peukert*, EMRK-Kommentar, Art. 25 Rn. 9.
[455] Siehe hierzu ausführlicher unter A.

sagen sich zur Stellung der Kirche innerhalb der Konvention daraus ableiten lassen.[456]

aa) Kirchen als Träger der kollektiven Religionsfreiheit

In der Entscheidung *Church of X against the United Kingdom*[457] hatte die Kommission noch entschieden, dass eine Vereinigung als juristische Person Rechte aus Art. 9 EMRK weder innehaben noch ausüben könne.[458] Die Rechte aus Art. 9 EMRK könnten nur von natürlichen Personen geltend gemacht werden.[459] Jedoch deutete sich schon 1976 mit der Entscheidung *X. v./ Denmark*[460] eine Änderung dieser Rechtsprechung an:

> „A church is an organised religious community based on identical or at least substantially similar views. *Through the rights granted to its members* under Art. 9, the *church itself* is protected in its right to manifest its religion, to organise and carry out worship, teaching practice and observance, and it is free to act out and enforce uniformity in these matters."[461]

Nach dieser soeben dargestellten Formulierung – so bemerkte die Kommission in der nachfolgenden Entscheidung vom 5. Mai 1979 – könnten namentlich auftretende einzelne Kirchenmitglieder eine Beschwerde für die Kirche einlegen („[…] it would be open to named individual members of the church to lodge an application under Art. 25, in effect, on the church's behalf"[462]). Allerdings wäre die Rechtsposition der Kirche dadurch stets von dem Verhalten ihrer Mitglieder abhängig. Die Kommission wollte jedoch einen weitergehenden Schutz der Kirche gewährleisten, da nach ihrer Auffassung eine Unterscheidung zwischen der Kirche und ihren Mitgliedern im Grunde genommen künstlich („essentially artificial") sei[463], so dass sich schließlich eine endgültige Änderung der Rechtsprechung ausdrücklich in der Entscheidung *X. and the Church of Scientology v./Sweden*[464] vollzog:

---

[456] Die Bezeichnung der Entscheidungen und sonstige Angaben werden in der Sprache der veröffentlichten bzw. in der über die Homepage des EGMR zugänglichen Fassung wiedergegeben.
[457] Decision of 17 December 1968, Application No. 3798/68, Y.B. 12 (1968), S. 306 ff.
[458] Y.B. 12 (1968), S. 306, 314.
[459] Y.B. 12 (1968), S. 306, 314.
[460] Decision of 8 March 1976, Application No. 7374/76, D.R. 5, S. 157 ff.
[461] D.R. 5, S. 157, 158 (Hervorhebung durch die Verfasserin).
[462] Decision of 5 May 1979, Application No. 7805/77, D.R. 16, S. 68, 70.
[463] D.R. 16, S. 68, 70.
[464] D.R. 16, S. 68 ff.

„The Commission, however, would take this opportunity to revise its views as expressed in Application No. 3798/68. It is now of the opinion that the above distinction between the Church and its members under Art. 9 (1) is essentially artificial. When a church body lodges an application under the Convention, it does so in reality, on behalf of its members. It should therefore be accepted that a church body is capable of possessing and exercising the rights contained in Art. 9 (1) *in its own capacity as a representative of its members.*"[465]

Danach handelt eine Kirche in Wirklichkeit für ihre Mitglieder, wenn sie eine Beschwerde einlegt. Deshalb sollte sie auch selbst[466], als Vertreterin ihrer Mitglieder, die Rechte aus Art. 9 EMRK ausüben und geltend machen können.

Diese Rechtsprechung setzte sich fort und wurde sogar um einen Zusatz erweitert. So konnte sich nunmehr nicht nur die Kirche selbst, sondern auch jede andere Vereinigung mit religiösen und philosophischen Zielen auf die Rechte aus Art. 9 Abs. 1 EMRK berufen.[467]

In der Entscheidung *Vereniging Rechtswinkels Utrecht v./the Netherlands*[468] ist diese Formel erneut leicht verändert worden:

„(...) it cannot be said that in the present case it [the applicant association] exercised the rights contained in Article 9 para. 1 of the Convention *either* in its own capacity *or* as a representative of its members (cf. No. 7805/77, Dec. 5.5.79, D.R. 16 p. 68)."[469]

In der vorangegangenen Entscheidung wurde die Formel „in its own capacity as a representative" verwendet, während nunmehr die Kommission formuliert „*either* in its own capacity *or* as a representative of its members". Die Vereinigung kann also die Rechte aus Art. 9 Abs. 1 EMRK entweder als eigene oder aber als Vertreterin ihrer Mitglieder geltend machen. Weshalb diese Änderung vorgenommen wurde, ist nicht ersichtlich, jedoch drängt sich die Annahme auf, dass sie unbeabsichtigt war und durch sie keine Neuerungen gewollt waren. Dafür spricht einerseits, dass die Kommission bei der Anwendung dieser Formel die Entscheidung 7805/77 (D.R. 16, S. 68 ff.) anführt, in der die ursprüngliche Formel entwickelt wurde und andererseits, dass diese Formulierung in keiner weiteren Entscheidung verwendet wurde.

---

[465] D.R. 16, S. 68, 70 (Hervorhebung durch die Verfasserin).

[466] Die englische Version „in its capacity" drückt noch stärker aus, dass die Kirche selbst Rechtsfähigkeit besitzt.

[467] Swami Omkarananda and the Divine Light Zentrum v./the United Kingdom, Decision of 19 March 1981, Application No. 8118/77, D.R. 25, S. 105, 117.

[468] Decision of 13 March 1986, Application No. 11308/84, D.R. 46, S. 200 ff.

[469] D.R. 46, S. 200, 202 (Hervorhebung durch die Verfasserin).

In der Entscheidung *Gerhard Prüssner gegen Bundesrepublik Deutschland*[470] kehrte man zu der 1976 in *X. v./Denmark* angewandten Formel zurück.[471] Grund hierfür könnte die inhaltliche Ähnlichkeit beider Fälle sein: In beiden Fällen wollte ein Pfarrer bzw. Pastor eigene Bedingungen für die Taufe gegen kirchlichen Widerstand durchsetzen und wurde deshalb von der Kirche mit disziplinarischen Maßnahmen belegt. In diesem Rahmen hat es die Kommission wohl für notwendig erachtet, zur Position der Kirche v. a. gegenüber ihren Mitarbeitern Stellung zu beziehen.

Ohne nähere Ausführungen oder Begründungen stellte die Europäische Menschenrechtskommission 1987 in der Entscheidung *A.R.M. Chappell v./the United Kingdom*[472] nur noch fest, dass

> „(...) a church body, or an association with religious and philosophical objects, is capable of possessing and exercising the rights contained in Article 9."[473]

Sonstige Zusätze wie „in its own capacity as a representative of its members"[474] oder „protection through the rights granted to its members"[475] sind hier nicht enthalten. Man könnte also annehmen, dass ein eigenes Recht der Kirche auf die Gewährleistungen des Art. 9 Abs. 1 EMRK mittlerweile anerkannt war und keiner näheren Begründung mehr bedurfte.

In den folgenden Entscheidungen wurde untersucht, ob Gewährleistungen aus Art. 9 Abs. 1 EMRK verletzt wurden, wobei die Beschwerdeführer jeweils keine natürlichen Personen waren. In den Beschwerden von *8 Heiligen Klöstern gegen Griechenland*[476], der *Iglesia Bautista „El Salvador" und José Aquilino Ortega Moratilla v./Spain*[477] und von *Iskon and others v./the United Kingdom*[478] wurde jeweils geprüft, ob eine Verletzung von Art. 9 Abs. 1 EMRK vorlag, ohne dass erörtert wurde, ob die Beschwerdeführer eine solche Verletzung geltend machen können. Die Kommission schien in diesen Entscheidungen überhaupt nicht zu bezweifeln, dass es ihnen möglich war, eine Beschwerde wegen der Verletzung von Art. 9 EMRK einzulegen.

---

470 Entscheidung vom 8. Mai 1985, Beschwerdenummer 10901/84, EuGRZ 1986, S. 648 ff.
471 EuGRZ 1986, S. 648, 649; siehe vorstehend (englische Version).
472 Decision of 14 July 1987, Application No. 12587/86, D.R. 53, S. 241 ff.
473 D.R. 53, S. 241, 246.
474 D.R. 16, S. 68, 70; D.R. 25, S. 105, 117.
475 D.R. 5, S. 157, 158; EuGRZ 1986, S. 648, 649 (deutsche Version).
476 Entscheidung vom 5. Juni 1990, Beschwerdenummer 13092/87 und 13984/88, EuGRZ 1993, S. 607 ff.
477 Decision of 11 January 1992, Application No. 17522/90, D.R. 72, S. 256 ff.
478 Decision of 8 March 1994, Application No. 20490/92, D.R. 76-A, S. 90 ff.

Im Fall *Canea Catholic Church v. Greece*[479] hatte die katholische Kirche in Canea u. a. die Verletzung der Konventionsgrundrechte aus Art. 6 Abs. 1, Art. 14 i. V. m. Art. 6 Abs. 1, Art. 9 und Art. 9 i. V. m. Art. 14 EMRK geltend gemacht, weil ihr die Anerkennung als rechtsfähige Person („legal personality") verweigert wurde.[480] Dies hatte zur Folge, dass die Kirche selbst – formal betrachtet – zunächst keine rechtlichen Schritte zu ihrem Schutz (auch im Rahmen der Geltendmachung der Konventionsgrundrechte) einleiten konnte. Dieses formale Dilemma hatten die Konventionsorgane erkannt und auch gelöst: Zunächst ging die Kommission[481] und im Anschluss daran auch das Gericht[482] davon aus, dass die Beschwerde so behandelt werden sollte, als habe sie die Kirche selbst eingelegt. Während die Kommission noch davon ausging, dass eine Verletzung von Art. 9 i. V. m. Art. 14 EMRK gegeben sei, hat das Gericht später entschieden, dass eine Verletzung von Art. 6 EMRK und Art. 6 i. V. m. Art. 14 EMRK vorliege und deshalb die auf Art. 9 EMRK begründete Beschwerde nicht mehr geprüft werden müsse.[483] Auch wenn die Kirche, wie das Gericht in diesem Fall festgestellt hat, eine „nichtstaatliche Organisation" im Sinne von Art. 34 EMRK[484] ist, ergibt sich daraus alleine noch nicht, dass sie sich auch auf Art. 9 EMRK berufen kann, da bestimmte Konventionsgrundrechte natürlichen Personen vorbehalten sind.[485] Da das Gericht die Beschwerde jedoch so behandelt hat, als habe sie die Kirche selbst eingelegt und lediglich entschied, dass keine Notwendigkeit mehr bestehe, die auf Art. 9 EMRK begründete Beschwerde zu untersuchen, ist anzunehmen, dass auch das Gericht davon ausging, dass die Kirche Träger des Konventionsgrundrechts aus Art. 9 EMRK sein kann. Ansonsten hätte es die auf Art. 9 EMRK begründete Beschwerde gerade deswegen ablehnen können.

Nachdem nun für längere Zeit nicht mehr kontrovers darüber diskutiert wurde, ob die Kirche überhaupt Träger des Konventionsgrundrechts aus Art. 9 EMRK sein kann, wurde es erneut notwendig, dies ausdrücklich festzuhalten. In der Entscheidung *Institut de Prêtres Francais et autres contre la Turquie*[486] hatte die Türkei eingewandt, dass die Opfereigenschaft der Beschwerdeführer nicht feststehe („[...] la qualité de victime des requérants n'aurait pas été établie; [...]"). Dem widersprach die Kommission und verwies auf die Entscheidung 12587/86 vom 14. Juli 1987:

---

[479] Decision of 16 December 1997, No. 143/1996/762/963.
[480] Siehe hierzu auch *Robbers,* in: FS für Hartmut Maurer, S. 425, 427.
[481] 143/1996/762/963 Rn. 26.
[482] 143/1996/762/963 Rn. 30.
[483] 143/1996/762/963 Entscheidungsgründe Nr. 2-4.
[484] Das Gericht bezieht sich auf Art. 25 EMRK, der dem heutigen Art. 34 EMRK entspricht.
[485] *Peukert,* in: *Frowein/Peukert,* EMRK-Kommentar, Art. 25 EMRK Rn. 9, 10.
[486] Décision du 19 janvier 1998, Requête No. 26308/95.

„La Commission rapelle en outre qu'un organ ecclésical ou une association à but philosophique ou religieux a la capacité de posseder et d'exercer les droits énoncés à l'article 9 (art. 9) de la Convention (voir, No. 12587/86, déc. 14. 7. 87, D.R. 53, p. 241)."

Auch in dem Fall *Cha'are Shalom Ve Tsedek v. France*[487] hatte die französische Regierung vorgetragen, die beschwerdeführende Vereinigung sei nicht als Kirche zu betrachten, da ihr Tätigkeitsbereich hauptsächlich kommerziell und nicht religiös ausgerichtet sei.[488] Dem entgegnete der EGMR jedoch,

„(...) that an ecclesiastical or religious body may, as such, exercise *on behalf of its adherents* the rights guaranteed by Article 9 of the Convention."[489]

Auffallend ist an dieser Stelle, dass der EGMR eine neue Formel entwickelt hat, wonach die Kirche nun für ihre Anhänger („on behalf of its adherents") die Rechte aus Art. 9 Abs. 1 EMRK ausüben könne. Dies erinnert stark an die Formulierung „on behalf of its members"[490], die in früheren Entscheidungen verwendet wurde, wobei auf den Zusatz „in its own capacity as a representative of its members"[491] verzichtet wurde. Damit hatte sich nun wohl endgültig ein Wechsel von der Formulierung, wonach bestimmte *Kirchenmitglieder für die Kirche* („*on the Church's behalf*"[492]) eine Beschwerde geltend machen können, zu dieser Formel vollzogen, wonach nun die *Kirche für ihre Anhänger* („*on behalf of its adherents*"[493]) die Rechte aus Art. 9 Abs. 1 EMRK ausüben kann, ohne dass es darauf ankommen sollte, ob die Kirche als Vertreter oder sonstiger Repräsentant ihrer Mitglieder handelt. Die Stellung der Kirche innerhalb der Rechtsprechung zu Art. 9 EMRK hat damit erheblich an Gewicht gewonnen.

Sollte man erwartet haben, dass diese Formel in der nachfolgenden Entscheidung *Johannische Kirche & Peters v. Germany*[494] ebenfalls zur Anwendung kommt, wurde man enttäuscht. Hier hatte zwar eine Kirche mit Körperschaftsstatus eine Verletzung von Art. 9 EMRK geltend gemacht, jedoch wurde vom EGMR lediglich festgestellt, dass die deutschen Behörden sich im Rahmen einer zulässigen Beschränkung nach Art. 9 Abs. 2 EMRK bewegt hätten; eine Erörte-

---

[487] Decision 27 June 2000, Application No. 27417/95.
[488] Decision 27 June 2000, Application No. 27417/95 Rn. 69.
[489] Decision 27 June 2000, Application No. 27417/95 Rn. 72 (Hervorhebung durch die Verfasserin).
[490] D.R. 16, S. 68, 70.
[491] D.R. 16, S. 68, 70.
[492] D.R. 16, S. 68, 70 bezogen auf die Entscheidung D.R. 5, S. 157, 158.
[493] Decision 27 June 2000, Application No. 27417/95 Rn. 72; Decision 13 December 2001, Application No. 45701/99 Rn. 101.
[494] Decision 10 July 2001, Application No. 41754/98.

rung der Frage, ob die Kirche überhaupt Rechtsträger der Konventionsgrundrechte aus Art. 9 Abs. 1 EMRK sein kann, ist nicht erfolgt. Das Gericht erachtete dies wohl nicht für notwendig, da es davon ausging, dass auch die Kirche Rechtsträger von Art. 9 Abs. 1 EMRK war. Wenn das Gericht die Auffassung vertreten hätte, dass die Kirche selbst eine Verletzung von Art. 9 EMRK nicht geltend machen könne, hätte es wohl eher die Berufung der Kirchen auf den Schutzbereich verneint und nicht die Rechtmäßigkeit der Einschränkung im Rahmen von Art. 9 Abs. 2 EMRK erörtert.

Anders sah es bei der Entscheidung *Metropolitan Church of Bessarabia and others v. Moldova*[495] aus. In diesem Fall hatten die Behörden in Moldawien sich geweigert, die Metropolitanische Kirche von Bessarabien („Metropolitan Church of Bessarabia") anzuerkennen. Hier griff das Gericht auf die in *Cha'are Shalom Ve Tsedek v. France* entwickelte Formel („on behalf of its adherents"[496]) zurück und entschied, dass die Kirche durch die Nichtanerkennung nicht tätig werden könne. So könnten ihre Priester keinen Gottesdienst durchführen, ihre Mitglieder könnten sich nicht treffen, um ihre Religion auszuüben und durch das Fehlen der Anerkennung ihrer Rechtsfähigkeit („legal personality") habe sie keine rechtliche Möglichkeit zum Schutz ihres Vermögens.[497] An dieser Argumentation lässt sich erkennen, wie eng nach wie vor die Rechtsstellung der Kirche mit der individuellen Religionsfreiheit verbunden ist: Die Nichtanerkennung der Kirche hatte zur Folge, dass sie ihr Vermögen nicht schützen und auch sonst im Rechtsverkehr nicht tätig werden konnte; diese verminderte Handlungsfähigkeit der Kirche hat sich wiederum auch auf die Religionsfreiheit des einzelnen einschränkend ausgewirkt, insbesondere auf die Ausübung von Gottesdienst und auf die Freiheit der Mitglieder zur Religionsausübung.

Betrachtet man die gesamte Entwicklung, lässt sich erkennen, dass die Konventionsorgane zwar ihre Formel zur Begründung der Rechtsstellung der Kirchen im Laufe der Zeit leicht modifiziert haben, jedoch die Möglichkeit der Kirche, Rechte aus Art. 9 EMRK geltend zu machen, nicht mehr in Frage gestellt wurde. Allerdings ist und bleibt die Stellung der Kirche bislang eng verbunden mit der individuellen Religionsfreiheit. Dafür sprechen bereits erwähnte Formulierungen wie „as a representative of its members" oder „on behalf of its adherents". Neben den Kirchen können sich auch andere Vereinigungen mit religiösen oder philosophischen Zielen auf die in Art. 9 EMRK enthaltenen Gewährleistungen berufen.

---

[495] Decision 13 December 2001, Application No. 45701/99.
[496] Decision 13 December 2001, Application No. 45701/99 Rn. 101.
[497] Decision 13 December 2001, Application No. 45701/99 Rn. 195.

bb) Umfang der kollektiven Religionsfreiheit

Zwar ist in der Rechtsprechung zu Art. 9 EMRK mittlerweile anerkannt, dass auch die Kirchen selbst Träger des Konventionsgrundrechts sind, jedoch ist auffallend, dass in vielen Fällen das Recht der Kirche, sich auf Art. 9 EMRK zu berufen, durch einen Bezug zu ihren Mitgliedern hergestellt wird. Formulierungen wie „through the rights granted to its members", „as a representative of its members" oder „on behalf of its adherents" sind in vielen Fällen anzutreffen. Deshalb stellt sich die Frage, in welchem Umfang das Recht der Kirche aus Art. 9 EMRK gewährleistet wird. Hat sie eigene Rechte, die über die Gewährleistungen des Individuums aus Art. 9 EMRK hinausgehen, oder sind ihre Rechte an die ihrer Mitglieder soweit gebunden, dass sie über die dem Individuum zustehenden Gewährleistungen nicht hinausgehen können? Insbesondere für das kirchliche Arbeitsrecht ist die Frage sehr bedeutsam, ob die Kirche aus Art. 9 EMRK Rechte ableiten kann, die dem des kirchlichen Selbstbestimmungsrechts nach deutschem Vorbild entsprechen.

Zur Beantwortung dieser Frage soll zum einen erneut die Rechtsprechung der Konventionsorgane untersucht werden, da besonders sie Aufschluss darüber geben kann, in welchem Umfang das Recht der Kirche aus Art. 9 EMRK bisher geschützt wird. Zum anderen soll untersucht werden, wie die Literatur diese Frage beantwortet. Interessant wird hierbei sein, ob es Diskrepanzen gibt zwischen dem, was die Literatur als kirchliche Gewährleistung aus Art. 9 EMRK ansieht, und dem, was bisher durch die Rechtsprechung etabliert wurde. Unterschiede sind schon deshalb möglich, weil häufig Argumente und Rechtsgedanken des eigenen Rechtssystems aufgegriffen werden und versucht wird, diese auf ein anderes zu übertragen.

aaa) Gewährleistung durch die Konventionsorgane

In diesem Abschnitt wird zunächst auf allgemeine Aussagen der Rechtsprechung der Konventionsorgane zum Umfang der kollektiven Religionsfreiheit eingegangen. Im Anschluss daran werden die Aussagen der Konventionsorgane mit Bezug zu kirchlichen Arbeitsverhältnissen untersucht, die die allgemeinen Ergebnisse des Umfangs der kollektiven Religionsfreiheit konkretisieren sollen.

(1) Allgemeine Aussagen

Wie bereits erwähnt, lässt sich aus den vorstehend erwähnten Entscheidungen fast immer ein Bezug zwischen den Rechten der Kirche und den Rechten ihrer Mitglieder feststellen. Allein dieser Bezug deutet schon darauf hin, dass die Rechte der Kirche nicht über die des Individuums hinausgehen sollen und der

Kirche diese Rechte nur deshalb zustehen, damit das Individuum seine Religionsfreiheit verwirklichen kann. Außerdem wird stets darauf hingewiesen, dass der Kirche (nur) die Gewährleistungen zustehen, die in Art. 9 EMRK enthalten sind („the rights contained in Article 9"); dies bedeutet für die Kirche zunächst, dass sie frei ist, ihre Religion auszuüben sowie den Gottesdienst, den Unterricht und die Ausübung und Beachtung religiöser Gebräuche organisieren und durchführen kann[498]. Ihr steht demnach eine Organisationsmöglichkeit in rein innerkirchlichen Angelegenheiten zu.

Nachstehend soll untersucht werden, ob die Entscheidungen des EGMR, die – soweit ersichtlich – die umfangreichsten allgemeinen Aussagen zum Umfang der kollektiven Religionsfreiheit enthalten, diese Aussage unterstützen.

Die Entscheidung des EGMR im Fall *Hasan and Chaush v. Bulgaria*[499] vom 26. Oktober 2000 enthält einige Hinweise auf den Umfang des Schutzbereichs von religiösen Organisationen. Allerdings lässt sich dieser Umfang nur mittelbar bestimmen, da es in diesem Fall primär um die individuelle Religionsfreiheit der beiden Beschwerdeführer Hasan und Chaush ging.

Der Gerichtshof hatte in dieser Entscheidung zu prüfen, ob staatliche Einflussnahmen auf Streitigkeiten über die Führung der muslimischen Gemeinschaft in Bulgarien einen Verstoß gegen Konventionsrechte bedeutete. Hintergrund war, dass der Staat im Rahmen von Streitigkeiten über die Ämterbesetzung in einer Religionsgemeinschaft eine der streitenden Parteien unterstützte und schließlich versuchte, die Gemeinschaft zu zwingen, sich einer einheitlichen Führung zu unterstellen.

Herr Hasan wurde als Oberhaupt („Chief Mufti") der muslimischen Religionsgemeinschaft durch seinen Rivalen vertrieben, der von der damaligen sozialistischen Regierung in Bulgarien unterstützt wurde. Darüber hinaus wurden einige Anhänger seines Flügels innerhalb der muslimischen Religionsgemeinschaft – u. a. der zweite Beschwerdeführer, Herr Chaush, – daran gehindert, ihre Tätigkeit als islamische Lehrer auszuüben. Dies führte zu einem Machtkampf innerhalb der Religionsgesellschaft, in dessen Anschluss sich zwei Gruppierungen bzw. Flügel aus dieser Religionsgemeinschaft herausgebildet haben, die jeweils einen der rivalisierenden Anführer unterstützten. Schließlich versuchte der Staat, die Religionsgemeinschaft dazu zu zwingen, sich wieder zu vereinigen.

---

[498] D.R. 5, S. 157, 158.

[499] Judgment 26 October 2000, Application No. 30985/96; siehe hierzu *Weber*, ZevKR 45 (2000), S. 265, 275 ff.; *ders.*, ÖARR 49 (2002), S. 1, 8 ff.

Hiergegen wehrten sich die Beschwerdeführer und machten u. a. eine Verletzung ihrer (individuellen) Religionsfreiheit geltend. Sie beriefen sich in diesem Zusammenhang u. a. darauf, dass die Ausübung der Religionsfreiheit in Gemeinschaft mit anderen bedeute, dass es der Gemeinschaft erlaubt sein müsse, sich selbst nach ihren eigenen Regeln zu organisieren.[500] Der EGMR bestätigte die Auffassung der Beschwerdeführer und führte hierzu aus:

> „The Court recalls that religious communities traditionally and universally exist in the form of organised structures. (...)
> Where the organisation of the religious community is at issue, Article 9 of the Convention must be interpreted in the light of Article 11, which safeguards life against unjustified State interference. Seen in this perspective, the believers' right to freedom of religion encompasses the expectation that the community will be allowed to function peacefully, free from arbitrary State intervention. Indeed, the *autonomous existence* of religious communities is indispensable for pluralism in a democratic society and is thus an issue at the very heart of the protection which Article 9 affords. It directly concerns not only the organisation of the community as such but also the effective enjoyment of the right to freedom of religion by all its active members. Were the organisational life of a community not protected by Article 9 of the Convention, all other aspects of the individual's freedom would become vulnerable."[501]

Nahezu wortgleich entschied der EGMR in der bereits erwähnten Entscheidung *Metropolitan Church of Bessarabia v. Moldova* vom 13. Dezember 2001, in der es jedoch nicht wie in dem Fall *Hasan and Chaush v. Bulgaria* primär um die individuelle Religionsfreiheit, sondern um die Rechte der Kirche selbst ging und damit einen unmittelbaren Bezug zum Umfang der kollektiven bzw. korporativen Religionsfreiheit ermöglicht:

> „Moreover, since religious communities traditionally exist in the form of organised structures, Article 9 must be interpreted in the light of Article 11 of the Convention, which safeguards associative life against unjustified State interference. Seen in that perspective, the right of believers to freedom of religion, which includes the right to manifest one's religion in community with others, encompasses the expectation that believers will be allowed to associate freely, without arbitrary State intervention. Indeed, the *autonomous existence* of religious communities is indispensable for plural-

---

[500] Judgment 26 October 2000, Application No. 30985/96 Rn. 56; hervorzuheben ist an dieser Stelle erneut, dass es im Rahmen dieser Entscheidung v. a. um die Religionsfreiheit der Beschwerdeführer Hasan und Chaush und nur mittelbar um die Rechte der Religionsgemeinschaft ging.

[501] Judgment 26 October 2000, Application No. 30985/96 Rn. 62 (Hervorhebung durch die Verfasserin).

ism in a democratic society and is thus an issue at the very heart of the protection which Article 9 affords."[502]

Aus diesen Abschnitten wird deutlich, dass die Kirchen im Rahmen von Art. 9 EMRK vor willkürlichen staatlichen Eingriffen insbesondere in die interne Organisation („internal organisation")[503] geschützt werden, da auch ihre Mitglieder davon ausgehen können sollen, dass sie sich frei und ohne staatliche Eingriffe zur Ausübung ihrer Religionsfreiheit versammeln (Art. 11 EMRK) können. Aus diesem Grund erfährt auch das autonome Bestehen („autonomous existence") der religiösen Gemeinschaften besonderen Schutz, zumal dieses nicht nur – wie das Gericht ausführt – die Organisation der Gemeinschaft selbst, sondern auch die wirksame Wahrnehmung der Religionsfreiheit jedes einzelnen aktiven Mitglieds betreffe. Bei der Argumentation des EGMR ist jedoch weiterhin der enge Bezug zwischen den Rechten der Gemeinschaft selbst und der davon abhängigen und dadurch bedingten individuellen Religionsfreiheit unverkennbar.

Darüber hinaus machte der Gerichtshof in beiden Entscheidungen Ausführungen zur Neutralitätspflicht des Staates:

In *Hasan and Chaush v. Bulgaria* führte er hierzu aus:

> „(…) but for very exceptional cases, the right to freedom of religion as guaranteed under the Convention excludes any discretion on the part of the State to determine whether religious beliefs or the means used to express such beliefs are legitimate."[504]

Ähnlich formulierte der Gerichtshof in *Metropolitan Church of Bessarabia v. Moldova* die Neutralitätspflicht des Staates:

> „In any event, the Court observes that the State's duty of neutrality and impartiality, as defined in its case-law, is incompatible with any power on the State's part to assess the legitimacy of religious beliefs, (...)."[505]

Hieraus folgt, dass der Staat aufgrund seiner Verpflichtung zu Neutralität und Unparteilichkeit keine Aussagen über die Rechtmäßigkeit von Glaubensinhalten („legitimacy of religious beliefs") treffen darf.

---

[502] Decision 13 December 2001, Application No. 45701/99 Rn. 118 (Hervorhebung durch die Verfasserin).

[503] Siehe hierzu u. a. Judgment 26 October 2000, Application No. 30985/96 Rn. 75.

[504] Judgment 26 October 2000, Application No. 30985/96 Rn. 78.

[505] Decision 13 December 2001, Application No. 45701/99 Rn. 123.

Während der erste Teil ein Indiz für ein eingeschränktes Selbstbestimmungsrecht der Kirchen darstellt, das ihnen lediglich Schutz in rein innerkirchlichen Angelegenheiten gibt, erinnert der zweite, auf die Neutralitätspflicht des Staates eingehende Teil stark an das Selbstbestimmungsrecht der Kirchen nach Art. 140 GG i. V. m. Art. 137 Abs. 3 WRV, wonach – aufgrund der Neutralitätspflicht des Staates – allein der Standpunkt der Kirchen im Rahmen der Bestimmung, was zu den eigenen Angelegenheiten gehört, maßgeblich ist. Ob dies tatsächlich v. a. in Bezug auf kirchliche Arbeitsverhältnisse der Fall ist, wird nachstehend im Rahmen von Fällen erörtert, die sich ausschließlich mit Streitigkeiten innerhalb von kirchlichen Arbeitsverhältnissen beschäftigen.

(2) Aussagen mit Bezug zu kirchlichen Arbeitsverhältnissen

In diesem Abschnitt sollen im Wesentlichen drei Entscheidungen der Kommission untersucht werden, die jeweils kirchliche Arbeitsverhältnisse zum Gegenstand hatten. Aus ihnen soll abgeleitet werden, wie die Konventionsorgane die Stellung der Kirche in kirchlichen Arbeitsverhältnissen betrachten.

(a) X.v./Denmark[506]

Der erste Fall beschäftigte sich mit einem Pastor, der von der Staatskirche in Dänemark eingestellt worden war. Er hatte gegen den Widerstand der Kirche die Bedingung aufgestellt, dass Kinder nur dann getauft werden können, wenn die Eltern fünf Religionsstunden besucht hatten. Als Reaktion hierauf versuchte die dänische Staatskirche zunächst, den Pastor dazu zu bewegen, seine Praxis aufzugeben. Nachdem ihr dies jedoch nicht gelungen war, kam es zum Rechtsstreit zwischen den Beteiligten. Schließlich machte der beschwerdeführende Pastor vor der EKMR geltend, dass die dänische Staatskirche unter Androhung von Sanktionen durchsetzen wollte, dass er seine Taufpraxis aufgibt und hierin eine Verletzung seiner Gewissensfreiheit zu sehen sei.[507] Dem widersprach die Kommission. Sie führte hierzu aus, dass die Kirche eine organisierte religiöse Gemeinschaft sei, die auf identischen oder zumindest ähnlichen Anschauungen beruhe. Deshalb sei es ihr auch möglich, Einheitlichkeit im Rahmen der Religionsausübung sowie bei der Organisation und Durchführung von Gottesdienst, Unterricht und der Ausübung und Beachtung religiöser Bräuche durchzusetzen.[508] Außerdem, so die Kommission, sei ein (Kirchen)Beamter in einem Staatskirchensystem zu dem Zweck eingestellt worden, dass er eine bestimmte Religion lehrt und anwendet. Die individuelle Gedanken-, Gewissens- oder Re-

---

[506] Decision of 8 March, Application No. 7374/76, D.R. 5, S. 157 ff.
[507] D.R. 5, S. 157, 158.
[508] D.R. 5, S. 157, 158.

ligionsfreiheit werde in dem Augenblick ausgeübt, in dem eine Person darüber entscheidet, ob sie eine Stelle als Pastor annimmt oder ablehnt. Sollte sie mit der Lehre nicht übereinstimmen, habe diese Person das Recht, die Kirche zu verlassen, so dass auch in diesem Fall ihre Religionsfreiheit gewährleistet werde.[509] Aus diesem Grund habe ein Pastor, der als Beamter in einem Staatskirchensystem tätig ist, nicht das Recht, Bedingungen für die Taufe entgegen kirchlicher Weisungen aufzustellen.[510]

(b) Gerhard Prüssner gegen Bundesrepublik Deutschland[511]

Der zweite Fall ist ähnlich gelagert. Hier hatte ein evangelischer Pfarrer die Taufe Unmündiger abgelehnt. Er wurde im Anschluss daran beurlaubt und schließlich in den Ruhestand versetzt. Seine Verwaltungsklagen und seine Verfassungsbeschwerde hiergegen blieben erfolglos. Aus diesem Grund wandte er sich an die EKMR und berief sich hinsichtlich seiner Weigerung, Unmündige zu taufen, auf Art. 9 und 10 der Konvention. Die Kommission entschied diesen Fall analog zu der vorher erwähnten Entscheidung und verwandte hierin nahezu exakt die gleiche Argumentation.

(c) Rommelfanger v. the Federal Republic of Germany

Der Fall „*Rommelfanger*“[512] ist wohl – gerade für das deutsche kirchliche Arbeitsrecht – am aufschlussreichsten dafür, wie die Stellung der Kirche im Rahmen von kirchlichen Arbeitsverhältnissen durch die Konventionsorgane betrachtet wird. Deshalb soll das gesamte Verfahren vor der Kommission – auch die Zusammenfassung des Verfahrensgangs vor den deutschen Gerichten – und ihre Argumentation in dieser Entscheidung genau untersucht werden. Wie bereits erwähnt, ist es gerade in einem „Case-Law-System“ unerlässlich, einzelne Entscheidungen genau zu analysieren und mögliche Schlussfolgerungen für nachfolgende Entscheidungen zu entwickeln.

(aa) Verfahren vor den deutschen Gerichten

Vor der rechtlichen Stellungnahme der Kommission wurde zunächst das gesamte Verfahren in Deutschland[513] rekapituliert. Begonnen wurde mit der Vorstellung der Position des Beschwerdeführers, welcher als Assistenzarzt in einem

---

[509] D.R. 5, S. 157, 158.
[510] D.R. 5, S. 157, 158.
[511] Entscheidung vom 8. Mai 1985, Beschwerdenummer 10901/84, EuGRZ 1986, S. 648.
[512] Decision of 6 September 1989, Application No. 12242/86, Y.B. 32 (1989), S. 57 ff.
[513] Y.B. 32 (1989), S. 57, 58-61.

katholischen Krankenhaus beschäftigt war. Im Anschluss daran wurden Grundzüge der verfassungsrechtlichen Stellung der Kirche in Deutschland, insbesondere Art. 140 GG i. V. m. Art. 137 WRV, erläutert. Nachdem die rechtlichen Rahmenbedingungen für kirchliche Arbeitsverhältnisse in Deutschland dargestellt worden waren, wurde auf die Einzelheiten im konkret vorliegenden Fall eingegangen:

Der Beschwerdeführer hatte – zusammen mit ca. 50 weiteren Personen – einen Brief an den Herausgeber des „Stern" unterschrieben, der unter dem Titel „Ärzte gegen Ärztefunktionäre" veröffentlicht wurde. In diesem Brief wurde die Haltung führender Persönlichkeiten in einigen Ärztekammern stark kritisiert, die den legalen Schwangerschaftsabbruch im Rahmen der damaligen Fassung des § 218 StGB massiv angegriffen hatten. Daraufhin wurde das Arbeitsverhältnis des Beschwerdeführers von seinem (katholischen) Arbeitgeber gekündigt. Kündigungsgrund war die Unterzeichnung des Briefes an den Herausgeber des „Stern", die als Verletzung der arbeitsvertraglichen Verpflichtungen des Beschwerdeführers angesehen wurde, da die darin vertretenen Ansichten der kirchlichen Auffassung bezüglich der Tötung von Ungeborenen völlig widersprach. Später gab der Beschwerdeführer zudem ein Fernsehinterview, in dem er angab, an seiner früher geäußerten Meinung festzuhalten. Als Konsequenz auf dieses Interview wurde dem Beschwerdeführer von seinem Arbeitgeber erneut gekündigt. Der Beschwerdeführer hatte daraufhin beide Kündigungen vor den jeweils zuständigen Arbeitsgerichten angegriffen. Das Arbeitsgericht, das Landesarbeitsgericht und auch das Bundesarbeitsgericht urteilten, dass beide Kündigungen unwirksam waren.

Daraufhin erhob die Kirche Verfassungsbeschwerde in beiden Fällen und machte die Verletzung ihrer Religionsfreiheit nach Art. 4 Abs. 2 GG und ihres Rechts auf kirchliche Selbstbestimmung nach Art. 140 GG i. V. m. Art. 137 Abs. 3 WRV geltend. Insbesondere griff sie hierbei die Ansicht des Bundesarbeitsgerichts an, dass der Grad an Loyalität von kirchlichen Mitarbeitern davon abhängen solle, in welchem Maß diese an bestimmten Funktionen innerhalb der Kirche teilhaben.[514] Das Bundesverfassungsgericht behandelte beide Beschwerden zusammen und bestätigte in der richtungsweisenden Entscheidung von 1985[515] die Auffassung des kirchlichen Arbeitgebers: Danach gelte das kirchliche Selbstbestimmungsrecht auch für alle Einrichtungen, die den Kirchen zugeordnet sind und die nach der Vorstellung der Kirche religiöse Aufgaben wahrneh-

---

[514] Eine solche Abstufung der Loyalitätsanforderungen entspricht dem bereits erörterten „Tendenzschutz", bei dem danach unterschieden wird, in welchem Umfang ein Mitarbeiter an der Tendenzverwirklichung (hier: Verkündigungsauftrag) teilhat.

[515] Siehe die bereits mehrfach erwähnte Entscheidung BVerfGE 70, 138 ff.

men. Die Ausübung der Religionsfreiheit umfasse nach der Vorstellung der Kirchen auch karitative Tätigkeiten. Aus diesem Grund sei es eine interne Angelegenheit der Kirche, die Organisation und Verwaltung ihrer karitativen Einrichtungen festzulegen.[516] Die Kirchen könnten aufgrund des Selbstbestimmungsrechts vertragliche Vereinbarungen treffen, die den Mitarbeiter verpflichteten, sein Leben in Übereinstimmung mit den kirchlichen Überzeugungen zu führen.[517] Allerdings, so das BVerfG, werde das kirchliche Selbstbestimmungsrecht begrenzt durch das für alle geltende Gesetz, welches jedoch wiederum unter Berücksichtigung des Selbstbestimmungsrechts zu interpretieren sei. Im Rahmen dieser Güterabwägung sei es der Kirche deshalb grds. möglich, verbindlich festzulegen, was für die Glaubwürdigkeit der Kirche und ihrer Lehre notwendig ist, was spezifisch kirchliche Aufgaben sind, was Nähe zu ihnen bedeutet, was die tragenden Grundsätze der Glaubens- und Sittenlehre sind und was als Verstoß oder schwerer Verstoß gegen diese anzusehen ist.[518] Diese Auffassungen seien bindend, es sei denn, sie stünden in Widerspruch zu den fundamentalen Rechtsprinzipien wie dem Willkürverbot, dem Begriff der „guten Sitten" und des ordre public.[519] Das BVerfG stellt sodann fest, dass das BAG im vorliegenden Fall das kirchliche Selbstbestimmungsrecht nicht genügend berücksichtigt hatte. Aufgrund des Urteils des BVerfG wurden die Klagen des Beschwerdeführers abgewiesen und die Kündigungen als wirksam angesehen.

(bb) Verfahren vor und rechtliche Würdigung durch die Kommission[520]

Der Beschwerdeführer machte nach Ausschöpfung des innerstaatlichen Rechtswegs eine Verletzung von Art. 10 EMRK geltend, da der deutsche Staat seiner Auffassung nach seine Meinungsfreiheit im Verhältnis zum kirchlichen Selbstbestimmungsrecht nicht genügend berücksichtigt und geschützt habe. Die (deutsche) Regierung entgegnete hierauf, dass es keine unmittelbare Beeinträchtigung der Meinungsfreiheit durch den Staat gebe; diese resultiere vielmehr aus dem Arbeitsvertrag des Beschwerdeführers mit einer kirchlichen Einrichtung, in dem er auf seine Freiheit bezüglich Äußerungen, die seiner Loyalitätspflicht widersprächen, verzichtet habe.[521] Nach Auffassung der Regierung müsse der deutsche Staat den Beschwerdeführer nur insoweit gegenüber dem Arbeitgeber schützen, als dass dieser keine unzumutbaren Forderungen („unreasonable demands") an diesen stelle. Eine restriktive Herangehensweise sei deshalb ange-

---

[516] Y.B. 32 (1989), S. 57, 60.
[517] Y.B. 32 (1989), S. 57, 60.
[518] Y.B. 32 (1989), S. 57, 61.
[519] Y.B. 32 (1989), S. 57, 61.
[520] Y.B. 32 (1989), S. 57, 62-65.
[521] Y.B. 32 (1989), S. 57, 62.

messen, zumal auch das Recht der Kirche, ihre internen Angelegenheiten selbst zu regeln, beachtet werden müsse. Dieses Recht werde nach Auffassung der deutschen Regierung nicht nur im nationalen Verfassungsrecht, sondern auch in Art. 9 EMRK geschützt.[522]

Nach bisher Vorgetragenem musste die Kommission also zunächst prüfen, ob der Beschwerdeführer sich überhaupt auf Art. 10 EMRK berufen konnte. Dies war notwendig geworden, da die deutsche Regierung geltend machte, dass der Beschwerdeführer auf sein Recht auf Meinungsfreiheit verzichtet habe, indem er bestimmte Loyalitätsverpflichtungen gegenüber der katholischen Kirche im Rahmen seines Arbeitsvertrags übernommen hatte. Die Kommission ist dieser Argumentation der deutschen Regierung nicht gefolgt; sie hat keine Anhaltspunkte dafür gefunden, dass der Beschwerdeführer auf seine Meinungsfreiheit als solche verzichtet hatte. Die Tatsache, dass er als Arzt von einem katholischen Krankenhaus beschäftigt worden war, führe nicht dazu, dass er dem Schutz von Art. 10 EMRK gänzlich entzogen sei.[523] Dennoch, so bemerkte die Kommission zu diesem Aspekt, habe der Beschwerdeführer durch die Übernahme vertraglicher Verpflichtungen gegenüber seinem Arbeitgeber eine Loyalitätsverpflichtung gegenüber der katholischen Kirche akzeptiert, durch welche seine Meinungsäußerungsfreiheit in einem gewissen Umfang eingeschränkt worden sei. Ähnliche Verpflichtungen – so die Kommission – könnten auch mit anderen Arbeitgebern vereinbart werden, die weder der katholischen Kirche noch ihren Einrichtungen angehörten.[524] Die Kommission ging ferner davon aus, dass die Konvention grds. vertragliche Verpflichtungen dieser Art erlaube, wenn sie freiwillig durch die jeweilige Person übernommen worden seien. Eine Verletzung dieser Verpflichtungen enthalte deshalb normalerweise die rechtlichen Konsequenzen, die in dem Vertrag dafür vorgesehen seien, einschließlich einer Kündigung. Ihre Durchsetzung mit Hilfe der zuständigen Stellen stelle deshalb keine staatliche Beeinträchtigung der Gewährleistungen von Art. 10 Abs. 1 EMRK dar.[525] Zwar müsse der Staat nach Art. 1 EMRK die Gewährleistung der Konventionsrechte für jedermann innerhalb seiner Jurisdiktion sicherstellen, so dass es einigen Fällen notwendig werden könne, dass der Staat selbst aktiv wird, um eine effektive Gewährleistung dieser Rechte zu sichern, jedoch – so hielt die Kommission fest – sei es dem Beschwerdeführer möglich gewesen, vor den zuständigen Arbeitsgerichten zu klagen und diese seien verpflichtet gewesen, die Interessen des Beschwerdeführers – einschließlich seiner Meinungsäußerungs-

---

522 Y.B. 32 (1989), S. 57, 62.
523 Y.B. 32 (1989), S. 57, 63.
524 Y.B. 32 (1989), S. 57, 63.
525 Y.B. 32 (1989), S. 57, 63.

freiheit – mit den Interessen des Arbeitgebers abzuwägen.[526] Auch wenn der Auffassung der Kirche, wie die Kommission bemerkte, mit Blick auf die Loyalitätsverpflichtungen kirchlicher Arbeitnehmer besonderes Gewicht beigemessen worden sei, habe das BVerfG auch festgehalten, dass das Recht der Kirche, ihren Arbeitnehmern bestimmte Verpflichtungen aufzuerlegen, eingeschränkt sei. Insbesondere könnten die staatlichen Gerichte sicherstellen, dass keine unzumutbaren Loyalitätsanforderungen gestellt werden.[527] Die Anforderung, der kirchlichen Auffassung widersprechende Äußerungen zur Abtreibung zu unterlassen, wurde von der Kommission nicht als unzumutbar gesehen, da dieses Thema für die Kirche von entscheidender Bedeutung sei.[528] Außerdem hielt es die Kommission in diesem Fall, in dem ein Arzt von einem katholischen Krankenhaus beschäftigt war, für relevant, dass die Kirche auch die Ausübung karitativer Tätigkeiten als eines ihrer wesentlichen Aufgaben betrachtete.[529] Die Kommission ist schließlich davon überzeugt, dass deutsches Recht der notwendigen Sicherung der Meinungsfreiheit gegen unzumutbare Anforderungen des Arbeitgebers Rechnung trage.[530] Stelle, wie die Kommission im vorliegenden Fall bemerkte, der Arbeitgeber eine Organisation dar, die auf bestimmten Überzeugungen und Wertentscheidungen beruht, die sie für die Ausübung ihrer Funktionen in der Gesellschaft für unverzichtbar hält[531], sei ein angemessener Schutz auch der *Meinungsfreiheit* des Arbeitgebers deswegen ebenfalls durch die Konvention geboten. Schließlich würde ein solcher Arbeitgeber seine Freiheit nicht effektiv ausüben können, wenn er seinen Arbeitnehmern nicht bestimmte Loyalitätsanforderungen auferlegen könnte.[532] Die Kommission stellte ferner fest, dass das deutsche Recht eine angemessene Beziehung zwischen den Maßnahmen, die die Meinungsfreiheit berühren, der Natur des Arbeitsverhältnisses sowie der Bedeutung des Themas für den Arbeitgeber gewährleiste, so dass die Meinungsäußerungsfreiheit in ihrem Kern nicht beeinträchtigt werde.[533]

(d) Zusammenfassung und Interpretation der Entscheidungen

Untersucht man alle drei Fälle im Hinblick darauf, welche Aussagen sie zum kirchlichen Arbeitsrecht treffen, so erscheint eine Unterscheidung danach notwendig, ob es sich bei der Auseinandersetzung zwischen der Kirche und ihrem

[526] Y.B. 32 (1989), S. 57, 64.
[527] Y.B. 32 (1989), S. 57, 64.
[528] Y.B. 32 (1989), S. 57, 64.
[529] Y.B. 32 (1989), S. 57, 64.
[530] Y.B. 32 (1989), S. 57, 64.
[531] Y.B. 32 (1989), S. 57, 64.
[532] Y.B. 32 (1989), S. 57, 64.
[533] Y.B. 32 (1989), S. 57, 64.

Mitarbeiter um ein „inner-“ oder ein „außerdienstliches“ Verhalten des kirchlichen Arbeitnehmers handelt. In den ersten beiden Fällen hatte sich ein Priester bzw. ein Pastor geweigert, seine Aufgabe innerhalb des kirchlichen Dienstes so auszuüben, wie es die kirchlichen Vorgaben und Weisungen vorsahen. In beiden Fällen hatte die Kommission entschieden, dass es der Kirche möglich ist, Einheitlichkeit im Rahmen ihrer Religionsausübung sowie bei der Organisation und Durchführung von Gottesdienst, Unterricht und der Ausübung und Beachtung religiöser Gebräuche durchzusetzen.[534] Auffallend ist bei diesen Fallkonstellationen nicht nur, dass das „innerdienstliche Verhalten“ des Mitarbeiters Streitgegenstand war, sondern auch, dass der kirchliche Mitarbeiter als Priester bzw. Pastor in beiden Fällen einen wichtigen Repräsentanten der kirchlichen Lehre darstellte. Sie waren eingestellt worden, um eine bestimmte Religion auszuüben und zu lehren.[535] Widerspricht also das innerdienstliche Verhalten des Mitarbeiters den Weisungen des kirchlichen Arbeitgebers, so dass die Einheitlichkeit im Rahmen der Religionsausübung, der Organisation und Durchführung von Gottesdienst etc. gefährdet ist, kann die Kirche arbeitsrechtliche Sanktionen zu ihrer Sicherung anwenden.

Anders zu bewerten ist die Entscheidung *„Rommelfanger“*. Hierfür gibt es mehrere Gründe: Der Assistenzarzt Rommelfanger war nicht von der verfassten Kirche selbst, sondern von einem katholischen Krankenhaus eingestellt worden. Des Weiteren bestand seine Hauptaufgabe darin, als Arzt in dem Krankenhaus zu arbeiten; er war nicht wie die beiden Geistlichen in den vorangegangenen Entscheidungen eingestellt worden, um eine bestimmte Religion auszuüben oder zu lehren. Außerdem war in diesem Fall das außerdienstliche Verhalten des Arbeitnehmers Streitgegenstand. Er hatte einen Brief an den Herausgeber des „Stern“ unterschrieben, in dem eine Auffassung zur Abtreibung vertreten wurde, die der kirchlichen Ansicht hierzu völlig widersprach.

Die Kommission hielt es im Rahmen dieses Falles, in dem ein Arzt von einem katholischen Krankenhaus beschäftigt war, für relevant, dass die katholische Kirche auch die Ausübung karitativer Tätigkeiten als eines ihrer wesentlichen Aufgaben betrachtete.[536] Ansonsten hätte sie wohl keinen Bezug zwischen der Beschäftigung in einem katholischen Krankenhaus und den Überzeugungen der katholischen Kirche gesehen mit der möglichen Folge, dass sich ein Verstoß gegen diese Überzeugungen nicht auf das Arbeitsverhältnis zu dem katholischen Krankenhaus ausgewirkt hätte. Ist ein Mitarbeiter also nicht bei der verfassten Kirche selbst angestellt, sondern bei einer anderen (kirchlichen) Einrichtung,

---

[534] D.R. 5, S. 157, 158; EuGRZ 1986, S. 648, 649.
[535] D.R. 5, S. 157, 158; EuGRZ 1986, S. 648, 649.
[536] Y.B. 32 (1989), S. 57, 64.

gelten die kirchlich begründeten Loyalitätspflichten in diesem Verhältnis wohl nur dann, wenn die Kirche diese Tätigkeit als eine ihrer wesentlichen Aufgaben betrachtet.[537]

Hervorzuheben ist bei dieser Entscheidung vor allem, dass die Kommission auf die Religionsfreiheit der katholischen Kirche in ihrer Begründung überhaupt nicht eingegangen ist. Verwunderlich ist dies zum einen deshalb, weil vor der Entscheidung durch die Kommission das gesamte rechtliche Verfahren in Deutschland rekapituliert wurde. In diesem Zusammenhang wurden auch die Bedeutung der Kirche im deutschen Verfassungsrecht sowie die damit verbundenen rechtlichen Konsequenzen für kirchliche Arbeitsverhältnisse ausführlich erläutert. Insbesondere hatte das BVerfG deutlich gemacht, dass der Freiraum der Kirche, der ihr durch das Selbstbestimmungsrecht gewährleistet wird, weiter reicht als wenn sie wie ein Tendenzbetrieb behandelt würde. Zum anderen hat sich die deutsche Regierung ausdrücklich darauf berufen, dass das Recht der Kirche, ihre eigenen Angelegenheiten zu regeln, auch von Art. 9 EMRK geschützt werde.[538] Obwohl der Kommission also der Zusammenhang zwischen Religionsfreiheit, kirchlichem Selbstbestimmungsrecht und arbeitsrechtlichem Tendenzschutz bekannt war, wurde Art. 9 EMRK in der Begründung der Kommission überhaupt nicht erwähnt. Statt dessen hielt die Kommission zunächst lediglich fest, dass allein aus der Tatsache, dass eine Person als Arzt in einem katholischen Krankenhaus beschäftigt ist, sich nicht schlussfolgern lasse, dass er auf seine Meinungsfreiheit als solche verzichtet habe.[539] Allerdings entschied die Kommission weiter, dass der Beschwerde führende Arzt durch die Übernahme vertraglicher Verpflichtungen gegenüber seinem Arbeitgeber auch eine Loyalitätsverpflichtung gegenüber der katholischen Kirche akzeptiert habe, die eine gewisse Einschränkung seiner Meinungsäußerungsfreiheit mit sich bringe.[540] Ähnliche Verpflichtungen könnten, so stellte die Kommission weiter fest, auch mit anderen Arbeitgebern vereinbart werden, solange dies freiwillig geschehe.[541] Schon hieraus wird deutlich, dass die Kommission der Kirche als Arbeitgeber keine Sonderstellung gegenüber anderen Arbeitgebern, die ebenfalls bestimmte Loyalitätspflichten vereinbaren können, zukommen lässt. Hierfür lässt sich noch ein weiterer Hinweis finden:

---

[537] Ähnlich die Formulierung des BVerfG: „(...) wenn sie (die kirchlichen Einrichtungen) nach kirchlichen Selbstverständnis ihrem Zweck oder ihrer Aufgabe entsprechend berufen sind, ein Stück Auftrag der Kirche in dieser Welt wahrzunehmen und zu erfüllen". Allerdings fordert die Kommission, dass es sich hierbei nicht nur um „irgendeine", sondern um eine wesentliche Aufgabe („essential task") der Kirche handelt.

[538] Y.B. 32 (1989), S. 57, 62.

[539] Y.B. 32 (1989), S. 57, 63.

[540] Y.B. 32 (1989), S. 57, 63.

[541] Y.B. 32 (1989), S. 57, 63.

„If, as in the present case, the employer is an organisation based on certain convictions and value judgments which it considers as essential for the performance of its functions in society, it is in fact in line with the requirements of the Convention to give appropriate scope also to the *freedom of expression* of the employer. An employer of that kind would not be able to effectively exercise his freedom without imposing certain duties of loyalty to its employees."[542]

Diese Begründung der Kommission macht deutlich, dass sie die Kirche lediglich so schützen will, wie jede andere Organisation, die auf bestimmten Überzeugungen und Wertentscheidungen beruht. Der Kirche steht nach der Begründung der Kommission in dieser Entscheidung deshalb lediglich ein auf Art. 10 EMRK beruhendes Recht auf Meinungsäußerungsfreiheit zu. Kommt es zu einer Auseinandersetzung zwischen dem Arbeitgeber und dem Arbeitnehmer, werden die jeweils geschützten Rechtspositionen gegeneinander abgewogen. Allerdings wird hierbei – im Gegensatz zur Situation im deutschen Recht – der kirchlichen Position kein besonderes Gewicht beigemessen. Dies entspricht inhaltlich jedoch dem arbeitsrechtlichen Tendenzschutz.[543]

In diesem Zusammenhang muss angemerkt werden, dass dogmatisch betrachtet, die Rechtsposition der Kirche durchaus auch mit Art. 9 EMRK hätte begründet werden können. Allerdings hätte die Kommission dann auf den Vortrag der deutschen Regierung eingehen und begründen müssen, dass der Schutzumfang des Art. 9 EMRK kein Selbstbestimmungsrecht nach deutscher Vorstellung umfasse. In Anbetracht der Tatsache, dass die Beschwerde gegen Deutschland ohnehin abgewiesen wurde, wollte man wohl einen Konflikt um die genaue Auslegung von Art. 9 EMRK vermeiden und hat sich deshalb in der Begründung auf die Meinungsfreiheit der Kirche zurückgezogen. Inhaltlich spielt es auch keine Rolle, ob die Abwägung der Grundrechte des Arbeitnehmers und des kirchlichen Arbeitsgebers auf der Meinungsfreiheit oder der Religionsfreiheit der Kirchen beruhen, da die gleichen Erwägungen (Nähe zur Tendenzverwirklichung) herangezogen werden. Da jedoch die religiösen Belange der Kirche in Arbeitsverhältnissen auch im Rahmen der EMRK Berücksichtigung finden und religiöse Belange eher in Zusammenhang mit der Religionsfreiheit in Art. 9 EMRK gebracht werden, wird im weiteren Verlauf der Arbeit der kirchliche Tendenzschutz als Bestandteil der kollektiven Religionsfreiheit in Art. 9 EMRK betrachtet. Inhaltlich ergeben sich hierdurch – wie bereits erwähnt – keine Änderungen.

---

[542] Y.B. 32 (1989), S. 57, 64.

[543] Siehe hierzu *Etzel,* in: KR – Gemeinschaftskommentar zum Kündigungsschutzgesetz und zu sonstigen kündigungsschutzrechtlichen Vorschriften, § 1 KSchG Rn. 75; *Küttner,* Personalhandbuch 2004, Tendenzbetrieb Rn. 1.

Unter Zugrundelegung dieser Entscheidung, in der der Kommission der Unterschied zwischen Selbstbestimmungsrecht und Tendenzschutz durch die vorangegangene Entscheidung des BVerfG nochmals deutlich vor Augen geführt worden war, erfährt die Kirche im Rahmen der EMRK lediglich Tendenzschutz. Ihre Stellung entspricht der anderer Arbeitgeber, die ihren Mitarbeitern ebenfalls bestimmte Loyalitätsobliegenheiten auferlegen können (Tendenzbetriebe); eine Sonderstellung wie den Kirchen im deutschen Verfassungsrecht garantiert wird, wird den Kirchen im Rahmen der EMRK nicht zugestanden.

(3) Zusammenfassung

Die Kirchen können die Rechte ausüben und geltend machen, die in Art. 9 EMRK enthalten sind. Dies bedeutet insbesondere die Freiheit zur Ausübung ihrer Religion, sowie die Organisation und Durchführung von Gottesdienst, Unterricht und die Ausübung und Beachtung religiöser Gebräuche. Die Kirche ist ferner vor willkürlichen staatlichen Eingriffen und im Zusammenspiel mit Art. 11 EMRK ist auch die religiöse Vereinigungsfreiheit geschützt. Des Weiteren wird die Gewährleistung eines Bereichs kirchlicher Autonomie als unerlässlich angesehen. Darüber hinaus ist der Staat zur Neutralität und Unparteilichkeit verpflichtet, so dass er keine Aussagen über die Rechtmäßigkeit von Glaubensinhalten treffen darf. In Anbetracht all dessen kann man von einem Selbstbestimmungsrecht der Kirchen im Rahmen des rein innerkirchlichen Bereichs sprechen.

Im Rahmen von kirchlichen Arbeitsverhältnissen muss danach unterschieden werden, ob Streitgegenstand ein „inner"- oder „außerdienstliches" Verhalten des Mitarbeiters ist.

Widerspricht das innerdienstliche Verhalten des Mitarbeiters den Weisungen des kirchlichen Arbeitgebers, so dass die Einheitlichkeit im Rahmen der Religionsausübung, der Organisation und Durchführung von Gottesdienst, Unterricht und die Ausübung und Beachtung religiöser Gebräuche gefährdet ist, kann die Kirche arbeitsrechtliche Sanktionen zu ihrer Sicherung anwenden. Dies gilt insbesondere für Mitarbeiter, die als kirchliche Repräsentanten[544] eingestellt wurden, um eine bestimmte Religion auszuüben und zu lehren.

Steht das außerdienstliche Verhalten eines Mitarbeiters, der nicht primär als kirchlicher Repräsentant eingestellt wurde, als Streitgegenstand fest, müssen weitere Punkte berücksichtigt werden: Zum einen verzichtet ein kirchlicher Mit-

[544] In den Worten des Tendenzschutzes formuliert: Mitarbeiter mit einer besonderen Nähe zur Tendenzverwirklichung.

arbeiter durch den Abschluss eines Arbeitsvertrags nicht völlig auf seine Meinungsfreiheit; zum anderen hat er aber auch eine gewisse Loyalitätsverpflichtung gegenüber der Kirche akzeptiert, wenn er einen Arbeitsvertrag mit ihr oder einer kirchlichen Einrichtung abschließt. An diese Verpflichtung ist er grds. gebunden, mit der Folge, dass ihm bei einem Verstoß auch gekündigt werden kann. Grund hierfür ist, dass ein Arbeitgeber seine Meinungs- oder Religionsfreiheit nicht effektiv ausüben könnte, wenn er seinen Arbeitnehmern nicht bestimmte Loyalitätsanforderungen auferlegen dürfte. Allerdings darf der Arbeitgeber keine unzumutbaren Loyalitätsanforderungen an seine Mitarbeiter stellen. Abgewogen werden deshalb die Grundrechte des Arbeitnehmers mit denen des Arbeitgebers, wobei insbesondere darauf zu achten ist, dass es eine angemessene Beziehung gibt zwischen den Maßnahmen, die die Grundrechte des Arbeitnehmers berühren, der Natur des Arbeitsverhältnisses sowie der Bedeutung des Themas für den Arbeitgeber.

Im Rahmen der EMRK wird deshalb lediglich Tendenzschutz gewährt. Ein dem deutschen Verfassungsrecht ähnliches Selbstbestimmungsrecht wird nicht geschützt. Dies bedeutet nicht, wie der Fall *„Rommelfanger"* gezeigt hat, dass das kirchliche Selbstbestimmungsrecht auf der Ebene der EMRK keinerlei Bedeutung hat, sondern lediglich, dass der deutsche Staat nicht gegen seine Verpflichtungen aus der EMRK verstößt, wenn und solange er bei der Gewährleistung des Selbstbestimmungsrechts die Meinungsfreiheit oder sonstige Grundrechte des Mitarbeiters genügend berücksichtigt. Würde die Kirche jedoch umgekehrt versuchen, auf der Ebene der EMRK ein Selbstbestimmungsrecht nach deutschem Vorbild durchzusetzen, würde sie damit scheitern.

bbb) Gewährleistung durch die Literatur

Die Literatur zur Frage des Umfangs der durch Art. 9 Abs. 1 EMRK gewährleisteten kollektiven Religionsfreiheit ist sehr umfangreich.[545] Deshalb überrascht es

---

[545] *Blum*, Die Gedanken-, Gewissens- und Religionsfreiheit nach Art. 9 der Europäischen Menschenrechtskonvention, S. 170-178; *Bleckmann*, Von der individuellen Religionsfreiheit zum Selbstbestimmungsrecht der Kirchen, S. 27-65; *Hollerbach*, ZevKR 35 (1990), S. 250, 256 ff.; *Frowein*, in: Religionsfreiheit zwischen individueller Selbstbestimmung, Minderheitenschutz und Staatskirchenrecht, S. 73-88; *ders.*, ZaöRV 1986, S. 249 ff.; *ders.*, in: Religionsfreiheit, S. 1-15; *ders.*, Essener Gespräche zum Thema Staat und Kirche 27 (1993), S. 46 ff.; *Robbers*, in: Staat und Kirche in der Europäischen Union, S. 351, 358; *ders.*, in: FS für Joseph Listl, S. 201, 208 ff.; *ders.*, in: Handbuch des Staatskirchenrechts der Bundesrepublik Deutschland, S. 315-318; *ders.*, Essener Gespräche zum Thema Staat und Kirche 27 (1993), S. 81, 87; *Müller-Volbehr*, ZevKR 44 (1999), S. 385, 407 f.; *Winter*, in: FS für Alexander Hollerbach, S. 893, 899 f.; *Heintzen*, in: FS für Joseph Listl, S. 29, 37 f.; *Conring*, Korporative Religionsfreiheit in Europa, S. 333-363; *Vachek*, Das Religionsrecht der Europäischen

auch nicht, dass es sehr unterschiedliche Aussagen zu ihrem Umfang gibt: So wird beispielsweise von *Bleckmann* vertreten, dass man zwischen einem innerkirchlichen Bereich im engeren Sinne und einem im weiteren Sinne unterscheiden müsse.[546] Der innerkirchliche Bereich i. e. S. umfasse insbesondere die Regelung von Gottesdienst und Unterricht, während zum innerkirchlichen Bereich i. w. S. unter anderem der Betrieb von Kindergärten, Krankenhäusern, Altersheimen, Schulen und Universitäten gehören könne. Welche Tätigkeiten in den Bereich des innerkirchlichen Bereichs i. w. S. fallen, werde hierbei von den Kirchen selbst bestimmt.[547] Dehnten die Kirchen also ihre Tätigkeit auf den Betrieb von Krankenhäusern etc. aus, fielen alle organisatorischen, finanziellen, sachlichen und personellen Maßnahmen, die zu diesem Betrieb erforderlich sind, in die Autonomie der Kirche.[548] Diese sehr weit gehende Interpretation des kollektiven Schutzbereichs von Art. 9 Abs. 1 EMRK erinnert stark an die Grundsätze, die aus dem deutschen Staatskirchenrecht bekannt sind, z. B. die Bestimmung der eigenen Angelegenheiten durch die Kirche.

Auch mit Hilfe des Falles *Rommelfanger* wird teilweise versucht, die Anerkennung des deutschen Systems auf der Ebene der EMRK zu konstruieren: So geht *Robbers* davon aus, dass das kirchliche Selbstbestimmungsrecht in der Sache von der Kommission anerkannt werde[549], wenngleich – so räumt er ein – „ein dogmatisch und sachlich problematischer Anknüpfungspunkt in der Meinungsfreiheit nach Art. 10 EMRK gewählt wurde“.[550] Ähnlich argumentiert *Hollerbach,* der zwar auch erkennt, dass die Argumentation der Kommission eher in

---

Union im Spannungsfeld zwischen mitgliedstaatlichen Kompetenzreservaten und Art. 9 EMRK, S. 209-212; *Weber,* ZevKR 47 (2002), S. 265, 267 ff.; *ders.,* ÖARR 49 (2002), S. 1, 2 ff.; *ders.,* ZevKR 45 (2000), S. 109, 139 ff.; *Christoph,* ZevKR 37 (1992), S. 415 ff.; *Mückl,* Religions- und Weltanschauungsfreiheit im Europarecht, S. 34 ff.; *Müller-Volbehr,* Europa und das Arbeitsrecht der Kirchen, S. 70-73; *Hanau/Thüsing,* Europarecht und kirchliches Arbeitsrecht, S. 21 ff.; *de Wall,* ZevKR 47 (2002), S. 205, 212 ff.; *ders.,* ZevKR 45 (2000), S. 157, 166; *Hillgruber,* DVBl. 1999, S. 1155, 1176 ff.; *Gomien/Harris/Zwaak,* Law and practice of the European Convention on Human Rights and the European Social Charter, S. 263 ff.; *v. Hoyningen-Huene,* RdA 2003, S. 65, 71; *Grabenwarter,* Europäische Menschenrechtskonvention, S. 253 ff.; *Moon/Allen,* E.H.R.L.R. 2000, S. 580, 593 f.

[546] *Bleckmann,* Von der individuellen Religionsfreiheit zum Selbstbestimmungsrecht der Kirchen, S. 48.

[547] *Bleckmann,* Von der individuellen Religionsfreiheit zum Selbstbestimmungsrecht der Kirchen, S. 48.

[548] *Bleckmann,* Von der individuellen Religionsfreiheit zum Selbstbestimmungsrecht der Kirchen, S. 48.

[549] *Robbers,* in: Handbuch des Staatskirchenrechts der Bundesrepublik Deutschland, S. 315, 317; *ders.,* in: Staat und Kirche in der Europäischen Union, S. 351, 358.

[550] *Robbers,* in: Handbuch des Staatskirchenrechts der Bundesrepublik Deutschland, S. 315, 317.

die Richtung des Tendenzschutzes weist, aber dennoch davon ausgeht, dass das deutsche System „eine wichtige Bewährungsprobe“ bestanden habe.[551]

Andere betrachten das deutsche System jedoch als „deutsches Eigengewächs“[552], so dass vielerorts Bedenken gegen eine so weit gehende Auslegung des Schutzbereichs von Art. 9 Abs. 1 EMRK bestehen.[553] Insbesondere warnt *Blum* davor, dass wegen des „Ineinandergreifens von grundrechtlich geschütztem Bereich und staatskirchenrechtlicher Ordnung“ die Gefahr bestehe, „dass der korporativ-institutionelle Aspekt des Grundrechts mit staatskirchenrechtlichen Elementen angereichert und zur Rechtfertigung konkreter staatskirchenrechtlicher Modelle herangezogen wird“.[554] Ein solches Vorgehen sei seiner Meinung nach verfehlt, da es völlig unterschiedliche staatskirchenrechtliche Modelle in den jeweiligen Mitgliedstaaten gebe, von einem laizistischen Modell bis hin zum Staatskirchentum, und es nicht unterstellt werden könne, dass die Unterzeichnung der Konvention eine Veränderung dieser Ordnungen bewirken sollte.[555] Diese Gefahr, dass durch Auslegung der kollektiven bzw. korporativen Religionsfreiheit staatskirchenrechtliche Inhalte eines Landes impliziert werden können, haben auch andere gesehen und deshalb ein Selbstbestimmungsrecht nur dann angenommen, wenn der rein innerkirchliche Bereich betroffen ist[556], so dass die Besonderheiten des kirchlichen Arbeitsrechts nicht umfassend durch

---

[551] *Hollerbach*, ZevKR 35 (1990), S. 250, 258 f.

[552] *Isensee*, in: FS für Joseph Listl, S. 67, 72; siehe auch *Winter*, in: FS für Alexander Hollerbach, S. 893, 900.

[553] *Müller-Volbehr*, ZevKR 44 (1999), S. 385, 407 f.; *Heintzen*, in: FS für Joseph Listl, S. 29, 37 f.; *Winter*, in: FS für Alexander Hollerbach, S. 893, 900; *Link*, ZevKR 42 (1997), S. 130, 136 und 141; *Müller-Volbehr*, Europa und das Arbeitsrecht der Kirchen, S. 73; *Weber*, ZevKR 47 (2002), S. 265, 276 f.; *ders.*, ÖARR 49 (2002), S. 1, 10 f.; *ders.*, ZevKR 45 (2000), 109, 147 ff.; *Blum*, Die Gedanken-, Gewissens- und Religionsfreiheit nach Art. 9 der Europäischen Menschenrechtskonvention, S. 177 f.; *Frowein*, Essener Gespräche zum Thema Staat und Kirche 27 (1993), S. 46, 70; *Vachek*, Das Religionsrecht der Europäischen Union im Spannungsfeld zwischen mitgliedstaatlichen Kompetenzreservaten und Art. 9 EMRK, S. 212; *Hillgruber*, DVBl. 1999, S. 1155, 1177; *Schliemann*, in: Deutsches Staatskirchenrecht zwischen Grundgesetz und EU-Gemeinschaft, S. 113, 118.

[554] *Blum*, Die Gedanken-, Gewissens- und Religionsfreiheit nach Art. 9 der Europäischen Menschenrechtskonvention, S. 177.

[555] *Blum*, Die Gedanken-, Gewissens- und Religionsfreiheit nach Art. 9 der Europäischen Menschenrechtskonvention, S. 178; siehe auch *Frowein*, Essener Gespräche zum Thema Staat und Kirche 27 (1993), S. 46, 70, der daran erinnert, dass gerade deutsche Juristen möglicherweise eher dazu neigen, die Entwicklungen zu Art. 140 GG zur „Zielprojektion“ für die Schutzbereichsbestimmung von Art. 9 EMRK machen.

[556] *Vachek*, Das Religionsrecht der Europäischen Union im Spannungsfeld zwischen mitgliedstaatlichen Kompetenzreservaten und Art. 9 EMRK, S. 212; *Müller-Volbehr*, ZevKR 44 (1999), S. 385, 407; *Link*, ZevKR 42 (1997), S. 130, 135 f.; *Winter*, in: FS für Alexander Hollerbach, S. 893, 900.

einen Rückgriff auf die Gewährleistungen des Art. 9 Abs. 1 EMRK gewahrt werden können.[557] Andere versuchen dieser Problematik auszuweichen, in dem sie zwar davon ausgehen, dass Art. 9 EMRK ein Selbstbestimmungsrecht beinhaltet, aber nicht genau beschreiben, in welchem Umfang dieses gewährt wird.[558]

Zusammenfassend ergibt sich Folgendes: Lediglich ein geringer Teil der Literatur geht davon aus, dass Art. 9 EMRK ein Selbstbestimmungsrecht der Kirchen gewährleistet, das inhaltlich dem entspricht, was im Rahmen von Art. 140 GG i. V. m. Art. 137 Abs. 3 WRV geschützt wird. Die überwiegende Auffassung geht davon aus, dass Art. 9 EMRK zwar ein Selbstbestimmungsrecht der Kirche beinhaltet, dieses jedoch einen geringeren Schutzbereich wie das kirchliche Selbstbestimmungsrecht des deutschen Verfassungsrechts hat. Die Vertreter dieser Auffassung beschreiben hierbei entweder ausdrücklich, dass das Selbstbestimmungsrecht sich nur auf den rein innerkirchlichen Bereich (Kultus, Lehre, Verkündigung und Unterricht) bezieht oder äußern sich überhaupt nicht zu dessen Konkretisierung. Begründet wird diese Auffassung hauptsächlich mit systematischen Argumenten; insbesondere die Gefahr, dass durch die Bestimmung des Schutzbereichs der korporativen Religionsfreiheit konkrete staatskirchenrechtliche Ordnungen impliziert werden können, spielt hierbei eine entscheidende Rolle.

ccc) Stellungnahme

Im Rahmen vorliegender Frage muss bestimmt werden, welche konkreten Gewährleistungen Art. 9 EMRK beinhaltet. Dies geschieht vor dem Hintergrund, dass das System der EMRK ein Case-Law-System[559] darstellt und deshalb der Rechtsprechung der Konventionsorgane eine wesentliche Rolle zukommt. Eine Bestimmung des Inhalts der Konventionsgrundrechte muss deshalb insbesondere die bisherige Rechtsprechung berücksichtigen; zusätzliche Erwägungen sind

---

[557] *Müller-Volbehr,* Europa und das Arbeitsrecht der Kirchen, S. 73; siehe auch *Frowein,* Essener Gespräche zum Thema Staat und Kirche 27 (1993), S. 46, 70, der darauf hinweist, dass gerade europäischen Juristen die „Assoziation“ des Tendenzschutzes näher liegt, als die deutsche Entwicklung bzgl. Art. 140 GG.

[558] Beispielhaft sei hier *de Wall,* ZevKR 45 (2000), S. 157, 166 genannt, der davon ausgeht, dass Art. 9 EMRK auch einen „Kern kirchlicher Selbstbestimmung“ umfasse. Was innerhalb bzw. außerhalb dieses Kerns liegt, wird nicht erörtert; ebenso *Streinz,* Essener Gespräche zum Thema Staat und Kirche 31 (1997), S. 53, 62, der vertritt, dass den Kirchen ein Selbstordnungs- und Selbstverwaltungsrecht zustehe, welches sich allein aus dem Grundrecht ergebe und keine staatskirchenrechtliche Ordnung impliziere. Welches die äußere Grenze dieses Selbstbestimmungsrechts darstellt, wird jedoch nicht näher erörtert.

[559] Siehe hierzu auch *Conring,* Korporative Religionsfreiheit in Europa, S. 362.

möglich, dürfen aber die Rechtsprechung nicht unberücksichtigt lassen. Deshalb ist der Umfang der kollektiven Religionsfreiheit im Wesentlichen durch die Rechtsprechung zu bestimmen.

Danach haben die Kirchen die Freiheit zur Ausübung ihrer Religion, sowie die Organisation und Durchführung von Gottesdienst, Unterricht und die Ausübung und Beachtung religiöser Gebräuche. Dieser Bereich wird von der Literatur häufig als der innerkirchliche Bereich beschrieben. Zum Inhalt der weiteren kirchlichen Rechte, insbesondere im Rahmen von kirchlichen Arbeitsverhältnissen, wird auf die Zusammenfassung und Interpretation der Rechtsprechung verwiesen.[560] Darüber hinaus sind zusätzliche Erwägungen, die hauptsächlich von der Literatur angeführt werden, sinnvoll, um dieses Ergebnis zu unterstreichen. So erscheint es beispielsweise wenig überzeugend, wenn auf der Ebene der EMRK gerade das deutsche Modell zugrunde gelegt werden soll, zumal dieser Konvention viele Länder angehören, die ein dem deutschen Staatskirchenrecht ähnliches Selbstbestimmungsrecht der Kirchen nicht kennen. Schließlich kann nicht unterstellt werden, dass durch die Unterzeichung der Konvention eine Änderung der staatskirchenrechtlichen Systeme bewirkt werden sollte.[561] In diesem Zusammenhang wird also auf rechtsvergleichende Untersuchungen[562] verwiesen, die auch deshalb sinnvoll sein können, weil der Europäische Gerichtshof für Menschenrechte international besetzt ist und die entsprechenden Richter unterschiedlichen Rechtstraditionen entstammen. Diese Erwägungen sind zwar sinnvoll und berechtigt, ersetzen jedoch nicht die Auseinandersetzung und Analyse der Rechtsprechung zu dem jeweiligen Konventionsgrundrecht bei der Bestimmung des konkreten Inhalts.

b) Ergebnis

Nach bisher Erwähntem ergibt sich folgendes Bild: Die Kirchen können sich auf Art. 9 EMRK berufen. Sie sind selbst Träger des Konventionsgrundrechts. Gleiches gilt für andere Vereinigungen mit religiösen oder philosophischen Zielen. Allerdings bleibt zu beachten, dass die Stellung der Kirche nach wie vor eng mit der individuellen Religionsfreiheit verbunden ist. Das bedeutet, dass die Stellung der Kirche durch die Konvention geschützt wird, damit das einzelne Kirchenmitglied seine (individuelle) Religionsfreiheit ungestört ausüben kann. Dieser Zusammenhang wirkt sich auf den Umfang der kollektiven bzw. korporativen Religionsfreiheit aus. So hat die Kirche insbesondere die Freiheit zur Aus-

[560] F.I.3.a)bb)aaa)(3).
[561] *Blum*, Die Gedanken-, Gewissens- und Religionsfreiheit nach Art. 9 der Europäischen Menschenrechtskonvention, S. 178.
[562] Ebenso *Conring*, Korporative Religionsfreiheit in Europa, S. 363.

übung ihrer Religion, sowie die Organisation und Durchführung von Gottesdienst, Unterricht und die Ausübung und Beachtung religiöser Gebräuche. Ferner ist sie vor willkürlichen staatlichen Eingriffen geschützt und kann sich in Verbindung mit Art. 11 EMRK auch auf die religiöse Vereinigungsfreiheit berufen. Im Rahmen von kirchlichen Arbeitsverhältnissen wird lediglich Tendenzschutz gewährt. Ein Selbstbestimmungsrecht in dem Sinne und Umfang, wie es in Art. 140 GG i. V. m. Art. 137 Abs. 3 WRV gewährleistet wird, wird im Rahmen der EMRK nicht geschützt.

II. Die kollektive Religionsfreiheit im EG-Recht

Sekundäres Gemeinschaftsrecht – somit auch die Richtlinie 2000/78/EG – muss sich an den Gemeinschaftsgrundrechten messen lassen, da diese im Verhältnis zum Sekundärrecht höherrangiges Recht darstellen. Will man also ermitteln, ob die Richtlinie 2000/78/EG gemeinschaftsgrundrechtskonform ist und die Rechte der Kirchen genügend berücksichtigt, muss zunächst der Inhalt der gemeinschaftsrechtlich geschützten kollektiven Religionsfreiheit ermittelt werden.

1. Bisherige Rechtsprechung des EuGH zur Religionsfreiheit

Wie bereits erörtert, ist in einem Case-Law-System die Rechtsprechungspraxis der Gerichte von besonderer Bedeutung, da sich das Recht vorwiegend aus ihren Entscheidungen ergibt.[563] Da auch das Gemeinschaftsrecht ein Case-Law-System darstellt, ist bei der Ermittlung der kollektiven Religionsfreiheit im Gemeinschaftsrecht zunächst auf die Rechtsprechung des EuGH hierzu einzugehen.

Bisher hatte der EuGH – soweit ersichtlich – noch keine Gelegenheit, sich grundsätzlicher mit der Frage der kollektiven Religionsfreiheit im Gemeinschaftsrecht auseinanderzusetzen. Allerdings gibt es dennoch einige Entscheidungen des EuGH, die religions- und kirchenrelevante Fragen berühren. Die wohl bedeutendste Entscheidung in diesem Zusammenhang ist der Fall *Prais*[564], in dem es um die Teilnahme einer jüdischen Bewerberin an einer Auswahlprüfung für eine Stelle beim Rat der EG ging, die an einem jüdischen Feiertag stattfinden sollte. Zwar wurde die Klage aus Gründen des Einzelfalls abgewiesen, aber dennoch der Rat dazu verpflichtet, alle sachgerechten Maßnahmen zu treffen, „dass die Prüfungen an einem Tag veranstaltet werden, an dem ein Bewer-

---

[563] *Musall/Reichelt,* Grundlagen und Grundformen des Rechts, S. 8.
[564] EuGH, Rs. 130/75, Slg. 1976, S. 1589 ff. (Vivian Prais/Rat der Europäischen Gemeinschaften).

ber wegen seiner religiösen Überzeugungen nicht erscheinen kann"[565]. Keine Fragen der Religionsfreiheit erörterte der EuGH in der Entscheidung *van Duyn*[566]. In diesem Fall ging es um ein britisches Einreiseverbot für eine niederländische Staatsbürgerin, die als praktizierendes Mitglied der „Church of Scientology" beabsichtigte, eine Tätigkeit als Sekretärin an einer Bildungsstätte der Organisation aufzunehmen. Die britische Regierung hatte zuvor die Praktiken dieser Organisation als sozialschädlich eingestuft. Der EuGH bestätigte in dieser Entscheidung das Einreiseverbot als Maßnahme der öffentlichen Ordnung, ohne sich mit der Religions- oder Weltanschauungsfreiheit auseinanderzusetzen.[567] Erste Schlussfolgerungen für die Bewertung kirchlicher Arbeitsverhältnisse im Gemeinschaftsrecht können aus der Entscheidung *van Roosmalen*[568] gewonnen werden. In diesem Fall ging es u. a. darum, ob ein Priester, der über mehrere Jahrzehnte hinweg als Missionar in Zaïre gearbeitet hatte, als Selbstständiger im Sinne der VO (EWG) Nr. 1408/71[569] zu betrachten ist, die sowohl für Arbeitnehmer als auch für Selbstständige gilt. Der EuGH bejahte diese Frage mit der Begründung, dass der Begriff des Selbstständigen für alle Personen gelte, „die außerhalb eines Arbeitsvertrags oder der Ausübung eines freien Berufs oder des selbstständigen Betriebs eines Unternehmens eine Berufstätigkeit ausüben oder ausgeübt haben, in deren Rahmen sie Leistungen erhalten, die es ihnen ermöglichen, ganz oder teilweise ihren Lebensunterhalt zu bestreiten"[570]. Der EuGH erörterte jedoch nicht, ob die Beschäftigung als Priester oder die Tätigkeit als

---

565 EuGH, Rs. 130/75, Slg. 1976, S. 1589, 1599; siehe hierzu auch *Vachek*, Das Religionsrecht der Europäischen Union im Spannungsfeld zwischen mitgliedstaatlichen Kompetenzreservaten und Art. 9 EMRK, S. 89 ff.; *Pernice*, JZ 1977, S. 777 ff.; *Rengeling*, DÖV 1977, S. 409 f.; *Weber*, ZevKR 47 (2002), S. 265, 280 f.; *ders.*, ÖARR 49 (2002), S. 1, 14; *ders.*, ZevKR 45 (2000), S. 109, 141; *Bausback*, EuR 2000, S. 261, 269; *Robbers*, in: FS für Joseph Listl, S. 201, 201; *ders.*, in: Handbuch des Staatkirchenrechts der Bundesrepublik Deutschland, S. 315, 319; *ders.*, in: Staat und Kirche in der Europäischen Union, S. 351, 356; *ders.*, Essener Gespräche zum Thema Staat und Kirche 27 (1993), S. 81, 84; *Hollerbach*, ZevKR 35 (1990), S. 250, 263; *Waldhoff*, JZ 2003, S. 978, 982.

566 EuGH, Rs. 41/74, Slg. 1974, S. 1337 ff. (Yvonne van Duyn/Home Office).

567 Siehe hierzu *Vachek*, Das Religionsrecht der Europäischen Union im Spannungsfeld zwischen mitgliedstaatlichen Kompetenzreservaten und Art. 9 EMRK, S. 92 f.; *Bausback*, EuR 2000, S. 261, 270; *Weber*, ZevKR 47 (2002), S. 265, 281; *ders.*, ÖARR 49 (2002), S. 1, 15.

568 EuGH, Rs. 300/84, Slg. 1986, S. 3097 ff. (van Roosmalen/Bestuur van de Bedrijfsvereniging voor de Gezondheid, Geestelijke en Maatschappelijke Belangen); siehe hierzu *Vachek*, Das Religionsrecht der Europäischen Union im Spannungsfeld zwischen mitgliedstaatlichen Kompetenzreservaten und Art. 9 EMRK, S. 93 ff.; *Robbers*, in: Staat und Kirche in der Europäischen Union, S. 351, 357; *ders.*, Essener Gespräche zum Thema Staat und Kirche 27 (1993), S. 81, 82 f.; *Waldhoff*, JZ 2003, S. 978, 982.

569 VO vom 14. Juni 1971 über die Anwendung der Systeme der sozialen Sicherheit auf Arbeitnehmer und Selbstständige sowie deren Familienangehörige, die innerhalb der Gemeinschaft zu- und abwandern; ABl. Nr. L 149, S. 2 ff.

570 EuGH, Rs. 300/84, S. 3097, 3124 (Rn. 23).

Missionar irgendwelchen kirchlichen Besonderheiten unterliegen könnte, was zu Kritik an diesem Urteil geführt hat.[571] Es zeigt also, dass der EuGH auch bei Entscheidungen, die religionsrechtliche Materien berühren, gemeinschaftsrechtliche Begriffe und Grundsätze uneingeschränkt anwendet. Ähnliche Schlussfolgerungen lässt das Urteil *Steymann*[572] zu. Hier hatte der EuGH u. a. zu klären, inwieweit Tätigkeiten, die das Mitglied einer Religionsgemeinschaft (Bhagwan-Vereinigung) für diese verrichtet, als wirtschaftliche Betätigung oder Dienstleistung im Sinne der genannten Bestimmungen des Vertrages angesehen werden können, wenn diese Vereinigung für den Lebensunterhalt ihrer Mitglieder aufkommt und ihnen ein Taschengeld gewährt. Der EuGH stellte in Bezug auf diese Frage zunächst fest, „dass angesichts der Ziele der Gemeinschaft die Teilnahme an einer auf Religion oder einer anderen Form der Weltanschauung beruhenden Vereinigung nur insoweit in den Anwendungsbereich des Gemeinschaftsrechts fällt, als sie Teil des Wirtschaftslebens im Sinne von Artikel 2 EWG-Vertrag angesehen werden kann“[573]. Nach der Rechtsprechung des EuGH macht jede entgeltliche Arbeits- und Dienstleistung einen Teil des Wirtschaftslebens im Sinne dieser Bestimmung des EWG-Vertrags aus.[574] Allerdings dürfe sie nicht einen völlig untergeordneten oder unwesentlichen Umfang haben.[575] Fraglich war deshalb, ob die Tätigkeit von Herrn Steymann als eine „entgeltliche“ Tätigkeit gewertet werden konnte. Dies bejahte der EuGH, da die durch die Bhagwan-Vereinigung ihren Mitgliedern gewährte Grundversorgung als mittelbare Gegenleistung für tatsächliche und echte Tätigkeiten betrachtet werden konnte.[576] Ähnlich wie bereits in der Entscheidung *van Roosmalen* wird auch hier erkennbar, dass der EuGH nicht auf kirchenrechtliche Besonderheiten eingeht und den Fall ausschließlich vor dem Hintergrund gemeinschaftsrechtlicher Begriffe und Grundsätze betrachtet.[577]

---

[571] *Robbers,* in: Staat und Kirche in der Europäischen Union, S. 351, 357.

[572] EuGH, Rs. 196/87, Slg. 1988, S. 6169 ff. (Udo Steymann/Staatssecretaris van Justitie); siehe hierzu *Krimphove,* Europäisches Arbeitsrecht, S. 117; *Vachek,* Das Religionsrecht der Europäischen Union im Spannungsfeld zwischen mitgliedstaatlichen Kompetenzreservaten und Art. 9 EMRK; *Bausback,* EuR 2000, S. 261, 270; *Brenner,* in: Deutsches Staatskirchenrecht zwischen Grundgesetz und EU-Gemeinschaft, S. 43, 57; *Weber,* ÖARR 49 (2002), S. 1, 15; *ders.,* ZevKR 47 (2002), S. 265, 281; *ders.,* ZevKR 45 (2000), S. 109, 141; *Robbers,* in: Staat und Kirche in der Europäischen Union, S. 351, 356; *ders.,* Essener Gespräche zum Thema Staat und Kirche 27 (1993), S. 81, 83; *Waldhoff,* JZ 2003, S. 978, 982.

[573] EuGH, Rs. 196/87, Slg. 1988, S. 6169, 6172 (Rn. 9).

[574] EuGH, Rs. 196/87, Slg. 1988, S. 6169, 6172 (Rn. 10).

[575] EuGH, Rs. 196/87, Slg. 1988, S. 6169, 6172 (Rn. 13).

[576] EuGH, Rs. 196/87, Slg. 1988, S. 6169, 6172 (Rn. 14).

[577] So auch *Vachek,* Das Religionsrecht der Europäischen Union im Spannungsfeld zwischen mitgliedstaatlichen Kompetenzreservaten und Art. 9 EMRK, S. 96 ff.; *Brenner,* in: Deutsches Staatskirchenrecht zwischen Grundgesetz und EU-Gemeinschaft, S. 43, 57, der in diesem Zusammenhang von „Religionsblindheit“ spricht.

Zusammenfassend ergibt sich deshalb, dass der EuGH religiöse Belange bislang nur im Fall *Prais* und darin auch nur unter dem Aspekt der individuellen Religionsfreiheit berücksichtigt hat. Ansonsten wendet er gemeinschaftsrechtliche Begriffe und Grundsätze auf alle Sachverhalte an, unabhängig davon, ob hierbei religionsrechtliche Fragen berührt werden oder nicht. Eine Entscheidung zum Inhalt der kollektiven Religionsfreiheit im Gemeinschaftsrecht liegt jedoch – soweit ersichtlich – noch nicht vor.

2. Mögliche Grundrechtsentwicklung durch den EuGH

Vor diesem Hintergrund lässt sich nicht genau bestimmen, ob die kollektive bzw. korporative Religionsfreiheit auf gemeinschaftlicher Ebene überhaupt besteht und welchen konkreten Inhalt sie hat. Anhand der bisher vom EuGH verwandten Methode bei der Grundrechtsentwicklung im EG-Recht soll deshalb versucht werden, einen Schutzbereich für die kollektive Religionsfreiheit im Gemeinschaftsrecht zu bestimmen.

a) Bisherige Grundrechtsgewährleistung durch den EuGH

Bevor der konkrete Inhalt der kollektiven Religionsfreiheit im Gemeinschaftsrecht bestimmt werden kann, wird sowohl auf den historischen Hintergrund der durch den EuGH entwickelten Grundrechtssprechung als auch auf seine allgemeine Methode zur Grundrechtsgewinnung eingegangen. Hierdurch sollen die Grundsätze ermittelt werden, die der EuGH bei der Entwicklung der kollektiven Religionsfreiheit im Gemeinschaftsrecht zugrunde legen könnte.

aa) Historischer Hintergrund

Die Gründungsverträge der Europäischen Gemeinschaften enthalten keinen Grundrechtskatalog. Aus diesem Grund wird heute der Grundrechtsschutz in der Europäischen Gemeinschaft durch die Rechtsprechung des EuGH gewährleistet.[578] Dies war jedoch nicht immer so: In den ersten Jahren des Bestehens der Gemeinschaft hat der EuGH kaum Bemühungen unternommen, das Fehlen verbriefter Grundrechte durch seine Rechtsprechung auszugleichen.[579] Geändert hat sich dies erst im Jahr 1969 mit der Rechtssache *Stauder*[580]. Hier hatte der EuGH die Auffassung vertreten, dass er die Wahrung der in den allgemeinen Grundsät-

---

[578] *Langguth,* in: Der Schutz der Grundrechte in der Europäischen Gemeinschaft, S. 14.

[579] Siehe hierzu *Mancini/di Bucci,* in: Grundrechtsschutz im europäischen Raum, S. 209 m. w. N.

[580] EuGH, Rs. 29/69, Slg. 1969, S. 419 ff. (Erich Stauder/Stadt Ulm, Sozialamt).

zen der Gemeinschaftsordnung enthaltenen Grundrechte sichern müsse.[581] Fortgesetzt wurde die Grundrechtssprechung des EuGH im Jahr 1970 in der Rechtssache *Internationale Handelsgesellschaft*[582]. Auch in dieser Entscheidung hat der EuGH nochmals darauf hingewiesen, dass die Beachtung der Grundrechte zu den allgemeinen Grundsätzen gehöre, deren Wahrung er zu sichern habe.[583] Allerdings ist es im Rahmen der vorliegenden Entscheidung nicht bei dieser Aussage geblieben; der EuGH hat hierin ferner festgestellt, dass die Gewährleistung der Grundrechte von den gemeinsamen Verfassungsüberlieferungen der Mitgliedstaaten getragen sein, sich aber auch in die Struktur und Ziele der Gemeinschaft einfügen müsse.[584] Hierdurch lassen sich schon erste Ansätze einer Grundrechtsdogmatik erkennen: Die gemeinsamen Verfassungsüberlieferungen werden als Rechtserkenntnisquelle betrachtet, die zwar nicht unmittelbar, aber im Wege der wertenden Betrachtung bei der Grundrechtsbestimmung herangezogen werden.[585] Ferner beschreibt der EuGH eine Schranke für die auf diese Weise gefundenen Grundrechtsgüter („Struktur und Ziele der Gemeinschaft").[586] Im Rahmen der gemeinschaftlichen Grundrechtssprechung ging der EuGH in den Entscheidungen *Nold*[587], *Rutili*[588] und *Hauer*[589] weitere Schritte nach vorne. Es wurden durch den EuGH weitere Rechtserkenntnisquellen etabliert: die internationalen Verträge, an deren Abschluss die Mitgliedstaaten beteiligt waren oder denen sie beigetreten sind[590], insbesondere die EMRK[591]. In den 80-er Jahren stellte der EuGH fest, dass die „leitenden Grundsätze" der EMRK bei der Grundrechtsentwicklung nicht nur „zur Orientierung dienen", sondern „im Rahmen des Gemeinschaftsrechts zu berücksichtigen sind"[592] und hat damit der EMRK eine besondere Bedeutung bei der Grundrechtsentwicklung zukommen lassen. Diese Entwicklung wurde fortgesetzt, so dass sich mittlerweile die Ten-

---

581 EuGH, Rs. 29/69, Slg. 1969, S. 419, 425 (Rn. 7).
582 EuGH, Rs. 11/70, Slg. 1970, S. 1125 ff. (Internationale Handelsgesellschaft mbH/Einfuhr- und Vorratsstelle für Getreide und Futtermittel).
583 EuGH, Rs. 11/70, Slg. 1970, S. 1125, 1135 (Rn. 4).
584 EuGH, Rs. 11/70, Slg. 1970, S. 1125, 1135 (Rn. 4).
585 Siehe hierzu auch *Lenz*, EuGRZ 1993, S. 585, 586; zur Abgrenzung zwischen Rechts- und Rechtserkenntnisquelle siehe vorstehend F.I.2.c).
586 *Lenz*, EuGRZ 1993, S. 585, 586.
587 EuGH, Rs. 4/73, Slg. 1974, S. 491 ff. (J. Nold, Kohlen- und Baustoffgroßhandlung/Kommission der Europäischen Gemeinschaften).
588 EuGH, Rs. 36/75, Slg. 1975, S. 1219 ff.
589 EuGH, Rs. 44/79, Slg. 1979, S. 3727 ff.
590 EuGH, Rs. 4/73, Slg. 1974, S. 491, 507 (Rn. 13).
591 EuGH, Rs. 36/75, Slg. 1975, S. 1219, 1232 (Rn. 32); EuGH, Rs. 44/79, Slg. 1979, S. 3727, 3745 f. (Rn. 17 f.).
592 EuGH, Rs. 222/84, Slg. 1986, S. 1651, 1682 (Rn. 18).

denz erkennen lässt, dass die EMRK gegenüber den einzelstaatlichen Überlieferungen ständig an Bedeutung gewinnt.[593]

bb) Methode der Grundrechtsgewinnung durch den EuGH

Wie bereits in der Rechtssache *Stauder* beschrieben, sind die Grundrechte Teil der allgemeinen Grundsätze der Gemeinschaftsordnung. Diese Grundsätze sind somit eine Quelle für gemeinschaftliche Grundrechte. Als weitere Quellen für die Grundrechte im Europäischen Gemeinschaftsrecht sind ferner zu nennen: das Primärrecht, das Sekundärrecht und das „soft law".[594]

aaa) Allgemeine Rechtsgrundsätze

Ausgangspunkt für die Grundrechtsgewinnung ist die eigenständige Stellung der Gemeinschaftsordnung.[595] Die allgemeinen Rechtsgrundsätze der Gemeinschaft sind somit autonom und unabhängig von nationalen Regelungen zu bestimmen.[596] Bei der Ermittlung der allgemeinen Rechtsgrundsätze im Bereich der Grundrechte beruft sich der EuGH auf die gemeinsamen Verfassungsüberlieferungen der Mitgliedstaaten sowie die völkerrechtlichen Verträge über den Schutz der Menschenrechte[597]. Diese Rechtsprechung des EuGH wurde gebilligt[598] und ihre Grundsätze wurden in Art. 6 Abs. 2 EU primärrechtlich verankert. Inwieweit sich eine unmittelbare Bindung der EG an die EMRK bzw. an die gemeinsamen Verfassungsüberlieferungen aus Art. 6 Abs. 2 EU ergibt, wurde bereits erörtert.[599]

bbb) Primär- und Sekundärrecht

Neben den aus den allgemeinen Rechtsgrundsätzen entwickelten Grundrechten können sowohl im primären (z. B. Art. 12 EG, Art. 30 EG, Art. 141 EG,

---

[593] *Mancini/di Bucci,* in: Grundrechtsschutz im europäischen Raum, S. 208, 212; ähnlich *Wolf,* in: Der Grundrechtsschutz in Europa, S. 9, 18.
[594] *Rengeling,* Grundrechtsschutz in der Europäischen Gemeinschaft, S. 179.
[595] *Rengeling,* Grundrechtsschutz in der Europäischen Gemeinschaft, S. 223.
[596] *Bornemann,* Die Bedeutung der Grundrechtsquellen für den Grundrechtsschutz und für Grundrechtskollisionen in der Rechtsprechung des Europäischen Gerichtshofs, S. 85.
[597] Die EMRK, die Europäische Sozialcharta vom 18. Oktober 1961, die Konvention Nr. 111 der ILO über die Diskriminierung in Beschäftigung und Beruf vom 25. Juni 1958 und der Internationale Pakt über bürgerliche und politische Rechte vom 16. Dezember 1966; siehe hierzu *Hummer,* in: Völker- und Europarecht, S. 289, 298.
[598] *Limbach,* Grundrechtsschutz in der Europäischen Union, S. 15; *Due/Gulman,* in: Scritti in onore di Giuseppe Federico Mancini, S. 405.
[599] F.I.2.b).

Art. 295 EG) als auch im sekundären (z. B. Art. 27 Abs. 2 Beamtenstatut[600]) Gemeinschaftsrecht Grundrechte enthalten sein.[601] Allerdings unterscheiden der Gerichtshof und Teile der Literatur in diesem Zusammenhang häufig nicht zwischen Grundrechten und Grundfreiheiten und deshalb werden nicht selten die Grundfreiheiten den Grundrechten zugerechnet.[602] Dies ist einerseits nachvollziehbar, weil eine solche Einordnung dem grundsätzlichen Stellenwert der Grundfreiheiten innerhalb der Gemeinschaft gerecht erscheint und darüber hinaus auch die Beschränkungsmöglichkeiten der Grundfreiheiten zu denen der Grundrechte starke Parallelen aufweisen.[603] Andererseits dürfen grundlegende Unterschiede dennoch nicht verkannt werden: So sind die Grundfreiheiten zum einen ausdrücklich in den Verträgen geregelt, während die Grundrechte auf Richterrecht beruhen[604] und zum anderen richten sich die Grundfreiheiten in erster Linie an die Mitgliedstaaten[605], während die Verpflichteten der gemeinschaftsrechtlichen Grundrechte – grundsätzlich – die Organe der Gemeinschaft sind.[606] Ferner lassen sich auch funktionale Unterschiede zwischen Grundrechten und Grundfreiheiten aufzeigen: Grundrechte sollen hauptsächlich den Schutz des einzelnen vor belastenden Einzelakten der Gemeinschaft gewährleisten, während die Grundfreiheiten primär der Marktöffnung[607] dienen. Grundfreiheiten sind deshalb nicht in erster Linie bürgerschützend, sondern lediglich als Mittel zum Zweck der Erreichung des gemeinsamen Binnenmarktes konzipiert.[608] Trotzdem können die Grundfreiheiten als Ausfluss oder „Reflex" dieses Ziels den Bürger in bestimmten Bereichen schützen.[609] Daraus folgt, dass Grundfreiheiten zwar begrifflich von den Grundrechten zu trennen sind, aber dennoch

---

[600] VO Nr. 31 (EWG)/Nr. 11 (EAG) über das Statut von Beamten und über die Beschäftigungsbedingungen für die sonstigen Bediensteten der Europäischen Wirtschaftsgemeinschaft und der Europäischen Atomgemeinschaft, ABl. Nr. B 045 vom 14. Juni 1962, S. 1385-1460.

[601] *Rengeling,* Grundrechtsschutz in der Europäischen Gemeinschaft, S. 182.

[602] *Schilling,* EuGRZ 2000, S. 3, 4; *Bornemann,* Die Bedeutung der Grundrechtsquellen für den Grundrechtsschutz und für Grundrechtskollisionen in der Rechtsprechung des Europäischen Gerichtshofs, S. 21 m. w. N.; *Rengeling,* Grundrechtsschutz in der Europäischen Gemeinschaft, S. 179 m. w. N.

[603] *Bornemann,* Die Bedeutung der Grundrechtsquellen für den Grundrechtsschutz und für Grundrechtskollisionen in der Rechtsprechung des Europäischen Gerichtshofs, S. 21.

[604] *Due/Gulman,* in: Scritti in onore di Giuseppe Federico Mancini, S. 405, 408; zu einer Bindung der Gemeinschaftsorgane an Grundfreiheiten siehe *Schilling,* EuGRZ 2000, S. 3, 10.

[605] *Schilling,* EuGRZ 2000, S. 3, 4; *Rengeling,* Grundrechtsschutz in der Europäischen Gemeinschaft, S. 172; *Streinz,* Europarecht, S. 143.

[606] *Schilling,* EuGRZ 2000, S. 3, 8; *Rengeling,* Grundrechtsschutz in der Europäischen Gemeinschaft, S. 172 m. w. N.; *Streinz,* Europarecht, S. 143; *Cole/Haus,* JuS 2003, S. 760, 761.

[607] *Bornemann,* Die Bedeutung der Grundrechtsquellen für den Grundrechtsschutz und für Grundrechtskollisionen in der Rechtsprechung des Europäischen Gerichtshofs, S. 24.

[608] *Schilling,* EuGRZ 2000, S. 3, 4.

[609] *Schilling,* EuGRZ 2000, S. 3, 4.

dem Bürger in bestimmten Bereichen unmittelbar geltende subjektive Rechte gewähren.

ccc) „Soft law“

Unter dem Begriff des „soft law“[610] versteht man in der Regel grundrechtspolitisch zwar bedeutsame, aber rechtlich zweideutige Erklärungen, die für den Bereich der Grundrechte als „Erklärung“ oder „Charta“ umschrieben werden.[611] Rechtlich zweideutig ist das „soft law“ deshalb, weil die Erklärenden zwar zu dessen Einhaltung gehalten, rechtlich aber nicht gebunden sind.[612] Es entzieht sich damit zwar einer präzisen juristischen Qualifikation, kann jedoch für die Auslegung anderer Bestimmungen von Bedeutung sein.[613]

Fraglich ist jedoch, ob und inwieweit der EuGH auch rechtlich unverbindliche Regelungen beachtet. Blickt man auf die anerkannte Praxis des EuGH zurück, so lässt sich festhalten, dass auch unverbindliche Rechtsakte bei der Auslegung und Grundrechtsentwicklung eine Rolle spielen[614]: So hat der EuGH in der Rechtssache *Defrenne*[615] u. a. die rechtlich unverbindliche Europäische Sozialcharta sowie die Konvention Nr. 111 der Internationalen Arbeitsorganisation und in der Rechtssache *Johnston*[616] u. a. die unverbindliche Gemeinsame Erklärung der Versammlung, des Rates und der Kommission vom 5. April 1977[617] herangezogen. Daraus folgt, dass auch rechtlich unverbindliche Rechtsakte bei der Auslegung von EG-Recht durch den EuGH Berücksichtigung finden können.

---

[610] Siehe zum Begriff des „soft law“ auch unter D.II.5. m. w. N.

[611] *Bornemann*, Die Bedeutung der Grundrechtsquellen für den Grundrechtsschutz und für Grundrechtskollisionen in der Rechtsprechung des Europäischen Gerichtshofs, S. 143.

[612] *Bornemann*, Die Bedeutung der Grundrechtsquellen für den Grundrechtsschutz und für Grundrechtskollisionen in der Rechtsprechung des Europäischen Gerichtshofs, S. 144 m. w. N.

[613] *Mückl*, Religions- und Weltanschauungsfreiheit im Europarecht, S. 6; Bornemann, Die Bedeutung der Grundrechtsquellen für den Grundrechtsschutz und für Grundrechtskollisionen in der Rechtsprechung des Europäischen Gerichtshofs, S. 145.

[614] Siehe hierzu *Grzeszick*, ZevKR 48 (2003), S. 284, 290 f.

[615] EuGH, Rs. 149/77, Slg. 1978, S. 1365, 1379 (Rn. 26/29), (Gabrielle Defrenne/Société anonyme belge de navigation aérienne Sabena).

[616] EuGH, Rs. 222/84, Slg. 1986, S. 1651, 1682 (Rn. 18).

[617] ABl. Nr. C 103 vom 27. April 1977, S. 1 ff.

b) Inhalt der kollektiven Religionsfreiheit

Da es noch keine Entscheidung des EuGH gibt, in der Inhalt und Umfang der kollektiven Religionsfreiheit beschrieben oder auch nur angedeutet wurden, soll der Schutzbereich so ermittelt werden, wie dies vom EuGH aufgrund seiner bisherigen Rechtsprechung erwartet werden kann. Hierbei werden soeben dargestellte Rechts- und Rechtserkenntnisquellen herangezogen.

aa) Allgemeine Rechtsgrundsätze

Nunmehr ist im Einzelnen zu untersuchen, welche Aussagen zum konkreten Inhalt der kollektiven Religionsfreiheit sich aus den völkerrechtlichen Verträgen, insbesondere der EMRK, und den gemeinsamen Verfassungsüberlieferungen der Mitgliedstaaten ergeben.

aaa) Art. 9 EMRK als Rechtserkenntnisquelle[618]

Kirchen und andere Vereinigungen mit religiösen oder philosophischen Zielen können sich auf Art. 9 EMRK berufen.[619] Ihnen steht insbesondere die Freiheit zur Ausübung ihrer Religion, sowie die Organisation und Durchführung von Gottesdienst, Unterricht und die Ausübung und Beachtung religiöser Gebräuche zu. Allerdings wird ihnen im Rahmen von kirchlichen Arbeitsverhältnissen kein Selbstbestimmungsrecht nach deutschem Vorbild, sondern lediglich Tendenzschutz gewährt.

Entwickelt der EuGH demnach den Inhalt und den Schutzbereich der gemeinschaftsrechtlich geschützten kollektiven Religionsfreiheit in Anlehnung an Art. 9 EMRK und die Rechtsprechung der Konventionsorgane hierzu, wird er den Kirchen (zumindest) den gleichen Schutzumfang zugestehen.[620]

---

[618] Die Gewährleistung der Religionsfreiheit im Gemeinschaftsrecht wird weitgehend durch Art. 9 EMRK bestimmt; siehe hierzu *Weber*, ZevKR 47 (2002), S. 265, 283. Deshalb wird auf andere völkerrechtliche Verträge bzw. Resolutionen bei der Ermittlung der gemeinschaftsrechtlichen Religionsfreiheit nicht eingegangen; zu der in völkerrechtlichen Verträgen geschützten Religionsfreiheit siehe *Weber*, ZevKR 45 (2000), S. 109 ff.

[619] Ausführlich unter F.I.

[620] Siehe hierzu ausführlich unter F.I.2.d)bb).

bbb) Die gemeinsamen Verfassungsüberlieferungen der Mitgliedstaaten als Rechtserkenntnisquelle

Die gemeinsamen Verfassungsüberlieferungen der Mitgliedstaaten stellen wie die völkerrechtlichen Verträge zum Schutze der Menschenrechte eine Rechtserkenntnisquelle bei der Grundrechtsentwicklung des EuGH dar, wobei die gemeinsamen Verfassungsüberlieferungen vor allem dann eine Rolle spielen, wenn die EMRK ein bestimmtes Grundrecht nicht enthält.[621] Fraglich ist jedoch, wie der EuGH die gemeinsamen Verfassungsüberlieferungen im Einzelfall ermittelt. Man könnte erwarten, dass er zur Inhaltsbestimmung eines Grundrechts eine umfassende Rechtsvergleichung und Analyse der Grundrechtsdogmatiken der Mitgliedstaaten vornimmt. Dies ist jedoch nicht der Fall; bei der Entwicklung von Grundrechten steht vielmehr eine gemeinschaftsautonome Entwicklung der Rechtsgrundsätze im Vordergrund, während die Rechtsvergleichung lediglich dazu dient, Anregungen für die Lösung zu geben.[622]

(1) Maximal- oder Minimalstandard

Ein weiteres Problem ist die Frage des Standards der Gemeinschaftsgrundrechte im Verhältnis zu den Grundrechten, die in den jeweiligen Mitgliedstaaten geschützt werden. Denkbar ist hierbei einerseits, dass der EuGH ein möglichst hohes Schutzniveau gewährleistet oder andererseits, dass er seinen Grundrechtsschutz auf einen Minimalstandard beschränkt. Im Rahmen der vorliegenden Arbeit ist dieses Problem insbesondere hinsichtlich des kirchlichen Selbstbestimmungsrechts bedeutsam, da im Falle der Gewährleistung eines Maximalstandards zumindest das Selbstbestimmungsrecht in dem Umfang gewährleistet würde, wie es in Deutschland anzutreffen ist.

In dem Urteil *Nold* erklärte der EuGH, dass er keine Maßnahmen als rechtens anerkennen könne, die mit den von den Verfassungen der Mitgliedstaaten anerkannten und geschützten Rechten unvereinbar seien.[623] Diese Formel des EuGH wurde häufig als Bekenntnis zu einem Maximalstandard, der auf das hohe Schutzniveau einzelner oder weniger Mitgliedstaaten Rücksicht nimmt, interpretiert.[624] Der Schutz eines Maximalstandards mag in vielen Fällen zwar wün-

---

[621] *Kingreen,* in: *Calliess/Ruffert,* Kommentar zu EU-Vertrag und EG-Vertrag, Art. 6 EU Rn. 34.

[622] *Streinz,* Europarecht, S. 141; *Wolf,* in: Der Grundrechtsschutz in Europa, S. 22.

[623] EuGH, Rs. 4/73, Slg. 1974, S. 491, 507 (Rn. 13).

[624] *Streinz,* Europarecht, S. 142; *Fink,* in: Die Europäische Union nach dem Amsterdamer Vertrag, S. 65.

schenswert[625] sein, er birgt aber auch große Probleme. Diese hat der EuGH u. a. in dem Fall *Hauer* verdeutlicht, bei dem er die materielle Einheit und die Wirksamkeit des Gemeinschaftsrechts beeinträchtigt wähnte, wenn die Verfassungsordnung eines Mitgliedstaates zum Beurteilungskriterium für die Gemeinschaftsordnung gemacht würde.[626] Gegen die Annahme eines Maximalstandards spricht außerdem, dass ansonsten ein Mitgliedstaat die Möglichkeit hätte, einseitig auf den gemeinschaftsrechtlich geschützten Grundrechtsstandard Einfluss nehmen, in dem er seine Verfassung ändert.[627] Darüber hinaus ist die Gewährleistung eines grundrechtlichen Maximalstandards nur bei einem Konflikt zwischen den Interessen der öffentlichen Gewalt und denen eines Bürgers denkbar. Ist jedoch eine Maßnahme der öffentlichen Gewalt Streitgegenstand, die zu einem Konflikt der Grundrechtspositionen zweier Privater führt, ist die Gewährleistung eines Maximalstandards nicht möglich. Ausgangspunkt für die Begründung dieser Aussage ist die verfassungsrechtliche Lösung von Grundrechtskollisionen: Kollidieren zwei Grundrechtsgüter miteinander, wird dieser Konflikt grds. im Wege der Güterabwägung oder praktischen Konkordanz gelöst.[628] Da es jedoch einige Grundrechte in den verschiedenen Mitgliedstaaten gibt, die sich in ihrem Schutzumfang unterscheiden können, wird auch das Ergebnis einer Grundrechtsabwägung zwischen diesen kollidierenden Grundrechtsgütern in den jeweiligen Mitgliedstaaten unterschiedlich ausfallen. Wählte man also für jedes betroffene Grundrecht den maximalen Schutzumfang, würde sich das Abwägungsergebnis widersprechen.[629]

Abgesehen von diesen Überlegungen belegen auch die nachfolgenden Entscheidungen des EuGH, dass der EuGH keinen maximalen Grundrechtsschutz gewährleistet.[630] In Anbetracht all dessen herrscht deshalb weitgehend Übereinstimmung darüber, dass auf EG-Ebene kein Maximalstandard an Grundrechtsschutz zu realisieren ist.[631] Da ferner das kleinste gemeinsame Minimum zu ei-

---

[625] So *Kehlen*, Europäische Antidiskriminierung und kirchliches Selbstbestimmungsecht, S. 210, der fordert, dass „an der Theorie des Maximalstandards als richtungsweisender Methode zur Grundrechtsgewinnung im Rahmen der Bestimmung des gemeinschafts(grund)rechtlichen *Schutzbereichs* festgehalten werden" sollte.

[626] EuGH, Rs. 44/79, Slg. 1979, S. 3727, 3744 (Rn. 14).

[627] Siehe hierzu *Müller-Volbehr*, Europa und das Arbeitsrecht der Kirchen, S. 77 m. w. N.

[628] *Due/Gulman*, in: Scritti in onore di Giuseppe Federico Mancini, S. 405, 409; *Weiler/Lockhart*, CML Rev. 1995, S. 579, 585.

[629] Ebenso *Weiler/Lockhart*, CML Rev. 1995, S. 579, 598, die diesen Gedanken nicht abstrakt, aber mit Hilfe eines Beispiels illustrieren.

[630] Siehe hierzu auch *Strasser*, Grundrechtsschutz in Europa und der Beitritt der Europäischen Gemeinschaften zur Europäischen Menschenrechtskonvention, S. 65 ff.

[631] *Rengeling*, Grundrechtsschutz in der Europäischen Gemeinschaft, S. 224; *Bornemann*, Die Bedeutung der Grundrechtsquellen für den Grundrechtsschutz und für Grundrechtskollisionen in der Rechtsprechung des Europäischen Gerichtshofs, S. 104; *Fink*, in: Die Europäische Uni-

nem zu geringen Schutz auf gemeinschaftsrechtlicher Ebene führen würde, wird ein Minimalstandard ebenfalls größtenteils abgelehnt.[632] Anerkannt ist jedoch die Methode der wertenden Rechtsvergleichung[633], durch welche die „beste Lösung" für das Europäische Gemeinschaftsrecht gefunden werden müsse, die die Vertragsziele der Gemeinschaft am meisten fördert.[634] Hierbei „pendelt" der EuGH frei zwischen den Extremen des Minimal- und des Maximalstandards.[635]

(2) Standard der kollektiven Religionsfreiheit und des kirchlichen Selbstbestimmungsrechts in Europa

Zwar stehen bei der Grundrechtsentwicklung des EuGH die rechtsvergleichenden Ansätze eher im Hintergrund[636], da der Schwerpunkt auf einer autonomen Ermittlung der Rechtsgrundsätze liegt[637], jedoch kann ein Vergleich der jeweiligen mitgliedstaatlichen Standards bzgl. der kollektiven Religionsfreiheit dennoch möglicherweise Aufschluss darüber geben, in welchem Umfang diese Rechtsposition auf EG-Ebene geschützt wird: Entspricht die Stellung der Kirchen in den anderen europäischen Mitgliedstaaten der Rechtsposition, die die Kirche im deutschen Verfassungsrecht hat, spricht vieles dafür, dass dieser Standard auch auf europäischer Ebene gewährleistet wird. Sollte dies nicht der Fall sein und die Stellung der Kirchen in den anderen europäischen Ländern hinter dem deutschen Standard zurückbleiben, deutet dies eher darauf hin, dass auch der gemeinschaftsrechtliche Standard sich unterhalb des deutschen Schutzniveaus bewegt. Auch *Ole Due* und *Claus Gulman* teilen diesen Grundgedanken und formulieren ihn wie folgt:

> „More importantly, fundamental rights may be protected in one Member State which are so specific to that State, maybe for particular historic, religious or social reasons, that it would not be appropriate to include them in the Community legal order."[638]

---

on nach dem Amsterdamer Vertrag, S. 65 ff.; *Cole/Haus*, JuS 2003, S. 760, 761; a. A. *Bleckmann*, Von der individuellen Religionsfreiheit des Art. 9 EMRK zum Selbstbestimmungsrecht der Kirchen, S. 50 ff.; *Robbers*, in: Staat und Kirche in der Europäischen Union, S. 351, 358; *v. Hoyningen-Huene*, RdA 2002, S. 65, 71.

632 *Rengeling*, Grundrechtsschutz in der Europäischen Gemeinschaft, S. 224.

633 Statt vieler *Rengeling*, Grundrechtsschutz in der Europäischen Gemeinschaft, S. 224.

634 *Rengeling*, Grundrechtsschutz in der Europäischen Gemeinschaft, S. 228; *Bornemann*, Die Bedeutung der Grundrechtsquellen für den Grundrechtsschutz und für Grundrechtskollisionen in der Rechtsprechung des Europäischen Gerichtshofs, S. 103 f.

635 *Bornemann*, Die Bedeutung der Grundrechtsquellen für den Grundrechtsschutz und für Grundrechtskollisionen in der Rechtsprechung des Europäischen Gerichtshofs, S. 104.

636 *Streinz*, Europarecht, S. 141; *Wolf*, in: Der Grundrechtsschutz in Europa, S. 22.

637 *Streinz*, Europarecht, S. 141.

638 *Due/Gulman*, in: Scritti in onore di Giuseppe Federico Mancini, S. 405, 411.

Da eine rechtsvergleichende Untersuchung den Rahmen dieser Arbeit sprengen würde, wird auf bereits bestehende Arbeiten zurückgegriffen, in denen die Stellung der Kirche in Europa untersucht wurde.[639]

(a) Staatskirchenrechtliche Systeme

Der mitgliedstaatliche Standard der kollektiven Religionsfreiheit ist eng verbunden mit den jeweiligen staatskirchenrechtlichen Systemen. In ihnen wird das Verhältnis des Staates zu den Kirchen beschrieben, durch das auch der Inhalt und Umfang der kirchlichen Rechtsposition in dem entsprechenden Land bestimmt wird. Ausgangspunkt ist deshalb zunächst eine Darstellung der unterschiedlichen staatskirchenrechtlichen Modelle:

In der Europäischen Union gibt es im Wesentlichen drei Grundtypen staatskirchenrechtlicher Systeme.[640] Der erste Grundtypus wird in der Regel als Staatskirchentum bezeichnet und ist geprägt von einer engen Verbindung zwischen Staat und zumindest einer Kirche.[641] Diese Kirche erhält zwar einerseits besondere staatliche Privilegien, jedoch muss sie andererseits staatliche Lenkungsbefugnisse hinsichtlich innerer Entscheidungsprozesse (z. B. Ernennung kirchlicher Würdenträger) hinnehmen.[642] Zu dieser Kategorie gehören die Systeme in England, Dänemark, Griechenland, Schweden und Finnland.[643] Der

---

[639] Siehe hierzu insbesondere *Robbers*, Church Autonomy; *ders.* mit Beiträgen unterschiedlicher Autoren zu dem Verhältnis von Staat und Kirche in 15 europäischen Ländern in: Staat und Kirche in der Europäischen Union; *Vachek*, Das Religionsrecht in der Europäischen Union im Spannungsfeld zwischen mitgliedstaatlichen Kompetenzreservaten und Art. 9 EMRK, S. 32 ff.; *Conring*, Korporative Religionsfreiheit in Europa, S. 87 ff.; *Bleckmann*, Von der individuellen Religionsfreiheit des Art. 9 EMRK zum Selbstbestimmungsrecht der Kirchen, S. 73 ff.; *Heintzen*, in: FS für Joseph Listl, S. 29, 40 ff.; *Potz*, in: Kirchen und Religionsgemeinschaften in der Europäischen Union, S. 25 ff.

[640] Statt vieler *Robbers*, in: Staat und Kirche in der Europäischen Union, S. 351, 352; *Vachek*, Das Religionsrecht der Europäischen Union im Spannungsfeld zwischen mitgliedstaatlichen Kompetenzreservaten und Art. 9 EMRK, S. 32; anders dagegen *Torfs*, ÖARR 46 (1999), S. 14, 15 ff., der eine strenge Kategorisierung in die drei Grundtypen ablehnt und statt dessen anhand mehrerer Methoden versucht, etwaige Unterschiede zwischen den Kirchen aufzuzeigen.

[641] *Robbers*, in: Staat und Kirche in der Europäischen Union, S. 351, 352; *Vachek*, Das Religionsrecht der Europäischen Union im Spannungsfeld zwischen mitgliedstaatlichen Kompetenzreservaten und Art. 9 EMRK, S. 32; *Winter*, in: FS für Alexander Hollerbach, S. 893, 898; *Potz*, in: Kirchen und Religionsgemeinschaften in der Europäischen Union, S. 25, 26.

[642] *Vachek*, Das Religionsrecht der Europäischen Union im Spannungsfeld zwischen mitgliedstaatlichen Kompetenzreservaten und Art. 9 EMRK, S. 32.

[643] *Robbers*, in: Staat und Kirche in der Europäischen Union, S. 351, 352; *Winter*, in: FS für Alexander Hollerbach, S. 893, 898.

zweite Typus ist geprägt von einer strengen Trennung von Staat und Kirche (Laizismus).[644] Typisches Merkmal dieses Systems ist es, dass den Kirchen und Religionsgesellschaften als Organisationen lediglich der Status einer juristischen Person des Zivilrechts zukommt und sie keine Rechtsposition in der Verfassung gewährt bekommen.[645] Länder, die dieser zweiten Gruppe angehören, sind z. B. Frankreich mit Ausnahme der drei östlichen Departements (Haut-Rhin, Bas-Rhin, Moselle), Irland und die Niederlande.[646] Der dritte Grundtyp wird regelmäßig als Kooperationsmodell bezeichnet. Er zeichnet sich durch eine grundsätzliche Trennung von Kirche und Staat aus, wobei diese Trennung nicht immer strikt durchgehalten wird, sondern zugleich Elemente der Verbindung und Zusammenarbeit enthalten sind, in denen gemeinsames kirchliches und staatliches Handeln möglich ist.[647] Hierzu zählen Deutschland, Belgien, Spanien, Italien, Portugal und Österreich.[648]

(b) Mitgliedstaatliche Stellung der Kirchen

Das Bestehen dieser verschiedenen staatskirchenrechtlichen Systeme ist ein erster Anhaltspunkt dafür, dass die Kirche und ihre Rechtsposition in Europa nicht einheitlich geschützt werden. Allerdings ist in der neueren Entwicklung zu beobachten, dass sich diese Systeme auf einander zu bewegen: Es gibt einerseits eine Tendenz zur Entstaatlichung von Staatskirchen und andererseits bauen auch die laizistisch geprägten Systeme allmählich ihre antikirchliche Grundeinstellung ab[649], so dass bezüglich dieser Entwicklung von einer „Entflechtung“ der

---

[644] *Robbers,* in: Staat und Kirche in der Europäischen Union, S. 351, 352; *Winter,* in: FS für Alexander Hollerbach, S. 893, 898; *Vachek,* Das Religionsrecht der Europäischen Union im Spannungsfeld zwischen mitliedstaatlichen Kompetenzreservaten und Art. 9 EMRK, S. 32, 36 ff.; *Potz,* in: Kirchen und Religionsgemeinschaften in der Europäischen Union, S. 25, 27.

[645] *Vachek,* Das Religionsrecht der Europäischen Union im Spannungsfeld zwischen mitgliedstaatlichen Kompetenzreservaten und Art. 9 EMRK, S. 36 f.

[646] *Robbers,* in: Staat und Kirche in der Europäischen Union, S. 351, 352; *Waldhoff,* JZ 2003, S. 978, 980; *Winter,* in: FS für Alexander Hollerbach, S. 893, 898; *Vachek,* Das Religionsrecht der Europäischen Union im Spannungsfeld zwischen mitgliedstaatlichen Kompetenzreservaten und Art. 9 EMRK, S. 36 ff.

[647] *Robbers,* in: Staat und Kirche in der Europäischen Union, S. 351, 352 f.; *Vachek,* Das Religionsrecht der Europäischen Union im Spannungsfeld zwischen mitgliedstaatlichen Kompetenzreservaten und Art. 9 EMRK, S. 41 f.; *Heintzen,* in: FS für Joseph Listl, S. 29, 40; *Potz,* in: Kirchen und Religionsgemeinschaften in der Europäischen Union, S. 25, 27.

[648] *Robbers,* in: Staat und Kirche in der Europäischen Union, S. 351, 353; *Winter,* in: FS für Alexander Hollerbach, S. 893, 898.

[649] *Robbers,* in: Staat und Kirche in der Europäischen Union, S. 351, 351; *Hollerbach,* in: Religions in European Law 1998, S. 89, 92.

Staat-Kirche-Beziehungen gesprochen werden kann.[650] Trotz dieser erkennbaren Konvergenzbewegung in den staatskirchenrechtlichen Systemen Europas dürfen nach wie vor bestehende Unterschiede nicht übersehen oder vernachlässigt werden. So stehen in einigen, vom Staatskirchentum geprägten Ländern noch immer Letztentscheidungsbefugnisse – auch in religiösen Fragen – staatlichen Organen zu[651], was in laizistischen Ländern undenkbar wäre.

Es bleiben also weiterhin nicht unerhebliche Unterschiede in den jeweiligen Systemen bestehen, die Gemeinsamkeiten nur in einigen Bereichen zulassen. Eine entscheidende Gemeinsamkeit besteht jedoch darin, dass die Kirche in allen Systemen geschützt wird. Lediglich der Umfang dieses Schutzes variiert abhängig vom jeweiligen Mitgliedstaat. Es lässt sich ferner feststellen, dass weitgehend ein kirchliches Selbstbestimmungsrecht im engeren Sinne verbreitet ist.[652] Dies bedeutet jedoch auch, dass zum einen nicht alle Mitgliedstaaten ein kirchliches Selbstbestimmungsrecht schützen, und zum anderen, dass es in anderen Ländern meist nur im innerkirchlichen Bereich gewährleistet wird.[653] Besonders wichtig im Rahmen dieser Arbeit ist die rechtsvergleichende Analyse der kirchlichen Position im Bereich des kirchlichen Arbeitsrechts. Hieraus ergibt sich, dass in keinem anderen Mitgliedstaat ein derart weiter Schutzbereich wie in Deutschland gewährleistet wird.[654] Im Gegensatz zu Deutschland können sich die Kirchen in anderen Ländern deshalb nicht auf ein weites Selbstbestimmungsrecht berufen, sondern haben lediglich mit Hilfe von Tendenzschutzerwägungen die Möglichkeit, Loyalitätsobliegenheiten ihrer Mitarbeiter einzufordern.[655]

(3) Ergebnis

Aus bisher Vorgetragenem ergibt sich zunächst, dass auf Ebene der Gemeinschaft kein Maximalstandard an Grundrechtsschutz gewährleistet wird und gewährleistet werden kann. Ferner lässt sich bei einem Vergleich der kollektiven

---

[650] *Vachek,* Das Religionsrecht der Europäischen Union im Spannungsfeld zwischen mitgliedstaatlichen Kompetenzreservaten und Art. 9 EMRK, S. 52.
[651] *Robbers,* in: Staat und Kirche in der Europäischen Union, S. 351, 353.
[652] *Robbers,* in: Staat und Kirche in der Europäischen Union, S. 351, 354.
[653] Ebenso *Bleckmann,* Von der individuellen Religionsfreiheit des Art. 9 EMRK zum Selbstbestimmungsrecht der Kirchen, S. 152.
[654] *Vachek,* Das Religionsrecht der Europäischen Union im Spannungsfeld zwischen mitgliedstaatlichen Kompetenzreservaten und Art. 9 EMRK, S. 405 m. w. N.; *Heinig,* in: Religion und Weltanschauung im säkularen Staat, S. 215, 240.
[655] *Vachek,* Das Religionsrecht der Europäischen Union im Spannungsfeld zwischen mitgliedstaatlichen Kompetenzreservaten und Art. 9 EMRK, S. 405 m. w. N. insbesondere zum kirchlichen Arbeitsrecht in anderen Mitgliedstaaten.

Religionsfreiheit in anderen europäischen Ländern feststellen, dass die Kirche als solche zwar überall geschützt wird, aber der Umfang dieser Rechtsposition je nach Mitgliedstaat variiert. Zwar wird in den meisten europäischen Ländern ein Selbstbestimmungs- oder Selbstverwaltungsrecht der Kirchen gewährleistet, jedoch beschränkt sich dieses fast immer auf den innerkirchlichen Bereich. Im Bereich des kirchlichen Arbeitsrechts nimmt Deutschland eine Sonderstellung ein. Nur hier können sich die Kirchen auf ein weites Selbstbestimmungsrecht berufen, während sie in anderen Ländern auf Tendenzschutzerwägungen angewiesen sind. Sollte der EuGH die Rechtsstellung der Kirche innerhalb der Gemeinschaft aus den gemeinsamen Verfassungsüberlieferungen entwickeln, erscheint es daher unwahrscheinlich, dass der EuGH sich gerade am deutschen Standard orientiert.[656] Im Bereich des kirchlichen Arbeitsrechts ist deshalb eher eine Berücksichtigung auf der Grundlage von Tendenzschutzerwägungen zu erwarten. Damit wird der durch die EMRK geschützte Umfang der kollektiven Religionsfreiheit bestätigt.

bb) Primär- und Sekundärrecht

Im Primärrecht gibt es weitaus weniger Anhaltspunkte für religionsrechtlich bedeutsame Bestimmungen als im sekundären Gemeinschaftsrecht.[657] Erste Anhaltspunkte für die Existenz einer gemeinschaftsrechtlichen Religions- und Weltanschauungsfreiheit im primären Gemeinschaftsrecht lassen sich beispielsweise aus Art. 13 Abs. 1 EG (ex Art. 13 EG) ableiten[658]. Allerdings stellt Art. 13 Abs. 1 EG keine Vorschrift dar, auf die der einzelne sich unmittelbar berufen kann; Art. 13 Abs. 1 EG ist lediglich eine Ermächtigungsnorm für ein Handeln des Rates zur Bekämpfung von Diskriminierungen.[659] Außerdem besitzt auch das Protokoll Nr. 33 über den Tierschutz und das Wohlergehen der Tiere[660] religionsrechtliche Relevanz. In ihm werden die Rechts- und Verwaltungsvorschriften und die Gepflogenheiten der Mitgliedstaaten insbesondere in Bezug auf religiöse Riten und kulturelle Traditionen berücksichtigt.

Umfangreicher sind religionsrechtlich bedeutsame Bestimmungen im sekundären Gemeinschaftsrecht.[661] Besonders im Bereich der Bekämpfung von religiös oder weltanschaulich begründeten Diskriminierungen gibt es zahlreiche Rechts-

---

656 So auch *Reichold*, NZA 2001, S. 1054, 1057.

657 *Mückl*, Religions- und Weltanschauungsfreiheit im Europarecht, S. 6.

658 *Mückl*, Religions- und Weltanschauungsfreiheit im Europarecht, S. 6; *Weber*, ZevKR 47 (2002), S. 265, 279.

659 Siehe vorstehend unter D.I.1.a).

660 ABl. Nr. C 340 vom 10. November 1997, S. 110; abgedruckt in Sartorius II, Nr. 151.

661 Siehe hierzu auch *Waldhoff*, JZ 2003, S. 978, 981.

akte der EG, die jedoch hauptsächlich den Schutz der individuellen Religionsfreiheit zum Ziel haben. Diese Diskriminierungsverbote lassen sich unterscheiden in Diskriminierungsverbote des Bürgers in der Verwaltungspraxis[662], im Bereich der Entwicklungshilfe[663] und im Bereich von Beschäftigung und Beruf[664].

Neben diesen Rechtsakten, die in erster Linie die Bekämpfung von religiös oder weltanschaulich motivierten Diskriminierungen beabsichtigen, gibt es weitere Akte der EG, die ein Teilhaberecht an öffentlichen Einrichtungen begründen wie beispielsweise bei Sendezeiten[665] oder die für religionsrechtliche Materien ein Sonderrecht begründen[666]. Darüber hinaus gibt es Rechtsakte, die insbesondere dort, wo Kirchen und Religionsgemeinschaften am Wirtschaftsleben teilnehmen, mittelbar Auswirkungen auf diese haben[667].

---

[662] Z. B. Ziff. 4 des Leitfadens für die Pflichten der Beamten und Bediensteten des Europäischen Parlaments, ABl. Nr. C 97 vom 5. April 2000, S. 1-12; Art. 5 Abs. 3 des Kodex für gute Verwaltungspraxis im Gemeinschaftlichen Sortenamt, ABl. Nr. C 371 vom 23. Dezember 2000, S. 14-17.

[663] Z. B. bei den Gründen zur VO (EG) Nr. 1257/96 des Rates vom 20. Juni 1996 über die humanitäre Hilfe, ABl. Nr. L 163 vom 2. Juli 1996, S. 1-6.

[664] Z. B. Ziff. 2.1 des Verhaltenskodex der Europäischen Zentralbank gemäß Art. 11.3 der Geschäftsordnung der Europäischen Zentralbank, ABl. Nr. C 76 vom 8. März 2001, S. 12-15; RL 2000/78/EG des Rates vom 27. November 2000 zur Festlegung eines allgemeinen Rahmens für die Verwirklichung in Beschäftigung und Beruf, ABl. Nr. L 303 vom 2. Dezember 2000, S. 16-22; VO (EG, EGKS, Euratom) Nr. 781/98 des Rates vom 7. April 1998 zur Änderung des Statuts der Beamten der Europäischen Gemeinschaften und der Beschäftigungsbedingungen für die sonstigen Bediensteten dieser Gemeinschaft hinsichtlich der Gleichbehandlung, ABl. Nr. L 113 vom 15. April 1998, S. 4-5, wobei Art. 1 a hinzugefügt wurde und Art. 27 Abs. 2 und Art. 12 Abs. 1 UAbs. 2 eine neue Fassung erhielten; VO Nr. 31 (EWG), Nr. 11 (EAG) über das Statut der Beamten und über die Beschäftigungsbedingungen für die sonstigen Bediensteten der Europäischen Wirtschaftsgemeinschaft und der Europäischen Atomgemeinschaft, ABl. Nr. B 45 vom 14. Juni 1962, S. 1385-1460, Art. 27 Abs. 2.

[665] RL 89/552/EWG des Rates vom 3. Oktober 1989 zur Koordinierung bestimmter Rechts- und Verwaltungsvorschriften der Mitgliedstaaten über die Ausübung der Fernsehtätigkeit („Fernsehrichtlinie"), ABl. Nr. L 298 vom 17. Oktober 1989, S. 23-30; siehe hierzu ausführlich *Tempel,* in: „New liberties" and church and state relationships in Europe, S. 447 ff.; *Vachek,* Das Religionsrecht der Europäischen Union im Spannungsfeld zwischen mitgliedstaatlichen Kompetenzreservaten und Art. 9 EMRK, S. 385 ff.

[666] Z. B. RL 93/119 EWG des Rates vom 22. Dezember 1993 über den Schutz von Tieren zum Zeitpunkt der Schlachtung oder Tötung, ABl. Nr. L 340 vom 31. Dezember 1993, S. 21-34; siehe hierzu ausführlich *Vachek,* Das Religionsrecht der Europäischen Union im Spannungsfeld zwischen mitgliedstaatlichen Kompetenzreservaten und Art. 9 EMRK, S. 87.

[667] Z. B. RL 2000/78/EG des Rates vom 27. November 2000, ABl. Nr. L 303 vom 2. Dezember 2000, S. 16-22; RL 93/104/EWG des Rates vom 23. November 1993 über die Arbeitszeitgestaltung („Arbeitszeitrichtlinie"), ABl. Nr. L 307 vom 13. Dezember 1993, S. 18-24; siehe hierzu ausführlich *Tempel,* in: „New liberties" and church and state relationships in Europe, S. 449 ff.; *Vachek,* Das Religionsrecht der Europäischen Union im Spannungsfeld zwischen

Insbesondere aus den Kategorien von Richtlinien, die ein Teilhaberecht der Kirchen begründen oder die mittelbare Auswirkungen auf diese haben, lassen sich Rückschlüsse auf die Stellung der Kirche im EG-Recht ziehen. Es sollen deshalb die Fernseh-[668], die Arbeitszeit-[669] sowie die Datenschutzrichtlinie[670] bezüglich der Vorschriften untersucht werden, die sich zur Stellung der Kirche äußern.[671]

aaa) Fernsehrichtlinie

Wie in den Erwägungsgründen zur Richtlinie formuliert wird, ist u. a. die Beseitigung aller Hindernisse für den freien Dienstleistungsverkehr zwischen den Mitgliedstaaten und die Schaffung eines Systems, das den Wettbewerb vor Verzerrungen schützt, Ziel des EG-Vertrags. Da die Fernsehtätigkeit als Dienstleistung im Sinne des EG-Vertrags betrachtet wird, sollen durch die Richtlinie alle Beschränkungen der Freiheit, innerhalb der Gemeinschaft Sendungen auszustrahlen, aufgehoben werden. Durch sie soll das notwendige Mindestmaß geregelt werden, um den freien Sendeverkehr zu verwirklichen. Neben diesen Erwägungen soll die Richtlinie jedoch auch sicherstellen, dass die Interessen der Verbraucher als Zuschauer umfassend und angemessen geschützt werden. Zu diesem Zweck soll die Fernsehwerbung einer Reihe von Mindestnormen und Kriterien unterworfen werden.[672] So darf nach Art. 11 Abs. 5 RL die Übertragung von Gottesdiensten und Sendungen religiösen Inhalts, die eine programmierte Sendezeit von weniger als 30 Minuten haben, nicht durch Werbung unterbrochen werden. Des Weiteren darf nach Art. 12 lit. c RL Fernsehwerbung nicht religiöse oder politische Überzeugungen verletzen.

Diese Vorschriften im Bereich der Fernsehwerbung schützen sowohl die Kirchen, da sie zur Kommunikation mit der Bevölkerung auf die Massenmedien angewiesen sind[673] und deshalb ein großes Interesse daran haben, dass Gottesdienste und bestimmte religiöse Sendungen nicht durch Werbung unterbrochen werden, als auch die Religionsfreiheit des einzelnen Zuschauers, dem es ermöglicht werden soll, ungestört religiöse Empfindungen zu erleben. Demnach werden religiöse Belange auf EG-Ebene berücksichtigt, wobei sich aus dieser Richt-

---

mitgliedstaatlichen Kompetenzreservaten und Art. 9 EMRK, S. 379 ff.; RL 95/46/EG des Europäischen Parlaments und des Rates vom 24. Oktober 1995 zum Schutz natürlicher Personen bei der Verarbeitung personenbezogener Daten und zum freien Datenverkehr („Datenschutzrichtlinie"), ABl. Nr. L 281 vom 23. November 1995, S. 31-50.

668 ABl. Nr. L 298 vom 17. Oktober 1989, S. 23-30.

669 ABl. Nr. L 307 vom 13. Dezember 1993, S. 18-24.

670 ABl. Nr. L 281 vom 23. November 1995, S. 31-50.

671 Auf die Regelungen der Richtlinie 2000/78/EG wird nachfolgend ausführlich eingegangen.

672 Siehe zu alledem die Erwägungsgründe zur Richtlinie.

673 Ebenso *Tempel,* in: „New liberties" and church and state relationships in Europe, S. 447.

linie keine darüber hinausgehenden Schlussfolgerungen für die Stellung der Kirche ableiten lassen.

bbb) Arbeitszeitrichtlinie

Die Arbeitszeitrichtlinie wurde zur Verbesserung der Arbeitsumwelt erlassen, um die Sicherheit und die Gesundheit der Arbeitnehmer verstärkt zu schützen. So soll die Verwirklichung des Binnenmarktes zu einer Verbesserung der Lebens- und Arbeitsbedingungen der Arbeitnehmer in der Europäischen Gemeinschaft führen.[674] Die Richtlinie enthält in Art. 1 Mindestvorschriften für Sicherheit und Gesundheitsschutz bei der Arbeit, wobei Gegenstand dieser Richtlinie die täglichen und wöchentlichen Mindestruhezeiten, der Mindestjahresurlaub, die Ruhepausen, und die wöchentliche Höchstarbeitszeit sowie bestimmte Aspekte der Nacht- und der Schichtarbeit sowie des Arbeitsrhythmus' sind. Art. 17 Abs. 1 lit. c RL enthält eine Regelung für Arbeitnehmer, die im liturgischen Bereich von Kirchen oder Religionsgemeinschaften beschäftigt sind.[675] Hier können die Mitgliedstaaten von bestimmten Artikeln abweichen, wenn die Arbeitszeit wegen der besonderen Merkmale der ausgeübten Tätigkeit nicht angemessen und/oder nicht im Voraus festgelegt wird oder von den Arbeitnehmern festgelegt werden kann.

Hieraus lassen sich bereits einige Schlussfolgerungen ziehen: Einerseits wurde die besondere Stellung der Kirchen insoweit berücksichtigt, als die Mitgliedstaaten eine Ausnahmeregelung bezüglich dieser bestimmten Artikel für die Arbeitnehmer vorsehen können, die im liturgischen Bereich beschäftigt sind. Andererseits lässt der Wortlaut der Richtlinie jedoch ferner erkennen, dass die Gemeinschaft auch (und sogar) Regelungen für diejenigen Arbeitnehmer trifft, die zu dem liturgischen Bereich von Kirchen oder Religionsgemeinschaften gehören. Das bedeutet zunächst, dass auch die im liturgischen Bereich tätigen kirchlichen Mitarbeiter europarechtlich als „Arbeitnehmer" zu betrachten sind. Darüber hinaus lässt sich aus der Formulierung schlussfolgern, dass die Gemeinschaft auch dann Regelungen treffen kann, wenn der innerkirchliche (hier: liturgische) Bereich der Kirchen betroffen ist.[676]

---

[674] Siehe hierzu die Erwägungsgründe zur Richtlinie.

[675] Zur Umsetzung dieser Bereichsausnahme in das deutsche Recht siehe *Weber*, ZevKR 47 (2002), S. 221, 237.

[676] Ähnlich *Tempel*, in: „New liberties" and church and state relationships in Europe, S. 451: „Even if it appeared evident to the European legislator that he cannot prescribe the working hours of priests and pastors, he implicitly included those persons in the European labour law and also the autonomy of churches insofar as their internal structure and administration is affected."; siehe hierzu auch *Reichold*, NZA 2001, S. 1054, 1057, der jedoch die Einschränkung der Kirche im liturgischen Bereich nicht berücksichtigt.

ccc) Datenschutzrichtlinie

Die Datenschutzrichtlinie trägt dem Umstand Rechnung, dass in der Gemeinschaft immer häufiger personenbezogene Daten verarbeitet werden.[677] Sie soll deshalb die Wahrung der Grundrechte der Personen und die Beseitigung von Hemmnissen für eine Reihe von Wirtschaftstätigkeiten gewährleisten, die durch ein unterschiedliches Schutzniveau auf europäischer Ebene entstehen können.[678]

Nach Art. 8 Abs. 1 RL untersagen die Mitgliedstaaten die Verarbeitung personenbezogener Daten, aus denen u. a. religiöse oder philosophische Überzeugungen hervorgehen. Dieses Verbot könnte schwerwiegende Konsequenzen im Bereich der Kirchensteuer haben, da die Datenerhebung der Religionszugehörigkeit notwendig ist für das in Deutschland geltende Lohnabzugsverfahren.[679] Allerdings sieht Art. 8 Abs. 2 RL mehrere Ausnahmen von diesem Grundsatz vor. Für die Kirchen ist diesbezüglich Art. 8 Abs. 2 lit. d RL von Bedeutung:

> „(2) Absatz 1 findet in folgenden Fällen keine Anwendung:
> (...)
> d) die Verarbeitung erfolgt auf der Grundlage angemessener Garantien durch eine politisch, philosophisch, religiös oder gewerkschaftlich ausgerichtete Stiftung oder Vereinigung oder sonstige Organisation, die keinen Erwerbszweck verfolgt, im Rahmen ihrer rechtmäßigen Tätigkeiten und unter der Voraussetzung, dass sich die Verarbeitung nur auf die Mitglieder der Organisation oder auf Personen, die im Zusammenhang mit deren Tätigkeitszweck regelmäßige Kontakte mit ihr unterhalten, bezieht und die Daten nicht ohne Einwilligung der betroffenen Person an Dritte weitergegeben werden; (...).“

Diese Vorschrift ermöglicht zwar den Kirchen die Religionszugehörigkeit zu ermitteln, um selbst eigene Beiträge zu erheben, jedoch ist hiervon nicht das Lohnabzugsverfahren gedeckt, durch welches die staatlichen Finanzämter die Kirchensteuer veranlagen.[680] Allerdings können die Mitgliedstaaten nach Art. 8 Abs. 4 RL vorbehaltlich angemessener Garantien aus Gründen eines wichtigen öffentlichen Interesses entweder im Wege einer nationalen Rechtsvorschrift (...) andere als die in Absatz 2 genannten Ausnahmen vorsehen. Fraglich ist deshalb, was unter einem wichtigen öffentlichen Interesse im Sinne der Richtlinie zu verstehen ist. Bezüglich dieses Aspekts ist die Gemeinschaft den Kirchen entge-

---

[677] RLBegr. Nr. 4.

[678] RLBegr. Nr. 3, 7, 8.

[679] Siehe hierzu *Vachek,* Das Religionsrecht der Europäischen Union im Spannungsfeld zwischen mitgliedstaatlichen Kompetenzreservaten und Art. 9 EMRK, S. 357; *Weber,* ZevKR 47 (2002), S. 221, 230 f.

[680] Siehe auch *Vachek,* Das Religionsrecht der Europäischen Union im Spannungsfeld zwischen mitgliedstaatlichen Kompetenzreservaten und Art. 9 EMRK, S. 358.

gengekommen; sie hat in RLBegr. Nr. 35 geregelt, dass die Verarbeitung personenbezogener Daten durch staatliche Stellen für verfassungsrechtlich oder im Völkerrecht niedergelegte Zwecke von staatlich anerkannten Religionsgesellschaften ebenfalls im Hinblick auf ein wichtiges öffentliches Interesse erfolgt. Zwar ist dieser Erwägungsgrund nicht unmittelbarer Bestandteil der Richtlinie, jedoch kann er durch den EuGH bei der Auslegung von Art. 8 Abs. 4 RL herangezogen werden.[681] In diesem Fall wäre das bisherige Verfahren zum Einzug der Kirchensteuer gesichert.

ddd) Zusammenfassung

Es zeigt sich, dass die kirchlichen Belange vor allem im sekundären Gemeinschaftsrecht besondere Berücksichtigung erfahren. Deutlich wird dies insbesondere bei der Gewährung von Teilhaberechten und Ausnahmeregelungen zu Gunsten der Kirchen, bei denen versucht wird, ihrer besonderen Stellung gerecht zu werden. Zwar lässt sich dadurch noch nicht unmittelbar der Schutzbereich der kollektiven Religionsfreiheit bestimmen, jedoch wird deutlich, dass den Kirchen auch im Gemeinschaftsrecht besondere Rechte zugestanden werden, die zumindest ein solches Grundrecht der Kirchen erahnen lassen.

Bei genauerer Betrachtung zeigt sich jedoch auch, dass die Kirchen nicht nur besondere Rechte im Gemeinschaftsrecht eingeräumt bekommen, sondern in vielen Bereichen bereits weitgehend dem Gemeinschaftsrecht unterliegen. Dies verdeutlicht besonders die Arbeitszeitrichtlinie, bei der die Gemeinschaft keine Hemmungen zeigt, Regelungen zu treffen, die sogar den liturgischen Bereich der Kirche berühren.

cc) „Soft law"

Religionsrechtlich relevantes „soft law"[682] sind die Grundrechtscharta und die Kirchenerklärung.

aaa) Die Grundrechtscharta

Am 7. Dezember 2000 wurde durch das Europäische Parlament, den Rat und die Europäische Kommission die „Charta der Grundrechte der Europäischen Uni-

---

[681] So auch *Vachek*, Das Religionsrecht der Europäischen Union im Spannungsfeld zwischen mitgliedstaatlichen Kompetenzreservaten und Art. 9 EMRK, S. 359.

[682] Zum Begriff des „soft law" ausführlich: *Bothe*, in: FS für Hans-Jürgen Schlochauer, S. 761 ff.; *Ehricke*, NJW 1989, S. 1906 ff.; siehe auch unter D.II.5.

on“[683] feierlich proklamiert.[684] Zwar ist die Charta noch nicht verbindlich – sie ist noch kein Bestandteil der Verträge und wird in den Verträgen (z. B. im Rahmen von Art. 6 Abs. 2 EU) auch nicht erwähnt[685] – jedoch sind die Gewährleistungen der GR-Charta größtenteils in dem Vertrag über eine Verfassung für Europa, die die Staats- und Regierungschefs am 29. Oktober 2004 unterzeichnet haben, übernommen worden. Verbindlichkeit erlangt dieser jedoch erst mit seiner Ratifikation durch die jeweiligen Mitgliedstaaten. Solange kann jedoch zumindest auf die GR-Charta als „europäisches soft law“[686] zurück gegriffen werden. Bis zum In-Kraft-Treten des Verfassungsvertrags kann die Charta darüber hinaus auch im Wege einer „Selbstverpflichtung“ von Gemeinschaftsorganen[687] und als Auslegungsmaxime Bedeutung erlangen.

Damit die GR-Charta als Auslegungsinstrument herangezogen werden kann, müssen zunächst ihre Entstehungsgeschichte sowie ihre Bedeutung und ihre Ziele[688] beleuchtet werden.

(1) Entstehungsgeschichte

Die Entwicklung der GR-Charta begann am 4. Juni 1999 als der Europäische Rat in Köln die Ausarbeitung eines Entwurfs der GR-Charta beschloss.[689] Die Charta sollte hierbei neben den Grundrechten der Unionsbürger Freiheits-, Gleichheits- und Verfahrensgrundrechte in Anlehnung an die EMRK und die gemeinsamen Verfassungsüberlieferungen der Mitgliedstaaten enthalten.[690] Die Frage der rechtlichen Verbindlichkeit der Charta wurde jedoch vertagt. Erst nach einer feierlichen Proklamation sollte geprüft werden, ob und gegebenenfalls auf welche Weise die Charta in die Verträge aufgenommen werden sollte.[691]

---

683 ABl. Nr. C 364 vom 18. Dezember 2000, S. 1 ff.; zum Text der Grundrechtscharta mit Erläuterungen zum endgültigen Textentwurf des Konvents siehe EuGRZ 2000, S. 559 ff.
684 Siehe hierzu u. a. *Hector,* in: Grundrechtsschutz in Europa, S. 180; *Heinig,* ZevKR 46 (2001), S. 441; *Philippi,* Die Charta der Grundrechte der Europäischen Union, S. 11; *Scholz,* in: FS für Hartmut Maurer, S. 993.
685 *Schmitz,* JZ 2001, S. 833, 835; *Alber,* EuGRZ 2001, S. 349.
686 *Ritgen,* ZRP 2000, S. 371, 373; *Schmitz,* JZ 2001, S. 833, 836.
687 Siehe hierzu *Alber,* EuGRZ 2001, S. 349, 350 ff. m. w. N.
688 Vieles, was sich nachfolgend zur Bedeutung und zu den Zielen der GR-Charta ergibt, ist analog auf die Grundrechtsgewährleistungen in Teil II des Verfassungsvertrags übertragbar.
689 Siehe z. B. in EuGRZ 1999, S. 364 f.
690 Beschluss vom 4. Juni 1999, EuGRZ 1999, S. 364.
691 Beschluss vom 4. Juni 1999, EuGRZ 1999, S. 364, 365.

Nach einer Arbeitszeit von etwa neun Monaten stimmte der Konvent am 2. Dezember 2000 dem Entwurf der GR-Charta zu und leitete ihn an den Rat weiter.[692] Schließlich wurde die Charta nach Zustimmung aller betroffenen Vertreter und Organe anlässlich des Gipfels in Nizza (7.-11. Dezember 2000) am 7. Dezember 2000 feierlich proklamiert.

(2) Bedeutung und Ziele der GR-Charta

In Anbetracht der Tatsache, dass der EuGH im Rahmen seiner Rechtsprechung bereits den Schutz der Grundrechte auf europäischer Ebene gewährleistet[693], erscheint die Ausarbeitung einer Grundrechtscharta auf den ersten Blick als überflüssig.[694] Darauf deutet zunächst auch die Formulierung des Rates hin, nach dessen Auffassung durch die Charta die Rechte geschützt werden sollen, „wie sie in der Europäischen Konvention zum Schutz der Menschenrechte und Grundfreiheiten gewährleistet sind und wie sie sich aus den gemeinsamen Verfassungsüberlieferungen der Mitgliedstaaten als allgemeine Grundsätze des Gemeinschaftsrechts ergeben“.[695] Diese Formulierung ist stark an den Wortlaut von Art. 6 Abs. 2 EU und der Methode der Grundrechtsentwicklung durch den EuGH gelehnt. Dies wird durch den fünften Absatz der Präambel bestätigt, in dem ausdrücklich auf die Rechtsprechung des EuGH und des EGMR Bezug genommen wird. Daraus lässt sich ableiten, dass durch die GR-Charta keine neuen Grundrechte geschaffen werden sollen; sie dient nicht primär der „Verbesserung eines unzureichenden Zustands“[696], sondern stellt vielmehr eine „Kodifikation bestehender Grundrechtsgewährleistungen“ dar.[697] Die Bedeutung der Charta muss deshalb über die Gewährleistung von Grundrechten hinausgehen. Als weiterer Hinweis hierfür kann erneut der Beschluss des Europäischen Rates in Köln herangezogen werden, der den Auftrag zur Ausarbeitung einer Grundrechtscharta mit dem Ziel verbunden hat, „die überragende Bedeutung der Grundrechte und ihre Tragweite für die Unionsbürger sichtbar zu verankern“.[698] Hieraus lässt sich zumindest das Ziel der Schaffung von mehr Transparenz und Rechtsklarheit ableiten. Darüber hinaus kann die Charta u. a. für eine Stärkung der Legitimation auf europäischer Ebene[699], die Begründung bzw. Verstärkung einer europäi-

---

[692] Siehe auch *Philippi,* Die Charta der Grundrechte der Europäischen Union, S. 16; *Alber/Widmaier,* EuGRZ 2000, S. 497.
[693] Siehe vorstehend unter F.II.2.a)aa).
[694] Siehe hierzu *Hector,* in: Der Grundrechtsschutz in Europa, S. 180 f.
[695] Beschluss vom 4. Juni 1999, EuGRZ 1999, S. 364.
[696] *V. Bogdandy,* JZ 2001, S. 157, 160.
[697] *Hector,* in: Der Grundrechtsschutz in Europa, S. 180, 202.
[698] Beschluss vom 4. Juni 1999, EuGRZ 1999, S. 364.
[699] *Philippi,* Die Charta der Grundrechte der Europäischen Union, S. 17; *Schmitz,* JZ 2001, S. 833.

schen Identität[700] und die symbolische Wirkung nach innen und außen Bedeutung erlangen.[701]

Festgehalten werden kann deshalb einerseits, dass dem europäischen Bürger durch die GR-Charta die Bedeutung und Tragweite seiner Grundrechte deutlich sichtbar gemacht und hierdurch eine europäische Identität begründet bzw. verstärkt werden soll. Andererseits sollen durch die GR-Charta aber grds.[702] keine neuen Grundrechtspositionen geschaffen werden; die Rechtsprechungspraxis des EuGH und des EGMR im Bereich der Grundrechte wurden ausdrücklich anerkannt.

(3) Religionsrechtliche Aspekte der GR-Charta

In der Grundrechtscharta lassen sich mehrere religionsrechtliche Aspekte finden: die Präambel der GR-Charta, Art. 10 GR-Charta (Gedanken-, Gewissens- und Religionsfreiheit), Art. 14 Abs. 3 GR-Charta (Recht der Eltern bzgl. religiöser und weltanschaulicher Kindererziehung), Art. 21 GR-Charta (Nichtdiskriminierung) und Art. 22 GR-Charta (Vielfalt der Kulturen, Religionen und Sprachen).

Da sich die Arbeit an dieser Stelle jedoch mit der Rechtsposition der Kirchen im EG-Recht befasst, wird nur auf den Inhalt der hierfür relevanten Vorschriften (Präambel, Art. 10 Abs. 1 GR-Charta und Art. 22 GR-Charta) eingegangen.

(a) Präambel

Die Präambel ist in sechs Absätze untergliedert. Ein erster religionsrechtlich bedeutsamer Hinweis lässt sich im zweiten Absatz finden. Dieser wird wie folgt eingeleitet:

> „In dem Bewusstsein ihres geistig-religiösen und sittlichen Erbes gründet sich die Union auf die unteilbaren und universellen Werte der Würde des Menschen, der Freiheit, der Gleichheit und der Solidarität."

Diese Formulierung ist das Ergebnis eines mühsamen Einigungsprozesses. Die zunächst vorgeschlagene Formulierung „kulturelles, humanistisches und religiö-

---

700 *Philippi*, Die Charta der Grundrechte der Europäischen Union, S. 17 m. w. N.; *Hector*, in: Der Grundrechtsschutz in Europa, S. 180, 181; *Schmitz*, JZ 2001, S. 833.
701 *Philippi*, Die Charta der Grundrechte der Europäischen Union S. 17 m. w. N.
702 Eine Ausnahme hierzu sind die sozialen Grundrechte in Kapitel IV, die eine Neuerung darstellen. (Siehe hierzu *Schmitz*, JZ 2001, S. 833, 834).

ses Erbe“ wurde insbesondere von Frankreich abgelehnt[703], das einer laizistischen Tradition entstammt. Es ist deshalb nicht überraschend, dass die deutsche Formulierung „geistig-religiös“ weder in der französischen noch in der englischen Fassung eine Entsprechung gefunden hat; darin wird lediglich auf das „spiritual and moral heritage“ bzw. „patrimoine spirituel et moral“ Bezug genommen.[704] Hieraus lässt sich ableiten, dass es keinen konkreten religiösen Bezug zwischen dem „Erbe der Union“ und den in der GR-Charta entwickelten Rechtspositionen geben soll.

Weitere religionsrechtlich bedeutsame Hinweise lassen sich zu Beginn des dritten und fünften Absatzes finden:

> (Abs. 3):
> „Die Union trägt zur Erhaltung und zur Entwicklung dieser gemeinsamen Werte unter Achtung der Vielfalt der Kulturen und Traditionen der Völker Europas sowie der nationalen Identität der Mitgliedstaaten und der Organisation ihrer staatlichen Gewalt auf nationaler, regionaler und lokaler Ebene bei.“

Da hierin erwähnte Aspekte auch im Rahmen von Art. 22 GR-Charta Berücksichtigung finden, wird nicht an dieser, sondern an nachfolgender Stelle auf die einzelnen Punkte eingegangen.

> (Abs. 5):
> „Diese Charta bekräftigt (...) die Rechte, die sich vor allem aus den gemeinsamen Verfassungstraditionen und den gemeinsamen internationalen Verpflichtungen der Mitgliedstaaten, aus dem Vertrag über die Europäische Union und den Gemeinschaftsverträgen, aus der Europäischen Konvention zum Schutze der Menschenrechte und Grundfreiheiten, aus den von der Gemeinschaft und dem Europarat beschlossenen Sozialchartas sowie aus der Rechtsprechung des Gerichtshofs der Europäischen Gemeinschaften und des Europäischen Gerichtshofs für Menschenrechte ergeben.“

Absatz 5 der Präambel nimmt Bezug auf die Rechtsprechung sowie die Rechts- bzw. Rechtserkenntnisquellen des EuGH und des EGMR und ist ein weiterer Hinweis dafür, dass die GR-Charta sich am bisherigen Grundrechtsstandard in Europa orientiert und in der Regel keine neuen Grundrechtspositionen – auch nicht für die Kirchen – schaffen will.

---

[703] Siehe hierzu *Triebel*, Kirche und Religion in der Grundrechtscharta der EU, Webdokument: http://www.nomokanon.de/aufsaetze/006.htm, Rn. 12 (Stand: 13. Februar 2004, 12:24 h CET).

[704] *Triebel*, Kirche und Religion in der Grundrechtscharta der EU, Webdokument: http://www.nomokanon.de/aufsaetze/006.htm, Rn. 12 m. w. N. (Stand: 13. Februar 2004, 12:24 h CET).

(b) Art. 10 Abs. 1 GR-Charta

Nach Art. 10 Abs. 1 GR-Charta hat jede Person das Recht auf Gedanken-, Gewissens- und Religionsfreiheit, wobei dieses Recht die Freiheit umfasst, seine Religion oder Weltanschauung zu wechseln, und seine Religion einzeln oder gemeinsam mit anderen öffentlich oder privat durch Gottesdienst, Unterricht, Bräuche oder Riten zu bekennen. Vergleicht man den Wortlaut von Art. 10 Abs. 1 GR-Charta mit dem von Art. 9 Abs. 1 EMRK wird man feststellen, dass sie nahezu identisch sind. Grund hierfür ist, dass Art. 10 Abs. 1 GR-Charta dem Recht entspricht, das durch Art. 9 EMRK gewährt ist, und nach Art. 52 Abs. 3 GR-Charta die gleiche Bedeutung und Tragweite – auch im Rahmen der kollektiven Religionsfreiheit – wie dieses hat.[705]

Bezüglich der Stellung der Kirche kann deshalb auf vorstehend gemachte Ausführungen zur kollektiven und korporativen Religionsfreiheit im Rahmen von Art. 9 EMRK sowie die damit verbundenen Schlussfolgerungen für das kirchliche Arbeitsrecht verwiesen werden.[706]

(c) Art. 22 GR-Charta

Die Union achtet nach Art. 22 GR-Charta die Vielfalt der Kulturen, Religionen und Sprachen. Aus dem Wortlaut allein lassen sich jedoch noch keine Hinweise entnehmen, in welcher Weise die Kirchen hier eine Berücksichtigung erfahren haben. Dies ist erst möglich, wenn die Erläuterung zu Art. 22 GR-Charta einbezogen wird:

> „Dieser Artikel stützt sich auf Artikel 6 des Vertrags über die Europäische Union und auf Art. 151 Absätze 1 und 4 EG in Bezug auf die Kultur. Er lehnt sich ebenfalls an die Erklärung Nr. 11 zur Schlussakte des Vertrags von Amsterdam betreffend den Status von Kirchen und weltanschaulichen Gemeinschaften an.“[707]

Die Erklärung Nr. 11 zum Amsterdamer Vertrag hat damit Eingang in die GR-Charta gefunden.[708] Fraglich ist, welche Konsequenzen sich daraus ergeben. Man könnte zunächst – wie *Robbers*[709] – vertreten, mit der „impliziten Bezug-

---

[705] EuGRZ 2000, S. 559, 561; siehe auch *Weber*, ZevKR 47 (2002), S. 265, 286; *Robbers*, in: FS für Hartmut Maurer, S. 425, 426 ff.; *Triebel*, Kirche und Religion in der Grundrechtscharta der EU, Webdokument: http://www.nomokanon.de/aufsaetze/006.htm, Rn. 18 m. w. N. (Stand: 13. Februar 2004, 12:24 h CET).

[706] Siehe hierzu F.I.3.b).

[707] EuGRZ 2000, S. 559, 564.

[708] Zur Kirchenerklärung siehe vorstehend unter D.II.5.

[709] *Robbers*, in: FS für Hartmut Maurer, S. 425, 429.

nahme auf die Kirchenerklärung von Amsterdam anerkennt die Europäische Grundrechtecharta auch das Selbstbestimmungsrecht der Religionsgesellschaften nach deutschem Verfassungsrecht“. Dies würde bedeuten, dass Art. 22 GR-Charta den Kirchen einen weiter gehenden Schutzbereich einräumt als ihnen durch Art. 10 Abs. 1 GR-Charta gewährleistet wird. Dies ist deshalb so bemerkenswert, weil Art. 10 Abs. 1 GR-Charta ausdrücklich die individuelle Religionsfreiheit – und unter Einbeziehung der Rechtsprechung der Konventionsorgane zu Art. 9 EMRK auch die kollektive Religionsfreiheit – regelt. In Anbetracht der Tatsache, dass allein dem Wortlaut von Art. 22 GR-Charta nicht zu entnehmen ist, dass die Kirchen in diesem Artikel überhaupt eine Bedeutung haben und Art. 10 Abs. 1 GR-Charta bzgl. der Religionsfreiheit auf Art. 9 EMRK verweist, erscheint eine solche Schlussfolgerung nicht sehr nahe liegend. Im Übrigen haben die EKD, das Diakonische Werk der EKD sowie die Kommission für Kirche und Gesellschaft der Konferenz Europäischer Kirchen versucht, den Wortlaut von Art. 10 GR-Charta dahingehend zu beeinflussen, dass „das Recht von Kirchen und Religionsgesellschaften zur Ordnung und Verwaltung ihrer Angelegenheiten nach den Gesetzen der Mitgliedstaaten“ im Rahmen der Religionsfreiheit eingeschlossen wird.[710] Ähnlich gelagert war der Formulierungsvorschlag der katholischen Kommission der Bischofskonferenzen in der Europäischen Gemeinschaft (COMECE), wobei sich bekanntermaßen keiner dieser Vorschläge durchsetzen konnte.[711] Wenn es also schon im Rahmen von Art. 10 Abs. 1 GR-Charta abgelehnt worden ist, das Selbstbestimmungsrecht der Kirchen so weit gehend zu schützen, ist es wenig überzeugend, diesen Schutz nun über Art. 22 GR-Charta konstruieren zu wollen.

Aus diesem Grund muss Art. 22 GR-Charta und die Einbeziehung der Amsterdamer Kirchenerklärung eine andere Bedeutung haben: Es kann nicht bedeuten, dass hieraus eine Sicherung aller Ausprägungen der jeweiligen staatkirchenrechtlichen Systeme, „eine Abschottung oder ein unkonditionierter Bestandsschutz der nationalen Staatkirchenrechtsordnungen“, folgt, wohl aber wird die „bestehende religionsrechtliche Vielfältigkeit in der Union für beachtlich erklärt“.[712] Dass aufgrund der Erläuterung zu Art. 22 GR-Charta keine Sicherung des deutschen staatskirchenrechtlichen Modells folgen kann, ergibt sich auch, wie Generalanwalt *Jean Mischo* in einem seiner Schlussanträge sagte, daraus, dass die unter der Verantwortung des Präsidiums des Konvents verfassten Erläuterungen keine Rechtswirkung haben, „sondern die Bestimmungen der Charta

---

[710] *Heinig,* ZevKR 2001 (46), S. 440, 448 f. m. w. N.; zu Stellungnahmen von Kirchen und weltanschaulichen Gemeinschaften zum Entwurf einer GR-Charta siehe *Wieshaider,* ÖARR 48 (2001), S. 78 ff.

[711] *Heinig,* ZevKR 46 (2001), S. 440, 448 f.

[712] *Heinig,* ZevKR 46 (2001), S. 440, 454.

nur im Licht der im Rahmen der Verhandlungen über das Übereinkommen geführten Diskussionen erklären sollen“[713].

(4) Ergebnis

In Anbetracht der Entstehungsgeschichte, der Bedeutung und Ziele sowie der religionsrechtlichen Aspekte der GR-Charta kann festgehalten werden, dass durch die Kodifikation der Grundrechte in erster Linie ihre Bedeutung und Tragweite dem Bürger sichtbar gemacht werden soll. Durch ihre Kodifikation sollen in der Regel keine neuen Grundrechtspositionen geschaffen, sondern lediglich der bisherige Grundrechtsschutz dem Bürger transparent gemacht werden; die Praxis der Grundrechtsprechung des EuGH sowie des EGMR wird ausdrücklich anerkannt. Dies gilt auch für die religionsrechtlichen Bestimmungen der GR-Charta. So gibt es zum einen keine konkret religiösen Bezüge in der Präambel der Charta und zum anderen entspricht Art. 10 Abs. 1 GR-Charta inhaltlich Art. 9 EMRK. Darüber hinaus erfährt die Kirche auch im Rahmen von Art. 22 GR-Charta eine gewisse Berücksichtigung, die jedoch keine Sicherung der bestehenden staatskirchenrechtlichen Systeme bedeutet.

bbb) Die Kirchenerklärung

Auch die Kirchenerklärung[714] ist „soft law“[715] und erlangt deshalb u. a. als Interpretationsmaxime besondere Bedeutung.[716] Allerdings lassen sich aus ihr keine Schlussfolgerungen zum Inhalt der gemeinschaftsrechtlich geschützten kollektiven Religionsfreiheit ziehen, da sie lediglich Aussagen über die Beachtung des Status' der Kirchen in den jeweiligen Mitgliedstaaten macht.

---

[713] Rn. 97 der Schlussanträge *Jean Mischos* in der Rs. C-122/99 P (D/Rat); zit. n. *Alber*, EuGRZ 2001, S. 349, 352.

[714] ABl. 1997, Nr. C 340, S. 133; siehe ausführlich unter D.II.5.

[715] *Heintzen*, in: FS für Joseph Listl, S. 29, 47; *Reichold*, NZA 2001, S. 1054, 1055; *Vachek*, Das Religionsrecht der Europäischen Union im Spannungsfeld zwischen mitgliedstaatlichen Kompetenzreservaten und Art. 9 EMRK, S. 135, der allerdings den Begriff des „gentlemen's agreement“ verwendet; *Brenner*, in: Deutsches Staatskirchenrecht zwischen Grundgesetz und EU-Gemeinschaft, S. 43, 62; *Schliemann*, in: Deutsches Staatskirchenrecht zwischen Grundgesetz und EU-Gemeinschaft, S. 113, 123; *Grzeszick*, ZevKR 48 (2003), S. 284, 298.

[716] *Bausback*, EuR 2000, S. 261, 265; *Heintzen*, in: FS für Joseph Listl, S. 29, 32; *Winter*, in: FS für Alexander Hollerbach, S. 893, 901; *Mückl*, Religions- und Weltanschauungsfreiheit im Europarecht, S.12; *Heinig*, in: Religion und Weltanschauung im säkularen Staat, S. 215, 246; *Müller-Volbehr*, Europa und das Arbeitsrecht der Kirchen, S. 85; *Weber*, ZevKR 45 (2000), S. 109, 149 f.; *Hillgruber*, DVBl. 1999, S. 1155, 1178; *Stotz*, EuZW 1998, S. 737; *ders.*, ÖARR 46 (1999), S. 64, 65; *Reichold*, NZA 2001, S. 1054, 1055; *Schliemann*, RdA 2003, S. 407, 410; *Grzeszick*, ZevKR 48 (2003), S. 284, 289.

dd) Die Achtung der nationalen Identität nach Art. 6 Abs. 3 EU

Nach Art. 6 Abs. 3 EU muss die Union die mitgliedstaatliche Identität beachten, wobei diese Vorschrift nicht ihre Sicherung oder Bewahrung fordert.[717] Die Union muss sich bei einem Konflikt zwischen den Interessen der Union und den identitätsbildenden Grundwerten der Mitgliedstaaten um einen Ausgleich bemühen. An dieses Achtungsgebot ist über Art. 1 Abs. 3 EU auch der EuGH gebunden, wobei Art. 46 EU ausdrücklich regelt, dass Art. 6 Abs. 3 EU nicht in den Zuständigkeitsbereich des EuGH fällt. Allerdings stellt das Achtungsgebot des Art. 6 Abs. 3 EU – ähnlich wie die Kirchenerklärung auch – dogmatisch betrachtet keine Rechtserkenntnisquelle des EuGH dar und kann deshalb auch nicht bei der Entwicklung des Schutzbereichs der kollektiven Religionsfreiheit im Gemeinschaftsrecht herangezogen werden.

c) Rangordnung der Erkenntnisquellen

Nach bisher Vorgetragenem kann der EuGH die kollektive Religionsfreiheit aus unterschiedlichen Rechtserkenntnisquellen entwickeln. Es muss deshalb bestimmt werden, ob es innerhalb dieser Erkenntnisquellen eine Rangordnung gibt und wie diese ggf. aussieht, damit ermittelt werden kann, welche davon bei der Schutzbereichsbestimmung maßgebend ist.

Vorab ist jedoch anzumerken, dass sich aus den Rechtserkenntnisquellen der EMRK und der gemeinsamen Verfassungsüberlieferungen der Mitgliedstaaten, dem Primär- und Sekundärrecht sowie der Grundrechtscharta gleichermaßen ergibt, dass die Kirchen zwar eine eigene Rechtsposition haben, diese aber in keinem Fall so weit gehend ist wie das Selbstbestimmungsrecht der Kirchen im Rahmen von Art. 140 GG i. V. m. Art. 137 Abs. 3 WRV. Aufgrund des bisher bestehenden Verhältnisses zwischen EuGH und EGMR ist außerdem zu erwarten, dass der EuGH zumindest den Standard an kollektiver Religionsfreiheit gewährleisten wird, wie er im Rahmen von Art. 9 EMRK durch die Konventionsorgane entwickelt wurde.[718] Für die Orientierung an Art. 9 EMRK spricht auch die Tatsache, dass die EMRK die wichtigste Rechtserkenntnisquelle des EuGH bei der Gewährleistung von Grundrechten ist.[719] Da sich aus den anderen in Frage kommenden Erkenntnisquellen kein darüber hinausgehender Schutz ergibt, ist davon auszugehen, dass der Schutzbereich der kollektiven Religionsfreiheit auf Gemeinschaftsebene den gleichen Umfang hat wie Art. 9 EMRK. Danach

---

[717] Siehe ausführlich hierzu unter D.II.3.
[718] Siehe hierzu ausführlich F.I.2.d)bb).
[719] *Weiler*, in: Du droit international au droit de l'intégration, Liber amicorum Pierre Pescatore, S. 821, 822.

haben die Kirchen insbesondere die Freiheit zur Ausübung ihrer Religion, sowie die Organisation und Durchführung von Gottesdienst, Unterricht und die Ausübung und Beachtung religiöser Gebräuche. Sie sind vor staatlichen Eingriffen geschützt und können sich auch auf die religiöse Vereinigungsfreiheit berufen. Allerdings wird im Rahmen von kirchlichen Arbeitsverhältnissen lediglich Tendenzschutz gewährt. Ein Selbstbestimmungsrecht, wie es den Kirchen in Deutschland zusteht, wird auf Gemeinschaftsebene nicht geschützt.

d) Grundrechtsberechtigte

Die Gemeinschaftsgrundrechte gelten für alle Gemeinschaftsbürger und auch für juristische Personen des Privatrechts, die ihren Sitz im Gebiet der EU haben.[720] Fraglich ist jedoch, ob dies auch für Kirchen und öffentlich-rechtliche Religionsgesellschaften gilt, die als juristische Personen des öffentlichen Rechts organisiert sind, da staatliche Institutionen auch auf Gemeinschaftsebene grds. keine Grundrechtsträger sein können. Bei der Beantwortung dieser Frage muss jedoch beachtet werden, dass die Kirchen sowie die öffentlich-rechtlichen Religionsgemeinschaften in Deutschland nicht mit anderen Körperschaften des öffentlichen Rechts gleich gestellt werden dürfen, da sie grds. – mit Ausnahme des Bereichs der Kirchensteuer – nicht in den Staat eingegliedert sind und keiner Staatsaufsicht unterliegen.[721] Die als Körperschaft des öffentlichen Rechts organisierten Kirchen sollten damit auch auf gemeinschaftsrechtlicher Ebene die Möglichkeit haben, Grundrechtsträger zu sein, solange sie keine Hoheitsrechte ausüben. Der EuGH dürfte die Frage der Bedeutung der öffentlich-rechtlichen Stellung einiger Kirchen deshalb ähnlich wie die EKMR in der Entscheidung *Rommelfanger*[722] lösen:

> „(…) the dismissal was not pronounced by a State authority. The applicant was dismissed by a private employer. The fact that this was a Catholic foundation and that in German law the Catholic church is regarded as a *corporation of public law* does not make the dismissal *an act of the State*."[723]

---

[720] *V. Hoyningen-Huene,* RdA 2002, S. 65, 72; *Philippi,* Die Charta der Grundrechte der Europäischen Union, S. 35; *Stumpf,* in: *Schwarze,* EU-Kommentar, Art. 6 EU Rn. 16; *Cole/Haus,* JuS 2003, S. 760, 762.
[721] *V. Hoyningen-Huene,* RdA 2002, S. 65, 72 m. w. N.; ähnlich *Vachek,* Das Religionsrecht der Europäischen Union im Spannungsfeld zwischen mitgliedstaatlichen Kompetenzreservaten und Art. 9 EMRK, S. 219; *Brenner,* in: Deutsches Staatskirchenrecht zwischen Grundgesetz und EU-Gemeinschaft, S. 43, 50.
[722] Y.B. 32 (1989), S. 57 ff.
[723] Y.B. 32 (1989), S. 57, 63 (Hervorhebung durch die Verfasserin).

Schließlich muss noch geklärt werden, welche Gruppen oder Vereinigungen außer den Kirchen sich noch auf die kollektive Religionsfreiheit berufen können. Einen ersten Anhaltspunkt liefert erneut Art. 9 EMRK. Nach der Rechtsprechung der Konventionsorgane können sich neben den Kirchen auch andere Vereinigungen mit religiösen oder philosophischen Zielen auf Art. 9 EMRK berufen.[724] Es ist auch hier zu erwarten, dass der EuGH diese Vereinigungen ebenfalls in den Genuss der kollektiven Religionsfreiheit kommen lässt.

Zusammenfassend ergibt sich demnach, dass alle Kirchen und Religions- bzw. Weltanschauungsgemeinschaften, auch wenn sie als Körperschaften des öffentlichen Rechts organisiert sind, Grundrechtsträger sein können, solange sie nicht als Hoheitsträger handeln. Gleiches gilt für andere Vereinigungen mit religiösen oder philosophischen Zielen.

3. Ergebnis

Zwar gibt es bislang – soweit ersichtlich – noch keine Rechtsprechung des EuGH zur kollektiven Religionsfreiheit, aber dafür Entscheidungen mit religiösen Bezügen. Aus ihnen ergibt sich, dass der EuGH religiöse Belange bislang nur im Rahmen der individuellen Religionsfreiheit berücksichtigt hat und ansonsten gemeinschaftsrechtliche Begriffe und Grundsätze auf alle Sachverhalte anwendet, ohne danach zu unterscheiden, ob religionsrechtliche Aspekte betroffen sind oder nicht.

Würde der EuGH den Inhalt der kollektiven Religionsfreiheit jedoch in einer Entscheidung bestimmen müssen, ist davon auszugehen, dass er sich hierbei insbesondere an Art. 9 EMRK orientiert, da die ohnehin enge Anlehnung des EuGH an die EMRK durch die Proklamation der GR-Charta bzw. den nach seiner Ratifikation maßgeblichen Verfassungsvertrag noch verstärkt wird.[725] Danach haben die Kirchen die Freiheit zur Ausübung ihrer Religion, sowie die Organisation und Durchführung von Gottesdienst, Unterricht und die Ausübung und Beachtung religiöser Gebräuche. Ferner genießen sie Schutz vor staatlichen Eingriffen und können sich auch auf die religiöse Vereinigungsfreiheit berufen. Allerdings wird im Rahmen kirchlicher Arbeitsverhältnisse lediglich Tendenzschutz gewährt. Ein ähnliches Bild ergibt sich auch bei einer Herleitung des Schutzbereichs aus den gemeinsamen Verfassungsüberlieferungen, dem Primär-

---

[724] Z. B. Swami Omkarananda and the Divine Light Zentrum v/the United Kingdom, Decision of 19 March 1981, Application No. 8118/77, D.R. 25, S. 105, 117; A.R.M. Chappell v./the United Kingdom, Decision of 14 July 1987, Application No. 12587/86, D.R. 53, S. 241, 246.

[725] Siehe hierzu allgemein *Cole/Haus,* JuS 2003, S. 760, 762.

und Sekundärrecht, sowie dem „soft law“. Insbesondere Art. 10 GR-Charta unterstützt dieses Ergebnis, da sein Inhalt dem von Art. 9 EMRK entspricht.

G. Konsequenzen der gemeinschaftsrechtlichen Grundrechtsposition der Kirchen für die Auslegung der Richtlinie 2000/78/EG

Alle allgemeinen Rechtsgrundsätze einschließlich der Grundrechte dienen nach der Rechtsprechung des EuGH als Maßstabsnormen für gemeinschaftsrechtliches Sekundärrecht.[726] Die Grundrechte dienen hierbei als Mittel zur Interpretation des (geschrieben) Gemeinschaftsrechts.[727] Dies ist auch bei der Auslegung der Richtlinie 2000/78/EG zu berücksichtigen. In diesem Rahmen können bzgl. des Diskriminierungsgrundes der „Religion oder Weltanschauung" Grundrechte in mehrfacher Hinsicht betroffen sein: Zum einen kann der Arbeitnehmer, der sich aufgrund der Religion oder Weltanschauung diskriminiert fühlt, eigene Grundrechtspositionen geltend machen und zum anderen kann die Kirche sich auf die gemeinschaftsrechtlich geschützte kollektive Religionsfreiheit berufen, wenn es um die Berücksichtigung ihrer Interessen geht. Es ist deshalb notwendig darzustellen, welche Position der (kirchliche) Arbeitnehmer im Gemeinschaftsrecht einnimmt und welche Stellung die Kirche im Verhältnis dazu hat, wenn es zu einer Auseinandersetzung zwischen beiden Grundrechtspositionen kommt.[728]

Eine Abwägung zwischen beiden Grundrechtspositionen ist zwar grds. bereits in dem Begriff des „Tendenzschutzes" enthalten, jedoch kann dieser Begriff allein noch nicht das konkrete Abwägungsergebnis beschreiben, das sich aus einer Kollision zweier bestimmter Grundrechte ergibt. Um ein solches Ergebnis zu erlangen, ist es deshalb erforderlich, neben dem Grundrecht der Kirche auch das damit kollidierende Grundrecht des Arbeitnehmers (Recht auf Gleichbehandlung) zu ermitteln. Ferner muss erörtert werden, wie eine Kollision zwischen den Grundrechten des Arbeitnehmers und denen der Kirche im konkreten Fall durch den EuGH geregelt wird.

Fraglich ist, in welcher Form eine Auseinandersetzung zwischen kirchlichem Arbeitgeber und Arbeitnehmer auftreten kann, damit der EuGH überhaupt in die Position kommt, darüber zu urteilen. Grundsätzlich sind zwei Varianten denkbar: Einerseits ist möglich, dass ein kirchlicher Arbeitnehmer deshalb klagt[729], weil er der Auffassung ist, er sei aufgrund seiner Religion oder Weltanschauung

---

[726] *Schilling,* EuGRZ 2000, S. 3, 30.

[727] *Due/Gulman,* in: Scritti in onore di Giuseppe Federico Mancini, S. 405, 413.

[728] Vorab wird angemerkt, dass im Rahmen dieser Arbeit lediglich auf die Stellung der Kirchen in Deutschland eingegangen werden soll. Wie sich die Richtlinie 2000/78/EG auf das kirchliche Arbeitsrecht in anderen Ländern auswirken kann, wird nicht erörtert.

[729] Zunächst würde der Arbeitnehmer vor einem deutschen Arbeitsgericht klagen, wobei dieses verpflichtet ist, die Frage dem EuGH vorzulegen, wenn es um die Auslegung von EG-Recht geht (Art. 234 EG).

bei der Entstehung bzw. Beendigung oder während seines Arbeitsverhältnisses mit einem kirchlichen Arbeitgeber diskriminiert worden. In diesem Zusammenhang könnte er z. B. geltend machen, dass der deutsche Gesetzgeber die Richtlinie überhaupt nicht oder nur unvollständig umgesetzt habe und deshalb die Position der Kirche europarechtswidrig stark berücksichtigt worden sei, während seine rechtliche Stellung nicht genügend Schutz erfahren habe. Andererseits ist denkbar, dass die Kirche in einem Konfliktfall ihre rechtliche Stellung nicht genügend berücksichtigt glaubt und deshalb vor dem EuGH[730] eine (gemeinschafts-)grundrechtskonforme Auslegung der Richtlinie anstrebt. Es ist aus deutscher Sicht jedoch sehr unwahrscheinlich, dass die zweite Variante zu einem Verfahren vor dem EuGH führt, da die Position eines kirchlichen Arbeitgebers in Deutschland im Vergleich zu der in anderen Mitgliedstaaten (noch) den weitestgehenden Schutz genießt.[731] Nur wenn der deutsche Gesetzgeber die Richtlinie 2000/78/EG so umsetzen sollte, dass der Schutz, den die Kirchen im *Gemeinschaftsrecht* genießen, durch die Umsetzung unterschritten wird, ist es für die Kirchen sinnvoll, ihre gemeinschaftsgrundrechtliche Position vor dem EuGH geltend zu machen. Da der Gesetzgeber in Deutschland jedoch dann, wenn ihm – wie in der Richtlinie 2000/78/EG – bei der Umsetzung ein Gestaltungsspielraum[732] eingeräumt wurde, entweder der vollen nationalen[733] oder aber (zumindest) der gemeinschaftsrechtlichen[734] Grundrechtsbindung im Rahmen dieses eingeräumten Spielraums unterliegt, ist dieses Szenario nicht zu erwarten. Der nationale Gesetzgeber darf jedenfalls den gemeinschaftsrechtlichen Grundrechtsschutz der Kirchen im Rahmen der Umsetzung der Richtlinie nicht unterschreiten. Deshalb wird lediglich die erste Variante untersucht.

Bevor jedoch auf diese eingegangen werden kann, muss zunächst geprüft werden, ob das Gemeinschaftsrecht auch in jedem Fall anwendbar ist, bei der sich eine Seite auf die Richtlinie 2000/78/EG beruft.

---

[730] Auch hier würde die Kirche wohl zunächst vor einem nationalen Arbeitsgericht klagen, das wiederum gem. Art. 234 EG vorlegen müsste.

[731] Siehe hierzu F.II.2.b)aa)bbb)(2)(b); *Vachek*, Das Religionsrecht der Europäischen Union im Spannungsfeld zwischen mitgliedstaatlichen Kompetenzreservaten und Art. 9 EMRK, S. 405 m. w. N.

[732] Art. 4 Abs. 2 RL: „Die Mitgliedstaaten können (...) beibehalten oder (...) vorsehen (...). ".

[733] *Langenfeld/Zimmermann*, ZaöRV 1992, S. 259, 300; *Paehlke-Gärtner*, VBlBW 2000, S. 13, 15; *Vachek*, Das Religionsrecht der Europäischen Union im Spannungsfeld zwischen mitgliedstaatlichen Kompetenzreservaten und Art. 9 EMRK, S. 222.

[734] *Cirkel*, Die Bindungen der Mitgliedstaaten an die Gemeinschaftsgrundrechte, S. 85; *Fries*, Die Grundrechtsbindung der Mitgliedstaaten nach dem Gemeinschaftsrecht, S. 89; siehe ferner zur Bindung der Mitgliedstaaten an Gemeinschaftsgrundrechte im Rahmen von Regelungs- und Entscheidungsspielräumen bei der Durchführung von EG-Recht nachstehend unter G.I.2.

I. Anwendbarkeit des Gemeinschaftsrechts

Nach Art. 220 Satz 1 EG sichert der Gerichtshof im Rahmen seiner Zuständigkeit die Wahrung des Rechts bei der Auslegung und Anwendung dieses Vertrags. Recht im Sinne von Art. 220 EG umfasst alle verbindlichen Normen einer weit verstandenen Gemeinschaftsrechtsordnung.[735] Hierzu gehören die drei Gemeinschaftsverträge EG, EAGV und EGKS sowie bestimmte Bereiche des EU-Vertrags, das sekundäre Gemeinschaftsrecht in Gestalt der in Art. 249 EG vorgesehenen Rechtsakte, das ungeschriebene Gemeinschaftsrecht (z. B. Gemeinschaftsgewohnheitsrecht und Grundrechte) sowie die in die Zuständigkeit des Gemeinschaftsrechts fallenden völkerrechtlichen Verträge.[736]

Nach bisher Vorgetragenem müsste der EuGH die Richtlinie 2000/78/EG und die darin enthaltenen Regelungen als sekundäres Gemeinschaftsrecht auslegen, vorausgesetzt jedoch, dass der Anwendungsbereich des Gemeinschaftsrechts auch in dem jeweiligen konkreten Fall eröffnet ist. Es gibt einige Fälle, in denen der EuGH die Anwendbarkeit von Gemeinschaftsrecht verneint, in dem er beispielsweise im Bereich der Grundfreiheiten ausführt, dass die Vorschriften über „die Freizügigkeit nicht auf Sachverhalte angewandt werden können, die keinerlei Berührungspunkte mit irgendeinem der Sachverhalte aufweisen, auf die das Gemeinschaftsrecht abstellt“[737] oder, dass die Vorschriften über die Freizügigkeit und die zu ihrer Durchführung ergangenen Verordnungen nicht für Tätigkeiten gelten, „die mit keinem Element über die Grenzen eines einzigen Mitgliedstaats hinausweisen“[738]. Ähnliche Formulierungen gibt es im Bereich der Grundrechte, wenn es um die Frage geht, ob und inwieweit die Mitgliedstaaten an die gemeinschaftsrechtlichen Grundrechte gebunden sind:

> „Somit betrifft der (…) Verstoß eine nationale Regelung, die *nicht in den Anwendungsbereich des Gemeinschaftsrechts* fällt, so dass der Gerichtshof zur Entscheidung über eine mögliche Verletzung der Grundsätze des rechtlichen Gehörs durch die auf

[735] *Wegener,* in: *Calliess/Ruffert,* Kommentar zu EU-Vertrag und EG-Vertrag, Art. 220 EG Rn. 8.

[736] *Schwarze,* in: *Schwarze,* EU-Kommentar, Art. 220 EG Rn. 11; *Wegener,* in: *Calliess/Ruffert,* Kommentar zu EU-Vertrag und EG-Vertrag, Art. 220 EG Rn. 8.

[737] EuGH, verb. Rs. 35 und 36/82, Slg. 1982, S. 3723, 3736 (Rn. 16), (Elestina Esselina Christina Morson/Niederländischen Staat und Leiter der Ortspolizeibehörde im Sinne der Vreemdelingenwet; Sewradjie Jhanjan gegen Niederländischen Staat).

[738] EuGH, C-153/91, Slg. 1992, S. I-4973, 4994 (Rn. 8), (Camille Petit/Office national des pensions [ONP]); EuGH, C-60/91, Slg. 1992, S. I-2085, 2105 (Rn. 7), (Strafverfahren gegen José António Batista Morais).

eine solche Rechtsverletzung anwendbaren Verfahrensvorschriften nicht zuständig ist."[739]

In diesem Abschnitt soll deshalb versucht werden herauszuarbeiten, in welchen möglicherweise auftretenden Fällen, bei denen sich ein kirchlicher Arbeitnehmer in Deutschland auf den Inhalt der Richtlinie beruft, tatsächlich eine bzw. keine Anwendbarkeit des EG-Rechts gegeben ist.

Unter welchen Vorrausetzungen das EG-Recht Anwendung findet und der EuGH damit zuständig ist, lässt sich jedoch nicht immer genau bestimmen, da der EuGH bei der Abgrenzung der Anwendungsbereiche in einigen Fällen nicht nur rechtliche, sondern auch politische Erwägungen[740] anstellt, die im konkreten Einzelfall schwer vorherzusehen sind. Dennoch soll versucht werden, anhand der Literatur[741] und Entscheidungen des EuGH zu diesem Themenkomplex, Grundsätze zu entwickeln, die es ermöglichen, den Anwendungsbereich des EG-Rechts genauer zu beschreiben.

Eine Abgrenzung der Anwendungsbereiche des EG-Rechts vom nationalen Recht hat der EuGH insbesondere in den Fällen vorgenommen, in denen nationale Maßnahmen gegen Grundfreiheiten verstoßen oder diese die Durchführung von Gemeinschaftssekundärrecht betreffen.[742]

---

[739] EuGH, Rs. C-144/95, Slg. 1996, I-2909, 2919 (Rn. 12), (Strafverfahren gegen Jean-Louis Maurin).

[740] Siehe hierzu *Due/Gulman,* in: Scritti in onore di Giuseppe Federico Mancini, S. 405, 416 und 421 f.; *Mancini/di Bucci,* in: Grundrechtsschutz im europäischen Raum, S. 208, 216 f.; *Fries,* Die Grundrechtsbindung der Mitgliedstaaten nach dem Gemeinschaftsrecht, S. 105; siehe auch nachstehend unter G.I.3.

[741] Siehe hierzu insbesondere *Due/Gulman,* in: Scritti in onore di Giuseppe Federico Mancini, S. 405 ff.; *Weiler/Lockhart,* in: CML Rev. 1995, S. 51 ff. und S. 579 ff.; *Weiler,* in: Du droit international au droit de l'intégration, Liber Amicorum Pierre Pescatore, S. 821 ff.; *Schilling,* EuGRZ 2000, S. 3 ff.; *Langenfeld/Zimmermann,* ZaöRV 1992, S. 259 ff.; *Ritgen,* ZRP 2000, S. 371 ff.; *Mancini/di Bucci,* in: Grundrechtsschutz im europäischen Raum, S. 208 ff.; *Ruffert,* EuGRZ 1995, S. 518 ff.; *Ranacher,* ZÖR 58 (2003), S. 21 ff.; *Circel,* Die Bindungen der Mitgliedstaaten an die Gemeinschaftsgrundrechte; *Fries,* Die Grundrechtsbindung der Mitgliedstaaten nach dem Gemeinschaftsrecht.

[742] Siehe hierzu *Ranacher,* ZÖR 58 (2003), S. 21, 24; *Cole/Haus,* JuS 2003, S. 760, 761.

1. Anwendbarkeit des EG-Rechts im Rahmen der Grundfreiheiten

Die Grundfreiheiten sind primärrechtlich verankerte Rechte, die jeder geltend machen kann, der in den sachlichen und persönlichen Anwendungsbereich fällt.[743] Hierzu gehören die Warenverkehrsfreiheit (Art. 28 EG), die Freizügigkeit der Arbeitnehmer (Art. 39 ff. EG), die Niederlassungsfreiheit (Art. 43 ff. EG), die Dienstleistungsfreiheit (Art. 49 ff. EG) und die Kapitalverkehrsfreiheit (Art. 56 Abs. 1 EG).

In den Fällen, in denen der EuGH die Anwendbarkeit des Gemeinschaftsrechts im Rahmen von Grundfreiheiten prüft, weist er in seinen Formulierungen darauf hin, dass die Bestimmungen des Vertrags über die Grundfreiheiten[744] nicht auf Sachverhalte angewandt werden können, „die einen Mitgliedstaat *rein intern* betreffen, das heißt, denen jeglicher Bezug zu irgendeinem der Tatbestände fehlt, die das Gemeinschaftsrecht regelt"[745] bzw. „die mit keinem Element *über die Grenzen eines einzigen Mitgliedstaats hinausweisen*"[746].

Aus diesen Formulierungen kann geschlossen werden, dass eine Berufung auf Grundfreiheiten nur dann möglich ist, wenn ein *grenzüberschreitender* Sachverhalt oder Charakter[747] in dem konkreten Fall gegeben ist. Auch aus anderen Entscheidungen des EuGH, in denen es um die Anwendbarkeit des EG-Rechts bei der Geltendmachung von Grundfreiheiten ging, wird das Erfordernis eines grenzüberschreitenden Bezugs deutlich, da stets auf die Relevanz der in Frage stehenden nationalen Regelung für einen *anderen* Mitgliedstaat hingewiesen wurde.[748] Grund für dieses Erfordernis ist der Sinn und Zweck der im EG-Vertrag geregelten Grundfreiheiten, die die Abschaffung jeder auf der Staatsan-

---

[743] *Fries,* Die Grundrechtsbindung der Mitgliedstaaten nach dem Gemeinschaftsrecht, S. 8.

[744] In nachfolgend zitierten Entscheidungen ging es vorwiegend um das Recht auf Freizügigkeit sowie um die Dienstleistungsfreiheit, wobei die in diesen Entscheidungen entwickelten Bedingungen auch für alle anderen Grundfreiheiten gelten.

[745] EuGH, Rs. 175/78, Slg. 1979, S. 1129, 1135 (Rn. 11), (Vera Ann Saunders); EuGH, Rs. 180/83, Slg. 1984, S. 2539, 2547 (Rn. 15), (Hans Moser/Land Baden-Württemberg), (Hervorhebung durch die Verfasserin).

[746] EuGH, Rs. C-60/91, Slg. 1992, S. I-2085, 2105 (Rn. 7); EuGH, Rs. C-153/91, Slg. 1992, S. I-4973, 4994 (Rn. 8), (Hervorhebung durch die Verfasserin).

[747] *Fries,* Die Grundrechtsbindung der Mitgliedstaaten nach dem Gemeinschaftsrecht, S. 44; *Langenfeld/Zimmermann,* ZaöRV 1992, S. 259, 282; *Ranacher,* ZÖR 58 (2003), S. 21, 68 (Hervorhebung durch die Verfasserin).

[748] EuGH, verb. Rs. 60 und 61/84, Slg. 1985, S. 2605, 2616 (Rn. 22), (Cinéthèque SA und andere/Fédération nationale des cinémas francais); EuGH, Rs. C-260/89, Slg. 1991, S. I-2925, 2959 (Rn. 20), (Elliniki Radiophonia Tileorassi AE [„ERT"]/Dimotiki Etairia Pliroforisis und Sotirios Kouvelas); EuGH, Rs. C-159/90, Slg. 1991, S. I-4685, 4740 (Rn. 26), (Society for the Protection of Unborn Children Ltd/Stephen Grogan).

gehörigkeit beruhenden unterschiedlichen Behandlung zum Ziel haben.[749] Die Grundfreiheiten sind insoweit ein spezielles Verbot der Diskriminierung aufgrund der Staatsangehörigkeit.

Fraglich ist, ob das Erfordernis eines grenzüberschreitenden Bezugs auch für einen Fall relevant sein könnte, bei dem es um die Auslegung der Richtlinie 2000/78/EG geht. Diese Richtlinie hat im Bereich von Beschäftigung und Beruf ein Verbot von Diskriminierungen auf Grund von Religion oder Weltanschauung, einer Behinderung, des Alters oder der sexuellen Ausrichtung zum Ziel. Das Verbot einer Diskriminierung auf Grund der Staatsangehörigkeit gehört nicht zum Zweck dieser Richtlinie. Dies ergibt sich auch aus Nr. 12 der RLBegr. und Art. 3 Abs. 2 RL, wonach das Diskriminierungsverbot der Richtlinie nicht die Ungleichbehandlungen aus Gründen der Staatsangehörigkeit betrifft. Außerdem gehört der Gleichbehandlungsanspruch in der Terminologie und Systematik des Gemeinschaftsrechts zu den „Sozialvorschriften", für deren Anwendung kein grenzüberschreitender Bezug erforderlich ist.[750] Folglich ist das Erfordernis eines grenzüberschreitenden Sachverhalts kein Kriterium für die Anwendbarkeit des Gemeinschaftsrechts, wenn es um die Auslegung der Richtlinie 2000/78/EG geht.

2. Anwendbarkeit des EG-Rechts bei der Durchführung von Sekundärrecht

Der EuGH hat in mehreren seiner Entscheidungen zum einen festgelegt, dass die Mitgliedstaaten die Erfordernisse des gemeinschaftsrechtlichen Grundrechtsschutzes „bei der Durchführung der gemeinschaftsrechtlichen Regelungen zu beachten haben" und diese deshalb „soweit irgend möglich, in Übereinstimmung mit diesen Erfordernissen anwenden" müssen.[751] Zum anderen hat er ausgeführt, dass eine Zuständigkeit des EuGH zur Überprüfung der Vereinbarkeit einer nationalen Norm mit gemeinschaftsrechtlichen Grundrechten nicht gegeben ist, wenn die in Frage stehende nationale Regelung „nicht zur Durchführung einer

---

[749] Z. B. (in Bezug auf die Freizügigkeit) EuGH, verb. Rs. 35 und 36/82, Slg. 1982, S. 3723, 3735 (Rn. 12); EuGH, Rs. 175/78, Slg. 1979, S. 1129, 1135 (Rn. 9).

[750] Siehe zum Gleichbehandlungsgrundsatz zwischen Männern und Frauen EuGH, Rs. C-285/98, Slg. 2000, S. I-69, 104 (Rn. 18), (Tanja Kreil/Bundesrepublik Deutschland); *Götz,* JZ 2000, S. 413, Anmerkung zu EuGH, Rs. C-285/98, Slg. 2000, S. I-69 ff.

[751] EuGH, Rs. 5/88, Slg. 1989, S. 2609, 2639 (Rn. 19), (Hubert Wachauf/Bundesamt für Ernährung und Forstwirtschaft); EuGH, Rs. C-2/92, Slg. 1994, S. I-955, 983 (Rn. 16), (The Queen /Ministry of Agriculture, Fisheries and Food, ex parte: Dennis Clifford Bostock); siehe auch *Ranacher,* ZÖR 58 (2003), S. 21, 27 m. w. N.

gemeinschaftsrechtlichen Vorschrift erlassen worden“ ist.[752] Daraus lässt sich zunächst ganz allgemein ableiten, dass eine nationale Vorschrift immer dann mit den in der Gemeinschaftsordnung anerkannten Grundrechten in Einklang stehen muss, wenn sie (zumindest auch) der Durchführung einer bestimmten Gemeinschaftsregelung dient.[753]

a) Die „Durchführung“ von Sekundärrecht

Da die Gemeinschaft nur über begrenzte Verwaltungsbefugnisse verfügt, bedarf das Gemeinschaftsrecht vielfach der Durchführung durch nationale Organe der Mitgliedstaaten.[754] Unter „Durchführung“ soll hierbei zum einen der Vollzug von unmittelbar anwendbarem Gemeinschaftssekundärrecht (Verordnungen und in der Regel Entscheidungen) und zum anderen die Umsetzung von Richtlinien verstanden werden.[755] Grund für die Bindung der Mitgliedstaaten an Gemeinschaftsgrundrechte bei der Durchführung von Gemeinschaftsrecht ist das Ziel eines umfassenden Schutzes dieser Grundrechte, der erfordert, dass das in Übereinstimmung mit den Grundrechten geltende und in ihrem Sinne ausgelegte Gemeinschaftsrecht auch gemeinschaftsgrundrechtskonform durchgeführt wird.[756]

Noch ist die Richtlinie 2000/78/EG in Deutschland nicht umgesetzt worden. Wenn der nationale Gesetzgeber jedoch seiner Umsetzungsverpflichtung nachkommt, liegt eine „Durchführung“ im Sinne der zweiten Alternative vor. Dies bedeutet zunächst ganz allgemein, dass Deutschland ebenso wie die anderen Mitgliedstaaten bei der Umsetzung dieser Richtlinie Gemeinschaftsgrundrechte beachten muss.

b) Die Bindung an Gemeinschaftsgrundrechte in Regelungsspielräumen

Im Rahmen der mitgliedstaatlichen Grundrechtsbindung bei der Umsetzung von Richtlinien kann darüber hinaus zwischen zwei Fallgruppen unterschieden werden-

---

[752] EuGH, Rs. 12/86, Slg. 1987, S. 3719, 3754 (Rn. 28), (Meryem Demirel/Stadt Schwäbisch Gmünd); ähnlich EuGH, Rs. C-309/96, Slg. 1997, S. I-7493, 7511 (Rn. 21), (Daniele Annibaldi/Sindaco del Comune di Guidonia und Presidente Regione Lazio).
[753] *Ranacher*, ZÖR 58 (2003), S. 21, 29.
[754] *Cirkel*, Die Bindungen der Mitgliedstaaten an die Gemeinschaftsgrundrechte, S. 79.
[755] *Fries*, Die Grundrechtsbindung der Mitgliedstaaten nach dem Gemeinschaftsrecht, S. 84; zu einer genaueren Differenzierung zwischen „normativer“, „administrativer“ und „juristischer“ Durchführung siehe *Ranacher*, ZÖR 58 (2003), S. 21, 24 und *Cirkel*, Die Bindungen der Mitgliedstaaten an die Gemeinschaftsgrundrechte, S. 80.
[756] *Cirkel*, Die Bindungen der Mitgliedstaaten an die Gemeinschaftsgrundrechte, S. 79.

den: Bei der ersten Fallgruppe handelt es sich um Richtlinien, die dem nationalen Gesetzgeber Regelungs- und Gestaltungsspielräume (wie auch in der Richtlinie 2000/78/EG) lassen, während die Richtlinien der zweiten Fallgruppe den nationalen Umsetzungsakt schon weitgehend determinieren und dem mitgliedstaatlichen Gesetzgeber keine Entscheidungsspielräume belassen.[757] Fraglich ist, ob die Mitgliedstaaten auch in den Bereichen an die Gemeinschaftsgrundrechte gebunden sind, in denen ihnen durch die Gemeinschaft Entscheidungsspielräume im Rahmen der Umsetzung zugestanden worden sind. In diesen Fällen könnte argumentiert werden, dass der jeweilige Regelungs- und Gestaltungsspielraum so umgesetzt werden müsse, dass er mit nationalem – nicht jedoch notwendigerweise mit gemeinschaftsrechtlichem – Grundrechtsschutz übereinstimme, da die Gemeinschaftsgrundrechte mangels sekundärrechtlicher Regelung nicht zur Anwendung kämen.[758] Sollte dies so zutreffen, wäre der EuGH für die Überprüfung der aufgrund des Entscheidungsspielraums erlassenen Regelung auf ihre Vereinbarkeit mit den Gemeinschaftsgrundrechten nicht zuständig. Dem widerspricht jedoch die Rechtsprechung des EuGH, nach der die Mitgliedstaaten seit der Entscheidung *Wachauf*[759] auch im Rahmen der Durchführung von Sekundärrecht, bei der ihnen im Rahmen der Umsetzung ein Regelungs- und Entscheidungsspielraum zusteht, an Gemeinschaftsgrundrechte gebunden sind.[760] Dadurch wird der Gestaltungsspielraum der Mitgliedstaaten bei der Umsetzung der Richtlinie gemeinschaftsgrundrechtlich eingeschränkt.[761]

Wie bereits erwähnt, enthält auch die Richtlinie 2000/78/EG für den nationalen Gesetzgeber im Rahmen der Umsetzung Entscheidungsspielräume: Nach Art. 4 Abs. 2 RL *können* die Mitgliedstaaten u. a. bei Tätigkeiten innerhalb von Kirchen Bestimmungen in geltenden Rechtsvorschriften *beibehalten* oder in künftigen Rechtsvorschriften *vorsehen,* wonach unter bestimmten Voraussetzungen eine Ungleichbehandlung wegen der Religion oder Weltanschauung keine Diskriminierung darstellt. Bei der Ausgestaltung dieses Regelungsspielraums können (bzw. müssen) die Mitgliedstaaten zwar nationales Verfassungsrecht beach-

---

757 *Cirkel,* Die Bindungen der Mitgliedstaaten an die Gemeinschaftsgrundrechte, S. 84 f.

758 So im Ergebnis *Paehlke-Gärtner,* VBlBW 2000, S. 13, 15; *Belling,* NZA 2004, S. 885, 887; *Vachek,* Das Religionsrecht der Europäischen Union im Spannungsfeld zwischen mitgliedstaatlichen Kompetenzreservaten und Art. 9 EMRK, S. 222, alle jedoch ohne detaillierte Begründung.

759 EuGH, Rs. 5/88, Slg. 1989, S. 2609 ff.

760 *Cirkel,* Die Bindungen der Mitgliedstaaten an die Gemeinschaftsgrundrechte, S. 85; *Fries,* Die Grundrechtsbindung der Mitgliedstaaten nach dem Gemeinschaftsrecht, S. 88 und S. 96.

761 Zur dogmatischen Begründung der Bindung der Mitgliedstaaten an die Gemeinschaftsgrundrechte siehe *Cirkel,* Die Bindungen der Mitgliedstaaten an die Gemeinschaftsgrundrechte, S. 141 ff.; *Fries,* Die Grundrechtsbindung der Mitgliedstaaten nach dem Gemeinschaftsrecht, S. 96 ff.; *Ranacher,* ZÖR 58 (2003), S. 21, 37 ff.

ten, jedoch wird dieser Gestaltungsspielraum durch die Gemeinschaftsgrundrechte eingeschränkt. Dies bedeutet für die Umsetzung in Deutschland einerseits, dass der Gesetzgeber aufgrund der Regelungen im Grundgesetz (Art. 4 GG und Art. 140 GG i. V. m. Art. 137 Abs. 3 WRV) verpflichtet ist, von der Regelungsbefugnis zugunsten der Kirchen Gebrauch zu machen, und andererseits, dass er bei der Ausgestaltung der Regelungsbefugnis auch Gemeinschaftsgrundrechte beachten muss. Das Recht der Kirche und anderer Religions- bzw. Weltanschauungsgemeinschaften kann deshalb im Rahmen dieses Gestaltungsspielraums nur so weit berücksichtigt werden, als es das gemeinschaftsrechtlich geschützte Grundrecht des Arbeitnehmers auf Nichtdiskriminierung zulässt. Ob hierbei der Entscheidungsspielraum der Mitgliedstaaten gemeinschaftsgrundrechtskonform umgesetzt worden ist, kann durch den EuGH überprüft werden.

3. Mögliche politische Erwägungen bei der Bestimmung der Anwendbarkeit von EG-Recht

Nicht selten erfolgt die Abgrenzung der Anwendungsbereiche sekundärrechtlicher Regelungen unter Berücksichtigung politischer Erwägungen[762], so dass es häufig schwer bestimmbar ist, wo die Grenze zwischen staatlichen Maßnahmen inner- und außerhalb des Anwendungsbereichs des Gemeinschaftsrechts verläuft. Deshalb bereitet es große Schwierigkeiten, zu erkennen, wo die Grenze zwischen den Grundrechtszuständigkeiten der Gemeinschaft und denen der Mitgliedstaaten liegt.

Es gibt mehrere Entscheidungen des EuGH[763], die vermuten lassen, dass (rechts)politische und keine rechtsdogmatischen Erwägungen für die Abgrenzung des Anwendungsbereichs von Gemeinschaftsrecht und mitgliedstaatlichem Recht ausschlaggebend waren. Beispielhaft sollen hier zwei Entscheidungen dargestellt werden, die aufgrund ihres engen Zusammenhangs diese Vermutung unterstützen. Da eine ausführliche Analyse den Rahmen dieser Arbeit sprengen würde, werden diese Entscheidungen nicht detailliert erörtert und verglichen, sondern lediglich auf ihre Aussagen zur Anwendbarkeit des Gemeinschaftsrechts untersucht: In beiden Fällen ging es u. a. um die Frage, ob und inwieweit die Organisation und Führung der Streitkräfte in den Anwendungsbereich des Gemeinschaftsrechts fallen. In dem zeitlich vorausgehenden Fall[764] hatte sich

---

[762] *Fries,* Die Grundrechtsbindung der Mitgliedstaaten nach dem Gemeinschaftsrecht, S. 105; *Mancini/di Bucci,* in: Grundrechtsschutz im europäischen Raum, S. 216 f.

[763] Siehe hierzu *Fries,* Die Grundrechtsbindung der Mitgliedstaaten nach dem Gemeinschaftsrecht, S. 105 f. m. w. N.

[764] EuGH, Rs. C-285/98, Slg. 2000, S. I-69 ff. (Tanja Kreil/Bundesrepublik Deutschland); siehe hierzu *Mückl,* Jura 2000, S. 406 ff.; *Lenz,* ZRP 2000, S. 265 ff.

Frau Kreil, eine Elektronikerin, für den freiwilligen Dienst in der Bundeswehr mit dem Verwendungswunsch Instandsetzung (Elektronik) beworben. Ihr Antrag wurde mit der Begründung abgelehnt, dass es gesetzlich ausgeschlossen sei, dass Frauen Dienst mit der Waffe leisteten. Daraufhin erhob Frau Kreil Klage vor dem Verwaltungsgericht und machte geltend, dass die allein aus geschlechtsspezifischen Gründen abgelehnte Bewerbung gemeinschaftswidrig sei. Da das Verwaltungsgericht für die Entscheidung des Rechtsstreits eine Auslegung der Richtlinie 76/207/EWG des Rates vom 9. Februar 1976 zur Verwirklichung des Grundsatzes der Gleichbehandlung von Männern und Frauen hinsichtlich des Zugangs zur Beschäftigung, zur Berufsbildung und zum beruflichen Aufstieg sowie in Bezug auf die Arbeitsbedingungen[765] für erforderlich hielt, legte es den Fall dem EuGH vor. In diesem Verfahren machte die deutsche Regierung u. a. geltend, dass das Gemeinschaftsrecht grundsätzlich nicht für Fragen der Verteidigung gelte, da diese zur gemeinsamen Außen- und Sicherheitspolitik gehörten und in der Souveränität der Mitgliedstaaten verblieben seien[766], worauf der EuGH entgegnete:

> „(...) ist es Sache der Mitgliedstaaten, die die geeigneten Maßnahmen zur Gewährleistung ihrer inneren und äußeren Sicherheit zu ergreifen haben, die Entscheidungen über die Organisation ihrer Streitkräfte zu treffen. Daraus ergibt sich jedoch nicht, dass derartige Entscheidungen vollständig der Anwendung des Gemeinschaftsrechts entzogen wären.“[767]

Weiterhin bemerkte der EuGH, dass sich aus dem Vertrag kein allgemeiner, dem Vertrag immanenter Vorbehalt ableiten lasse, der jede Maßnahme, die im Interesse der öffentlichen Sicherheit getroffen werde, vom Anwendungsbereich des Gemeinschaftsrechts ausnehme. Würde ein solcher Vorbehalt über die Bestimmungen des Vertrags hinaus anerkannt, könnten die Verbindlichkeit und die einheitliche Geltung des Gemeinschaftsrechts beeinträchtigt werden.[768] Ergänzend stellte der EuGH fest, dass einige im Vertrag vorgesehenen Ausnahmen nur die Bestimmungen über den freien Waren-, Personen- und Dienstleistungsverkehr betreffen würden, jedoch nicht die Sozialvorschriften des Vertrags, zu denen der geltend gemachte Gleichbehandlungsgrundsatz gehöre.[769] Aus diesen Gründen hat der EuGH im vorliegenden Fall die Anwendbarkeit des Gemeinschaftsrechts bejaht.[770]

---

[765] ABl. Nr. L 39, S. 40 ff.
[766] EuGH, Rs. C-285/98, Slg. 2000, S. I-69, 102 (Rn. 2).
[767] EuGH, Rs. C-285/98, Slg. 2000, S. I-69, 103 (Rn. 15).
[768] EuGH, Rs. C-285/98, Slg. 2000, S. I-69, 103 (Rn. 16).
[769] EuGH, Rs. C-285/98, Slg. 2000, S. I-69, 104 (Rn. 18).
[770] Kritisch hierzu *Mückl,* Jura 2000, S. 406, 410 ff.

Der Fall *Kreil* führte dazu, dass vielerorts nun auch die Rechtmäßigkeit der ausschließlich für Männer geltenden Wehrpflicht bezweifelt wurde.[771] Es dauerte auch nicht lange bis der EuGH einen Fall[772] zu entscheiden hatte, in dem sich der Kläger darauf berief, dass die ausschließlich für Männer geltende Wehrpflicht mit dem gemeinschaftsrechtlichen Gleichbehandlungsgrundsatz unvereinbar sei. Der Kläger, Herr Dory, berief sich dabei ausdrücklich auf das vorstehend erwähnte Urteil *Kreil*. Die Bundesrepublik Deutschland hingegen vertrat als Beklagte in diesem Verfahren u. a. – ähnlich wie schon in der Rechtssache *Kreil* – die Auffassung, dass die Wehrpflicht dem Bereich der Organisation der Streitkräfte zugeordnet werden müsse, der als wichtiger Bereich der staatlichen Hoheitsrechte in der Zuständigkeit der Mitgliedstaaten verblieben sei.[773] In diesem Fall antwortete der Gerichtshof auf die Frage, unter welchen Voraussetzungen das Gemeinschaftsrecht auf die Tätigkeiten betreffend die Organisation der Streitkräfte anwendbar ist, wie folgt:

> „Die Entscheidungen der Mitgliedstaaten hinsichtlich der Organisation ihrer Streitkräfte können zwar nicht vollständig der Anwendung des Gemeinschaftsrechts entzogen sein, insbesondere wenn es um die Wahrung des Grundsatzes der Gleichbehandlung von Männern und Frauen im Zusammenhang mit Arbeitsverhältnissen geht, vor allem beim Zugang zu militärischen Berufen. Daraus folgt jedoch nicht, dass Entscheidungen der Mitgliedstaaten hinsichtlich der militärischen Organisation, die die Verteidigung ihres Hoheitsgebiets oder ihrer unabdingbaren Interessen zum Ziel haben, unter das Gemeinschaftsrecht fallen.
>
> Es ist nämlich Sache der Mitgliedstaaten, die die geeigneten Maßnahmen zur Gewährleistung ihrer inneren und äußeren Sicherheit zu ergreifen haben, die Entscheidungen über die Organisation ihrer Streitkräfte zu treffen, (…).“[774]

Die hier formulierten Grundsätze sind zwar an einigen Stellen nahezu identisch mit denen, die in der Entscheidung *Kreil* angewandt wurden, jedoch kam der EuGH in diesem Fall zu dem Ergebnis, dass die Entscheidung der Bundesrepublik Deutschland dafür, ihre Verteidigung teilweise mit einer Wehrpflicht zu sichern, Ausdruck einer Entscheidung hinsichtlich der militärischen Organisation sei, auf die das Gemeinschaftsrecht keine Anwendung finde.

Auch wenn das Ergebnis in beiden Entscheidungen ausgewogen und (rechts)politisch sinnvoll sein mag, da nun einerseits auch Frauen in Deutschland grundsätzlich die Möglichkeit haben, Dienst an der Waffe zu leisten und

---

[771] Siehe nur *Görlitz,* DÖV 2002, S. 607 ff.
[772] EuGH, Urteil vom 11. März 2003, Rs. C-186/01, (Alexander Dory/Bundesrepublik Deutschland); siehe hierzu *Zuleeg,* EuZW 2002, S. 545.
[773] EuGH, Rs. C-186/01, Rn. 24.
[774] EuGH, Rs. C-186/01, Rn. 35 und 36.

anderseits weder die Wehrpflicht ganz abgeschafft wird (man bedenke hierbei die Folgen für viele sozialen Einrichtungen, die auf die Mitarbeit von Zivildienstleistenden angewiesen sind), noch Frauen verpflichtet werden müssen, ebenfalls einen Wehr- bzw. Zivildienst abzuleisten, ist aus beiden Entscheidungen nicht erkennbar, welche dogmatischen Gründe für bzw. gegen die Anwendbarkeit des Gemeinschaftsrechts im Bereich der Streitkräfte sprechen. Vielmehr lässt es die Vermutung zu, dass rechtspolitische und keine rechtsdogmatischen Gründe für die jeweiligen Entscheidungen ausschlaggebend waren.

In Anbetracht der Tatsache, dass der EuGH auch rechtspolitische Erwägungen heranzieht, um den Anwendungsbereich des Gemeinschaftsrechts zu bestimmen, ist es nicht ausgeschlossen, dass dies auch im Rahmen von Streitigkeiten zwischen kirchlichen Bediensteten und einem kirchlichen Arbeitgeber aufgrund der RL 2000/78/EG geschieht. Die Nichtanwendbarkeit des Gemeinschaftsrechts könnte u. a. – ähnlich wie im Fall *Dory* – damit begründet werden, dass das Staatskirchenrecht in dem Souveränitätsbereich der Mitgliedstaaten verblieben und deshalb das Gemeinschaftsrecht nicht anwendbar ist. Allerdings ist ein solches Vorgehen des EuGH sehr unwahrscheinlich, da er schon in vorausgehenden Fällen[775], die ebenfalls das Staatskirchenrecht betrafen, die Anwendbarkeit des Gemeinschaftsrechts nicht verneint hat. Außerdem erstreckt sich die Aktivität der Gemeinschaft u. a. beim Erlass von Richtlinien auch auf den liturgischen Bereich von Kirchen und Religionsgemeinschaften[776], der im Rahmen des Selbstbestimmungsrechts der Kirchen eine wesentliche Rolle im deutschen staatskirchenrechtlichen System spielt.

4. Ergebnis

Zunächst ist festzuhalten, dass das Kriterium eines grenzüberschreitenden Sachverhalts bei Streitigkeiten zwischen Arbeitgeber und Arbeitnehmer aufgrund von Regelungen in der Richtlinie 2000/78/EG kein Erfordernis für die Anwendbarkeit des Gemeinschaftsrechts darstellt.

Auch die Möglichkeit, dass der EuGH den Anwendungsbereich des Gemeinschaftsrechts im Rahmen solcher Streitigkeiten deshalb verneint, weil das Staatskirchenrecht in dem Souveränitätsbereich der Mitgliedstaaten verblieben ist, ist zwar denkbar, aber sehr unwahrscheinlich. Deshalb ist von der Anwend-

---

775 Z. B. EuGH, Rs. 300/84, Slg. 1986, S. 3097 ff. (van Roosmalen/Bestuur van de Bedrijfsvereniging voor de Gezondheid); EuGH, Rs. 196/87, Slg. 1988, S. 6159 ff. (Steymann/Staatssecretaris van Justitie); siehe hierzu vorstehend unter F.II.1.

776 Siehe Art. 17 Abs. 1 lit. c der Arbeitszeitrichtlinie, ABl. Nr. L 307 vom 13. Dezember 1993, S. 18-24.

barkeit des Gemeinschaftsrechts auszugehen, wenn es um Streitigkeiten zwischen einem kirchlichen Arbeitnehmer und Arbeitgeber geht, bei der sich eine der Seiten auf die Richtlinie 2000/78/EG beruft.

Ferner kann festgehalten werden, dass der nationale Gesetzgeber bei der Umsetzung von Richtlinien Gemeinschaftsgrundrechte beachten muss. Dies gilt auch für Richtlinien, die ihm Regelungs- und Entscheidungsspielräume lassen. Diese Gestaltungsspielräume müssen gemeinschaftsgrundrechtskonform umgesetzt werden.

Auch der Regelungsspielraum von Art. 4 Abs. 2 der Richtlinie 2000/78/EG muss gemeinschaftsgrundrechtskonform umgesetzt werden. Für den Gesetzgeber in Deutschland bedeutet dies, dass das Recht der Kirchen und anderer Religions- und Weltanschauungsgemeinschaften im Rahmen dieses Gestaltungsspielraums nur insoweit berücksichtigt werden kann[777], als es das gemeinschaftsrechtlich geschützte Grundrecht des Arbeitnehmers auf Nichtdiskriminierung zulässt. Der EuGH kann hierbei überprüfen, ob die Umsetzung des Regelungsspielraums gemeinschaftsgrundrechtskonform erfolgt ist.

II. Grundrechtskonflikt zwischen dem kirchlichen Arbeitgeber und Arbeitnehmer

Neben der Bestimmung des Grundrechts der Kirche ist die Ermittlung der damit kollidierenden konkreten Grundrechtsposition des Arbeitnehmers erforderlich. Nur so kann ein konkretes Abwägungsergebnis bestimmt werden, welches u. a. im Rahmen der nachstehend erörterten Auslegung der Richtlinienbestimmungen von wesentlicher Bedeutung ist.[778]

Zunächst muss jedoch erörtert werden, ob der EuGH eine Grundrechtsdogmatik verfolgt und wie diese ggf. aussieht. Im Anschluss daran müssen die Grundrechtspositionen des Arbeitnehmers und der Kirche dargestellt und nach den erarbeiteten dogmatischen Grundsätzen berücksichtigt werden.

---

[777] Aufgrund der Bestimmungen im Grundgesetz (Art. 4 GG und Art. 140 GG i. V. m. Art. 137 Abs. 3 WRV) *muss* der Gesetzgeber das Recht der Kirchen berücksichtigen und ist deshalb *verpflichtet,* von der Regelungsbefugnis in Art. 4 RL Gebrauch zu machen.

[778] Siehe unter G.III.4.b)bb)aaa), wo vorausgesetzt wird, dass bei einer Ungleichbehandlung wegen der Religion oder Weltanschauung einer Person, die „allgemeinen Grundsätze des Gemeinschaftsrechts", zu denen auch die Grundrechte gehören, beachten werden müssen. Darüber hinaus müssen auch bei der Umsetzung von Art. 4 Abs. 2 UAbs. 2 RL, der den Kirchen erlaubt, von ihren Mitarbeitern die Einhaltung bestimmter Loyalitätsobliegenheiten zu verlangen, gemeinschaftsrechtliche Grundrechte gewährleistet werden; siehe zur Bindung der Mitgliedstaaten an Gemeinschaftsgrundrechte bei der Durchführung von Sekundärrecht G.I.2.

1. Die Grundrechtsdogmatik des EuGH

Wie im Rahmen dieser Arbeit bereits erörtert wurde[779], hat der EuGH im Laufe seiner Grundrechtssprechung schon erste Ansätze einer Grundrechtsdogmatik erkennen lassen. So zieht er bei der Entwicklung der Grundrechte die gemeinsamen Verfassungsüberlieferungen und internationalen Verträge, insbesondere die EMRK, als Rechtserkenntnisquellen heran. Im Rahmen seiner Grundrechtssprechung hat der EuGH ferner festgestellt, dass die Grundrechte nicht schrankenlos gewährleistet werden, sondern „im Zusammenhang mit ihrer gesellschaftlichen Funktion" zu sehen sind, so dass „die Ausübung dieser Rechte, insbesondere im Rahmen einer gemeinsamen Marktorganisation, Beschränkungen unterworfen werden" kann, „sofern diese tatsächlich dem Gemeinwohl dienenden Zielen der Gemeinschaft entsprechen und nicht einen im Hinblick auf den verfolgten Zweck unverhältnismäßigen, nicht tragbaren Eingriff darstellen, der diese Rechte in ihrem Wesensgehalt antastet".[780] Hieraus wird deutlich, dass der EuGH – ähnlich wie die deutschsprachige Wissenschaft – eine dreistufige[781] Prüfung durchgeführt. Danach wird auf der ersten Stufe der Schutzbereich des jeweiligen Grundrechts bestimmt, und erörtert, ob die betroffene Person und das in Frage stehende Verhalten in diesen Schutzbereich fällt, während auf der zweiten Stufe untersucht wird, ob die angegriffene Maßnahme einen Eingriff in diesen Schutzbereich darstellt. Auf der dritten Stufe wird sodann geprüft, ob und unter welchen Voraussetzungen ein Eingriff in diesen Schutzbereich gerechtfertigt sein kann.[782] Kollidieren beispielsweise zwei Grundrechte miteinander werden im Rahmen der Rechtfertigung Grundrecht und entgegenstehendes Grundrecht einander gegenübergestellt und abgewogen.[783]

Dieser Aufbau gilt jedoch nur für die Prüfung von Freiheitsrechten. Im vorliegenden Fall geht es jedoch darum, dass ein Arbeitnehmer sich gegen Ungleichbehandlungen bzw. Diskriminierungen wehrt, so dass er die Geltung von Gleichheitsgrundrechten geltend macht. Fraglich ist deshalb, welche Grundsätze

---

779 F.II.2.a)aa).

780 EuGH, Rs. 5/88, Slg. 1989, S. 2609, 2639 (Rn. 18), (Wachauf/Bundesamt für Ernährung und Forstwirtschaft).

781 *Kingreen,* in: *Calliess/Ruffert,* Kommentar zu EU-Vertrag und EG-Vertrag, Art. 6 EU Rn. 64.

782 Siehe hierzu *Kingreen,* in: *Calliess/Ruffert,* Kommentar zu EU-Vertrag und EG-Vertrag, Art. 6 EU Rn. 64; *v. Bogdandy* vertritt in diesem Zusammenhang einen zweistufigen Aufbau, bei dem auf der ersten Stufe Schutzbereich und Eingriff und auf der zweiten Stufe die Rechtfertigung für einen Eingriff geprüft wird. Inhaltlich ergeben sich aus dem Aufbau jedoch keine Unterschiede. Siehe hierzu *v. Bogdandy,* JZ 2001, S. 157, 167.

783 *Kingreen,* in: *Calliess/Ruffert,* Kommentar zu EU-Vertrag und EG-Vertrag, Art. 6 EU, Rn. 64.

für die Prüfung eines Gleichheitsgrundrechts gelten. Der EuGH hat – trotz Fehlen eines allgemeinen Gleichheitssatzes in den Gründungsverträgen – bereits in den 70-er Jahren einen allgemeinen Gleichheitssatz als Gemeinschaftsgrundrecht entwickelt, als dessen Konkretisierungen nunmehr die speziellen Gleichheitsgrundsätze gelten.[784] Die richtungsweisende Entscheidung zur Anerkennung des allgemeinen Gleichheitssatzes erfolgte in der Rechtssache *Ruckdeschel*[785]. Hierin führte der Gerichtshof aus:

> „Das in der angeführten Vorschrift ausgesprochene Diskriminierungsverbot ist jedoch nur der spezifische Ausdruck des allgemeinen Gleichheitssatzes, der zu den Grundprinzipien des Gemeinschaftsrechts gehört. Nach diesen Grundsätzen dürfen vergleichbare Sachverhalte nicht unterschiedlich behandelt werden, es sei denn, dass eine Differenzierung objektiv gerechtfertigt wäre."[786]

Aus dieser Formulierung des EuGH wird erkennbar, dass die gemeinschaftsrechtliche Grundrechtprüfung im Rahmen des allgemeinen Gleichheitssatzes vergleichbar ist mit der in Deutschland: Ein Verstoß gegen den Gleichheitsgrundsatz liegt vor, wenn eine Ungleichbehandlung vorliegt, die nicht durch das Vorliegen sachlicher Gründe gerechtfertigt werden kann.[787] Der Gleichheitssatz enthält aufgrund dieser Rechtfertigungsmöglichkeit ein relatives und kein absolutes Diskriminierungsverbot.[788] Diese können u. a. in der entgegenstehenden Grundrechtsposition eines Dritten bestehen. Ähnlich wie im Bereich der Freiheitsrechte erfolgt sodann eine Abwägung zwischen den jeweiligen Grundrechten.

2. Grundrechtskollision bei Auslegung der Richtlinie 2000/78/EG

Wie bereits angekündigt wurde, wird lediglich die Variante eines Konflikts zwischen den beiden Grundrechtspositionen untersucht, bei der ein kirchlicher Arbeitnehmer sich gerichtlich gegen eine Maßnahme seines Arbeitgebers wendet,

---

[784] *Kischel,* EuGRZ 1997, S. 1, 3, der außerdem auf die noch immer ungelöste Problematik des Verhältnisses des allgemeinen Gleichheitsgebots und auf die speziellen Ausprägungen hiervon hinweist.

[785] EuGH, verb. Rs. 117/76 und 16/77, Slg. 1977, S. 1753 ff. (Albert Ruckdeschel & Co. und Hansa-Lagerhaus Ströh & Co./Hauptzollamt Hamburg-St. Annen; Diamalt AG/Hauptzollamt Itzehoe).

[786] EuGH, verb. Rs. 117/76 und 16/77, Slg. 1977, S. 1753, 1770 (Rn. 7).

[787] *Kingreen,* in: *Calliess/Ruffert,* Kommentar zu EU-Vertrag und EG-Vertrag, Art. 6 EU, Rn. 174; *Schilling,* EuGRZ 2000, S. 3, 14; allgemein zur Bedeutung des Gleichbehandlungsgrundsatzes im EG-Recht siehe *de Burca,* in: The Principle of Equal Treatment in EC Law, S. 133 ff.; *Szyszczak,* in: The Principle of Equal Treatment in EC Law, S. 35 ff.; *Tridimas,* in: The Principle of Equal Treatment in EC Law, S. 214 ff.

[788] *Kischel,* EuGRZ 1997, S. 1, 4.

weil er der Auffassung ist, er sei durch diesen bei der Entstehung bzw. Beendigung oder während seines Arbeitsverhältnisses aufgrund seiner Religion oder Weltanschauung diskriminiert worden. In diesem Zusammenhang bestehen zwei Möglichkeiten für den Arbeitnehmer, sich gegen eine unterschiedliche Behandlung durch den Arbeitnehmer zu wehren: Zum einen könnte der Arbeitnehmer geltend machen, dass die in Art. 4 Abs. 2 RL für die Mitgliedstaaten enthaltene Möglichkeit, eine Ausnahmeregelung für die Kirchen beizubehalten bzw. zu schaffen, gegen den allgemeinen Gleichheitssatz verstoße, da hierdurch Ungleichbehandlungen aufgrund der Religion bzw. Weltanschauung ermöglicht würden. Dies gilt insbesondere für einen kirchlichen Arbeitnehmer in Deutschland, da der deutsche Gesetzgeber aufgrund von Art. 4 GG und Art. 140 GG i. V. m. Art. 137 Abs. 3 WRV verpflichtet ist, von dieser Möglichkeit auch Gebrauch zu machen. Er würde sich damit darauf berufen, dass die Richtlinie dadurch, dass sie solche Diskriminierungen zulässt, selbst gegen gemeinschaftsrechtliche Grundrechte verstoße. Zum anderen könnte der Arbeitnehmer geltend machen, dass zwar nicht die Richtlinie selbst, jedoch ihre Umsetzung in nationales Recht gemeinschaftswidrig vorgenommen worden sei, da sein Grundrecht gegenüber dem der Kirche nicht genügend Berücksichtigung erfahren habe.

Ausgangspunkt der Prüfung ist in beiden Fällen die Grundrechtsposition des Arbeitnehmers, der sich auf den Grundsatz der Nichtdiskriminierung beruft. Dieser Grundsatz findet auch in der Richtlinie 2000/78/EG eine konkrete Ausprägung, da hierin Diskriminierungen aufgrund der Religion oder Weltanschauung, einer Behinderung, des Alters oder der sexuellen Ausrichtung im Rahmen von Beschäftigungsverhältnissen verboten werden. Art. 4 Abs. 2 der Richtlinie 2000/78/EG sieht jedoch Ausnahmemöglichkeiten vom Grundsatz der Gleichbehandlung für Kirchen und andere öffentliche oder private Organisationen vor, deren Ethos auf religiösen Grundsätzen oder Weltanschauungen beruht. Hiervon können die Mitgliedstaaten bei der Umsetzung der Richtlinie Gebrauch machen. Diese Ausnahmemöglichkeiten verkürzen jedoch für den jeweiligen Arbeitnehmer das Recht auf Gleichbehandlung und können – wie der Arbeitnehmer in der zuerst dargestellten Variante auch geltend macht – folglich eine Ungleichbehandlung darstellen.

Die Voraussetzung für das Vorliegen einer Ungleichbehandlung ist nach der Rechtsprechung des EuGH, dass wesentlich Gleiches ungleich bzw. wesentlich Ungleiches gleich behandelt wird. Da ein kirchlicher Arbeitnehmer im Rahmen der Richtlinie anders behandelt wird als ein sonstiger Arbeitnehmer, stellt sich zunächst die Frage, ob kirchliche und sonstige Arbeitnehmer wesentlich gleich sind. Nur in diesem Fall würde eine Ungleichbehandlung vorliegen. Diese Frage ist aus gemeinschaftsrechtlicher Sicht zu beantworten. Da der EuGH im Rahmen seiner Rechtsprechung, bei der kirchliche Arbeitsverhältnisse betroffen waren, keine Sonderstellung der Kirchen etabliert hat[789], ist davon auszugehen, dass er kirchliche und sonstige Arbeitnehmer als wesentlich gleich betrachtet. Da die Richtlinie aufgrund ihrer Ausnahmeregelungen jedoch Ungleichbehandlungen zulässt, wird wesentlich Gleiches ungleich behandelt. Diese Ungleichbehandlung muss durch sachliche Gründe gerechtfertigt sein. Der EuGH könnte hierbei einerseits die Religionsfreiheit der Kirche, die dem Grundrecht des Arbeitnehmers auf Gleichbehandlung gegenübersteht, und andererseits Gründe wie das Subsidiaritätsprinzip oder die nationale Identität, zu der in Deutschland auch das Staatskirchenrecht gehört, anführen, um das Bestehen der Ausnahmeregelung in der Richtlinie zu rechtfertigen. Diese Gründe rechtfertigen zumindest das Bestehen einer Ausnahmeregelung, so dass die Klage des Arbeitnehmers hiergegen ins Leere gehen würde.

Fraglich ist, wie die Erfolgsaussichten des Arbeitnehmers zu bewerten sind, wenn er sich darauf beruft, die Umsetzung der Richtlinie in nationales Recht vorstoße gegen Gemeinschaftsrecht, da die Religionsfreiheit der Kirche im Verhältnis zu seinem Recht auf Gleichbehandlung gemeinschaftswidrig stark berücksichtigt worden sei. Bei dieser Variante macht der Arbeitnehmer nicht geltend, dass eine Ungleichbehandlung generell gegen sein Grundrecht auf Gleichbehandlung verstoße, sondern behauptet, durch die Umsetzung der Richtlinie in nationales Recht, sei im Rahmen der Grundrechtsabwägung sein Grundrecht nicht genügend berücksichtigt worden. Es muss demnach geprüft werden, wie die Abwägung beider Grundrechte auf gemeinschaftsrechtlicher Ebene ausfallen würde. Bei einer Kollision von Grundrechten müssen im Rahmen der Abwägung stets unterschiedliche Faktoren berücksichtigt werden, um ein möglichst gerechtes Ergebnis zu gewährleisten. Hierbei können z. B. die Bedeutung der jeweiligen Grundrechte oder die Intensität des Eingriffs eine Rolle spielen. Wie das Abwägungsergebnis im vorliegenden Fall bei einer Prüfung durch den EuGH ausfallen würde, wird davon abhängen, welche Bedeutung die betroffenen Grundrechte nach Auffassung des EuGH im Gemeinschaftsrecht haben. Um einen Anhaltspunkt hierfür zu haben, werden nachfolgend unterschiedliche Quellen herangezogen, die Rückschlüsse auf die Bedeutung des Grundsatzes der Gleichberechtigung im Gemeinschaftsrecht insbesondere in Bezug auf Beschäftigungsverhältnisse zulassen. Eine Analyse der bisherigen Rechtsprechung des EuGH in Zusammenhang mit Gleichbehandlungsgeboten ist hierfür wenig Erfolg versprechend, da diese sich fast ausschließlich mit Diskriminierungen aufgrund der Staatsangehörigkeit (v. a. im Bereich der Grundfreiheiten) bzw. des

[789] Siehe F.II.1.

Geschlechts (insbesondere im Rahmen von Art. 141 EG) befasst hat.[790] Deshalb müssen vielmehr diejenigen Dokumente und Vorschriften sowie bereits erkennbare europäische Rechts- und Politikentwicklungen herangezogen werden, aus denen sich Aussagen bzgl. der Bedeutung eines allgemeinen gemeinschaftsrechtlichen Grundrechts auf Gleichbehandlung insbesondere in Arbeitsverhältnissen ableiten lassen. Da es den Rahmen dieser Arbeit jedoch sprengen würde, auf alle in Betracht kommenden Dokumente und Vorschriften einzugehen, die sich mit dem Grundsatz der Nichtdiskriminierung in Beschäftigungsverhältnissen befassen, wird lediglich auf diejenigen zurückgegriffen, die entweder schon durch den EuGH Berücksichtigung gefunden haben (z. B. die Europäische Sozialcharta) oder die im Rahmen der Begründung zur Richtlinie 2000/78/EG besonders erwähnt worden sind (z. B. die Allgemeine Erklärung der Menschenrechte, das Übereinkommen Nr. 111 der Internationalen Arbeitsorganisation oder die Gemeinschaftscharta der sozialen Grundrechte der Arbeitnehmer). Aus ihnen soll die Bedeutung des Gleichbehandlungsgrundsatzes im EG-Recht insbesondere für die Auslegung der Richtlinie 2000/78/EG ermittelt werden.[791]

a) Rechtsposition des Arbeitnehmers

Die Bedeutung der Rechtsposition des Arbeitnehmers – insbesondere mit Blick auf die Richtlinie 2000/78/EG – wird durch eine Analyse nachfolgender Vorschriften, völkerrechtlicher Verträge bzw. Erklärungen in Bezug auf den Grundsatz der Gleichbehandlung ermittelt.

aa) Art. 13 EG

Nach Art. 13 Abs. 1 EG (ex Art. 13 EG) kann der Rat unbeschadet der sonstigen Bestimmungen dieses Vertrags im Rahmen der durch den Vertrag auf die Gemeinschaft übertragenen Zuständigkeiten (...) einstimmig geeignete Vorkehrungen treffen, um Diskriminierungen aus Gründen des Geschlechts, der Rasse, der ethnischen Herkunft, der Religion oder der Weltanschauung, einer Behinderung,

---

[790] Art. 13 EG wurde erst mit dem Amsterdamer Vertrag 1997 eingeführt, der 1999 in Kraft getreten ist. Dieser Artikel enthält erstmals Befugnisse der EG, Maßnahmen gegen Diskriminierungen aus anderen Gründen als der Staatsangehörigkeit und des Geschlechts zu erlassen. Deshalb gibt es zu den anderen darin erwähnten Diskriminierungsgründen – soweit ersichtlich – keine Entscheidungen des EuGH.

[791] Auf eine Ermittlung des gemeinschaftsrechtlichen Gleichbehandlungsgrundsatzes aus den „gemeinsamen Verfassungsüberlieferungen" wird verzichtet, da dies den Rahmen dieser Arbeit sprengen würde. Darüber hinaus lassen sich grundsätzliche Erwägungen hierzu bereits – „spiegelverkehrt" – durch die Ermittlung der kollektiven Religionsfreiheit ableiten; siehe F.II.2.b)aa)bbb).

des Alters oder der sexuellen Ausrichtung zu bekämpfen. Im primären Vertragsrecht waren bisher ausdrücklich nur Diskriminierungen aufgrund der Staatsangehörigkeit (siehe Art. 12 EG oder die Grundfreiheiten) und des Geschlechts (Art. 141 EG) verboten. Mit Einführung des Art. 13 EG in den Amsterdamer Vertrag sollten weitere Diskriminierungsgründe erfasst werden. Allerdings stellt Art. 13 Abs. 1 EG keine unmittelbar anwendbare Vorschrift dar, auf die der einzelne Bürger sich berufen kann, sondern lediglich eine Ermächtigungsnorm für den Rat.[792]

Auch wenn Art. 13 EG als primärrechtliche Vorschrift selbst (noch) keine subjektiven Rechte begründet, beinhaltet diese Norm dennoch erste Ansätze zur Bekämpfung von Ungleichbehandlungen außerhalb der Diskriminierungsgründe „Geschlecht" und „Staatsangehörigkeit".

bb) Die Europäische Sozialcharta und die Revidierte Sozialcharta

Die Europäische Sozialcharta vom 18. Oktober 1961, die am 26. Februar 1965 in Kraft getreten ist, ist ein völkerrechtlicher Vertrag, der im Rahmen des Europarats zustande gekommen ist.[793] Sie ist das Gegenstück zur Europäischen Menschenrechtskonvention im Bereich der wirtschaftlichen und sozialen Grundrechte, da die EMRK lediglich bürgerliche und politische Rechte schützt, während die Europäische Sozialcharta wirtschaftliche und soziale Rechte gewährleisten will.[794] Beide zusammen sind wiederum die Gegenstücke zum Internationalen Pakt über bürgerliche und politische Rechte und zum Internationalen Pakt über wirtschaftliche, soziale und kulturelle Rechte, auf die nachstehend eingegangen wird.[795] Zwar enthält der eigentliche Vertragstext der Europäischen Sozialcharta kein ausdrückliches Recht auf Gleichbehandlung, jedoch lässt sich in ihrer Präambel folgender Hinweis finden:

---

[792] Siehe ausführlich unter D.I.1.a); *Urlesberger,* ZAS 2001, S. 72, 73; *Hanau/Thüsing,* Europarecht und kirchliches Arbeitsrecht, S. 27; *Hepple,* in: Labour Law and Industrial Relations at the Turn of the Century, S. 291, 292; *Heinig,* in: Religion und Weltanschauung im säkularen Staat, S. 215, 218; *Geiger,* Kommentar zum EUV/EGV, Art. 13 EG Rn. 4; *Whittle,* E.H.R.L.R. 2000, S. 33, 37; *Bell,* MJ 1999, S. 5, 8; *Reichhold,* NZA 2001, S. 1054, 1055; *Joussen,* RdA 2003, S. 32, 34; zweifelnd *Holoubek,* in: *Schwarze,* EU-Kommentar, Art. 13 EG Rn. 9.

[793] *Zuleeg,* EuGRZ 1992, S. 329; *Gomien/Harris/Zwaak,* Law and practice of the European Convention on Human Rights and the European Social Charter, S. 377.

[794] *Gomien/Harris/Zwaak,* Law and practice of the European Convention on Human Rights and the European Social Charter, S. 377; *Harris,* in: An Introduction to the International Protection of Human Rights, S. 243.

[795] *Harris,* in: An Introduction to the International Protection of Human Rights, S. 243.

> „In der Erwägung, dass die Ausübung sozialer Rechte sichergestellt sein muss, und zwar ohne Diskriminierungen aus Gründen der Rasse, der Hautfarbe des Geschlechts, der Religion, der politischen Meinung, der nationalen Abstammung oder der sozialen Herkunft."

Hier ist ausdrücklich erwähnt, dass die Ausübung sozialer Rechte ohne Diskriminierungen sichergestellt werden muss.[796] Auch wenn den Präambeln in völkerrechtlichen Verträgen nicht dieselbe Bedeutung zukommt wie dem eigentlichen Vertragstext[797], darf ihre Bedeutung dennoch nicht unterschätzt werden, da alle in der Europäischen Sozialcharta enthaltenen Verpflichtungen an der Präambel zu messen sind.[798] Dies führt dazu, dass die Staaten aufgrund von Art. 1 Ziff. 2 der Europäischen Sozialcharta[799] verpflichtet sind, alle Formen von Diskriminierung in Beschäftigungsverhältnissen zu beseitigen, da dieser Artikel in Verbindung mit der Präambel gelesen werden muss.[800]

Fraglich ist jedoch, welcher Einfluss der Europäischen Sozialcharta im Gemeinschaftsrecht zukommt, da die Gemeinschaft selbst keine Vertragspartei zu dieser Charta darstellt.[801] Dennoch ist sie für das Gemeinschaftsrecht nicht ohne Bedeutung, da sie sowohl in der Präambel der Einheitlichen Europäischen Akte (EEA)[802], einem Abänderungsvertrag zu den Gründungsverträgen der Gemeinschaft, als auch der Präambel des EU-Vertrags erwähnt ist. Die Präambeln bringen in der Regel die allgemeinen rechtsstaatlichen Grundvorstellungen der Mitgliedstaaten zum Ausdruck; deshalb kann der EuGH die darin enthaltenen Erwägungen bei einer etwaigen Rechtsfortbildung zugrunde legen.[803] Darüber hinaus dienen die in der Präambel genannten Erwägungen bei der Ausfüllung des der Gemeinschaft zustehenden Ermessens.[804] Durch eine solche Berücksichtigung der Präambeln erhalten ihre Erklärungen eine rechtliche Bedeutung, selbst wenn sie ansonsten keinen normativen Charakter haben. Eindrucksvoll hat dies

---

[796] Ausführlich zur Bedeutung des Gleichbehandlungsgrundsatzes in der Europäischen Sozialcharta siehe *Samuel,* Fundamental social rights, S. 25 ff.

[797] *Neubeck,* Die Europäische Sozialcharta und deren Protokolle, S. 289.

[798] *Fabricius,* in: Aspects of the protection of individual and social rights, S. 196; *Samuel,* Fundamental social rights, S. 25.

[799] „Um die wirksame Ausübung des Rechts auf Arbeit zu gewährleisten, verpflichten sich die Vertragsparteien (...)." Ziff. 2: „das Recht des Arbeitnehmers wirksam zu schützen, seinen Lebensunterhalt durch eine frei übernommene Tätigkeit zu verdienen".

[800] *Harris,* in: An Introduction to the International Protection of Human Rights, S. 243, 245.

[801] Siehe hierzu ausführlich *Neubeck,* Die Europäische Sozialcharta und deren Protokolle, S. 287 ff.

[802] ABl. Nr. L 169 vom 29. Juni 1987, S. 1; siehe hierzu *Kampmeyer,* Protokoll und Abkommen über die Sozialpolitik der Europäischen Union, S. 29 f.

[803] *Neubeck,* Die Europäische Sozialcharta und deren Protokolle, S. 289.

[804] *Neubeck,* Die Europäische Sozialcharta und deren Protokolle, S. 289.

der EuGH bereits in seiner Rechtssprechung bestätigt, bei der er sich auf die Europäische Sozialcharta berufen hat.[805] Auch die Generalanwälte beziehen sich in ihren Schlussanträgen vermehrt auf die Europäische Sozialcharta.[806]

Im Oktober 1994 legte der sog. „ad-hoc Ausschuss“ einen Bericht über eine revidierte Sozialcharta vor, welche schließlich am 3. Mai 1996 unterzeichnet wurde. In ihr wurden einige neue Regelungen vorgeschlagen und darüber hinaus einige Rechte der Europäischen Sozialcharta ergänzt.[807] Die Revidierte Sozialcharta ersetzt für diejenigen Staaten, die sie ratifizieren, die ursprüngliche Charta von 1961.[808] Bedeutsam für den Bereich der Gleichbehandlung und Nichtdiskriminierung ist hierbei insbesondere Art. E in Abschnitt V, der mit „Non-discrimination“ überschrieben ist:

> „The enjoyment of the rights set forth in this Charter shall be secured without discrimination on any ground such as race, colour, sex, language, religion, political or other opinion, national extraction or social origin, health, association with a national minority, birth or other status.”

In Nr. 135 des erklärenden Berichts („explanatory report”) zu diesem Artikel wird bestätigt, dass die Nichtdiskriminierungsklausel in der Präambel der Europäischen Sozialcharta auf alle ihre Regelungen Anwendung findet. Des Weiteren wird in Nr. 136 des Berichts darauf hingewiesen, dass dieser in der Revidierten Sozialcharta enthaltene Artikel auf Art. 14 EMRK basiert, der eine weitergehende Aufzählung von verbotenen Diskriminierungsgründen enthält als die Präambel der Europäischen Sozialcharta. Aufgrund der Tatsache, dass die Revidierte Sozialcharta diesen Artikel neu einführt, wird deutlich, dass man den Gleichbehandlungsgrundsatz im Rahmen von sozialen Rechten nicht nur in der Präambel, sondern auch in dem eigentlichen Vertragstext wissen will. Hierdurch wird der Bedeutung des Grundsatzes der Nichtdiskriminierung noch mehr Gewicht verliehen.

Auch wenn die Europäische Sozialcharta und die Revidierte Sozialcharta nicht ausdrücklich in der Begründung zur Richtlinie 2000/78/EG erwähnt werden, bedeutet dies dennoch, dass die Erwägungen, die in der Präambel der Europäischen Sozialcharta bzw. in Art. E des Abschnitts V der Revidierten Sozialcharta enthalten sind, bei der Entwicklung der Grundrechtsposition des Arbeitnehmers

---

[805] EuGH, Rs. 149/77, Slg. 1978, S. 1365, 1379 (Defrenne/Sabena).
[806] Schlussanträge des Generalanwalts Antonio Tizzano in Rs. C-173/99, Slg. 2001, S. I-4881, 4889 (Rn. 23), (The Queen/Secretary of State for Trade and Industry, ex parte: Broadcasting, Entertainment, Cinematographic and Theatre Union [BECTU]).
[807] *Neubeck*, Die Europäische Sozialcharta und deren Protokolle, S. 79; *Harris*, in: An Introduction to the International Protection of Human Rights, S. 243, 252.
[808] *Harris*, in: An Introduction to the International Protection of Human Rights, S. 243, 252.

im Rahmen der Auslegung der Richtlinie berücksichtigt werden können. Der Schutz der Arbeitnehmer vor Diskriminierungen u. a. aus Gründen der Religion erhält dadurch eine besondere Bedeutung.

cc) Die Gemeinschaftscharta der sozialen Grundrechte der Arbeitnehmer

Die Gemeinschaftscharta der sozialen Grundrechte der Arbeitnehmer[809], auch unter der Bezeichnung „Sozialcharta" bekannt, wurde im Dezember 1989 durch die Regierungschefs von elf Mitgliedstaaten – mit Ausnahme Großbritanniens – auf der Tagung des Europäischen Rates in Straßburg unterzeichnet. Durch sie sollten der Gemeinschaft sozialpolitische Impulse gegeben sowie soziale Rechte und Schutzstandards gewährleistet werden.[810] Aufgrund der fehlenden Unterzeichnung Großbritanniens stellt die Sozialcharta jedoch keine rechtlich verbindliche Erklärung dar und begründet damit insbesondere keine einklagbaren Rechte.[811] Sie bildet keinen ergänzenden Bestandteil der Gemeinschaftsverträge und stellt auch keinen förmlichen Akt des Gemeinschaftsrechts dar. Sie kann jedoch als politisches Instrument betrachtet werden, das die Einhaltung bestimmter sozialer Rechte in den Unterzeichnerstaaten zum Ziel hat. Dies geschieht u. a. im Rahmen der Auslegung sozialpolitischer Regelungen.[812]

Die Gemeinschaftscharta der sozialen Grundrechte der Arbeitnehmer enthält wie auch die Europäische Sozialcharta in ihrer Präambel einen Hinweis auf den Grundsatz der Nichtdiskriminierung:

> „Zur Wahrung der Gleichbehandlung ist gegen Diskriminierungen jeglicher Art, insbesondere aufgrund von Geschlecht, Hautfarbe, Rasse, Meinung oder Glauben, vorzugehen. Die soziale Ausgrenzung ist im Sinne der Solidarität zu bekämpfen."

Darüber hinaus enthält sie einen Verweis auf die Übereinkommen der Internationalen Arbeitsorganisation, deren Aussagen zur Gleichbehandlung nachstehend erörtert werden, und auf die Europäische Sozialcharta des Europarats, die ebenfalls durch den Grundsatz der Nichtdiskriminierung geprägt ist. Ferner enthält die Sozialcharta auch in Titel I Nr. 2 des Vertragstexts einen Hinweis auf den Gleichbehandlungsgrundsatz:

---

809 Vom 9. Dezember 1989, KOM (89) 248 endg.

810 *Kampmeyer*, Protokoll und Abkommen über die Sozialpolitik der Europäischen Union, S. 32.

811 *Kampmeyer*, Protokoll und Abkommen über die Sozialpolitik der Europäischen Union, S. 33; *Neubeck*, Die Europäische Sozialcharta und deren Protokolle, S. 303.

812 *Kampmeyer*, Protokoll und Abkommen über die Sozialpolitik der Europäischen Union, S. 33 f.; *Neubeck*, Die Europäische Sozialcharta und deren Protokolle, S. 303.

„Das Recht auf Freizügigkeit ermöglicht jedem Arbeitnehmer die Ausübung jedes Berufs oder jeder Beschäftigung in der Gemeinschaft, wobei hinsichtlich des Zugangs zur Beschäftigung, der Arbeitsbedingungen und des sozialen Schutzes des Aufnahmelandes der Grundsatz der Gleichbehandlung gilt."

Diese Regelung beschreibt schon einige Bereiche genauer, in denen der Gleichbehandlungsgrundsatz gelten soll. Einige dieser Bereiche werden auch in der Richtlinie 2000/78/EG erwähnt. Dies gilt insbesondere für das Verbot der Diskriminierung im Bereich des „Zugangs zur Beschäftigung" (Art. 3 Abs. 1 lit. a RL) sowie im Bereich der „Arbeitsbedingungen" (Art. 3 Abs. 1 lit. c RL). Möglicherweise ist dies auch der Grund dafür, dass die Gemeinschaftscharta im Gegensatz zur Europäischen Sozialcharta in den Erwägungsgründen zur Richtlinie 2000/78/EG erwähnt wird. In RLBegr. Nr. 6 heißt es hierzu:

„In der Gemeinschaftscharta der sozialen Grundrechte der Arbeitnehmer wird anerkannt, wie wichtig die Bekämpfung jeder Art von Diskriminierungen und geeignete Maßnahmen zur sozialen und wirtschaftlichen Eingliederung älterer Menschen und Menschen mit Behinderung sind."

In Anbetracht der Tatsache, dass einige Grundsätze der Sozialcharta ihren Niederschlag auch in der Richtlinie 2000/78/EG gefunden haben, ist es deshalb durchaus möglich, dass auch die Sozialcharta bei der Entwicklung des Grundrechts des Arbeitnehmers auf Gleichbehandlung im Rahmen der Auslegung der Richtlinie herangezogen wird. Dies gilt umso mehr als der EuGH in einigen Entscheidungen schon Grundsätze der Gemeinschaftscharta erwähnt hat.[813] Gerade hier wird deutlich gemacht, wie wichtig das Verbot von Diskriminierungen im Bereich der Beschäftigung ist.

dd) Der Gleichbehandlungsgrundsatz in universellen Menschenrechtsverträgen bzw. -erklärungen

Auch in universellen Menschenrechtsverträgen bzw. -erklärungen gibt es Hinweise auf den Grundsatz der Gleichbehandlung. Völkerrechtliche Verträge können auch im Gemeinschaftsrecht von Bedeutung sein. Insbesondere bei der Entwicklung von Grundrechten greift der EuGH auf die völkerrechtlichen Verträge zum Schutz der Menschenrechte zurück. Hierzu zählt nach der Judikatur des EuGH auch das Übereinkommen Nr. 111 der Internationalen Arbeitsorganisation über die Diskriminierung in Beschäftigung und Beruf vom 25. Juni 1958 sowie der Internationale Pakt über bürgerliche und politische Rechte vom 16. Dezember 1966.[814] Im Rahmen dieser Arbeit wird auf diejenigen Verträge bzw.

---

[813] Z. B. EuGH, Rs. C-173/99, Slg. 2001, S. I-4881, 4914 (Rn. 39), (BECTU).
[814] *Hummer*, in: Völker- und Europarecht, S. 289, 298.

Erklärungen eingegangen, die in der Richtlinie 2000/78/EG Erwähnung finden.[815]

aaa) Die Allgemeine Erklärung der Menschenrechte

Nach dem Ende des zweiten Weltkriegs teilte man überwiegend die Überzeugung, dass Menschenrechte weltweit gesichert werden müssen. Dies führte dazu, dass die Generalversammlung der UNO die von der Menschenrechtsorganisation ausgearbeitete „Allgemeine Erklärung der Menschenrechte"[816] am 10. Dezember 1948 annahm. Allerdings kommt der Allgemeinen Erklärung der Menschenrechte keine verbindliche Wirkung zu, da sie nicht in Form eines völkerrechtlichen Vertrags, sondern in Form einer Resolution erging.[817] Dennoch hat die Erklärung eine nicht geringe politische Bedeutung, da sie u. a. in der Präambel der EMRK (erster Erwägungsgrund), in der Präambel des Übereinkommen zur Beseitigung jeder Form der Diskriminierung der Frau (zweiter Erwägungsgrund), in der Präambel des Internationalen Paktes über politische und bürgerliche Rechte (dritter Erwägungsgrund), in der Präambel des Internationalen Paktes über wirtschaftliche, soziale und kulturelle Rechte (dritter Erwägungsgrund), in der Präambel des Übereinkommens Nr. 111 der Internationalen Arbeitsorganisation über die Diskriminierung in Beschäftigung und Beruf (zweiter Erwägungsgrund) sowie in einigen nationalen Verfassungen erwähnt wird.[818]

In der Allgemeinen Erklärung der Menschenrechte lassen sich mehrere Hinweise dafür finden, dass der Gleichbehandlungsgrundsatz ein wesentliches Prinzip dieser Erklärung darstellt. Bereits im ersten Absatz der Präambel wird darauf hingewiesen, dass „die Anerkennung der angeborenen Würde und der gleichen und unveräußerlichen Rechte aller Mitglieder der Gemeinschaft der Menschen die Grundlage von Freiheit, Gerechtigkeit und Frieden in der Welt bildet". Aber auch in der Erklärung selbst lassen sich einige Hinweise auf den Gleichbehandlungsgrundsatz finden. So wird in Art. 1 Satz 1 der Erklärung festgehalten, dass alle Menschen gleich an Würde und Rechten geboren sind und Art. 2 Abs. 1 der Erklärung lautet:

---

[815] Siehe hierzu RLBegr. Nr. 4.

[816] Universal Declaration of Human Rights, Resolution 217 A (III) vom 10. Dezember 1948.

[817] *Drzewicki*, in: An Introduction to the International Protection of Human Rights, S. 65, 74, der erwähnt, dass es in der Literatur jedoch auch Stimmen gibt, die davon ausgehen, dass die Allgemeine Erklärung der Menschenrechte mittlerweile verbindlich sei, da es sich hierbei um Gewohnheitsrecht handele bzw. die jeweiligen Staaten sich nicht gegen die Prinzipien der Erklärung wehrten; *Neubeck*, Die Europäische Sozialcharta und deren Protokolle, S. 107.

[818] *Drzewicki*, in: An Introduction to the International Protection of Human Rights, S. 65, 74 f.; *Neubeck*, Die Europäische Sozialcharta und deren Protokolle, S. 107.

„Jeder hat Anspruch auf die in dieser Erklärung verkündeten Rechte und Freiheiten ohne irgendeinen Unterschied, etwa nach Rasse, Hautfarbe, Geschlecht, Sprache, Religion, politischer oder sonstiger Überzeugung, nationaler oder sozialer Herkunft, Vermögen, Geburt oder sonstigem Stand."

Der in Art. 2 der Erklärung gewährleistete Gleichbehandlungsgrundsatz spielt eine fundamentale Rolle in dem gesamten Bereich der Menschenrechte.[819] Auch Art. 7 der Erklärung enthält eine Bestätigung dafür, dass die Allgemeine Erklärung der Menschenrechte den Gleichbehandlungsgrundsatz als essentielles Prinzip versteht:

„Alle Menschen sind vor dem Gesetz gleich und haben ohne Unterschied Anspruch auf gleichen Schutz durch das Gesetz. Alle haben Anspruch auf gleichen Schutz gegen jede Diskriminierung, die gegen diese Erklärung verstößt, und gegen jede Aufhetzung zu einer derartigen Diskriminierung."

In Anbetracht der Tatsache, dass die Allgemeine Erklärung der Menschenrechte in Erwägungsgrund Nr. 4 zur Richtlinie 2000/78/EG erwähnt wird, ist es möglich, dass der EuGH auch diese bei der Abwägung der Grundrechte des Arbeitnehmers mit denen der Kirche im Rahmen der Auslegung der Richtlinie heranzieht und insbesondere der Bedeutung des Gleichbehandlungsgrundsatzes in dieser Erklärung Rechung trägt. Obwohl die Erklärung nicht in der Form eines völkerrechtlichen Vertrags erging und damit keine Verbindlichkeit hat, ist eine Heranziehung durch den EuGH dennoch möglich, da ihr zumindest eine große politische Bedeutung zukommt.

bbb) Internationaler Pakt über bürgerliche und politische Rechte und Internationaler Pakt über wirtschaftliche, soziale und kulturelle Rechte

Am 16. Dezember 1966 wurden sowohl der Internationale Pakt über bürgerliche und politische Rechte[820] als auch der Internationale Pakt über wirtschaftliche, soziale und kulturelle Rechte[821] verabschiedet. Zusammen mit der Allgemeinen Erklärung der Menschenrechte bilden sie den zentralen Punkt des Menschenrechtsschutzes der Vereinten Nationen.[822] Beide bilden Eckpfeiler eines gegenwärtig bereits aus mehreren Konventionen bestehenden Vertragssystems zum

---

[819] *Drzewicki,* in: An Introduction to the International Protection of Human Rights, S. 65, 72.
[820] International Covenant on Civil and Political Rights, General Assembly Resolution 2200A (XXI) of 16 December 1966.
[821] International Covenant on Economic, Social and Cultural Rights, General Assembly Resolution 2200A (XXI) of 16 December 1966.
[822] *Nowak,* in: An Introduction to the International Protection of Human Rights, S. 79, 82; *Craven,* in: An Introduction to the International Protection of Human Rights, S. 99.

internationalen Schutz der Menschenrechte, welches das Programm der Allgemeinen Erklärung der Menschenrechte schrittweise in völkerrechtlich verbindliche Normen „umsetzen“ will.[823]

Der Internationale Pakt über bürgerliche und politische Rechte[824] enthält mehrere Hinweise auf den Gleichbehandlungsgrundsatz. So verpflichtet sich nach Art. 2 Abs. 1 des Paktes jeder Vertragsstaat, „die in diesem Pakt anerkannten Rechte zu achten und sie allen in seinem Herrschaftsgebiet befindlichen Personen ohne Unterschied wie insbesondere der Rasse, der Hautfarbe, des Geschlechts, der Sprache, der Religion, der politischen oder sonstigen Anschauung, der nationalen oder sozialen Herkunft, des Vermögens, der Geburt oder des sonstigen Status zu gewährleisten.“ Art. 3 des Paktes fordert die Gleichberechtigung von Mann und Frau. Nach Art. 4 Abs. 1 können die Vertragsstaaten im Falle eines öffentlichen Notstands Maßnahmen ergreifen, die ihre Verpflichtungen aus diesem Pakt außer Kraft setzen, sofern diese Maßnahmen „keine Diskriminierungen allein wegen der Rasse, der Hautfarbe, des Geschlechts, der Sprache, der Religion oder der sozialen Herkunft enthalten“. Art. 24 Abs. 1 gewährt jedem Kind gewisse Rechte „ohne Diskriminierungen hinsichtlich der Rasse, der Hautfarbe, des Geschlechts, der Sprache, der Religion, der nationalen oder sozialen Herkunft, des Vermögens oder der Geburt“. Darüber hinaus gilt nach Art. 26 des Internationalen Pakts über bürgerliche und politische Rechte:

> „Alle Menschen sind vor dem Gesetz gleich und haben ohne Diskriminierung Anspruch auf gleichen Schutz durch das Gesetz. In dieser Hinsicht hat das Gesetz jede Diskriminierung zu verbieten und allen Menschen gegen jede Diskriminierung, wie insbesondere der Rasse, der Hautfarbe, des Geschlechts, der Sprache, der Religion, der politischen oder sonstigen Anschauung, der nationalen oder sozialen Herkunft, des Vermögens, der Geburt oder des sonstigen Status gleichen und wirksamen Schutz zu gewährleisten.“

Schon aus der Fülle der ausgewählten Vorschriften, die Gleichbehandlung und Nichtdiskriminierung fordern, ist erkennbar, dass diese Grundsätze „dominante“ Themen sind, die sich durch den gesamten Pakt ziehen, wobei Art. 26 hierbei den „Kern“ der Gleichbehandlungsregelungen darstellt.[825] Auch in diesem Pakt spielt der Gleichbehandlungsgrundsatz demnach eine herausragende Rolle.[826]

---

[823] *Neubeck*, Die Europäische Sozialcharta und deren Protokolle, S. 108; ähnlich *Simma*, in: Aspects of the Protection of Individual and Social Rights, S. 75, 77.

[824] Ausführlich zum Hintergrund und der Geschichte dieses Pakts *McGregor*, Manitoba Law Journal 2002, S. 321 ff.

[825] *Choudhury*, E.H.R.L.R. 2003, S. 24.

[826] Zu den Einzelheiten im Rahmen von Art. 26 des Paktes siehe *Choudhury*, E.H.R.L.R. 2003, S. 24 ff.

Ebenso wie der Pakt über bürgerliche und politische Rechte enthält auch der Pakt über wirtschaftliche, soziale und kulturelle Rechte einige – wenn auch nicht so zahlreiche – Hinweise zum Grundsatz der Gleichbehandlung. So gilt nach Art. 2 Abs. 2 des Paktes Folgendes:

> „Die Vertragsstaaten verpflichten sich, zu gewährleisten, dass die in diesem Pakt verkündeten Rechte ohne Diskriminierung hinsichtlich der Rasse, der Hautfarbe, des Geschlechts, der Sprache, der Religion, der politischen oder sonstigen Anschauung, der nationalen oder sozialen Herkunft, des Vermögens, der Geburt oder des sonstigen Status ausgeübt werden."

Diese Vorschrift verläuft parallel zu Art. 2 Abs. 1 des Internationalen Pakts über bürgerliche und politische Rechte und sichert jeder Person die in dem jeweiligen Pakt enthaltenen Rechte ohne Diskriminierung zu. Es ist allgemein anerkannt, dass der Grundsatz der Nichtdiskriminierung in diesem Pakt eine Ausnahme zu dem in Art. 2 Abs. 1 enthaltenen Grundsatz darstellt, wonach die in diesem Pakt gewährleisteten Rechte nur „nach und nach" zu verwirklichen sind; der Gleichbehandlungsgrundsatz muss sofort verwirklicht werden.[827] Eine zentrale Vorschrift wie Art. 26 des Internationalen Paktes über bürgerliche und politische Rechte, die jeder Person ohne Diskriminierung Anspruch auf gleichen Schutz durch das Gesetz gewährleistet, enthält dieser Pakt jedoch nicht. Allerdings bestehen im Rahmen von Art. 3, der die Gleichberechtigung von Mann und Frau zum Ziel hat, wieder Gemeinsamkeiten.[828] Eine weitere Vorschrift, die Diskriminierungen verbietet, enthält Art. 10 Ziff. 3; danach erkennen die Vertragsstaaten an, „dass Sondermaßnahmen zum Schutz und Beistand für alle Kinder und Jugendlichen ohne Diskriminierung aufgrund der Abstammung oder aus sonstigen Gründen getroffen werden kann".

Der Internationale Pakt über wirtschaftliche, soziale und kulturelle Rechte enthält einige Hinweise auf den Gleichbehandlungsgrundsatz. Allerdings sind dieses Hinweise nicht so zahlreich wie in dem parallel angelegten Pakt über bürgerliche und politische Rechte. Dennoch gehört wohl auch der Grundsatz der Nichtdiskriminierung im Rahmen dieses Paktes zu den wesentlichen Fundamenten, nicht zuletzt deshalb, weil auch in der Präambel zu diesem Pakt auf die Gleichheit der Rechte der Mitglieder der menschlichen Gesellschaft hingewiesen wird.

Der Internationale Pakt über bürgerliche und politische Rechte und der Internationale Pakt über wirtschaftliche, soziale und kulturelle Rechte werden ebenso

---

[827] Siehe hierzu *McGregor,* Manitoba Law Journal 2002, S. 321, 340.

[828] Zu den Unterschieden der beiden Pakte siehe *McGregor*, Manitoba Law Journal 2002, S. 321, 324 ff.

wie die Allgemeine Erklärung der Menschenrechte in den Erwägungsgründen zur Richtlinie 2000/78/EG[829] erwähnt. Sie stellen völkerrechtliche Verträge zum Schutz von Menschenrechten dar, auf die der EuGH im Rahmen seiner Grundrechtssprechung zurückgreifen kann, um den Inhalt eines Grundrechts zu entwickeln oder zu konkretisieren. Aus diesem Grund ist es auch nicht überraschend, dass der EuGH sich schon in Entscheidungen zu dem Inhalt einzelner Regelungen des Pakts über bürgerliche und politische Rechte[830] geäußert hat. Hingegen hat der Internationale Pakt über wirtschaftliche, soziale und politische Rechte – soweit ersichtlich – zwar durch den EuGH noch keine Berücksichtigung erfahren, jedoch ist er bereits in den Schlussanträgen der Generalanwälte herangezogen worden.[831] In Anbetracht dieser Tatsachen ist es also durchaus möglich, dass der EuGH im Rahmen der Auslegung der Richtlinie 2000/78/EG auf beide Verträge zurückgreift.

ccc) Übereinkommen zur Beseitigung aller Formen der Diskriminierung von Frauen

Am 18. Dezember 1979 wurde das Übereinkommen zur Beseitigung aller Formen der Diskriminierung von Frauen[832] durch die UN-Generalversammlung verabschiedet. Es trat als völkerrechtlicher Vertrag in Kraft, nachdem es das zwanzigste Land ratifiziert hatte. In Anbetracht der Tatsache, dass Frauen insbesondere im sozioökonomischen und kulturellen Bereich Ungleichbehandlungen ausgesetzt sind, haben die Vereinten Nationen erkannt, dass die bisherigen Menschenrechtsdokumente nicht genügend vor diesen Diskriminierungen schützen. Deshalb haben sie beschlossen, insbesondere im Rahmen dieses Übereinkommens sowohl sozioökonomische als auch bürgerliche und politische Rechte zu schützen.[833]

Da dieses Übereinkommen darauf ausgerichtet ist, Diskriminierungen von Frauen zu bekämpfen, enthält es viele Aussagen zum Grundsatz der Gleichbehandlung. Allerdings beschäftigt sich der Vertrag – wie schon in seiner Bezeichnung angelegt – ausschließlich mit der geschlechtlichen Diskriminierung. Ausdrück-

---

[829] RLBegr. 4.
[830] EuGH, Rs. T-48/96, Urteil vom 12. Oktober 1999, Rn. 30 (Acme Industry Co. Ltd).
[831] Schlussanträge des Generalanwalts Antonio Tizzano, Rs. C-173/99, Slg. 2001, S. I-4881, 4889, (Rn. 23), (BECTU).
[832] Convention on the Elimination of All Forms of Discrimination against Women.
[833] *Flinterman/Henderson*, in: An Introduction to the International Protection of Human Rights, S. 119, 123.

lich formulierte sonstige Diskriminierungsgründe bzw. Hinweise auf einen allgemeinen Nichtdiskriminierungsgrundsatz lassen sich deshalb – soweit ersichtlich – nicht im Vertragstext finden. Allerdings können in der Präambel zahlreiche Hinweise für ein allgemeines Gleichbehandlungsgebot gefunden werden. Beispielhaft soll hier der zweite Erwägungsgrund in der Präambel dieses Übereinkommens zitiert werden:

> „(...) im Hinblick darauf, dass die Allgemeine Erklärung der Menschenrechte den Grundsatz der Unzulässigkeit der Diskriminierung bekräftigt und feierlich feststellt, dass alle Menschen frei und an Würde und Rechten gleich geboren sind und dass jeder ohne irgendeinen Unterschied, einschließlich eines Unterschieds aufgrund des Geschlechts, Anspruch hat auf alle in der genannten Erklärung aufgeführten Rechte und Freiheiten; (...)."

Das Übereinkommen zur Beseitigung aller Formen der Diskriminierung der Frau wird ebenso wie die vorstehenden völkerrechtlichen Verträge bzw. Erklärungen der Vereinten Nationen in Erwägungsgrund Nr. 4 zur Richtlinie 2000/78/EG erwähnt. Fraglich ist jedoch, welche Bedeutung dieses Übereinkommen bei der Auslegung der Richtlinie hat, da es lediglich Diskriminierungen wegen der Religion oder Weltanschauung, einer Behinderung, des Alters oder der sexuellen Ausrichtung in Beschäftigung und Beruf bekämpfen will. Andere in Art. 13 EG zusätzlich genannte Kriterien (Geschlecht, Rasse und ethnische Herkunft) werden durch diese Richtlinie nicht erfasst, da sie bereits in früheren Richtlinien[834] Berücksichtigung erfahren haben. Vor diesem Hintergrund ist es sehr unwahrscheinlich, dass der Inhalt dieses völkerrechtlichen Vertrags bei der Auslegung dieser Richtlinie zugrunde gelegt wird. Denkbar ist allerdings, dass der Vertrag und insbesondere die darin enthaltene Präambel als Beleg für die umfassend angestrebte Bekämpfung von Diskriminierungen herangezogen werden.

ddd) Das Übereinkommen 111 der Internationalen Arbeitsorganisation

Das Übereinkommen 111 der Internationalen Arbeitsorganisation (IAO) über die Diskriminierung in Beschäftigung und Beruf[835] – kurz Übereinkommen 111 – wurde am 25. Juni 1958 durch die Allgemeine Konferenz der Internationalen Arbeitsorganisation angenommen. Die IAO wurde 1919 in Genf gegründet und ist die für Arbeits- und Sozialpolitik zuständige Sonderorganisation der Verein-

---

[834] Richtlinie 76/207/EWG des Rates vom 9. Februar 1976 (Diskriminierung wegen des Geschlechts), ABl. Nr. L 39 vom 14. Februar 1976, S. 40; Richtlinie 2000/43/EG des Rates vom 29. Juni 2000 (Diskriminierung wegen der Rasse und ethnischen Zugehörigkeit), ABl. Nr. L 180 vom 19. Juli 2000, S. 22.

[835] C111 Discrimination (Employment and Occupation) Convention, 1958.

ten Nationen. Wie sie selbst von sich sagt, war und ist die Verwirklichung der Gleichbehandlung – wie schon in der Verfassung der IAO im Jahr 1919 festgelegt worden war – stets eines der grundlegenden Ziele der IAO.[836]

Auch dieses Übereinkommen beinhaltet mehrere Vorschriften und Hinweise zum Gleichbehandlungsgrundsatz. So wird im ersten Erwägungsgrund der Präambel darauf hingewiesen, „dass alle Menschen, ungeachtet ihrer Rasse, ihres Glaubens und ihres Geschlechts, das Recht haben, materiellen Wohlstand und geistige Entwicklung in Freiheit und Würde, in wirtschaftlicher Sicherheit und unter gleich günstigen Bedingungen anzustreben". Ferner wird im darauf folgenden Erwägungsgrund festgestellt, dass „Diskriminierung eine Verletzung von Rechten bedeutet, die in der Allgemeinen Erklärung der Menschenrechte niedergelegt sind". Darüber hinaus gilt nach Art. 1 Ziff. 1 lit. a des Übereinkommens als Diskriminierung:

> „(…) jede Unterscheidung, Ausschließung oder Bevorzugung, die aufgrund der Rasse, der Hautfarbe, des Geschlechts, des Glaubensbekenntnisses, der politischen Meinung, der nationalen Abstammung oder der sozialen Herkunft vorgenommen wird und die dazu führt, die Gleichheit der Gelegenheiten oder der Behandlung in Beschäftigung und Beruf aufzuheben oder zu beeinträchtigen; (…)."

Art. 2 fordert von allen Mitgliedstaaten, für die dieses Übereinkommen in Kraft ist, eine innerstaatliche Politik festzulegen und zu verfolgen, die die Gleichheit der Gelegenheiten und der Behandlung in Bezug auf Beschäftigung und Beruf fördert, um jegliche Diskriminierung auf diesem Gebiet auszuschalten.

Auch dieses Übereinkommen wird in Erwägungsgrund Nr. 4 zur Richtlinie 2000/78/EG erwähnt und sollte schon aus diesem Grund bei der Auslegung der Richtlinie Berücksichtigung finden. Da es darüber hinaus einen völkerrechtlichen Vertrag zum Schutz der Menschenrechte darstellt, kann es durch den EuGH auch als Rechtserkenntnisquelle herangezogen werden. Dies gilt insbesondere deshalb, weil dieses Übereinkommen – wie die Richtlinie auch – Diskriminierungen in Beschäftigung und Beruf bekämpfen will.

ee) Die Konvention zum Schutz der Menschenrechte und Grundfreiheiten

Auch die Europäische Menschenrechtskonvention (EMRK) vom 4. November 1950 beinhaltet ein Diskriminierungsverbot. Nach Art. 14 EMRK gilt:

---

[836] Siehe http://www.ilo.org/public/english/standards/norm/whatare/fundam/discrim.htm, Stand: 13. Februar 2004, 12.23 h CET.

„Der Genuss der in der Konvention anerkannten Rechte und Freiheiten ist ohne Diskriminierung insbesondere wegen des Geschlechts, der Rasse, der Hautfarbe, der Sprache, der Religion, der politischen oder sonstigen Anschauung, der nationalen oder sozialen Herkunft, der Zugehörigkeit zu einer nationalen Minderheit, des Vermögens, der Geburt oder eines sonstigen Status zu gewährleisten."

Der Wortlaut von Art. 14 EMRK erinnert stark an den von Art. 2 Abs. 1 der Allgemeinen Erklärung der Menschenrechte von 1948. Dies liegt darin begründet, dass Art. 14 EMRK auf Art. 2 Abs. 1 dieser Erklärung zurückzuführen ist.[837] Allerdings beinhaltet Art. 14 EMRK im Gegensatz hierzu kein allgemeines Gleichheitsgebot, sondern verbietet nur Diskriminierungen hinsichtlich der in den übrigen normativen Regelungen der EMRK enthaltenen Rechte und Freiheiten.[838] Art. 14 EMRK ist somit nicht allein, sondern nur in Verbindung mit einem anderen Konventionsgrundrecht anzuwenden, so dass man in diesem Zusammenhang von der „Akzessorietät des Diskriminierungsverbots" spricht.[839] Zwar lässt sich in der EMRK noch kein allgemeines Gleichheitsgebot finden, jedoch könnte sich das bald ändern, da das zur Ratifikation aufliegende 12. Zusatzprotokoll zur EMRK[840] einen allgemeinen Gleichheitssatz enthält.[841]

Auch die EMRK findet in Erwägungsgrund Nr. 4 zur Richtlinie 2000/78/EG Berücksichtigung. Sie wird ebenso wie die anderen darin erwähnten völkerrechtlichen Verträge bzw. Erklärungen als Beleg dafür angeführt, dass die Gleichheit aller Menschen vor dem Gesetz bzw. der Schutz vor Diskriminierung als allgemeines Menschenrecht anerkannt ist.

ff) Maßnahmen der Gemeinschaft zur Bekämpfung von Diskriminierungen und die Bedeutung des Gleichbehandlungsgrundsatzes im EG-Recht

Vorstehend wurden diejenigen völkerrechtlichen Verträge und Erklärungen auf ihre Aussagen zu den Bereichen Gleichbehandlung und Diskriminierung untersucht, die in der Richtlinie 2000/78/EG Berücksichtigung gefunden haben. Dies geschah einerseits vor dem Hintergrund, dass der EuGH bei der Entwicklung seiner Grundrechtssprechung völkerrechtliche Verträge zum Schutz von Menschenrechten heranziehen kann und andererseits, dass sich aus diesen Dokumen-

---

837 *Peukert,* in: *Frowein/Peukert,* EMRK-Kommentar, Art. 14 Rn. 1.

838 *Peukert,* in: *Frowein/Peukert,* EMRK-Kommentar, Art. 14 Rn. 1; *Grabenwarter,* Europäische Menschenrechtskonvention, S. 426.

839 *Grabenwarter,* Europäische Menschenrechtskonvention, S. 427; *Moon/Allen,* E.H.R.L.R. 2000, S. 580, 582.

840 12. ZP EMRK vom 4. November 2000, ETS Nr. 177.

841 *Grabenwarter,* Europäische Menschenrechtskonvention, S. 426 m. w. N.; *Urlesberger,* ZAS 2001, S. 72; *Moon/Allen,* E.H.R.L.R. 2000, S. 580, 582.

ten auch die Bedeutung des Verbots der Diskriminierung im Völkerrecht ableiten lässt, was insbesondere im Rahmen der Abwägung der kollidierenden Grundrechte des Arbeitnehmers und der Kirche Berücksichtigung findet.

Im Anschluss daran soll aufgezeigt werden, welche Bedeutung die Antidiskriminierungspolitik der Gemeinschaft mittlerweile gewonnen hat, weil auch die Rechtsprechung des EuGH hiervon nicht unberührt bleibt. Schließlich kann der EuGH Grundrechte auch aus dem primären und sekundären Gemeinschaftsrecht entwickeln.[842] Je mehr Maßnahmen es also auf europäischer Ebene gegen Diskriminierungen gibt, desto stärker wird der EuGH dies auch in seiner Rechtsprechung berücksichtigen. Nachfolgend wird deshalb ein Überblick über die aktuelle Antidiskriminierungspolitik gegeben.

Erste Schritte in Richtung einer Bekämpfung von allgemeinen Diskriminierungen wurden mit In-Kraft-Treten des Amsterdamer Vertrags unternommen. Durch den neu eingeführten Art. 13 EG wurden der Gemeinschaft neue Kompetenzen zur Bekämpfung von Diskriminierungen aus Gründen der Rasse, der ethnischen Herkunft, der Religion oder Weltanschauung, einer Behinderung, des Alters oder der sexuellen Ausrichtung übertragen. Gestützt auf Art. 13 EG wurden im Jahre 2000 auch zwei Richtlinien erlassen, die Diskriminierungen aus den in Art. 13 EG erwähnten Gründen bekämpfen.[843] Darüber hinaus wurde vom Rat ein Aktionsprogramm der Gemeinschaft zur Bekämpfung von Diskriminierungen (2001-2006)[844] beschlossen. Ziel dieses Aktionsprogramms ist es, eine Änderung der Einstellungen und des Verhaltens bzgl. Diskriminierungen herbeizuführen. Dies soll zum einen durch die Unterstützung von Aktivitäten zur Bekämpfung der Diskriminierung und der Diskriminierungsgründe und zum anderen durch das Aufmerksammachen auf das Problem der Diskriminierung und die zu seiner Bewältigung ergriffenen Maßnahmen erreicht werden.[845] Außerdem wurde die auf Art. 141 Abs. 3 EG gestützte Richtlinie 2002/73/EG[846] vom

---

[842] Siehe hierzu unter F.II.2.a)bb)bbb).

[843] Die am 29. Juni 2000 vom Rat erlassene Richtlinie 2000/43/EG zur Anwendung des Gleichbehandlungsgrundsatzes ohne Unterschied der Rasse oder der ethnischen Herkunft, ABl. Nr. L 180 vom 19. Juli 2000, S. 22 ff.; die am 27. November 2000 vom Rat erlassene Richtlinie 2000/78/EG zur Festlegung eines allgemeinen Rahmens für die Verwirklichung der Gleichbehandlung in Beschäftigung und Beruf, ABl. Nr. L 303 vom 2. Dezember 2000, S. 16 ff.

[844] Beschluss 2000/750/EG des Rates vom 27. November 2000 über ein Aktionsprogramm der Gemeinschaft zur Bekämpfung von Diskriminierungen (2001-2006), ABl. Nr. L 303 vom 2. Dezember 2000, S. 23 ff.

[845] Siehe hierzu den „Jahresbericht über die Gleichbehandlung und Antidiskriminierung 2003" („JB 2003") der Europäischen Kommission (Beschäftigung & Soziales), S. 2.

[846] ABl. Nr. L 269 vom 5. Oktober 2002, S. 15 ff.

23. September 2002 zur Änderung der Richtlinie 76/207/EWG des Rates zur Verwirklichung der Gleichbehandlung von Männern und Frauen hinsichtlich des Zugangs zur Beschäftigung, zur Berufsbildung und zum beruflichen Aufstieg sowie in Bezug auf die Arbeitsbedingungen erlassen. Darüber hinaus macht die Europäische Kommission (Beschäftigung & Soziales) Aussagen dazu, was die „Triebfeder" für den Erlass der auf Art. 13 EG gestützten Richtlinien war: In ihrem „Jahresbericht über die Gleichbehandlung und Antidiskriminierung 2003" („JB 2003") schreibt sie hierzu:

> „Das hinter den Richtlinien stehende Grundprinzip lautet, dass alle EU-Bürger ein Recht auf eine gleiche und faire Behandlung haben. Eine der wichtigsten Aufgaben der EU ist die Verteidigung dieses Grundrechts. Beide Richtlinien machen deutlich, dass dies von herausragender Bedeutung für die Entwicklung der EU zu einem „Raum der Freiheit, der Sicherheit und des Rechts" ist."[847]

Dies ist ein Beleg dafür, dass die EU mittlerweile nicht nur wirtschaftliche Ziele verfolgt, sondern auch bestimmte Werte vermitteln und fördern will. Diese Entwicklung der Europäischen Union weg von einer reinen Wirtschaftsgemeinschaft hin zu einer Wirtschafts- und Wertegemeinschaft wird auch die Rechtsprechung des EuGH beeinflussen und prägen. Es ist deshalb davon auszugehen, dass der EuGH die politische Entwicklung im Bereich der Antidiskriminierungspolitik, die die Gemeinschaft durchläuft, auch bei der Auslegung der Richtlinie 2000/78/EG nicht ignorieren kann und will, sondern sie in seiner Rechtsprechung integrieren wird.

gg) Ergebnis

Aus bisher Vorgetragenem muss sich nun die Bedeutung der Rechtsposition des Arbeitnehmers bezüglich seines Rechts auf Nichtdiskriminierung ableiten lassen. Die vorstehend erwähnten Vorschriften und völkerrechtlichen Verträge bzw. Erklärungen sowie die Entwicklung der Gemeinschaft im Bereich der Diskriminierungspolitik geben hierbei wichtige Hinweise für die Bedeutung des Rechts auf Gleichbehandlung, das dem Arbeitnehmer zusteht. So wird in ihrem Rahmen u. a. auf die Bedeutung des Gleichbehandlungsgrundsatzes insbesondere bzgl. der Chancengleichheit und der Würde des Menschen hingewiesen. Auffallend ist weiterhin die Vielzahl von Dokumenten und sonstigen Hinweisen, die Aussagen zum Grundsatz der Gleichbehandlung machen. Dies allein spricht schon für die große Bedeutung des Diskriminierungsverbots.

---

[847] JB 2003, S. 3.

Obwohl Art. 13 EG nicht unmittelbar anwendbar ist und deshalb (noch) keine subjektiven Rechte begründet, dokumentiert diese Norm dennoch die Bedeutung, die die Bekämpfung von Diskriminierungen im Gemeinschaftsrecht außerhalb der Diskriminierungsgründe „Geschlecht" und „Staatsangehörigkeit" hat.

Aus alledem wird deutlich, dass das Verbot von Diskriminierungen v. a. in Beschäftigungsverhältnissen bereits eine außerordentlich wichtige Position im Gemeinschaftsrecht einnimmt, deren Bedeutung in Zukunft noch steigen wird. Diese herausragende Bedeutung des Gleichbehandlungsgrundsatzes wird auch bei der Auslegung der Richtlinie 2000/78/EG Berücksichtigung finden.

b) Berücksichtigung der Rechtsposition der Kirche

Berücksichtigt man nun die Rechtsposition der Kirche, ergibt sich auch hier zunächst, dass im Rahmen der Grundrechtsabwägung lediglich Tendenzschutz gewährleistet werden kann. Grund hierfür ist die besonders starke Position des Gleichbehandlungsgrundsatzes im Gemeinschaftsrecht, während die kirchliche Rechtsstellung zwar geschützt wird, jedoch keine dem Grundrecht des Arbeitnehmers übergeordnete Position einnimmt. Würde ein kirchliches Selbstbestimmungsrecht nach deutschem Vorbild gewährleistet, müsste der Position der Kirche – ähnlich wie im deutschen Recht – besonderes Gewicht beizumessen sein. Dies ist jedoch aufgrund der großen Bedeutung des Gleichbehandlungsgrundsatzes im Gemeinschaftsrecht nicht der Fall. Stattdessen wird man auf Gemeinschaftsebene bei der Kollision beider Grundrechte v. a. dem Grundsatz der Gleichbehandlung besondere Bedeutung verleihen. Im Umkehrschluss bedeutet dies, dass ein Verstoß gegen das gemeinschaftsrechtliche Diskriminierungsverbot vorläge, wenn ein Selbstbestimmungsrecht der Kirchen nach deutschem Vorbild gewährleistet würde.

Darüber hinaus lässt sich aus der herausragenden Bedeutung des Grundsatzes der Nichtdiskriminierung die Schlussfolgerung ziehen, dass bei einer Abwägung zwischen dem Recht auf Gleichbehandlung und dem der kollektiven Religionsfreiheit von einer stärkeren Berücksichtigung des Ersteren ausgegangen werden muss.

c) Ergebnis

Bei einer Kollision zwischen dem Grundrecht des Arbeitnehmers auf Gleichbehandlung und der kollektiven Religionsfreiheit der Kirchen wird Letzteren lediglich Tendenzschutz gewährt. Darüber hinaus wird dem Grundsatz auf

Gleichbehandlung bei der Abwägung mit der kollektiven Religionsfreiheit eine besondere Bedeutung beigemessen.

III) Die Regelungen der Richtlinie, insbesondere Art. 4 Abs. 1 und Abs. 2 RL

Nach Art. 1 RL ist Zweck der Richtlinie die Schaffung eines allgemeinen Rahmens zur Bekämpfung der Diskriminierung u. a. wegen der Religion oder Weltanschauung. Gemäß Art. 3 RL erstreckt sich der Regelungsbereich u. a. auf die Bedingungen für den Zugang zu einer Erwerbstätigkeit, die Beschäftigungs- und Arbeitsbedingungen einschließlich der Entlassungsbedingungen sowie die Mitgliedschaft und Mitwirkung in einer Arbeitgeber- oder Arbeitnehmerorganisation, woraus sich Auswirkungen auf das kirchliche Arbeitsrecht ergeben können. Allerdings sehen sowohl Art. 4 Abs. 1 als auch Art. 4 Abs. 2 RL für die Mitgliedstaaten die Möglichkeit vor, eine Ausnahme von diesem Grundsatz zu schaffen.[848]

Der deutsche Gesetzgeber muss von dieser Regelungsbefugnis Gebrauch machen, um das verfassungsrechtlich geschützte Selbstbestimmungsrecht der Kirchen so weit wie möglich zu gewährleisten. Aus diesem Grund muss geklärt

---

[848] Zu der mittlerweile sehr umfangreichen Literatur siehe u. a. *Belling*, Umsetzung der Antidiskriminierungsrichtlinie im Hinblick auf das kirchliche Arbeitsrecht, NZA 2004, S. 885 ff., *Schiek*, Gleichbehandlungsrichtlinien der EU – Umsetzung im deutschen Arbeitsrecht, NZA 2004, S. 873 ff., *Waldhoff*, Kirchliche Selbstbestimmung und Europarecht, JZ 2003, S. 978 ff., *Kehlen*, Europäische Antidiskriminierung und kirchliches Selbstbestimmungsrecht; *Kummer*, Umsetzungsanforderungen der neuen arbeitsrechtlichen Antidiskriminierungsrichtlinie; *Högenauer*, Die europäischen Richtlinien gegen Diskriminierung im Arbeitsrecht; *Heinig*, in: Religion und Weltanschauung im säkularen Staat, S. 215, 236 ff.; *ders.*, in: Kirchen und Religionsgemeinschaften in der Europäischen Union, S. 125, 130 ff.; *ders.*, Öffentlich-rechtliche Religionsgesellschaften, S. 472 ff.; *Schliemann*, NZA 2003, S. 407 ff.; *ders.*, in: Deutsches Staatskirchenrecht zwischen Grundgesetz und EU-Gemeinschaft, S. 113, 123 ff.; *Joussen*, RdA 2003, S. 32 ff.; *Reichold*, NZA 2001, S. 1054 ff.; *Hanau/Thüsing*, Europarecht und kirchliches Arbeitsrecht, S. 27 ff.; *Thüsing*, NZA 2001, S. 1061 ff.; *ders.*, ZfA 2001, S. 397 ff.; *König*, ZRP 2003, S. 315 ff.; *Dill*, ZRP 2003, S. 318 ff.; *Winter*, in: FS für Alexander Hollerbach, S. 893, 896 ff.; *Brenner*, in: Deutsches Staatskirchenrecht zwischen Grundgesetz und EU-Gemeinschaft, S. 43, 59 f.; *Kirchhof*, in: Deutsches Staatskirchenrecht zwischen Grundgesetz und EU-Gemeinschaft, S. 147, 163 f.; *Weber*, in: Deutsches Staatskirchenrecht zwischen Grundgesetz und EU-Gemeinschaft, S. 81, 100 ff.; *ders.*, ZevKR 47 (2002), S. 221, 238 ff.; *ders.*, ZevKR 47 (2002), S. 265, 279; *ders.*, ÖARR 49 (2002), S. 1, 13; *de Wall*, ZevKR 47 (2002), S. 205, 210 ff.; *Urlesberger*, ZAS 2001, S. 72, 76 ff.; *Conolly*, Irish law times 2001, S. 219 ff.; *Moon/Allan*, E.H.R.L.R. 2000, S. 580 ff.; *Skidmore*, Industrial Law Journal 2001, S. 126 ff.; *Schiek*, European Law Journal 2002, S. 290 ff.; House of Lords, Fourth Report by the „Select Committee appointed to consider European Union documents and other matters relating to the European Union", 19. Dezember 2000.

werden, wer durch die Ausnahmemöglichkeit in Art. 4 RL eine Begünstigung erfährt, wie die Begünstigung gewährleistet wird und welche Voraussetzungen an die Begünstigung geknüpft werden. In diesem Zusammenhang ist insbesondere die Beziehung von Art. 4 Abs. 2 UAbs. 1 (Satz 1 und 2) RL zu Art. 4 UAbs. 2 (Satz 3) RL zu erörtern. Darüber hinaus muss geklärt werden, in welchem Verhältnis die allgemeiner gehaltene Vorschrift des Art. 4 Abs. 1 RL zu Art. 4 Abs. 2 RL als der spezieller formulierten Norm für Kirchen und Religionsgesellschaften steht, da sie unterschiedliche Voraussetzungen für die Rechtfertigung einer Ungleichbehandlung beinhalten.

Zunächst soll jedoch die Entwicklung von Art. 4 Abs. 2 RL dargestellt werden, da dies das Verständnis für seine Formulierungen stärkt und sich daraus Schlussfolgerungen für den Inhalt der Norm ergeben können.

1. Entwicklung der Ausnahmereglung

Auf europäischer Ebene war seit der Entscheidung *Rommelfanger*[849] vor der Europäischen Kommission für Menschenrechte klar, dass die Kirchen eine eigene Grundrechtsposition haben, die es ihnen ermöglicht, ihren Mitarbeitern bestimmte Verhaltenspflichten aufzuerlegen. Da den Kirchen hierin jedoch lediglich Tendenzschutz gewährt wurde, war absehbar, dass der Schutz der Kirchen auch auf gemeinschaftsrechtlicher Ebene auf Tendenzschutzerwägungen beschränkt würde. Fraglich blieb jedoch, wie stark die Grundrechtsposition der Kirchen tatsächlich berücksichtigt würde.

Erste Entwürfe aus der zuständigen Generaldirektion sahen zunächst nur eine einheitliche Ausnahmeklausel vom Verbot der Diskriminierung vor:

> „Ungeachtet der Bestimmungen des Artikels 2 Absätze 1 und 2 können die Mitgliedstaaten vorsehen, dass eine Ungleichbehandlung aufgrund eines bestimmten Umstandes, der im Zusammenhang mit einem der in Artikel 1 genannten Diskriminierungsgründe steht, keine Diskriminierung darstellt, wenn aufgrund der Art einer bestimmten beruflichen Tätigkeit oder der Rahmenbedingungen, unter denen diese Tätigkeit ausgeübt wird, dieser eine wesentliche berufliche Anforderung darstellt."[850]

Dieser Entwurf enthielt noch keine ausdrückliche Berücksichtigung der Kirchen. Da jedoch die Stellung der Kirchen in den jeweiligen Mitgliedstaaten sehr unterschiedlich und in einigen Ländern besonders geschützt ist, war man bestrebt, eine besondere Ausnahmeklausel für die Kirchen zu schaffen. Eine solche expli-

---

[849] Y.B. 32 (1989), S. 57 ff.
[850] Zit. n. *Heinig*, in: Religion und Weltanschauung im säkularen Staat, S. 215, 238.

zite Berücksichtigung der Kirchen sah der Vorschlag der Kommission für den Richtlinienerlass[851] vor. Dieser hatte in Art. 4 Abs. 1 eine allgemeine und in Art. 4 Abs. 2 eine besondere Ausnahmeregelung für Organisationen vorgesehen, die eine bestimmte weltanschauliche Tendenz verfolgen:

> 1. „Abweichend von den Bestimmungen des Artikels 2 Absätze 1 und 2 können die Mitgliedstaaten vorsehen, dass eine Ungleichbehandlung aufgrund eines Umstandes, der im Zusammenhang mit einem der in Artikel 1 genannten Diskriminierungsgründe steht, keine Diskriminierung darstellt, wenn aufgrund der Art einer beruflichen Tätigkeit und der Bedingungen ihrer Ausübung, dieser eine wesentliche berufliche Anforderung darstellt.
>
> 2. Die Mitgliedstaaten können in Bezug auf öffentliche oder private Organisationen, die in den Bereichen der Religion oder des Glaubens im Hinblick auf Erziehung, Berichterstattung und Meinungsäußerung unmittelbar und überwiegend eine bestimmte weltanschauliche Tendenz verfolgen und innerhalb dieser Organisationen hinsichtlich spezieller beruflicher Tätigkeiten, die unmittelbar und überwiegend diesem Zweck dienen, vorsehen, dass eine unterschiedliche Behandlung dann keine Diskriminierung darstellt, wenn sie durch ein bestimmtes Merkmal begründet ist, das mit der Religion oder dem Glauben zusammenhängt und wenn aufgrund der Eigenschaft dieser Tätigkeiten, dieses bestimmte Merkmal eine wesentliche berufliche Anforderung darstellt."

Zwar hatte der Vorschlag der Kommission nun ausdrücklich die Stellung der Kirchen in die Ausnahmeregelung aufgenommen, jedoch ergab sich aus dieser Formulierung keine Stärkung ihrer Position. Im Gegenteil, der Wortlaut des Kommissionsvorschlags stellte im Vergleich zum vorangegangenen Entwurf eher eine Einschränkung für die Kirchen dar. Die Kommission hatte in ihrem Vorschlag die Schaffung einer Ausnahmemöglichkeit nur in den Bereichen „Erziehung, Berichterstattung und Meinungsäußerung" zugelassen und den Kreis der Begünstigten auf diejenigen beschränkt, die „unmittelbar und überwiegend eine bestimmte weltanschauliche Tendenz verfolgen". Diese Einschränkungen ließen fast alle sozialen Tätigkeitsfelder (z. B. Diakonie und Caritas) außer Acht[852] und wären darüber hinaus möglicherweise Anlass für eine Diskussion darüber gewesen, welche Organisationen „unmittelbar und überwiegend eine bestimmte weltanschauliche Tendenz verfolgen" und welche nicht. Dies erschien einerseits aus der Sicht der Kirchen willkürlich, da sie die Dienstgemeinschaft umfassend und nicht beschränkt auf die Bereiche „Erziehung, Berichterstattung und Meinungsäußerung" verstehen.[853] Andererseits hätte auch aus der Sicht des europäischen Gesetzgebers die Formulierung des ersten Entwurfs der

---

[851] ABl. Nr. C 177 E vom 27. Juni 2000, S. 42 ff.
[852] *Winter*, in: FS für Alexander Hollerbach, S. 893, 897; *Reichold*, NZA 2001, S. 1054, 1055.
[853] *Hanau/Thüsing*, Europarecht und kirchliches Arbeitsrecht, S. 29.

Kommission gegenüber den Kirchen nachteilig erscheinen müssen, da im Entwurf der Kommission bereits in Erwägungsgrund Nr. 12 eine allgemeine Ausnahmeregelung vorgesehen war, nach der eine unterschiedliche Behandlung gerechtfertigt sein konnte, „wenn ein Umstand, der mit einem der in der Richtlinie genannten Diskriminierungsgründe zusammenhängt, eine wesentliche berufliche Qualifikation darstellt".[854] Dieser allgemein geltende Vorbehalt wurde in Art. 4 Abs. 2 jedoch nur für einen Teilbereich umgesetzt, so dass die Kirchen gegenüber anderen Arbeitgebern möglicherweise benachteiligt worden wären. Das gleiche Problem hätte sich bei einem Vergleich von Art. 4 Abs. 1 und Abs. 2 des Kommissionsentwurfs ergeben. Betrachtet man Art. 4 Abs. 2 als lex specialis zu der allgemeiner gefassten Regelung des Abs. 1, so hätte sich aus dem enger formulierten Anwendungsbereich des Abs. 2 ebenfalls eine Schlechterstellung der Religions- und Weltanschauungsgemeinschaften im Vergleich zu anderen Organisationen ergeben können.[855]

Nach dem in Art. 13 Abs. 1 EG (ex Art. 13 EG) vorgesehenen Verfahren wurde der Richtlinienentwurf der Kommission zur Anhörung an das Europäische Parlament weitergeleitet, welches eine Stellungnahme hierzu abgab.[856] In dem Bericht des Ausschusses für Beschäftigung und soziale Angelegenheiten über den Richtlinienvorschlag der Kommission vom 21. September 2000 machte das Europäische Parlament einige Änderungsvorschläge bezüglich Art. 4. Die Änderungsvorschläge zu Abs. 1 wurden letztendlich nicht übernommen. Deshalb wird nachfolgend nur der Änderungsantrag bzgl. Abs. 2 dargestellt.[857]

> „Die Mitgliedstaaten *sehen* in Bezug auf öffentliche oder private Organisationen, die in *ihrer Bildungs-, Sozial- und Gesundheitsarbeit und ihren damit verbundenen Aktivitäten* unmittelbar und überwiegend eine bestimmte weltanschauliche Tendenz verfolgen und innerhalb dieser Organisationen hinsichtlich spezieller beruflicher Tätigkeiten, die unmittelbar und überwiegend diesem Zweck dienen, *vor,* dass eine unterschiedliche Behandlung dann keine Diskriminierung darstellt, wenn sie *durch die* Religion oder *den* Glauben *begründet ist* und wenn aufgrund der Eigenschaft dieser Tätigkeiten, *die betreffende Religion oder der betreffende Glaube* eine wesentliche berufliche Anforderung darstellt. *Dies rechtfertigt keine Diskriminierung aus einem anderen Grund.* "[858]

---

[854] *Hanau/Thüsing,* Europarecht und kirchliches Arbeitsrecht, S. 29.
[855] Ebenso *Winter,* in: FS für Alexander Hollerbach, S. 893, 897 f.
[856] Stellungnahme vom 12. Oktober 2000 (noch nicht im Amtsblatt veröffentlicht), die auf den Bericht des Ausschusses für Beschäftigung und soziale Angelegenheiten verweist, siehe unter A5-0264/2000 endgültig.
[857] Änderungsantrag Nr. 37.
[858] Die kursiv gedruckten Stellen wurden in dem Bericht des Europäischen Parlaments ebenfalls besonders hervorgehoben und sollten die vom Kommissionsvorschlag abweichenden Stellen kenntlich machen.

In der Begründung zu seinen Änderungsanträgen führte das Parlament an, dass eine Erweiterung des Textes auf die umfassenderen „sozialen“ Tätigkeiten religiöser Organisationen beabsichtigt war. Die Möglichkeit der Mitgliedstaaten, für Religions- und Weltanschauungsgemeinschaften eine Ausnahme zu schaffen, sollte sich also nicht auf die Bereiche der „Erziehung, Berichterstattung und Meinungsäußerung“ beschränken, sondern auch die sozialen Tätigkeiten dieser Organisationen erfassen. Allerdings stellte das Parlament in seiner Begründung klar, dass die Ausnahmemöglichkeit nur für solche Mitarbeiter gelten sollte, „die unmittelbar im weltanschaulichen Bereich arbeiten“ und verdeutlichte dies, in dem es hinzufügte: „(...); es geht also nicht um Rezeptionisten oder Pförtner“. Hieraus lässt sich ableiten, dass das Parlament eine Abstufung der religiösen Pflichten im Sinne des Tendenzschutzes anstrebte, nach dem die Pflichten des jeweiligen Arbeitnehmers von dem Verantwortungs- und Näheverhältnis zu seinem kirchlichen Arbeitgeber abhängen sollte. Wichtig ist bei dieser Stellungnahme des Parlaments neben der Ausweitung der Ausnahmemöglichkeit auf den Bereich der sozialen Tätigkeiten religiöser Organisationen auch der Zusatz am Ende des Absatzes: „Dies rechtfertigt keine Diskriminierung aus irgendeinem anderen Grund“. Hierdurch wollte – wie aus der Begründung zu diesem Änderungsantrag hervorgeht – das Parlament klar stellen, „dass die Ausnahme nur für den religiösen Glauben und zum Beispiel nicht für die sexuelle Ausrichtung gilt“. Dieser Änderungsantrag wurde letztendlich beibehalten und wird, wie sich an nachfolgender Stelle zeigen wird, noch einige Probleme bereiten.

In den Stellungnahmen des Wirtschafts- und Sozialausschusses[859] sowie des Ausschusses der Regionen[860] gibt es keine neuen Änderungsanträge zu Art. 4.

Nach Anhörung des Parlaments, des Wirtschafts- und Sozialausschusse sowie des Ausschusses der Regionen erließ die Kommission einen geänderten Vorschlag für die Richtlinie[861]. Art. 4 hatte sich wie folgt verändert:

> 1. „Abweichend von Art. 2 Absätze 1 und 2 können die Mitgliedstaaten vorsehen, dass eine Ungleichbehandlung aufgrund eines Umstandes, der im Zusammenhang mit einem der in Artikel 1 genannten Diskriminierungsgründe steht, keine Diskriminierung darstellt, wenn der betreffende Umstand aufgrund der Art einer bestimmten beruflichen Tätigkeit oder der Rahmenbedingungen ihrer Aus-

[859] ABl. Nr. C 204 vom 18. Juli 2000, S. 82 ff.
[860] ABl. Nr. C 226 vom 8. August 2000, S. 1 ff.
[861] KOM (2000) 652 endgültig vom 12. Oktober 2000, ABl. Nr. C 62 E vom 27. Februar 2001, S. 152 ff.

übung eine wesentliche berufliche Voraussetzung darstellt, *sofern es sich um einen rechtmäßigen Zweck und eine angemessene Anforderung handelt.*[862]

2. *Ungeachtet Absatz 1 können die Mitgliedstaaten in Bezug auf religiöse oder weltanschauliche öffentliche oder private Organisationen und die beruflichen Tätigkeiten dieser Organisationen, die unmittelbar und überwiegend mit Religion oder Weltanschauung zusammenhängen, vorsehen, dass eine unterschiedliche Behandlung aufgrund der Religion oder Weltanschauung dann keine Diskriminierung darstellt, wenn Religion oder Weltanschauung aufgrund der Art der Tätigkeit oder der Umstände ihrer Ausübung eine wesentliche berufliche Anforderung darstellen. Diese unterschiedliche Behandlung rechtfertigt jedoch keine Diskriminierung aus den übrigen in Art. 13 EGV genannten Gründen.*"[863]

Nach der Änderung von Art. 4 Abs. 1 wurde für die Rechtfertigung einer Ungleichbehandlung nicht nur das Vorliegen einer „wesentlichen beruflichen Voraussetzung", sondern auch das Vorliegen eines „rechtmäßigen Zwecks und einer angemessenen Anforderung" verlangt. Dieses zusätzliche „Verhältnismäßigkeitskriterium" wurde auch in der endgültigen Fassung der Richtlinie beibehalten. Art. 4 Abs. 2 hingegen wurde völlig neu formuliert. Darin wurde dem Gedanken des Europäischen Parlaments Rechnung getragen, das den Anwendungsbereich der Ausnahmemöglichkeit auch auf die sozialen Aktivitäten religiöser Organisationen ausweiten wollte. Hinzugefügt wurde ferner die vom Europäischen Parlament angeregte Einschränkung, nach der diese unterschiedliche Behandlung keine Diskriminierung aus den übrigen in Art. 13 EG genannten Gründen rechtfertige.

Aber auch dieser geänderte Entwurf der Kommission blieb seinerseits nicht unverändert. Der Rat hat schließlich insbesondere auf Drängen Irlands die Rechts-

---

[862] Die kursiv geschriebenen Stellen sind in dem geänderten Vorschlag der Kommission ebenfalls markiert und sollen die veränderten Stellen kenntlich machen.

[863] Auch hier sind die kursiv geschriebenen Stellen in dem geänderten Vorschlag der Kommission markiert und sollen die Änderungen kenntlich machen.

position der Kirchen im Bereich des kirchlichen Arbeitsrechts gestärkt.[864] Die endgültige Fassung[865] von Art. 4 der Richtlinie war gefunden:

1. „Ungeachtet des Artikels 2 Absätze 1 und 2 können die Mitgliedstaaten vorsehen, dass eine Ungleichbehandlung wegen eines Merkmals, das im Zusammenhang mit einem der in Artikel 1 genannten Diskriminierungsgründe steht, keine Diskriminierung darstellt, wenn das betreffende Merkmal aufgrund der Art einer bestimmten beruflichen Tätigkeit oder der Bedingungen ihrer Ausübung eine wesentliche und entscheidende berufliche Anforderung darstellt, sofern es sich um einen rechtmäßigen Zweck und eine angemessene Anforderung handelt.

2. Die Mitgliedstaaten können in Bezug auf berufliche Tätigkeiten innerhalb von Kirchen und anderen öffentlichen oder privaten Organisationen, deren Ethos auf religiösen Grundsätzen oder Weltanschauungen beruht, Bestimmungen in ihrem zum Zeitpunkt der Annahme dieser Richtlinie geltenden Rechtsvorschriften beibehalten oder in künftigen Rechtsvorschriften vorsehen, die zum Zeitpunkt der Annahme dieser Richtlinie bestehende einzelstaatliche Gepflogenheiten widerspiegeln und wonach eine Ungleichbehandlung wegen der Religion oder Weltanschauung einer Person keine Diskriminierung darstellt, wenn die Religion oder die Weltanschauung dieser Person nach der Art dieser Tätigkeiten oder der Umstände ihrer Ausübung eine wesentliche, rechtmäßige und gerechtfertigte berufliche Anforderung angesichts des Ethos der Organisation darstellt. Eine solche Ungleichbehandlung muss die verfassungsrechtlichen Bestimmungen und Grundsätze der Mitgliedstaaten sowie die allgemeinen Grundsätze des Gemeinschaftsrechts beachten und rechtfertigt keine Diskriminierung aus einem anderen Grund.

   Sofern die Bestimmungen dieser Richtlinie im übrigen eingehalten werden, können die Kirchen und anderen öffentlichen oder privaten Organisationen, deren Ethos auf religiösen Grundsätzen oder Weltanschauungen beruht, im Einklang mit den einzelstaatlichen verfassungsrechtlichen Bestimmungen und

---

[864] Siehe hierzu *Hanau/Thüsing*, Europarecht und kirchliches Arbeitsrecht, S. 31; *Joussen*, RdA 2003, S. 32, 35; *Reichold*, NZA 2001, S. 1054, 1055; House of Lords, Forth Report by the „Select Committee appointed to consider European Union documents and other matters relating to the European Union", 19. Dezember 2000, Rn. 46, wonach insbesondere die Einfügung des zweiten Unterabsatzes in Art. 4 Abs. 2 RL auf das Bemühen der Iren zurückzuführen ist; *Conolly*, Irish Law Times 2001, S. 219, 222, die auf die Motivation des irischen Justizministers John O'Donoghue zu seiner vehementen Haltung zu Gunsten der Kirchen eingeht.

[865] Zu den Richtlinienverhandlungen innerhalb des Rates siehe mehrere Interinstitutionelle Dossiers des Rates der EU, z. B.: 52231/00 vom 31. Januar 2000, 6434/00 vom 1. März 2000, 6941/00 vom 31. März 2000, 7755/00 vom 19. April 2000, 9423/00 vom 20. Juni 2000, 10159/00 vom 7. Juli 2000, 10254/00 vom 27. Juli 2000, 11352/00 vom 18. September 2000, 11682/00 vom 29. September 2000, 12269/00 vom 11. Oktober 2000, 12494/00 vom 20. Oktober 2000, 12617/00 vom 17. November 2000.

> Rechtsvorschriften von den für sie arbeitenden Personen verlangen, dass sie sich aufrichtig und loyal im Sinne des Ethos der Organisation verhalten."

Die Stellung der Religions- und Weltanschauungsgemeinschaften hat eine umfangreichere Berücksichtigung erfahren. So ist die Formulierung entfallen, nach der die Ausnahme nur für Organisationen gelte, die „unmittelbar und überwiegend mit Religion oder Weltanschauung zusammenhängen". Dies erspart eine Diskussion darüber, welche Organisationen noch darunter fallen und welche nicht. Verändert haben sich auch die Anforderungen an die Rechtfertigung einer Ungleichbehandlung. So ist jetzt erforderlich, dass die Religion oder Weltanschauung der Person eine „wesentliche, *rechtmäßige* und *gerechtfertigte* berufliche Anforderung" darstellt.[866] Die ursprüngliche Voraussetzung einer „wesentlichen beruflichen Anforderung" war nicht mehr ausreichend, sondern wurde um die Begriffe „rechtmäßig" und „gerechtfertigt" erweitert. Zwar schränken diese zusätzlichen Kriterien die Möglichkeit der in Art. 4 Abs. 2 RL genannten Organisationen ein, ihre Mitarbeiter ungleich zu behandeln, da die Rechtfertigung von zusätzlichen Voraussetzungen abhängig gemacht wird. Allerdings ist gleichzeitig auch eine stärkere Berücksichtigung der kirchlichen Position vorgesehen, da im Rahmen der Rechtfertigung einer Ungleichbehandlung geprüft werden muss, ob die Religion oder Weltanschauung eine Anforderung angesichts des „Ethos der Organisation" darstellt. Erkennbar ist hieraus bereits eine stärkere Berücksichtigung des Selbstverständnisses bzw. des Ethos' der jeweiligen Organisationen. Ferner wurden die Voraussetzungen eingeführt, dass eine Ungleichbehandlung die verfassungsrechtlichen Bestimmungen und Grundsätze der Mitgliedstaaten sowie die Grundsätze des Gemeinschaftsrechts beachten muss. Beibehalten wurde die Bedingung, dass eine Ungleichbehandlung nach Art. 4 Abs. 2 UAbs. 1 RL keine Diskriminierung aus einem anderen Grund rechtfertigt. Dieser Punkt wird – wie bereits angekündigt – einige Probleme hervorrufen. Art. 4 Abs. 2 UAbs. 2 RL wurde auf Drängen der irischen Regierung[867] hinzugefügt und stellt klar, dass religiöse Organisationen im Rahmen der sonstigen Voraussetzungen der Richtlinie von ihren Mitarbeitern loyales Verhalten verlangen können.

2. Begünstigte im Rahmen von Art. 4 Abs. 2 RL

Nach Art. 4 Abs. 2 UAbs. 1 Satz 1 RL können die Mitgliedstaaten in Bezug auf berufliche Tätigkeiten innerhalb von Kirchen und anderen öffentlichen oder pri-

---

[866] Hervorhebung durch die Verfasserin.

[867] House of Lords, Fourth Report by the „Select Committee appointed to consider European Union documents and other matters relating to the European Union", 19. Dezember 2000, Rn. 46.

vaten Organisationen, deren Ethos auf religiösen Grundsätzen oder Weltanschauungen beruht, bestimmte Ausnahmemöglichkeiten beibehalten oder vorsehen. Begünstigte sind demnach die Kirchen und andere öffentliche oder private Organisationen, deren Ethos auf religiösen Grundsätzen oder Weltanschauungen beruht. Der Kreis der Begünstigten ist gemeinschaftsrechtlich unter Beachtung der kollektiven Religionsfreiheit zu bestimmen. Da sich der EuGH bei ihrer Bestimmung hauptsächlich an Art. 9 EMRK orientiert, ist davon auszugehen, dass sich neben den Kirchen auch andere Vereinigungen mit religiösen oder weltanschaulichen Zielen auf die kollektive Religionsfreiheit berufen können.[868] Auch der Wortlaut von Art. 4 Abs. 2 RL gewährleistet einen weiten Bereich an Begünstigten, zu deren Gunsten die Mitgliedstaaten Ausnahmeregelungen vorsehen können, zumal neben den Kirchen nicht nur öffentliche, sondern auch private Organisationen gehören, deren Ethos auf religiösen Grundsätzen oder Weltanschauungen beruht.

3. Art der Begünstigung

Art. 4 Abs. 2 RL formuliert zwei unterschiedliche Ansatzpunkte für eine Begünstigung der Kirchen. Zum einen enthält Art. 4 Abs. 2 UAbs. 1 RL eine Ermessensregelung für die Mitgliedstaaten, wonach diese den Kirchen bestimmte Rechte einräumen können. Zum anderen ist auch Art. 4 Abs. 2 UAbs. 2 RL eine die Kirchen begünstigende Regelung, da sie von ihren Mitarbeitern verlangen können, dass diese sich loyal und aufrichtig im Sinne des Ethos der Organisation verhalten. Art. 4 Abs. 2 UAbs. 2 RL enthält somit eine Verhaltensanforderung für kirchliche Mitarbeiter.

a) Art. 4 Abs. 2 UAbs. 1 RL („beibehalten“ bzw. „vorsehen“)

Nach Art. 4 Abs. 2 UAbs. 1 Satz 1 RL können die Mitgliedstaaten in Bezug auf den Kreis der Begünstigten „Bestimmungen in ihrem zum Zeitpunkt der Annahme dieser Richtlinie geltenden Rechtsvorschriften beibehalten oder in künftigen Rechtsvorschriften Bestimmungen vorsehen, die zum Zeitpunkt der Annahme dieser Richtlinie bestehende einzelstaatliche Gepflogenheiten widerspiegeln und wonach eine Ungleichbehandlung wegen der Religion oder Weltanschauung einer Person keine Diskriminierung darstellt“.

Fraglich ist, inwieweit der deutsche Gesetzgeber hiervon Gebrauch machen kann. Bislang gibt es im deutschen Recht einige gesetzliche Regelungen, die aufgrund des verfassungsrechtlich garantierten Selbstbestimmungsrechts für die

---

[868] F.II.2.d).

Kirchen besondere Regelungen vorsehen (z. B. § 118 Abs. 2 BetrVG, § 1 Abs. 3 Nr. 2 SprAuG, § 112 BPersVG, § 1 Abs. 4 Satz 2 MitbestG, § 81 Abs. 2 BetrVG 1952). Bezüglich dieser Vorschriften könnte der nationale Gesetzgeber eine Ausnahme vom Grundsatz der Gleichbehandlung damit begründen, dass er eine geltende Vorschrift *„beibehalte"*, wonach eine Ungleichbehandlung wegen der Religion oder Weltanschauung einer Person keine Diskriminierung darstelle. Darüber hinaus beachten auch die Gerichte die besondere Stellung der Kirchen bei der Auslegung der Vorschriften des Kündigungsschutzgesetzes.[869] Insbesondere bei der Auslegung des unbestimmten Rechtsbegriffs der „sozial ungerechtfertigten Kündigung" muss das kirchliche Selbstbestimmungsrecht besonders berücksichtigt werden. Um diese Praxis weiterhin gewährleisten zu können, könnte der nationale Gesetzgeber entweder argumentieren, dass er die Vorschrift des Art. 140 GG i. V. m. Art. 137 Abs. 3 WRV *„beibehalte"*, an dessen Inhalt das Kündigungsschutzgesetz gemessen werde, oder dass die durch das BVerfG vorgegebene Auslegungspraxis eine *„einzelstaatliche Gepflogenheit"* widerspiegele, „wonach eine Ungleichbehandlung wegen der Religion oder Weltanschauung einer Person keine Diskriminierung darstellt". Der Gesetzgeber in Deutschland kann jedoch in jedem Fall diese Praxis als eine in Art. 4 Abs. 2 RL beschriebe Art der Begünstigung geltend machen.

Bei diesem Teil der Norm lässt sich ein eng an dem mitgliedstaatlichen Standard orientierter Schutz der Kirchen erkennen. Man könnte insoweit die Auffassung vertreten, dass ein weitestgehender Bestandsschutz der mitgliedstaatlichen kirchlichen Stellung im Rahmen von Arbeitsverhältnissen gewährleistet wird.[870] Allerdings wird diese Aussage dadurch relativiert, dass die Möglichkeit der Mitgliedstaaten zur Schaffung von Ausnahmeregelungen von europarechtlich zu bestimmenden Bedingungen abhängig gemacht wird.[871] Dies bedeutet, dass zwar einige mitgliedstaatliche Besonderheiten beibehalten werden können, die in jedem Mitgliedstaat unterschiedlich sein können, jedoch durch die nachfolgend beschriebenen Bedingungen ein gemeinsamer europäischer Mindeststandard für die Regelungsbefugnis der Mitgliedstaaten festgehalten wird.[872]

b) Art. 4 Abs. 2 UAbs. 2 RL („verlangen")

Nach Art. 4 Abs. 2 UAbs. 2 RL können die Kirchen von ihren Mitarbeitern verlangen, dass sie sich loyal und aufrichtig im Sinne des Ethos der Organisation

---

[869] Siehe hierzu B.II.3.c).
[870] So *Heinig*, in: Religion und Weltanschauung im säkularen Staat, S. 215, 240.
[871] Nachfolgend unter G.III.4.
[872] Ebenso *Heinig*, in: Religion und Weltanschauung im säkularen Staat, S. 215, 240.

verhalten. Sie können ihren Mitarbeitern also bestimmte Verhaltensanforderungen auferlegen.

4. Bedingungen für die Möglichkeit der Schaffung von Ausnahmeregelungen nach Art. 4 Abs. 2 UAbs. 1 RL

Art. 4 Abs. 2 UAbs. 1 RL enthält mehrere Bedingungen für die Geltendmachung der darin formulierten Ausnahmemöglichkeiten. Diese sind jeweils in Satz 1 und Satz 2 formuliert.

a) Art. 4 Abs. 2 UAbs. 1 Satz 1 RL

Nach Art. 4 Abs. 2 Satz 1 RL darf der nationale Gesetzgeber nur dann eine Ausnahmevorschrift vorsehen, wenn „die Religion oder Weltanschauung dieser Person nach der Art dieser Tätigkeiten oder der Umstände ihrer Ausübung eine wesentliche, rechtmäßige und gerechtfertigte berufliche Anforderung angesichts des Ethos der Organisation darstellt".

aa) „Religion oder Weltanschauung dieser Person"

Erster Anknüpfungspunkt für die Rechtfertigung einer Ungleichbehandlung ist das Kriterium der „Religion oder Weltanschauung dieser Person", welches den Kirchen eine Ungleichbehandlung aufgrund der Religionszugehörigkeit ermöglicht.[873] Andere Kriterien oder gar Verhaltensanforderungen an kirchliche Arbeitnehmer sind von Art. 4 Abs. 2 UAbs. 1 Satz 1 RL nicht erfasst.[874]

Um ein besseres Verständnis für die Bedeutung des Kriteriums der „Religion oder Weltanschauung dieser Person" zu bekommen, muss es zunächst mit der entsprechenden Stelle im Rahmen von Art. 4 Abs. 1 RL verglichen werden.

---

[873] Siehe auch *Joussen*, RdA 2003, S. 32, 36; anders hingegen *Kehlen*, Europäische Antidiskriminierung und kirchliches Selbstbestimmungsrecht, S. 178 bzw. 156, der davon ausgeht, dass hierunter alle religionsbezogenen Gründe zur Ungleichbehandlung fallen. Der Grund für seine Auslegung ist wohl darin zu finden, dass er in Art. 4 Abs. 2 UAbs. 1 RL lediglich von dem Merkmal der „Religion" oder „Weltanschauung" ausgeht und den Zusatz „dieser Person" nicht berücksichtigt. Aus diesem Zusatz geht jedoch klar hervor, dass in diesem Absatz lediglich eine Ungleichbehandlung aufgrund der Religionszugehörigkeit, nicht jedoch aufgrund anderer religiöser Gründe gemeint ist. Dieses Verständnis unterstützt auch das Europäische Parlament, das durch seinen Änderungsantrag – der schließlich beibehalten wurde – klar stellen wollte, dass „die Ausnahme nur für den *religiösen Glauben* und zum Beispiel nicht für die sexuelle Orientierung gilt" (Hervorhebung durch die Verfasserin).

[874] Zu den Verhaltensanforderungen siehe Art. 4 Abs. 2 UAbs. 2 RL.

Nach Art. 4 Abs. 1 RL ist eine Ungleichbehandlung gerechtfertigt, wenn es sich bei dem „betreffenden Merkmal" um eine „wesentliche und entscheidende berufliche Anforderung" handelt. Dagegen setzt Art. 4 Abs. 2 UAbs. 1 Satz 1 RL für eine Rechtfertigung voraus, dass „die Religion oder Weltanschauung *dieser Person*" eine „wesentliche, rechtmäßige und gerechtfertigte berufliche Anforderung angesichts des Ethos der Organisation" darstellt. Durch die Verwendung des Zusatzes „dieser Person" ist bereits hier erkennbar, dass eine Ungleichbehandlung aufgrund der Religion oder Weltanschauung stets in Zusammenhang mit der betroffenen Person gesehen werden muss. Dagegen ist im Rahmen von Art. 4 Abs. 1 RL das betreffende Merkmal – unabhängig von einer Person – lediglich bedingt durch die Art einer bestimmten beruflichen Tätigkeit oder die Bedingungen ihrer Ausübung zu betrachten. Welche Bedeutung die Personenbezogenheit im Rahmen von Art. 4 Abs. 2 UAbs. 1 Satz 1 RL hat, wird nachfolgend erörtert.

bb) „Nach der Art dieser Tätigkeit oder der Umstände ihrer Ausübung eine wesentliche, rechtmäßige und gerechtfertigte berufliche Anforderung angesichts des Ethos der Organisation darstellen"

Die Rechtfertigung einer Ungleichbehandlung aufgrund der „Religion oder Weltanschauung einer Person" wird durch die „Art dieser Tätigkeit" und die „Umstände ihrer Ausübung" sowie die Charakterisierung als „wesentliche, rechtmäßige und gerechtfertigte berufliche Anforderung angesichts des Ethos der Organisation" eingeschränkt. Fraglich ist deshalb, unter welchen Bedingungen diese Voraussetzungen erfüllt sind. Die Antwort hierauf hängt ganz entscheidend davon ab, ob die Kirche das Vorliegen dieser Voraussetzungen selbst bestimmen kann oder ob dies durch eine staatliche Instanz – z. B. ein Gericht – festgestellt wird.[875]

Würde den Kirchen ein Selbstbestimmungsrecht nach deutschem Vorbild zustehen, könnten sie selbst die tragenden Grundsätze ihrer Glaubens- und Sittenlehre festlegen und darüber entscheiden, welche davon arbeitsvertraglich eingehalten werden müssen.[876] Sie allein würden darüber entscheiden, welche ihrer Grundsätze für ihre Mitarbeiter verbindlich werden und welche nicht. Einem Gericht wäre verwehrt, die Verbindlichkeit kirchlicher Loyalitätsanforderungen danach abzustufen, welche Bedeutung der kirchliche Grundsatz *seiner Meinung nach* bei den kirchlichen Mitarbeitern hat. Ferner könnten die Kirchen bestimmen, für welche Mitarbeiter welche Pflichten in welchem Umfang gelten, da das Gericht als staatliche Instanz keine Abstufung von Loyalitätsobliegenheiten vornehmen

[875] So auch *Joussen,* RdA 2003, S. 32, 36.
[876] Siehe vorstehend unter B.II.3.d)bb).

dürfte.[877] Folglich würden die Kirchen einerseits bestimmen, unter welchen Voraussetzungen die „Religion oder Weltanschauung einer Person" eine „wesentliche, rechtmäßige und gerechtfertigte berufliche Anforderung angesichts ihres Ethos" darstellt, da nur sie die Inhalte ihrer Glaubenslehre und deren arbeitsvertragliche Verbindlichkeit selbst regeln könnten. Andererseits würden sie festlegen, für welche Mitarbeiter dieses Kriterium aufgrund der „Art dieser Tätigkeit oder der Umstände ihrer Ausübung" gilt, da nur sie dazu berechtigt wären, etwaige Abstufungen der Loyalitätsobliegenheiten je nach Stellung der Mitarbeiter vorzunehmen.

Diese Möglichkeit hätte die Kirche jedoch nicht, wenn ihre Stellung lediglich im Rahmen von Tendenzschutzerwägungen Berücksichtigung finden würde. Bei der Gewährleistung von Tendenzschutz prüft das Gericht selbst, inwieweit die für die betreffende Person festgelegten Loyalitätsanforderungen tatsächlich notwendig sind, um die Tendenz der Organisation zu wahren. Bezogen auf Art. 4 Abs. 2 UAbs. 1 Satz 1 RL würde dies bedeuten, dass das Gericht bestimmt, ob die „Religion oder Weltanschauung dieser Person" aufgrund der „Art dieser Tätigkeit oder der Umstände ihrer Ausübung" (z. B. die Nähe zur Tendenzverwirklichung) eine „wesentliche, rechtmäßige und gerechtfertigte berufliche Anforderung angesichts des Ethos der Organisation" darstellt.

In der Literatur ist es umstritten, ob die Kirche selbst das Vorliegen der in Art. 4 Abs. 2 UAbs. 1 Satz 1 RL genannten Voraussetzungen bestimmen kann. So vertreten *Hanau* und *Thüsing* mit einem Teil der Literatur den Standpunkt, dass – auch auf gemeinschaftsrechtlicher Ebene – nur die Kirche selbst und nicht der Staat sagen könne, was religiöses Ethos ist.[878] Sie begründen ihre Auffassung u. a. damit, dass es keinen kirchlichen Dienst gebe, der nicht durch das religiöse Ethos geprägt ist.[879] Eine weitere Begründung dafür, dass nur die Kirchen selbst bestimmen können, wie ihr religiöses Ethos geprägt ist, führt *Joussen* an: Er will in Erwägungsgrund Nr. 24[880] der Richtlinie den ausdrücklichen Willen des europäischen Gesetzgebers erkannt haben, dass die Gemeinschaft nicht in die von

---

[877] Siehe unter B.II.3.d)bb).

[878] *Hanau/Thüsing,* Europarecht und kirchliches Arbeitsrecht, S. 33; so auch *Joussen,* RdA 2003, S. 32, 37; *Dill,* ZRP 2003, S. 318, 320, die jedoch fälschlicherweise davon ausgeht, dass Art. 9 EMRK ein Selbstbestimmungsrecht nach deutschem Vorbild gewährt.

[879] *Hanau/Thüsing,* Europarecht und kirchliches Arbeitsrecht, S. 33 f.

[880] In Erwägungsgrund Nr. 24 wird auf die der Schlussakte zum Amsterdamer Vertrag beigefügte Erklärung Nr. 11 verwiesen, nach der die Europäische Union den Status, den Kirchen und religiöse Vereinigungen oder Gemeinschaften in den Mitgliedstaaten genießen, achtet und nicht beeinträchtigt.

den jeweiligen nationalen Systemen gewährten Entscheidungsfreiheiten der dortigen Kirchen eingreifen will.[881]

Der andere Teil der Literatur vertritt die Auffassung, dass im Rahmen der Auslegung der Richtlinie nicht die „Organisation", sondern ein säkularer Dritter zu befinden hat, ob eine wesentliche, rechtmäßige und gerechtfertigte berufliche Anforderung vorliegt.[882] Begründet wird dies u. a. damit, dass nach dem Wortlaut der Richtlinie die Rechtfertigung einer Ungleichbehandlung wegen der Religion oder Weltanschauung einer Person von der „Art der Tätigkeit" abhänge und der europäische Gesetzgeber damit – entgegen der Auffassung von *Hanau* und *Thüsing* – von der Vorstellung ausgehe, es müsse auch nicht vom Ethos geprägte Dienste in der Kirche geben.[883] Zwar äußert sich *Reichold* nicht ausdrücklich zu der Frage, ob die Kirche selbst oder eine staatliche Instanz das Vorliegen der Rechtfertigungskriterien bestimmen können, jedoch sieht er in der Einschränkung von Art. 4 Abs. 2 UAbs. 1 Satz 1 RL eine Verhältnismäßigkeitsprüfung, die im Ergebnis – gemäß den Grundsätzen des Tendenzschutzes – zu einer Abstufung von Loyalitätsobliegenheiten führe. Somit ist auch er zu den Vertretern des Tendenzschutzes zu zählen.[884]

Der ersten Auffassung kann nicht gefolgt werden, da sie zum einen verkennt, dass es nach dem Wortlaut der Richtlinie auch einen nicht vom Ethos geprägten Dienst geben muss und die jeweiligen Voraussetzungen (z. B. „Art der Tätigkeit") gemeinschaftsrechtlich – und nicht national oder gar kirchlich – auszulegen sind.[885] Zum anderen lässt sie unberücksichtigt, dass auf europäischer Ebene lediglich Tendenzschutz[886], jedoch kein Selbstbestimmungsrecht nach deutschem Vorbild gewährleistet wird. Dieser beinhaltet jedoch gerade, dass nicht die Kirche selbst, sondern ein säkularer Dritter – z. B. ein Gericht – bestimmt, ob es sich um eine wesentliche, rechtmäßige und gerechtfertigte berufliche Anforderung handelt. Auch die Begründung von *Joussen* steht diesem Ergebnis nicht entgegen, da sein Versuch unzulässig ist, mit Hilfe einer Richtlinienerwägung (RLBegr. 24) – die lediglich als Hilfe zur Auslegung der Richtlinie dient – die Bedeutung des ausdrücklichen Wortlauts der Richtlinie in ihr Gegenteil zu verkehren. Ausgangspunkt der Inhaltsbestimmung ist und bleibt der Wortlaut

---

[881] *Joussen*, RdA 2003, S. 32, 37.

[882] *Schliemann*, in: Deutsches Staatskirchenrecht zwischen Grundgesetz und EU-Gemeinschaft, S. 113, 125; so wohl auch *Reichold*, NZA 2001, S. 1054, 1059 f.

[883] *Schliemann*, in: Deutsches Staatskirchenrecht zwischen Grundgesetz und EU-Gemeinschaft, S. 113, 125; so auch *Joussen*, RdA 2003, S. 32, 37, der jedoch das Wortlautargument für nicht ausreichend hält und schließlich zu einem anderen Ergebnis kommt.

[884] *Reichold*, NZA 2001, S. 1054, 1059 f.

[885] So auch *Heinig*, in: Religion und Weltanschauung im säkularen Staat, S. 215, 240.

[886] Siehe unter F.II.3.b).

der Richtlinie, der zwar mit Hilfe der Richtlinienerwägungen konkretisiert, jedoch dessen ausdrücklicher Inhalt hierdurch nicht in sein Gegenteil verkehrt werden darf.

Auch das vorstehend erarbeitete Ergebnis, nach dem im Rahmen von Art. 4 Abs. 2 UAbs. 1 Satz 1 RL das Kriterium für eine Ungleichbehandlung („Religion oder Weltanschauung *dieser* Person") stets bezogen auf die jeweils betroffene Person betrachtet werden muss, bestätigt, dass im Rahmen von Art. 4 Abs. 2 UAbs. 1 Satz 1 RL von Tendenzschutzerwägungen ausgegangen werden muss. Grund hierfür ist, dass aufgrund der personenbezogenen Abhängigkeit des Kriteriums bei der Rechtfertigung einer Ungleichbehandlung stets individuelle Besonderheiten berücksichtigt werden müssen. Eine Abwägung unter Berücksichtigung individueller Besonderheiten (z. B. Nähe zur Tendenzverwirklichung) ist jedoch gerade ein Merkmal des Tendenzschutzes. Folglich wird durch das Gericht bestimmt, ob die Voraussetzungen einer gerechtfertigten Ungleichbehandlung vorliegen.

b) Art. 4 Abs. 2 UAbs. 1 Satz 2 RL

Nach Art. 4 Abs. 2 UAbs. 1 Satz 2 RL muss eine solche Ungleichbehandlung „die verfassungsrechtlichen Bestimmungen und Grundsätze der Mitgliedstaaten sowie die allgemeinen Grundsätze des Gemeinschaftsrechts beachten und rechtfertigt keine Diskriminierung aus einem anderen Grund".

aa) Die Beachtung der verfassungsrechtlichen Bestimmungen und Grundsätze der Mitgliedstaaten

Durch diese Voraussetzung wird auf die in Art. 6 Abs. 1 EU formulierten Grundsätze Bezug genommen, wonach die Union auf den Grundsätzen der Freiheit, der Demokratie, der Achtung der Menschenrechte und Grundfreiheiten sowie der Rechtsstaatlichkeit beruht, die *allen Mitgliedstaaten gemeinsam* sind. In Zusammenhang mit der Richtlinie erhalten insbesondere die Grundsätze der Menschenrechte und Grundfreiheiten besondere Bedeutung.[887]

Für den Bereich des kirchlichen Selbstbestimmungsrechts lassen sich aus dieser Voraussetzung jedoch wenige Schlussfolgerungen ziehen, da – wie der Fall *Rommelfanger*[888] gezeigt hat – auch bei Gewährleistung eines weiten kirchlichen

---

[887] So auch *Kehlen,* Europäische Antidiskriminierung und kirchliches Selbstbestimmungsrecht, S. 194.
[888] Y.B. 32 (1989), S. 57 ff.

Selbstbestimmungsrechts kein Verstoß gegen die den Mitgliedstaaten gemeinsamen Menschenrechte und Grundfreiheiten vorliegt.

Selbst wenn man diese Voraussetzung jedoch so verstünde, dass es hier auf die jeweiligen nationalen Verfassungen ankäme, läge – zumindest aus deutscher Sicht – auch bei der Gewährleistung eines weit reichenden Selbstbestimmungsrechts kein Verstoß hiergegen vor, da gerade dieses im Grundgesetz gewährleistet wird.

bb) Die Beachtung der allgemeinen Grundsätze des Gemeinschaftsrechts

Neben ihren verfassungsrechtlichen Bestimmungen und Grundsätzen müssen die Mitgliedstaaten nach Art. 4 Abs. 2 UAbs. 1 Satz 2 RL auch die allgemeinen Grundsätze des Gemeinschaftsrechts[889] beachten.

Die Grundrechte des Gemeinschaftsrechts werden durch die Rechtsprechung des EuGH – wie mittlerweile auch in Art. 6 Abs. 2 EU ausdrücklich geregelt – als „allgemeine Rechtsgrundsätze" geschützt. Neben den Grundrechten kennt das Gemeinschaftsrecht weitere allgemeine Rechtsgrundsätze, die dem Bürger subjektive Rechte verleihen. Hierzu gehören z. B. das Rückwirkungsverbot, die Rechtsweggarantie und die Grundsätze des effektiven Rechtsschutzes, der Rechtssicherheit, des „ne bis in idem", des Vertrauensschutzes, der ordnungsgemäßen (guten) Verwaltung und der Verhältnismäßigkeit.[890] Zusammen mit den Grundrechten enthalten sie das „bürgerschützende Verfassungsrecht" der Gemeinschaft, das die Gemeinschaftsorgane u. a. bei der Setzung von Sekundärrecht beachten müssen.[891] Die sonstigen allgemeinen Grundsätze des Gemeinschaftsrechts spielen mit Ausnahme des Grundsatzes der Verhältnismäßigkeit im vorliegenden Fall – soweit ersichtlich – keine Rolle. Auf diese wird deshalb nicht weiter eingegangen.

Die allgemeinen Rechtsgrundsätze sind in erster Linie an die Gemeinschaft und ihre Organe, jedoch nicht an die Mitgliedstaaten gerichtet. Es stellt sich deshalb die Frage, ob die Mitgliedstaaten im Rahmen von Art. 4 Abs. 2 UAbs. 1 Satz 2 RL überhaupt daran gebunden sind. Ausnahmsweise besteht eine Bindung der Mitgliedstaaten an die allgemeinen Rechtsgrundsätze jedoch dann, wenn sie „im Bereich des Gemeinschaftsrechts" handeln.[892] Dies ist der Fall, wenn die Maßnahmen der Mitgliedstaaten die Grundfreiheiten oder die Durchführung von se-

---

[889] Siehe hierzu ausführlich *Schilling*, EuGRZ 2000, S. 3 ff.
[890] Siehe hierzu *Schilling*, EuGRZ 2000, S. 3, 17 ff.
[891] *Schilling*, EuGRZ 2000, S. 3, 4.
[892] *Schilling*, EuGRZ 2000, S. 3, 8.

kundärem Gemeinschaftsrecht betreffen.[893] Im vorliegenden Fall geht es um die Umsetzung der Richtlinie 2000/78/EG und damit um die Durchführung von Gemeinschaftssekundärrecht, so dass auch die Mitgliedstaaten an die allgemeinen Rechtsgrundsätze gebunden sind.

Wie diese Bindung aussieht, bestimmt sich nach der Bedeutung der allgemeinen Rechtsgrundsätze in sekundärrechtlichen Normen. Nach der Rechtsprechung des EuGH dienen die allgemeinen Rechtsgrundsätze sowohl als Maßstabsnormen als auch als Auslegungsdirektiven für gemeinschaftsrechtliches Sekundärrecht.[894] Das bedeutet einerseits, dass diese Grundsätze z. B. beim Erlass von Sekundärrecht durch EG-Organe beachtet werden und andererseits, dass die Mitgliedstaaten ein ihnen sekundärrechtlich eingeräumtes Ermessen grundrechtskonform[895] bzw. in Übereinstimmung mit den sonstigen allgemeinen Rechtsgrundsätzen auslegen müssen.[896]

Art. 4 Abs. 2 UAbs. 1 Satz 2 RL ermöglicht ein Abweichen vom Grundsatz der Gleichbehandlung, wenn die Mitgliedstaaten hierbei u. a. die Grundsätze des Gemeinschaftsrechts beachten. Für den vorliegenden Fall bedeutet dies, dass die Mitgliedstaaten die gemeinschaftsrechtlichen Grundrechte des Arbeitnehmers und den Verhältnismäßigkeitsgrundsatz beachten müssen, wenn sie von dieser Möglichkeit Gebrauch machen. In diesem Zusammenhang ist daran zu erinnern, dass die Mitgliedstaaten bei Bestehen von Ermessens- und Regelungsbefugnissen im Sekundärrecht ohnehin stets an gemeinschaftsrechtliche Grundrechte gebunden sind[897], auch wenn dies nicht explizit darin geregelt ist. Aus diesem Grund ist die ausdrückliche Forderung der Beachtung der allgemeinen Grundsätze des Gemeinschaftsrechts in Art. 4 Abs. 2 UAbs. 1 Satz 2 RL für den vorliegenden Fall nicht notwendig, sondern hat lediglich deklaratorische Bedeutung.

Bevor auf die Grundrechtsstellung des Arbeitnehmers eingegangen wird, ist jedoch anzumerken, dass in der Literatur zur RL 2000/78/EG die Beachtung der allgemeinen Grundsätze des Gemeinschaftsrechts (v. a. die Grundrechte des Arbeitnehmers) und die damit verbundene, durch Gemeinschaftsgrundrechte eingeschränkte mitgliedstaatliche Regelungsbefugnis von Art. 4 Abs. 2 RL – soweit ersichtlich – kaum problematisiert werden.[898] Deshalb erfährt die Position der

---

[893] Siehe ausführlich unter G.I.
[894] *Schilling,* EuGRZ 2000, S. 3, 30 ff.
[895] Siehe hierzu ausführlicher unter G.I.2.b).
[896] *Schilling,* EuGRZ 2000, S. 3, 31.
[897] G.I.2.b).
[898] Auch *Kehlen,* Europäische Antidiskriminierung und kirchliches Selbstbestimmungsrecht, S. 194, erörtert diesen Aspekt lediglich vor dem Hintergrund, dass die „Religions- und Ge-

Kirche hierin häufig eine (europarechtlich) zu starke Stellung im Verhältnis zur Rechtsposition des Arbeitnehmers. Will man also den Umfang des in Art. 4 Abs. 2 RL enthaltenen Schutzes für die Kirchen bestimmen, muss immer auch das gemeinschaftsrechtliche Grundrecht des Arbeitnehmers auf Gleichbehandlung berücksichtigt werden.

aaa) Die Grundrechtsstellung des Arbeitnehmers

Damit kein Verstoß gegen gemeinschaftsrechtliche Grundrechte vorliegt, dürfen die Mitgliedstaaten das Grundrecht des Arbeitnehmers auf Gleichbehandlung bei der Schaffung einer Ausnahme für religiöse Organisationen nicht verletzen. Angesichts der herausragenden Bedeutung des Gleichbehandlungsgrundsatzes im Europa- und Völkerrecht wird dieser nur dann nicht verletzt, wenn den Kirchen bei einer Auseinandersetzung mit einem kirchlichen Mitarbeiter „lediglich" Tendenzschutz gewährleistet wird.[899] Die Gewährleistung eines Selbstbestimmungsrechts nach deutschem Muster würde eine Verletzung dieses Grundsatzes bedeuten, da dem Grundrecht der Kirche gegenüber dem des Arbeitnehmers eine zu große Bedeutung beigemessen würde. Darüber hinaus ist bei der Abwägung zwischen dem Gleichbehandlungsgrundsatz und der kollektiven Religionsfreiheit Ersterem sogar besonderes Gewicht beizumessen.[900]

bbb) Der Verhältnismäßigkeitsgrundsatz

Die Mitgliedstaaten müssen bei der Schaffung einer Ausnahmereglung nach Art. 4 Abs. 2 RL ferner den Verhältnismäßigkeitsgrundsatz beachten. Aspekte der Verhältnismäßigkeit einer Maßnahme sind nach der Rechtsprechung des EuGH deren Geeignetheit, Erforderlichkeit und deren Verhältnismäßigkeit im engeren Sinne.[901]

(1) Geeignetheit

Die Maßnahme (Ungleichbehandlung) muss geeignet sein, ein legitimes Ziel des Gemeinschaftsrechts zu verfolgen.

---

wissensfreiheit des Individuums" berücksichtigt werden müsse, ohne zu erkennen, dass es im Rahmen dieser Richtlinie v. a. auf den Gleichbehandlungsgrundsatz und weniger auf die individuelle Religionsfreiheit ankommt.

899 Ausführlich hierzu unter G.II.2.c).

900 Siehe unter G.II.2.c).

901 *Schilling,* EuGRZ 2000, S. 3, 23.

Durch die Schaffung einer Ausnahme nach Art. 4 Abs. 2 UAbs. 1 Satz 1 RL bei der Richtlinienumsetzung können die Mitgliedstaaten der gemeinschaftsrechtlich geschützten Grundrechtsposition religiöser Organisationen Rechung tragen. Hierbei handelt es sich um ein legitimes Ziel des Gemeinschaftsrechts, da auch die Kirchen und sonstige religiöse Organisationen im Gemeinschaftsrecht geschützt werden. Ferner haben die Mitgliedstaaten so die Möglichkeit, nationalen (staatskirchenrechtlichen) Besonderheiten Rechnung zu tragen, die im Gemeinschaftsrecht besondere Berücksichtigung erfahren: Hierzu gehören z. B. die nationale Identität sowie die Kirchenerklärung des Amsterdamer Vertrags.

(2) Erforderlichkeit

Die Maßnahme muss ferner erforderlich sein, um dieses Ziel zu erreichen. Dies wäre nicht der Fall, wenn mehrere geeignete Maßnahmen zur Auswahl stünden und nicht die am wenigsten belastende Maßnahme gewählt würde.

Die Ungleichbehandlung ist nur dann erforderlich, wenn sie das mildeste Mittel darstellt, um die Ziele – die Gewährleistung des Grundrechtsschutzes der Kirche, die Berücksichtigung der nationalen Identität sowie der Amsterdamer Kirchenerklärung – zu erreichen. Im vorliegenden Fall ist die Schaffung einer Ausnahmeregelung erforderlich, um diese Ziele zu erreichen. Ein milderes Mittel ist nicht ersichtlich.

(3) Verhältnismäßigkeit im engeren Sinne

Im Rahmen der Verhältnismäßigkeit im engeren Sinne wird vom EuGH – ähnlich der deutschen Dogmatik – eine Abwägung zwischen dem Nutzen einer Maßnahme für die Allgemeinheit und der Einschränkung geschützter Rechtspositionen der Gemeinschaftsbürger vorgenommen.[902]

Die Kirchen übernehmen in der Gesellschaft v. a. im sozialen Bereich wichtige Aufgaben. Sie können ihre Aufgaben jedoch nur dann erfüllen, wenn auch ihre Grundrechte genügend Beachtung finden. Deshalb ist eine angemessene Berücksichtigung der Kirchen auch von gesellschaftlichem Interesse, selbst wenn hierdurch die Rechtsposition eines kirchlichen Mitarbeiters im Verhältnis zu anderen Arbeitnehmern geschmälert wird.

---

[902] *Calliess*, in: *Calliess/Ruffert*, Kommentar zu EU-Vertrag und EG-Vertrag, Art. 5 EG Rn. 46.

cc) Das Verbot einer „Diskriminierung aus einem anderen Grund“

Nach Art. 4 Abs. 2 UAbs. 1 Satz 2 RL gilt ferner, dass eine Ungleichbehandlung wegen der Religion oder der Weltanschauung einer Person keine Diskriminierung aus einem anderen Grund rechtfertigt. Diese Vorschrift kann insbesondere bei Ungleichbehandlungen problematisch sein, die zwar nicht unmittelbar auf der „Religion oder Weltanschauung dieser Person“ beruhen, aber dennoch überwiegend religiös motiviert sind wie etwa im Fall der sexuellen Ausrichtung. Fraglich ist deshalb, ob den Kirchen eine Ungleichbehandlung aufgrund der sexuellen Ausrichtung völlig verwehrt ist. Darüber hinaus ist fraglich, ob die Kirchen – wie andere Arbeitgeber auch – nicht ebenso das Recht haben müssen, in bestimmten Fällen aufgrund anderer Kriterien (z. B. Alter oder Behinderung) ungleich zu behandeln, wenn dies für die Ausübung einer bestimmten Tätigkeit erforderlich ist. Ansonsten dürften die Kirchen beispielsweise die Einstellung eines Priesters, der nach einem Unfall geistige Schäden davon getragen hat, nicht mit der Begründung verweigern, er könne das Amt des Priesters aufgrund seiner Behinderung nicht mehr ausüben.

Der Verständlichkeit und Darstellbarkeit wegen wird nachfolgend danach unterschieden, ob eine „andere“ Ungleichbehandlung i. S. d. Art. 4 Abs. 2 UAbs. 1 Satz 2 a. E. RL religiös oder nicht religiös motiviert ist.

aaa) Nicht religiös motivierte Ungleichbehandlungen

Dem Wortlaut von Art. 4 Abs. 2 UAbs. 1 Satze 2 a. E. RL zufolge gilt das Verbot von Diskriminierungen aus einem anderen Grund nur im Zusammenhang mit Ungleichbehandlungen wegen der Religion oder Weltanschauung einer Person. Es gilt jedoch nicht, wenn eine Ungleichbehandlung wegen anderer Kriterien z. B. aufgrund des Alters, einer Behinderung etc. vorgenommen wird und diesbezüglich keine Verbindung zu einer Ungleichbehandlung wegen der Religion oder Weltanschauung einer Person besteht.

Man könnte deshalb die Auffassung vertreten, dass die Kirchen sich in den Fällen auf Art. 4 Abs. 1 RL berufen können, in denen sie nicht aufgrund der Religion oder Weltanschauung einer Person ungleich behandeln. Hierfür spricht neben der Formulierung in Art. 4 Abs. 2 RL auch die Tatsache, dass die Kirchen als Arbeitgeber in einigen Bereichen die gleichen Bedürfnisse wie weltliche Arbeitgeber haben. Problematisch ist jedoch, dass Art. 4 Abs. 2 UAbs. 1 RL eine Regelung enthält, die ausschließlich für die Kirchen und anderen öffentlichen oder privaten Organisationen, deren Ethos auf religiösen Grundsätzen oder Weltanschauungen beruht, anwendbar ist. Es stellt sich daher die Frage, ob ein Rückgriff der Kirchen auf Art. 4 Abs. 1 RL überhaupt zulässig ist. Folglich muss zunächst geklärt werden, in welchem Verhältnis die allgemeiner formulierte Vorschrift des Art. 4 Abs. 1 RL zu der spezieller verfassten Bestimmung des Art. 4 Abs. 2 RL steht.

(1) Das Verhältnis von Art. 4 Abs. 1 RL zu Art. 4 Abs. 2 UAbs. 1 RL

Art. 4 Abs. 2 UAbs. 1 RL enthält besondere Regelungen, die es den Kirchen und anderen öffentlichen oder privaten Organisationen, deren Ethos auf religiösen Grundsätzen oder Weltanschauungen beruht, ermöglichen, Ungleichbehandlungen wegen der „Religion oder der Weltanschauung einer Person" zu rechtfertigen. Andere als die genannten Organisationen können sich nicht auf Art. 4 Abs. 2 RL berufen. Für sie gilt Art. 4 Abs. 1 RL. Man könnte deshalb einerseits die Auffassung vertreten, dass Art. 4 Abs. 2 RL als umfassende „lex specialis" -Regelung[903] zu Art. 4 Abs. 1 RL zu lesen ist, mit der Folge, dass sich die Kirchen und die anderen in Art. 4 Abs. 2 genannten Organisationen bei Ungleichbehandlungen lediglich auf Art. 4 Abs. 2 RL, nicht jedoch auf Art. 4 Abs. 1 RL berufen könnten. Die Kirchen könnten damit lediglich aufgrund der „Religion oder Weltanschauung einer Person" in kirchlichen Arbeitsverhältnissen, nicht jedoch aufgrund anderer Kriterien ungleich behandeln. Da in Art. 4 Abs. 2 U-Abs. 1 RL jedoch lediglich das Merkmal der „Religion oder Weltanschauung dieser Person" geregelt ist, könnte man andererseits die Auffassung vertreten, dass Art. 4 Abs. 2 UAbs. 1 RL für die Kirche nur insoweit eine „lex specialis"-Regelung darstellt als es sich um Ungleichbehandlungen aufgrund der „Religion oder Weltanschauung dieser Person" – nicht jedoch um Ungleichbehandlungen aufgrund anderer Gründe – handelt. In diesem Fall müssten sich die Kirchen bei Ungleichbehandlungen aufgrund der „Religion oder Weltanschauung dieser Person" auf Art. 4 Abs. 2 UAbs. 1 RL als „lex specialis" berufen, während sie bei Ungleichbehandlungen aufgrund anderer Kriterien auch auf Art. 4 Abs. 1 RL zurückgreifen könnten. Welcher dieser Auffassungen zu folgen ist, ist danach zu bestimmen, welche Auswirkungen sie auf die gemeinschaftsrechtlich geschützten Grundrechte haben.

(a) Ungleichbehandlung der Kirchen

Betrachtet man Art. 4 Abs. 2 RL als umfassende „lex-specialis"-Regelung, sind die Kirchen im Vergleich zu anderen Arbeitgebern schlechter gestellt[904], da sie nur aufgrund der „Religion oder Weltanschauung" ungleich behandeln dürften,

---

[903] Siehe hierzu *Winter*, in: FS für Alexander Hollerbach, S. 893, 897 f.
[904] So auch *Winter*, in: FS für Alexander Hollerbach, S. 893, 897 f.

während alle anderen Ungleichbehandlungen auch aufgrund anderer Kriterien nach Art. 4 Abs. 1 RL rechtfertigen könnten.

Eine Schlechterstellung der Kirchen läge jedoch nicht vor, wenn man Art. 4 Abs. 2 UAbs. 1 RL lediglich als „lex specialis"-Regelung für Ungleichbehandlungen aufgrund der Religion oder Weltanschauung einer Person betrachten würde, da den Kirchen ein Rückgriff auf Art. 4 Abs. 1 RL als Rechtfertigung für Ungleichbehandlungen aufgrund anderer Gründe nicht verwehrt wäre.

(b) Rechtfertigung einer Ungleichbehandlung von Kirchen

Fraglich ist, ob die Ungleichbehandlung von Kirchen gegenüber anderen Arbeitgebern bei einem Verständnis von Art. 4 Abs. 2 UAbs. 1 RL als eine umfassende „lex specialis"-Regelung gerechtfertigt sein könnte.

Da es im Rahmen dieses Abschnitts um nicht religiös motivierte Ungleichbehandlungen geht, die einen kirchlichen Arbeitgeber ebenso berühren können wie einen weltlichen, unterscheidet sich der kirchliche Arbeitgeber in seinen Bedürfnissen und seiner Position nicht von anderen Arbeitgebern. Es muss deshalb auch der Kirche die Möglichkeit offen stehen, die gleichen Rechte geltend zu machen, die weltlichen Arbeitgebern im Rahmen von Art. 4 Abs. 1 RL zustehen. Da ferner keine sachlichen Gründe für eine Schlechterstellung der Kirchen sprechen, stellt das Verständnis von Art. 4 Abs. 2 UAbs. 1 RL als eine umfassende „lex specialis"-Regelung einen Verstoß gegen den allgemeinen Gleichheitsgrundsatz dar.

Dies bedeutet, dass Art. 4 Abs. 2 UAbs. 1 RL als „lex specialis"-Regelung lediglich bzgl. der Kriterien der „Religion oder Weltanschauung" betrachtet werden darf, so dass die Kirchen weiterhin die Möglichkeit haben, Ungleichbehandlungen wegen anderer Kriterien auf Art. 4 Abs. 1 RL zu stützen.

(c) Ergebnis

Art. 4 Abs. 2 UAbs. 1 RL ist für die Kirchen lediglich eine „lex specialis"-Regelung hinsichtlich der Kriterien der „Religion oder Weltanschauung einer Person". Folglich dürfen die Kirchen aufgrund anderer Kriterien nach Art. 4 Abs. 1 RL ungleich behandeln, „wenn das betreffende Merkmal aufgrund der Art einer beruflichen Tätigkeit oder der Bedingungen ihrer Ausführung eine wesentliche und entscheidende berufliche Anforderung darstellt, sofern es sich um einen rechtmäßigen Zweck und eine angemessene Anforderung handelt".

bbb) Religiös motivierte Ungleichbehandlungen

Fraglich ist, ob die für die nicht religiös motivierten Ungleichbehandlungen erarbeiteten Ergebnisse auch auf die religiös motivierten Ungleichbehandlungen zu übertragen sind. In diesem Fall könnte die Kirche lediglich unter den Voraussetzungen von Art. 4 Abs. 1 RL ungleich behandeln. Dies hätte zur Folge, dass zur Rechtfertigung einer Ungleichbehandlung eine wesentliche und *entscheidende* berufliche Anforderung vorliegen müsste. Eine *entscheidende* berufliche Anforderung liegt dann vor, wenn dieses Merkmal von „ausschlaggebender und richtungsweisender Bedeutung" ist, während für eine *gerechtfertigte* Anforderung nach Art. 4 Abs. 2 UAbs. 1 RL die „Wohlbegründetheit" dieses Merkmals ausreicht.[905] Im Rahmen von Art. 4 Abs. 1 RL muss also jede Anforderung einer strengen Verhältnismäßigkeitsprüfung unterzogen werden.[906] Abgesehen von diesen erhöhten Rechtfertigungsanforderungen bliebe bei einer Anwendung von Art. 4 Abs. 1 RL außerdem der Ethos der Kirche unberücksichtigt. Aus diesen Gründen lässt sich die Auffassung vertreten, dass bei religiös motivierten Ungleichbehandlungen, die nicht unter das Kriterium der „Religion oder Weltanschauung einer Person" fallen, die Position der Kirche nicht genügend Berücksichtigung findet, da insbesondere ihr Ethos bei der Rechtfertigung einer Ungleichbehandlung völlig unbeachtet bleibt.

Welche konkreten praktischen Folgen sich daraus ergeben können, soll anhand verschiedener Beispiele kurz erläutert werden: In Fall 1 will ein katholischer homosexueller Priester in einer katholischen Kirche als Priester arbeiten. In Fall 2 bewirbt sich eine homosexuelle katholische Kindergärtnerin in einer katholischen Einrichtung. Fall 3 beschäftigt sich mit einem katholischen homosexuellen Hausmeister, der in einer katholischen Einrichtung arbeiten möchte. Fraglich ist, ob die Kirche bzw. die kirchliche Einrichtung die drei Bewerber mit der Begründung ablehnen kann, sie seien homosexuell.

Zunächst ist festzuhalten, dass Art. 4 Abs. 2 UAbs. 1 RL als Grundlage für die Rechtfertigung einer Ungleichbehandlung ausscheidet, da alle Bewerber katholisch sind und eine Ungleichbehandlung wegen der Religion oder Weltanschauung somit ausscheidet.[907] Aufgrund der bisherigen Erwägungen könnte die Kirche deshalb lediglich im Rahmen von Art. 4 Abs. 1 RL ungleich behandeln.

---

[905] *Kehlen*, Europäische Antidiskriminierung und kirchliches Selbstbestimmungsrecht, S. 185.
[906] *Schiek*, NZA 2004, S. 873, 876.
[907] A. A. *Kehlen*, Europäische Antidiskriminierung und kirchliches Selbstbestimmungsrecht, S. 195, der unter dem Merkmal in Art. 4 Abs. 2 UAbs. 1 RL („die Religion oder die Weltanschauung dieser Person") alle religiös bedingten Ungleichbehandlungen versteht, während im Rahmen dieser Arbeit aufgrund des Wortlauts davon ausgegangen wird, dass hier lediglich die Religionszugehörigkeit gemeint ist.

Dies hätte zur Folge, dass die Homosexualität aller Bewerber aufgrund der Art der jeweiligen beruflichen Tätigkeit oder der Bedingungen ihrer Ausübung eine wesentliche und *entscheidende* berufliche Anforderung darstellen und es sich hierbei um einen rechtmäßigen Zweck und eine angemessene Anforderung handeln müsste.

Bewirbt sich wie in Fall 1 ein katholischer homosexueller Priester für eine Stelle als Priester in der katholischen Kirche, kann die Kirche – gestützt auf Art. 4 Abs. 1 RL – die Einstellung verhindern. Grund hierfür ist, dass die (praktizierte) Homosexualität in beiden großen christlichen Kirchen noch immer einen Verstoß gegen fundamentale kirchliche Grundsätze darstellt und man der Kirche nicht zumuten wird, dass sie – entgegen ihrer Grundsätze – eine im Verkündigungsauftrag an exponierter Stelle stehende Person einstellen muss, die gegen diese Grundsätze verstößt. Die sexuelle Ausrichtung ist bei einem Priester demnach eine wesentliche und *entscheidende* berufliche Anforderung. In Fall 2 und 3 müsste dies jedoch anders beurteilt werden, da die Kindergärtnerin nicht ausschließlich und der Hausmeister überhaupt nicht im Bereich des Verkündigungsauftrags tätig sind. In beiden Fällen wäre es deshalb schwierig zu argumentieren, dass deren sexuelle Ausrichtung aufgrund der Art der beruflichen Tätigkeit oder der Bedingungen ihrer Ausübung eine wesentliche und vor allem eine entscheidende berufliche Anforderung darstellt. Dennoch darf auch in diesen Fällen das kirchliche Selbstverständnis nicht völlig unberücksichtigt bleiben. So wäre es für die Kirchen unzumutbar, wenn eine Person wie die Kindergärtnerin, die im Rahmen ihrer Arbeit auch am Verkündigungsauftrag (Vermittlung kirchlicher Werte bei der Kinderbetreuung) teilhat, trotz eines Verstoßes gegen kirchliche Grundsätze eingestellt werden müsste. Dies könnte die Glaubwürdigkeit der Kirche stark beeinträchtigen. Anders mag der Fall des Hausmeisters zu beurteilen sein, der überhaupt nicht im Bereich der Verkündigung tätig ist. Da durch sein Verhalten keinerlei Auswirkungen auf die Glaubwürdigkeit der Kirche zu befürchten sind, ist der Kirche eine Einstellung auch zuzumuten.

Leider werden diese Erwägungen zwar in Art. 4 Abs. 2 UAbs. 1 RL, jedoch nicht in dem für diese Fälle relevanten Art. 4 Abs. 1 RL vorgenommen, der den Ethos der Kirche völlig unberücksichtigt lässt. Da so gänzlich unabhängig vom Selbstverständnis der Kirche geprüft wird, ob das jeweilige Merkmal eine wesentliche und entscheidende berufliche Anforderung darstellt, werden die kirchlichen Belange bei religiös motivierten Ungleichbehandlungen, die nicht auf der Religion oder Weltanschauung beruhen, nicht angemessen berücksichtigt. Hierfür lassen sich auch Anhaltspunkte in Erwägungsgrund Nr. 24 zur Richtlinie finden, in dem in Satz 1 zunächst auf die Kirchenerklärung, die ebenfalls als Auslegungsmaxime bei der Interpretation von Gemeinschaftsrecht berücksichtigt werden muss,[908] hingewiesen und darüber hinaus in Satz 2 Folgendes festgehalten wurde:

> „Die Mitgliedstaaten können in dieser Hinsicht spezifische Bestimmungen über die wesentlichen, rechtmäßigen und gerechtfertigten beruflichen Anforderungen beibehalten oder vorsehen, die Voraussetzung für die Ausübung einer diesbezüglichen beruflichen Tätigkeit sein können."

So lässt sich in dieser Formulierung keine Beschränkung der Kirchen finden, wonach sie lediglich wegen der „Religion oder Weltanschauung einer Person" ungleich behandeln dürfen. Vielmehr wird davon ausgegangen, dass die Kirchen die Möglichkeit haben müssen, *alle* Kriterien heranzuziehen, die „Voraussetzung für die Ausübung einer diesbezüglichen Tätigkeit sein können". Dies macht insbesondere vor dem Hintergrund Sinn, dass der Begriff des Tendenzschutzes der Kirche ermöglicht, ihren Arbeitnehmern besondere Loyalitätsobliegenheiten aufzuerlegen, damit sie selbst ihre Grundrechte effektiv ausüben kann.[909] Der Tendenzschutz enthält keine Beschränkung auf bestimmte Kriterien, sondern orientiert sich danach, ob das jeweilige Kriterium für die Tendenzverwirklichung notwendig ist. Deshalb wird der Rechtfertigungsmaßstab von Art. 4 Abs. 2 UAbs. 1 RL bei religiös motivierten Ungleichbehandlungen den kirchlichen Belangen gerechter als der Maßstab nach Art. 4 Abs. 1 RL.

Auch setzt die Rechtfertigung einer Ungleichbehandlung durch die Kirchen in Erwägungsgrund Nr. 24 lediglich voraus, dass es sich um eine „wesentliche, rechtmäßige und gerechtfertigte berufliche Anforderung handelt, die Voraussetzung für die Ausübung einer diesbezüglichen Tätigkeit sein kann". Diese Formulierung erinnert stark an die Rechtfertigungsvoraussetzungen von Art. 4 Abs. 2 UAbs. 1 RL, der die kirchlichen Belange stärker berücksichtigt als Art. 4 Abs. 1 RL. Aus diesem Grund ist bei religiös motivierten Ungleichbehandlungen der Kirchen Erwägungsgrund Nr. 24, der darin enthaltene Bezug auf die Auslegungsmaxime der Kirchenerklärung sowie der gemeinschaftsrechtlich geschützte Tendenzschutz der Kirchen zu beachten.[910]

Dies bedeutet, dass religiös motivierte Ungleichbehandlungen der Kirchen außerhalb der Gründe der Religion oder Weltanschauung entweder – entgegen

---

[908] D.II.5.

[909] Siehe hierzu *Rommelfanger,* Y.B. 32 (1989), S. 57, 64.

[910] Ähnlich *Kehlen,* Europäische Antidiskriminierung und kirchliches Selbstbestimmungsrecht, S. 200, der eine „kirchenschonende" Auslegung fordert; a. A. *Belling,* NZA 2004, S. 885, 887, der davon ausgeht, dass die Anforderungen von Art. 4 Abs.1 RL auch bei religiös motivierten Ungleichbehandlungen uneingeschränkt und ohne Berücksichtigung der Kirchenerklärung bzw. des Erwägungsggrundes Nr. 24 sowie des Tendenzschutzes anzuwenden sei.

dem Wortlaut von Art. 4 Abs. 2 UAbs. 1 Satz 2 a. E. RL – dennoch durch eine analoge Anwendung von Art. 4 Abs. 2 UAbs. 1 Satz 1 RL gerechtfertigt werden können oder, dass Art. 4 Abs. 1 RL so ausgelegt werden muss, dass auch die kirchlichen Belange zur Gewährleistung des gemeinschaftsrechtlichen Tendenzschutzes angemessen geschützt werden. Vorzugswürdig ist die zweite Variante, da durch sie ein Verstoß gegen den ausdrücklichen Wortlaut der Richtlinie vermieden wird. Das bedeutet, dass über die Richtlinienerwägung Nr. 24, der darin enthaltenen Kirchenerklärung sowie dem gemeinschaftsrechtlich geschützten kirchlichen Tendenzschutz als Auslegungsmittel de facto die Rechtfertigungsanforderungen von Art. 4 Abs. 2 UAbs. 1 RL bei religiös motivierten Ungleichbehandlungen anzuwenden sind. Ansonsten wäre es den Kirchen nicht möglich, ihre Grundrechte (bzw. ihre Tendenz) oder „ihren Ethos" angemessen zu schützen.

5. Das Recht der Kirchen, von ihren Mitarbeitern loyales und aufrichtiges Verhalten zu verlangen (Art. 4 Abs. 2 UAbs. 2 RL)

Nach Art. 4 Abs. 2 UAbs. 2 RL können die Kirchen und anderen öffentlichen oder privaten Organisationen, deren Ethos auf religiösen Grundsätzen oder Weltanschauungen beruht, im Einklang mit den einzelstaatlichen verfassungsrechtlichen Bestimmungen und Rechtsvorschriften von den für sie arbeitenden Personen verlangen, dass sie sich loyal und aufrichtig im Sinne des Ethos der Organisation verhalten, sofern die Bestimmungen dieser Richtlinie im übrigen eingehalten werden.

a) Inhalt von Art. 4 Abs. 2 UAbs. 2 RL

Art. 4 Abs. 2 UAbs. 2 RL ist als eigener Unterabsatz innerhalb von Art. 4 Abs. 2 RL ausgestaltet. In diesem Zusammenhang ist anzumerken, dass Art. 4 Abs. 2 UAbs. 2 RL nicht an bestimmte Kriterien wie die Religion oder Weltanschauung, die sexuelle Ausrichtung oder das Alter einer Person, sondern ausschließlich an das Verhalten des Arbeitnehmers knüpft, weshalb in diesem Zusammenhang von der „Verhaltensklausel" gesprochen werden kann.

Auffallend ist ferner, dass Art. 4 Abs. 2 UAbs. 2 RL im Gegensatz zu Art. 4 Abs. 1 RL und Art. 4 Abs. 2 UAbs. 1 RL nicht in eine Ermessensnorm für den nationalen Gesetzgeber gebettet ist, die diesen dazu berechtigen würde, Ausnahmen vom allgemeinen Grundsatz der Gleichbehandlung zu Gunsten der Kirchen vorzusehen. Im Gegenteil, die Kirchen sind nicht auf ein Handeln der Mitgliedstaaten angewiesen, sondern können dem Wortlaut nach von ihren Mitarbeitern loyales und aufrichtiges Verhalten sogar „verlangen". Die englische Version der Richtlinie drückt dies noch deutlicher aus, in dem sie ausdrücklich vom Recht der Kirchen („right of churches") in diesem Zusammenhang spricht.

Da diese Vorschrift an das Verhalten des kirchlichen Mitarbeiters knüpft, könnte man in dem besonderen Fall der sexuellen Ausrichtung argumentieren, dass eine Ungleichbehandlung zwar nicht wegen der sexuellen Ausrichtung an sich erfolgen dürfe, aber möglicherweise doch aufgrund der homosexuellen „Praxis".[911] Dies würde auch dem Kirchenrecht der beiden großen christlichen Kirchen entsprechen, wonach nicht die homosexuelle Ausrichtung, sondern lediglich die homosexuelle Praxis einen Verstoß gegen kirchliche Grundsätze darstellt.[912] Allerdings darf die Trennung von homosexueller Ausrichtung und Praxis nicht dem Sinn und Zweck dieser Richtlinie entsprechen. Der Rat wollte jede Diskriminierung wegen der Homosexualität unterbinden und hat in diesem Zusammenhang nicht danach unterschieden, ob es sich hierbei um die homosexuelle Ausrichtung oder die praktizierte Homosexualität handelt.[913] Deshalb ist diese Auslegung von Art. 4 Abs. 2 RL zwar mit dem Wortlaut der Richtlinie vereinbar, nicht jedoch mit deren Sinn und Zweck. Angemessener erscheint deshalb der bereits vorgeschlagene Weg, eine Ungleichbehandlung wegen der sexuellen Ausrichtung über Art. 4 Abs. 1 RL zu rechtfertigen, der allerdings bei religiös motivierten Ungleichbehandlungen im Lichte von Erwägungsgrund Nr. 24, der darin enthaltenen Kirchenerklärung und dem gemeinschaftsrechtlichen Tendenzschutz der Kirchen ausgelegt werden muss.

b) Einschränkungen von Art. 4 Abs. 2 UAbs. 2 RL

Art. 4 Abs. 2 UAbs. 2 RL enthält – anders als Art. 4 Abs. 2 UAbs. 1 RL – lediglich zwei ausdrückliche Einschränkungen dieses „Rechts" der Kirchen. Zum einen müssen die Verhaltensanforderungen „im Einklang mit den einzelstaatlichen verfassungsrechtlichen Bestimmungen und Rechtsvorschriften" stehen. Zum anderen gelten die Regelungen von Art. 4 Abs. 2 UAbs. 2 RL jedoch nur, „sofern die Bestimmungen dieser Richtlinie im übrigen eingehalten werden".

---

[911] Siehe hierzu *Hanau/Thüsing*, Europarecht und kirchliches Arbeitsrecht, S. 35, die eine Unterscheidung von „homosexueller Orientierung" und „homosexueller Praxis" propagieren; a. A. *Joussen*, RdA 2003, S. 32, 38, der den Begriff der „Homosexualität" nicht in Orientierung und Praxis trennen, sondern einheitlich verstanden wissen will.

[912] *Joussen*, RdA 2003, S. 32, 38 m. w. N.; *Hanau/Thüsing*, Europarecht und kirchliches Arbeitsrecht, S. 35.

[913] So auch *Joussen*, RdA 2003, S. 32, 37 f.

Es stellt sich die Frage, wie insbesondere die zweite Bedingung zu verstehen ist.[914] So ist es einerseits möglich, dass diese Bedingung die Einhaltung aller Bestimmungen – auch die von Art. 4 Abs. 1 RL – fordert, da Art. 4 Abs. 2 UAbs. 2 RL keine Einschränkung auf die Bestimmungen außerhalb von Art. 4 RL enthält. Im Ergebnis würde dies bedeuten, dass das Recht der Kirche, von ihren Mitarbeitern die Einhaltung von Loyalitätsobliegenheiten zu fordern, durch die engen Grenzen von Art. 4 Abs. 1 RL („wesentliche und *entscheidende* berufliche Anforderung") beschränkt würde. Andererseits könnte diese Vorschrift auch so verstanden werden, dass lediglich die Bestimmungen außerhalb von Art. 4 RL beachtet werden müssen, da ansonsten der Verhaltensklausel möglicherweise keine selbständige Bedeutung beigemessen werden könnte. Die Rechte der Kirche aus der Verhaltensklausel würden dann durch die „gemeinschaftsimmanenten Schranken"[915] (die dem Arbeitnehmer zustehenden Gemeinschaftsgrundrechte) beschränkt. Darüber hinaus lässt sich vertreten, dass es lediglich auf die Einschränkungen in Art. 4 Abs. 2 UAbs. 1 RL, nicht jedoch auf die in Art. 4 Abs. 1 RL ankommt, weil Art. 4 Abs. 2 RL eine „Spezialregelung" für die Kirchen darstellt. Dies würde bedeuten, dass die Kirchen von ihren Mitarbeitern die Einhaltung von bestimmten Verhaltensanforderungen verlangen können, sofern alle Einschränkungen von Art. 4 Abs. 2 UAbs. 1 RL eingehalten wurden. Schließlich kann vertreten werden, dass lediglich die Regelung von Art. 4 Abs. 2 UAbs. 1 Satz 1 RL, nicht jedoch Art. 4 Abs. 2 UAbs. 1 Satz 2 RL auf die Verhaltensklausel angewendet werden kann.[916]

Die Fülle an unterschiedlichen Auslegungsvarianten dieser Bedingung zeigt, wie kompliziert und schwer verständlich die Regelungen für die Kirchen in dieser Richtlinie formuliert sind. Insbesondere das Verhältnis von Art. 4 Abs. 2 UAbs. 1 RL zu Art. 4 Abs. 2 UAbs. 2 RL ist noch ungeklärt.[917] So hat es auch das House of Lords gesehen, das sich wie folgt zu Art. 4 Abs. 2 UAbs. 2 RL äußerte:

---

[914] Die Bedingung „im Einklang mit den einzelstaatlichen verfassungsrechtlichen Bestimmungen und Rechtsvorschriften" entspricht inhaltlich der bereits erörterten Bedingung in Art. 4 Abs. 2 UAbs. 1 Satz 2 RL der Beachtung der „verfassungsrechtlichen Bestimmungen und Grundsätze der Mitgliedstaaten" und wird deshalb nicht nochmals erläutert.
[915] Analog zu dem Begriff der „verfassungsimmanenten Schranken" aus dem deutschen Verfassungsrecht.
[916] Die Variante, dass lediglich Art. 4 Abs. 2 UAbs. 1 Satz 2 RL als Schranke zu beachten ist, ist sehr unwahrscheinlich, da dieser Bedingungen enthält, die teilweise bereits inhaltsgemäß in Art. 4 Abs. 2 UAbs. 2 RL enthalten sind (Beachtung der „verfassungsrechtlichen Bestimmungen und Grundsätze der Mitgliedstaaten" bzw. „im Einklang mit den einzelstaatlichen verfassungsrechtlichen Bestimmungen und Rechtsvorschriften").
[917] Hierzu auch *Heinig*, Öffentlich-rechtliche Religionsgesellschaften, S. 474 f.

„We find the agreed text of Article 4 (2) is even more confusing than the original text. (...) The relationship between the two parts of Article 4 (2) remains unclear, particularly in the light of the opening words of the second paragraph, "Provided that [the Directive's] provisions are otherwise complied with"."[918]

Welcher Auffassung schließlich der Vorzug zu geben ist, hängt vom Verhältnis der Verhaltensklausel zu Art. 4 Abs. 1 RL und Art. 4 Abs. 2 UAbs. 1 RL ab.

a) Verhältnis der Verhaltensklausel zu Art. 4 Abs. 1 RL

Art. 4 Abs. 2 UAbs. 1 RL ist bei Ungleichbehandlungen wegen der „Religion oder Weltanschauung einer Person" eine Spezialregelung für die Kirchen.[919] Für Art. 4 Abs. 2 UAbs. 2 RL gilt aufgrund systematischer Erwägungen genau dasselbe. Danach handelt es sich bei der Verhaltensklausel um eine „lex specialis"-Regelung der Kirchen für Loyalitätsanforderungen gegenüber ihren Mitarbeitern. Die Regelungen von Art. 4 Abs. 1 RL einschließlich der darin enthaltenen Einschränkungen finden deshalb keine Anwendung.

bb) Verhältnis der Verhaltensklausel zu Art. 4 Abs. 2 UAbs. 1 RL

In diesem Abschnitt ist zu prüfen, ob die Schrankenregelungen von Art. 4 Abs. 2 UAbs. 1 RL ganz oder zumindest teilweise auf die Rechte der Kirche in der Verhaltensklausel angewendet werden können.

aaa) 1. Auffassung: Die Regelungen von Art. 4 Abs. 2 UAbs. 1 RL sind vollständig anwendbar

Nach der ersten Auffassung sind alle Einschränkungen von Art. 4 Abs. 2 UAbs. 1 RL auch auf die Verhaltensklausel anwendbar. Für diese Auffassung spricht zum einen die Formulierung in Art. 4 Abs. 2 UAbs. 2 RL, wonach die Bestimmungen dieser Richtlinie „im übrigen" eingehalten werden müssen. Diese Formulierung enthält keinen Hinweis darauf, dass die für die Kirche nach dem ersten Unterabsatz geltenden Einschränkungen nicht auch auf Fälle nach dem zweiten Unterabsatz angewandt werden sollen. Ferner könnte man argumentieren, dass es zu Wertungswidersprüchen führen würde, wenn die Anforderungen nach

---

[918] House of Lords, Fourth Report by the „Select Committee appointed to consider European Union documents and other matters relating to the European Union, Rn. 48.
[919] Siehe G.III.4.b)cc)aaa)(c).

Art. 4 Abs. 2 UAbs. 1 Satz 1 und Satz 2 bei der Auslegung der Verhaltensklausel nicht mit einbezogen würden.[920]

bbb) 2. Auffassung: Lediglich die Regelungen von Art. 4 Abs. 2 UAbs. 1 Satz 1 RL, jedoch nicht die von Art. 4 Abs. 2 UAbs. 1 Satz 2 sind anwendbar

Nach der zweiten Auffassung ist lediglich Art. 4 Abs. 2 UAbs. 1 Satz 1 RL mit seinen darin enthaltenen Einschränkungen auf die Verhaltensklausel anwendbar. Dies würde bedeuten, dass das Recht der Kirche, von ihren Mitarbeitern die Einhaltung der Loyalitätsobliegenheiten zu verlangen, unter der Bedingung steht, dass die jeweilige Loyalitätsobliegenheit für die betroffene Person „nach der Art dieser Tätigkeit oder der Umstände ihrer Ausübung eine wesentliche, rechtmäßige und gerechtfertigte berufliche Anforderung angesichts des Ethos der Organisation darstellt". Auch für diese Auffassung lassen sich gewichtige Argumente finden. So sprechen Wortlaut und Systematik von Art. 4 Abs. 2 U-Abs. 1 Satz 2 RL dafür, dass sich die Einschränkungen des zweiten Satzes lediglich auf die Ungleichbehandlungen des vorangegangenen ersten Satzes, nicht jedoch auf den nachfolgenden Unterabsatz 2 beziehen sollen. Art. 4 Abs. 2 U-Abs. 2 RL beginnt mit den Worten „Eine *solche* Ungleichbehandlung" und bezieht sich damit lediglich auf Ungleichbehandlungen nach Art. 4 Abs. 2 Satz 1 RL („Religion oder Weltanschauung einer Person"), jedoch nicht auf Ungleichbehandlungen wegen kirchlicher Verhaltensanforderungen. Neben diesem Wortlautargument spricht ein systematischer Gesichtspunkt für diese Auffassung. So wird in der Verhaltensklausel gefordert, dass die darauf begründeten Ungleichbehandlungen „im Einklang mit den einzelstaatlichen verfassungsrechtlichen Bestimmungen und Rechtsvorschriften" stehen. Diese Forderung entspricht der Regelung in Art. 4 Abs. 2 UAbs. 1 Satz 2 RL, wonach „die verfassungsrechtlichen Bestimmungen und Grundsätze der Mitgliedstaaten" beachtet werden müssen. Allerdings enthält diese Vorschrift zusätzlich die Forderung, dass „die allgemeinen Grundsätze des Gemeinschaftsrechts" beachtet werden müssen. Hätte man gewollt, dass die Einschränkungen von Art. 4 Abs. 2 UAbs. 1 Satz 2 RL auch für die „Verhaltensklausel" gelten, hätte man auf die ausdrückliche Einschränkung in Art. 4 Abs. 2 UAbs. 2 RL verzichtet.

Es sprechen weitere systematische Erwägungen gegen eine Anwendbarkeit von Art. 4 Abs. 2 UAbs. 1 Satz 2 RL auf die „Verhaltensklausel". Hätte Art. 4 Abs. 2 UAbs. 1 Satz 2 RL auch für Art. 4 Abs. 2 UAbs. 2 RL gelten sollen, hätte

---

[920] So *Heinig*, in: Religion und Weltanschauung im säkularen Staat, S. 215, 241; *ders.*, Öffentlich-rechtliche Religionsgesellschaften, S. 474 f.; ähnlich *Kehlen*, Europäische Antidiskriminierung und kirchliches Selbstbestimmungsrecht, S. 198.

man diese Vorschrift nicht unmittelbar nach Satz 1 platziert, sondern dem zweiten Unterabsatz als dritten Unterabsatz nachgeordnet.

ccc) 3. Auffassung: Die Regelungen von Art. 4 Abs. 2 UAbs. 1 RL sind überhaupt nicht anwendbar

Auch wenn im Rahmen der zweiten Auffassung durchaus adäquate Lösungen für etwaige Konfliktsituationen zwischen kirchlichem Arbeitgeber und Arbeitnehmer gefunden werden können, sprechen doch gewichtige Argumente gegen die Anwendung dieser Einschränkung auf die Verhaltensklausel. Deshalb ist im Ergebnis der dritten Auffassung zu folgen, wonach die Regelungen von Art. 4 Abs. 2 UAbs. 1 RL überhaupt nicht auf die Verhaltensklausel angewendet werden können. Zur Begründung dieser Auffassung lässt sich die geschichtliche Entwicklung des zweiten Unterabsatzes heranziehen. Wie bereits erwähnt wurde, ist die Aufnahme des zweiten Unterabsatzes auf die vehemente Haltung der irischen Regierung zurückzuführen, die Auswirkungen der Richtlinie auf kirchliche Schulen befürchtete.[921] Die Iren wollten verhindern, dass aufgrund des Wortlauts in Art. 4 Abs. 2 UAbs. 1 RL[922] das Kriterium der Religion oder Weltanschauung lediglich bei der Auswahl von Religionslehrern – nicht jedoch bei anderen Lehrern – herangezogen werden darf.[923] Sie wollten sicherstellen, dass bestimmte Verhaltensregeln unabhängig von den Kriterien der Religion oder Weltanschauung einer Person und den Einschränkungen in Art. 4 Abs. 2 UAbs. 1 RL von den Kirchen eingefordert werden können.

Auch systematische Argumente sprechen dafür, die Regelungen beider Unterabsätze getrennt zu betrachten, da die „Verhaltensklausel" nicht als Satz 3 des zweiten Absatzes, sondern als ein von Satz 1 und 2 getrennter Unterabsatz geregelt worden ist.

Die Tatsache, dass die einschränkenden Regelungen von Art. 4 Abs. 2 UAbs. 1 RL nicht auf die Verhaltensklausel anwendbar sind, heißt nun nicht, dass das Recht der Kirchen unbegrenzt ist, von ihren Mitarbeitern loyales und aufrichtiges Verhalten verlangen zu können. Auch hier müssen die Mitgliedstaaten bei der Richtlinienumsetzung die Grundrechte als „gemeinschaftsimmanente Schranken" beachten.

---

921 Siehe hierzu *Conolly,* Irish Law Times 2001, S. 219, 222.
922 „Art dieser Tätigkeit", „Umstände ihrer Ausübung" und „wesentliche, rechtmäßige und gerechtfertigte berufliche Anforderung angesichts des Ethos der Organisation".
923 Siehe hierzu *Conolly,* Irish Law Times 2001, S. 219, 222.

c) Ergebnis

Art. 4 Abs. 2 UAbs. 2 RL ermöglicht den Kirchen, von ihren Mitarbeitern „loyales und aufrichtiges Verhalten im Sinne des Ethos der Organisation“ zu verlangen. Beschränkt wird dieses Recht durch die dem Arbeitnehmer zustehenden Gemeinschaftsgrundrechte.

6. Exkurs: Gemeinschaftsrechtliche Verpflichtung aller Mitgliedstaaten, von der Ausnahmemöglichkeit in Art. 4 Abs. 2 UAbs. 1 RL Gebrauch zu machen

Der deutsche Gesetzgeber muss von der in Art. 4 RL enthaltenen Regelungsbefugnis Gebrauch machen, da er ansonsten gegen das verfassungsrechtlich geschützte Selbstbestimmungsrecht verstoßen würde.

Fraglich ist jedoch, ob auch die anderen Mitgliedstaaten verpflichtet sind, von der Regelungsbefugnis zu Gunsten der Kirchen Gebrauch zu machen. Hierbei soll jedoch nicht geprüft werden, ob eine Verpflichtung – ähnlich wie in Deutschland – aufgrund des nationalen Verfassungsrechts besteht, sondern ob sich eine solche aus dem Gemeinschaftsrecht ergibt.

Im Rahmen der Verhaltensklausel wurde bereits erörtert, dass diese Regelung – unabhängig von einer Umsetzung der Mitgliedstaaten – das Recht der Kirchen enthält, von ihren Mitarbeitern die Einhaltung von loyalem und aufrichtigen Verhalten zu fordern. Auf diesen Unterabsatz beziehen sich die nachfolgenden Ausführungen deshalb nicht. Darin wird lediglich geprüft, ob die Mitgliedstaaten gemeinschaftsrechtlich *verpflichtet* sind, von der Ausnahme*möglichkeit* in Art. 4 Abs. 2 UAbs. 1 RL zu Gunsten der Kirchen Gebrauch zu machen.

Machen die Mitgliedstaaten von der Ausnahmemöglichkeit in Art. 4 Abs. 2 UAbs. 1 RL bzw. in Art. 4 Abs. 1 RL[924] keinen Gebrauch, werden bestimmte Kriterien nicht beachtet, die für die Kirchen wesentliche berufliche Anforderungen darstellen. Dadurch wäre Ihnen jedoch die Durchsetzung ihrer Tendenz verwehrt, was eine Verletzung der gemeinschaftsrechtlichen kollektiven Religionsfreiheit bedeuten würde. Wollen die Mitgliedstaaten nicht gegen gemeinschaftsrechtlich geschützte Grundrechte der Kirchen verstoßen, müssen sie demnach von den Regelungsmöglichkeiten in Art. 4 Abs. 2 UAbs. 1 RL und Art. 4 Abs. 1 RL zu Gunsten der Kirchen Gebrauch machen.

---

[924] Art. 4 Abs. 1 RL findet Anwendung bei religiös motivierten Ungleichbehandlungen, die nicht auf der Religion oder Weltanschauung einer Person beruhen.

Vor diesem Hintergrund wäre es deshalb besser gewesen, wenn man dem Änderungsantrag des Europäischen Parlaments zu Art. 4 Abs. 2 RL gefolgt wäre, nach dem die Mitgliedstaaten nicht nur Ausnahmeregelungen vorsehen *können,* sondern vorsehen müssen[925]. Dies hätte die Grundrechtsstellung der Kirche im Gemeinschaftsrecht deutlicher zum Ausdruck gebracht und außerdem den Mitgliedstaaten in keinem Fall die Möglichkeit gegeben, gemeinschaftswidrig die Position der Kirche zu verletzen.

Zu erinnern ist an dieser Stelle auch an die Inkonsequenz des EuGH in Fällen, bei denen er zu entscheiden hatte, ob die Mitgliedstaaten an gemeinschaftsrechtliche Grundrechte gebunden sind, wenn ihnen im Sekundärrecht Regelungsspielräume eingeräumt wurden. Dies kann für die Kirchen insbesondere in den Fällen eine Rolle spielen, in denen ein Mitgliedstaat von der in Art. 4 Abs. 2 RL vorgesehenen Möglichkeit keinen Gebrauch macht.

Verdeutlichen lässt sich diese Inkonsequenz anhand von zwei Entscheidungen, die nahezu den gleichen Streitgegenstand hatten, aber völlig unterschiedlich entschieden wurden: Die Entscheidung *Wachauf*[926] handelte von einer Verordnung im Rahmen der gemeinsamen Marktordnung für Milch. Darin wurde u. a. geregelt, dass die an einen Pächter vergebene Milchquote an den Verpächter fällt, wenn der Pächter das Land wieder zurückgeben muss, selbst wenn der Verpächter zuvor keinen Milchwirtschaftsbetrieb auf seinem Land hatte. Die Verordnung selbst sah keine Entschädigungsregelung vor, erlaubte jedoch den Mitgliedstaaten, den Pächtern bei der Rückgabe des verpachteten Landes unter gewissen Voraussetzungen eine Entschädigung zu bezahlen. Deutschland hatte von dieser Möglichkeit Gebrauch gemacht und eine Entschädigung unter gewissen Voraussetzungen zugelassen. Da diese Voraussetzungen bei dem betroffenen Pächter Wachauf nicht vorlagen, klagte er vor dem Verwaltungsgericht. Dieses bat den EuGH um Auslegung der Verordnung und gab zu bedenken, dass die Einschränkung in der deutschen Regelung den Verlust des wirtschaftlichen Wertes der Quote zur Folge haben könnte und damit einer grundrechtswidrigen Enteignung gleichkäme. In dieser Entscheidung argumentierte der Gerichtshof wie folgt:

---

[925] Das Europäische Parlament formulierte hierzu: „Die Mitgliedstaaten *sehen* in Bezug auf öffentliche oder private Organisationen, (…), *vor,* (...).“; nach dem Wortlaut dieser Formulierung steht den Mitgliedstaten kein Ermessen bzgl. des „ob“ der Schaffung einer Ausnahme für die Kirchen vor.
[926] EuGH, Rs. 5/88, Slg. 1989, S. 2609 ff. (Wachauf/Bundesamt für Ernährung und Forstwirtschaft).

> „Unter Berücksichtigung dieser Kriterien ist festzustellen, dass eine gemeinschaftsrechtliche Regelung, die dazu führen würde, dass der Pächter nach Ablauf des Pachtverhältnisses entschädigungslos um die Früchte seiner Arbeit und der von ihm in dem verpachteten Betrieb vorgenommen Investitionen gebracht würde, mit den Erfordernissen des Grundrechtsschutzes der Gemeinschaftsordnung unvereinbar wäre“.[927]

Aus der Entscheidung des EuGH folgt, dass ein Grundrechtsverstoß vorliegt, wenn der Pächter keine Entschädigung nach der Rückgabe des Landes bekommt. Dies wiederum bedeutet, dass jeder Mitgliedstaat von der in der Verordnung vorgesehenen *Möglichkeit* der Gewährleistung einer Entschädigung tatsächlich *Gebrauch machen muss*, da ansonsten nach der Argumentation des EuGH ein Grundrechtsverstoß vorläge.

Auch in dem zeitlich nachfolgenden Fall *Bostock*[928] ging es um eben diese Verordnung. Allerdings hatte Großbritannien die in der Verordnung vorgesehene Möglichkeit der Gewährung von Entschädigungszahlungen nicht wahrgenommen und sich somit gegen eine Ausgleichsregelung entschieden. Herr Bostock fühlte sich in seinen Grundrechten verletzt und führte folgende im Urteil des EuGH wiedergegebene Klagegründe an, die aus der Entscheidung *Wachauf* abgeleitet wurden:

> „Dadurch dass das Vereinigte Königreich keine Vergütungsregelung für ausscheidende Pächter (...) erlassen habe, habe es gegen die oben genannten Gemeinschaftsverordnungen und/oder die grundlegenden Prinzipien der Achtung des Eigentums, (...) verstoßen; solange es an einer solchen Regelung fehle, könne ein ausscheidender Pächter einen Vergütungsanspruch gegen den Verpächter unmittelbar auf Gemeinschaftsrecht stützen.“[929]

In Anbetracht der Entscheidung des EuGH im Fall *Wachauf* ist die Argumentation Bostocks die einzig mögliche Schlussfolgerung. Stattdessen argumentierte der EuGH jedoch:

> „Somit verpflichtet der in der Gemeinschaftsordnung verankerte Schutz des Eigentums einen Mitgliedstaat nicht, eine Regelung über eine vom Verpächter an den ausscheidenden Pächter zu zahlende Vergütung einzuführen, und verleiht dem Pächter auch nicht einen unmittelbaren Anspruch auf eine solche Vergütung.“

Der EuGH widerspricht im Fall *Bostock* völlig der Argumentation und dem Ergebnis aus dem Fall *Wachauf*. Beide Fälle unterscheiden sich lediglich darin, dass Deutschland von der Regelungsmöglichkeit in der Verordnung Gebrauch

---

927 EuGH, Rs. 5/88, Slg. 1989, S. 2609, 2639 f. (Rn. 19).
928 EuGH, Rs. C-2/92, Slg. 1994, S. I-955 ff., (Bostock).
929 EuGH, Rs. C-2/92, Slg. 1994, S. I-955, 979 (Rn. 6).

gemacht hatte, Großbritannien jedoch nicht. Möglicherweise lässt sich darin auch eine Erklärung für die unterschiedliche Entscheidung des EuGH finden, da er die in der Verordnung vorgesehene Möglichkeit der Schaffung einer Entschädigungsregelung nicht – entgegen dem Wortlaut – in eine Verpflichtung der Mitgliedstaaten umwandeln wollte, obwohl dies, wie er in der Entscheidung *Wachauf* festgestellt hat, einen Verstoß gegen Gemeinschaftsgrundrechte darstellt.

Auch vor diesem Hintergrund ist es bedauerlich, dass die Richtlinie 2000/78/EG lediglich eine Möglichkeit, jedoch keine Verpflichtung zur Schaffung einer Ausnahmeregelung im Bereich des Kriteriums der „Religion oder Weltanschauung einer Person" für die Kirchen beinhaltet, da eine Ausnahme für die Kirchen in diesem Bereich geschaffen werden muss, um ihr Grundrecht nicht zu verletzen. Aus *Wachauf* und *Bostock* lässt sich jedoch ableiten, dass der EuGH wenig Neigung dazu hat, eine *Verpflichtung* für die Mitgliedstaaten zum Erlass von Normen herzuleiten, wenn im Gemeinschaftssekundärrecht lediglich die *Möglichkeit* zu einem Normerlass gegeben wurde und zwar selbst dann, wenn Grundrechte eine Ausnahmeregelung gebieten. Es bleibt deshalb nur zu hoffen, dass alle Mitgliedstaaten von der in Art. 4 Abs. 2 RL vorgesehenen Möglichkeit Gebrauch machen und dass der EuGH auch die Kirchen als Grundrechtsträger bei der Auslegung der Richtlinie deutlich wahrnimmt.

IV. Auswirkungen der Richtlinie auf das kirchliche Arbeitsrecht

Es soll insbesondere geklärt werden, auf welche kirchlichen Mitarbeiter die Richtlinie Anwendung findet, welche kirchlichen Einrichtungen sich auf die Ausnahmeregelung in Art. 4 Abs. 2 RL berufen können und welche konkreten Auswirkungen die Richtlinie sowohl auf das kollektive Arbeitsrecht als auch auf das Individualarbeitsrecht hat.

1. Europarechtlicher Arbeitnehmerbegriff

Wie bereits zu Beginn der Arbeit erörtert wurde (C.I.), unterscheidet sich der europarechtliche Arbeitnehmerbegriff von dem des nationalen Arbeitsrechts. Nach der Rechtsprechung des EuGH ist jeder, der eine tatsächliche Tätigkeit ausübt, als Arbeitnehmer zu betrachten, wobei Tätigkeiten außer Betracht bleiben, die einen so geringen Umfang haben, dass sie sich als völlig untergeordnet und unwesentlich darstellen.[930] Die rechtliche Ausgestaltung als privat- oder öf-

---

[930] *Borchardt*, Die rechtlichen Grundlagen der Europäischen Union, S. 306.

fentlich-rechtliches Arbeitsverhältnis ist dabei ohne Bedeutung.[931] Nach dieser Rechtsprechung besteht das entscheidende Merkmal darin, dass jemand während einer bestimmten Zeit für einen anderen nach dessen Weisung Leistungen erbringt, für die er als Gegenleistung eine Vergütung erhält.[932] Dieses Merkmal wurde durch den EuGH weit ausgelegt mit der Folge, dass beispielsweise auch Personen als Arbeitnehmer anerkannt werden, die Leistungen im Rahmen einer Religionsgemeinschaft gegen Übernahme des Lebensunterhalts erbringen.[933]

Aus diesem Grund sind alle Personen, die im Rahmen einer Tätigkeit bei einer kirchlichen Einrichtung eine gewisse Vergütung erhalten, europarechtlich gesehen deren Arbeitnehmer. Es spielt hierbei keine Rolle, ob sie diese Tätigkeit im Rahmen einer religiös bestimmten Lebensordnung ausüben – wie beispielsweise Nonnen und Mönche – oder aufgrund eines öffentlich-rechtlichen Dienstverhältnisses wie Pfarrer und andere Kirchenbeamte. Deshalb findet die Richtlinie auch auf alle kirchlichen Mitarbeiter Anwendung, unabhängig davon, welchen rechtlichen Status sie im nationalen Recht haben.

2. Auswirkungen auf den Kreis der Träger des Selbstbestimmungsrechts

Nach deutschem Verfassungsrecht können sich alle Einrichtungen ohne Rücksicht auf deren Rechtsform auf das Selbstbestimmungsrecht berufen, „wenn sie nach *kirchlichem Selbstverständnis* ihrem Zweck und ihrer Aufgabe entsprechend berufen sind, ein Stück Auftrag der Kirche in dieser Welt wahrzunehmen und zu erfüllen“.[934] Dies bedeutet, dass sich das Selbstbestimmungsrecht auch auf karitative und diakonische Einrichtungen und Vereine erstreckt. Auf die Religionsfreiheit nach Art. 4 GG können sich darüber hinaus neben den Kirchen sowie Religions- und Weltanschauungsgemeinschaften auch Vereinigungen berufen, die nicht nur die allseitige, sondern die *partielle* Pflege des religiösen oder weltanschaulichen Lebens ihrer Mitglieder zum Ziel gesetzt haben. Dies gilt neben den organisatorisch oder institutionell mit den Kirchen verbundenen Vereinigungen, auch für andere selbstständige oder unselbstständige Organisationen, wenn und soweit ihr Zweck die Pflege oder Förderung eines religiösen Be-

---

931 *Borchardt,* Die rechtlichen Grundlagen der Europäischen Union, S. 306.

932 *Krimphove,* Europäisches Arbeitsrecht, S. 114; *Borchardt,* Die rechtlichen Grundlagen der Europäischen Union, S. 306 m. w. N. insbesondere Entscheidungen des EuGH hierzu.

933 *Krimphove,* Europäisches Arbeitsrecht, S. 117; *Borchardt,* Die rechtlichen Grundlagen der Europäischen Union, S. 307 m. w. N. insbesondere zu EuGH, Rs. 196/87, Slg. 1988, 6159 ff. (Steymann).

934 BVerfGE 46, 73, 85 f.; bestätigt durch BVerfGE 53, 366, 391; 57, 220, 242; 70, 138, 162.

kenntnisses ist.[935] Das BVerfG hat in diesen Entscheidungen einen sehr weiten Kreis von Berechtigten im Rahmen der Religionsfreiheit bzw. beim Selbstbestimmungsrecht angenommen.

Fraglich ist, ob der Kreis derjenigen, die sich nach nationalem Recht auf das Selbstbestimmungsrecht berufen können, mit dem Kreis der Begünstigten im Rahmen von Art. 4 Abs. 2 RL übereinstimmt.[936] Der EuGH orientiert sich bei der Bestimmung der gemeinschaftsrechtlichen Religionsfreiheit hauptsächlich an Art. 9 EMRK. In diesem Zusammenhang wurde bereits festgestellt, dass sich neben den Kirchen auch andere Vereinigungen mit religiösen oder philosophischen Zielen auf die kollektive Religionsfreiheit berufen können.[937] Auch der Wortlaut von Art. 4 Abs. 2 RL gewährleistet einen weiten Bereich an Begünstigten, zu deren Gunsten die Mitgliedstaaten Ausnahmeregelungen vorsehen können, zumal neben den Kirchen nicht nur öffentliche, sondern auch private Organisationen gehören, deren Ethos auf religiösen Grundsätzen oder Weltanschauungen beruht. Dennoch gibt es einen Unterschied zwischen den Berechtigten nach nationalem Verfassungsrecht und denen nach Gemeinschaftsrecht: Im nationalen Verfassungsrecht ist bei der Bestimmung des Kreises der Berechtigten das „kirchliche Selbstverständnis" entscheidend, während im Gemeinschaftsrecht objektiv – z. B. durch ein Gericht – bestimmt wird, ob der Ethos auf religiösen Grundsätzen und Weltanschauungen beruht.[938] Möglicherweise könnte sich hierdurch schon der erste Konflikt zwischen einem kirchlichen Arbeitnehmer und der Kirche ergeben, da der Arbeitnehmer sich darauf berufen könnte, dass sein Arbeitgeber nicht in den Kreis der nach Gemeinschaftsrecht bestimmten Berechtigten gehöre. Er könnte in diesem Zusammenhang z. B. geltend machen, dass sein Arbeitgeber keine Organisation sei, deren Ethos auf religiösen Grundsätzen oder Weltanschauungen beruhe. Dies würde dazu führen, dass der nationale Gesetzgeber für diesen Arbeitgeber keine Ausnahme nach Art. 4 Abs. 2 RL schaffen bzw. der Arbeitgeber nicht die Einhaltung bestimmter Loyalitätsobliegenheiten nach Art. 4 Abs. 2 UAbs. 2 RL fordern durfte. Das Gericht

---

[935] BVerfGE 24, 236, 246 f.; siehe auch *Weber*, in: Deutsches Staatskirchenrecht zwischen Grundgesetz und EU-Gemeinschaft, S. 81, 83; *Schliemann*, in: Deutsches Staatskirchenrecht zwischen Grundgesetz und EU-Gemeinschaft, S. 113, 125.

[936] Bejahend *Kehlen*, Europäische Antidiskriminierung und kirchliches Selbstbestimmungsrecht, S. 173.

[937] F.II.2.d).

[938] Ähnlich *Schliemann*, NZA 2003, S. 407, 411, der jedoch die Objektivität – Bestimmung durch einen „säkularen" Dritten – lediglich an dem Merkmal der „wesentlichen, rechtmäßigen und gerechtfertigten beruflichen Anforderung" festmacht; a. A. *Reichold*, NZA 2001, S. 1054, 1059, der davon ausgeht, dass die innerstaatliche deutsche Abgrenzung wegen fehlender Gemeinschaftskompetenz maßgeblich bleibt.

müsste sodann prüfen, ob der jeweilige Arbeitgeber tatsächlich zum Kreis der Berechtigten gehört oder nicht.

In den meisten Fällen, die das kirchliche Arbeitsrecht in Deutschland betreffen, wird dieser Zusammenhang keine Probleme bereiten, da der Kreis der Berechtigten im nationalen und im Gemeinschaftsrecht identisch sein wird. Schwierigkeiten könnten sich jedoch in solchen Fällen ergeben, in denen der Schwerpunkt der Tätigkeit einer Organisation nicht auf religiösen, sondern überwiegend auf wirtschaftlichen Grundsätzen beruht.[939] Möglicherweise nimmt der EuGH bei der – objektiven – Bestimmung des Kreises der Berechtigten deshalb eine Abwägung danach vor, ob der überwiegende Schwerpunkt der Tätigkeit eher religiöser oder wirtschaftlicher Natur ist.[940]

3. Auswirkungen auf das kollektive Arbeitsrecht

Da sich der Geltungsbereich der Richtlinie auch auf die „Mitgliedschaft und Mitwirkung in einer Arbeitnehmer- oder Arbeitgeberorganisation" (Art. 3 Abs. 1 lit. d RL) erstreckt, sind Auswirkungen auf den sog. „Dritten Weg" sowie das kirchliche Mitarbeitervertretungsrecht möglich.

a) Auswirkungen auf den „Dritten Weg"

Die Kirchen sind nicht an das geltende Tarifvertragssystem gebunden, sondern haben die Möglichkeit, den Inhalt kirchlicher Arbeitsverhältnisse durch ein kircheneigenes Regelungsverfahren zu bestimmen.[941] Folge hiervon ist für die Kirchen bzw. deren Mitarbeiter, dass sie ihre Forderungen nicht mittels eines Arbeitskampfes durchsetzen können. Stattdessen wird zur Bestimmung des Inhalts der kirchlichen Arbeitsverhältnisse eine paritätisch besetzte Arbeitsrechtliche Kommission eingesetzt, wobei Voraussetzung für die Wählbarkeit zu dieser Kommission die Zugehörigkeit zu einer bestimmten Religion ist. Man könnte deshalb der Auffassung sein, dass durch den „Dritten Weg" mehrere Ungleich-

---

[939] Ähnlich *Weber*, in: Deutsches Staatskirchenrecht zwischen Grundgesetz und EU-Gemeinschaft, S. 81, 102, der eine Gefahr für die Kirchen insbesondere darin sieht, dass sie bzw. ihre Einrichtungen sich in größerem Umfang kirchlich nicht gebundener Mitarbeiter bedienen, sich damit ohne Vorbehalt ihrem säkularen Umfeld anpassen und sich wie ein normaler freier – und nicht wie ein kirchlicher – Träger der Wohlfahrtspflege verhalten.

[940] Ähnliche Erwägungen bei *Däubler*, RdA 2003, S. 204, 206, der insbesondere durch die Entstehung von „kirchlich-weltlichen Mischkonzernen" und Veränderungen des kirchlichen Dienstes durch ökonomische Zwänge die Gefahr sieht, dass diese kirchlichen Betriebe nicht mehr vom „Ethos" der kirchlichen Organisation getragen sind.

[941] Ausführlich hierzu B.II.2.a).

behandlungen von kirchlichen Mitarbeitern vorliegen, auf die sich die Richtlinie 2000/78/EG auswirken könnte.

aa) Wegfall des „Dritten Weges" als Option für die Kirchen

Kirchliche Mitarbeiter haben nicht die Möglichkeit, den Arbeitskampf als Mittel zur Durchsetzung ihrer Interessen einsetzen. Insofern liegt eine Ungleichbehandlung gegenüber anderen Arbeitnehmern vor, die eine solche Möglichkeit haben. Es stellt sich also die Frage, ob vor dem Hintergrund der Richtlinie 2000/78/EG der „Dritte Weg" als Option für die Kirchen bestehen bleiben kann. In der Systematik der Richtlinie können Ungleichbehandlungen aufgrund der in Art. 1 RL genannten Gründe unter bestimmten Voraussetzungen gerechtfertigt sein. Welche Rechtfertigungsmaßstäbe anzulegen sind, hängt hierbei von der Art der Ungleichbehandlung ab. Liegt eine Ungleichbehandlung aufgrund der Religion oder Weltanschauung vor, gelten die Rechtfertigungsanforderungen von Art. 4 Abs. 2 UAbs. 1 RL. Liegt hingegen eine Ungleichbehandlung im Rahmen bestimmter Loyalitätsanforderungen vor, müssen die Voraussetzungen von Art. 4 Abs. 2 UAbs. 2 RL eingehalten werden.

Das Verbot des Arbeitskampfes ist für den kirchlichen Mitarbeiter als Verhaltensanforderung zu werten, da das *Führen* eines Arbeitskampfes dem Selbstverständnis der Kirchen widerspricht.

Nach Art. 4 Abs. 2 UAbs. 2 RL können die Kirchen unter den darin genannten Voraussetzungen die Einhaltung ihrer Loyalitätsanforderungen verlangen. Diese Möglichkeit ist durch die gemeinschaftsrechtlichen Grundrechte des Arbeitnehmers beschränkt. Solange diese gewahrt werden, können die Kirchen von ihren Mitarbeitern die Einhaltung von „loyalem und aufrichtigem Verhalten im Sinne des Ethos der Organisation" fordern.

Die Interessen eines kirchlichen Arbeitnehmers werden auch im Rahmen des „Dritten Weges" durch das Bestehen einer paritätisch besetzten Arbeitsrechtlichen Kommission gewahrt, da die Hälfte der Kommissionsmitglieder aus der Sphäre der Arbeitnehmer kommen. Hierdurch werden die Grundrechte eines kirchlichen Mitarbeiters genügend berücksichtigt, so dass die fehlende Möglichkeit des Arbeitskampfes für diesen zumutbar ist.

Im Übrigen ist darauf hinzuweisen, dass nach den bereits erarbeiteten Ergebnissen[942] die Gemeinschaft auch mit Hilfe von Art. 13 EG nicht dazu berechtigt ist, Regelungen im Bereich des Koalitions-, Aussperrungs- und Streikrechts zu tref-

[942] D.I.2.

fen, so dass der „Dritte Weg“ seiner Substanz nach nicht gefährdet ist.[943] Aus diesem Grund wird der Bestand des „Dritten Weges“ als Option für die Kirchen durch die Richtlinie 2000/78/EG nicht beeinträchtigt.[944]

bb) Diskriminierung bei der Wählbarkeit zur Arbeitsrechtlichen Kommission

Auch die Religionszugehörigkeit ist ein Auswahlkriterium für die Wählbarkeit einer Person zu der paritätisch besetzten Arbeitsrechtlichen Kommission.[945] Insofern liegt eine Ungleichbehandlung wegen der Religion oder Weltanschauung vor, die nach Art. 4 Abs. 2 UAbs. 1 RL gerechtfertigt werden muss.

Zwar verbietet Art. 13 EG eine Regelung durch die EU in Bezug auf den Bestand des „Dritten Weges“, nicht jedoch hinsichtlich Ungleichbehandlungen bei der Wählbarkeit zur Arbeitsrechtlichen Kommission. Bei der Frage des Bestands des „Dritten Weges“ als einer bestimmten Form der Vertretung von Arbeitnehmer- und Arbeitgeberinteressen hat die Gemeinschaft nach Art. 137 Abs. 5 EG keine Regelungsbefugnis. Im Rahmen der Problematik um die Wählbarkeit und damit den Zugang zur Arbeitsrechtlichen Kommission stellt die Gemeinschaft jedoch nicht das mitgliedstaatliche System in Frage, sondern verbietet bestimmte Diskriminierungen innerhalb der bereits bestehenden Systematik. Die gemeinschaftsrechtliche Überprüfung der Voraussetzungen für die Wählbarkeit zur Arbeitsrechtlichen Kommission stellt deshalb keine Regelung im Bereich des Koalitions-, Streik- oder Aussperrungsrechts (Art. 137 Abs. 5 EG) dar, die eine Regelungsbefugnis der Gemeinschaft ausschließen würde.

Nach Art. 4 Abs. 2 UAbs. 1 Satz 1 RL ist für eine Rechtfertigung zunächst erforderlich, dass die Religionszugehörigkeit eines Mitglieds der Arbeitsrechtlichen Kommission nach der Art dieser Tätigkeiten oder der Umstände ihrer Ausübung eine wesentliche, rechtmäßige und gerechtfertigte berufliche Anforderung angesichts des Ethos der Organisation darstellt. Das Vorliegen dieser Voraussetzungen müsste die Kirche in Zukunft mit Tendenzschutzerwägungen begründen. So könnte sie möglicherweise anführen, dass die Vertreter in der Arbeitsrechtlichen Kommission einer bestimmten Religion angehören müssen, damit eine bestimmte Tendenz (z. B. gegenseitige Rücksichtnahme) auch im Arbeitsleben gewahrt und damit die Glaubwürdigkeit der Organisation sichergestellt werden kann. Wenn die Kirche eine solche Begründung nicht anführen kann, stellt die

---

[943] So auch *Reichhold,* NZA 2001, S. 1054, 1058.
[944] So auch *Schliemann,* NZA 2003, S. 407, 413; *Reichhold,* NZA 2001, S. 1054, 1058; a. A. *Hanau-Thüsing,* Europa und das Arbeitsrecht der Kirchen, S. 29, die befürchten, dass der „Dritte Weg“ durch die Richtlinie 2000/78/EG in seinem Bestand gefährdet ist.
[945] Siehe ausführlich unter B.II.2.a).

Ungleichbehandlung aufgrund der Religion oder Weltanschauung bei der Wählbarkeit und damit beim Zugang zu der Arbeitsrechtlichen Kommission eine unzulässige Diskriminierung dar. Ferner müssen bei Ungleichbehandlungen aufgrund der Religion oder Weltanschauung die Voraussetzungen von Art. 4 Abs. 2 UAbs. 1 Satz 2 RL eingehalten werden.

Die Möglichkeit der Kirchen, die Wählbarkeit zur Arbeitsrechtlichen Kommission von einer bestimmten Religionszugehörigkeit abhängig zu machen, ist in Übereinstimmung mit den allen Mitgliedstaaten gemeinsamen Menschenrechten und Grundfreiheiten (Art. 6 Abs. 1 EU).[946] Allerdings müssen nach Art. 4 Abs. 2 UAbs. 1 Satz 2 RL auch die allgemeinen Grundsätze des Gemeinschaftsrechts beachtet werden. Dies wiederum bedeutet, dass bei einer solchen Ungleichbehandlung insbesondere die Grundrechte des Arbeitnehmers bzw. der Verhältnismäßigkeitsgrundsatz gewahrt werden müssen. Ob bzw. inwieweit diese Voraussetzungen eingehalten wurden, wird der EuGH festlegen, jedoch ist in diesem Zusammenhang erneut darauf hinzuweisen, dass das Verbot von Diskriminierungen im Gemeinschaftsrecht eine sehr große Bedeutung hat. Aus diesem Grund müssen die Kirchen – wollen sie an dieser Ungleichbehandlung festhalten – gute Gründe anführen, weshalb die Religionszugehörigkeit für ein Mitglied der Arbeitsrechtlichen Kommission aufgrund der Art der Tätigkeit oder der Umstände ihrer Ausübung eine wesentliche, rechtmäßige und gerechtfertigte berufliche Anforderung darstellt. Es ist deshalb durchaus möglich, dass die Kirchen das Kriterium einer bestimmten Religionszugehörigkeit für die Wählbarkeit zur Arbeitsrechtlichen Kommission herausnehmen müssen.

b) Auswirkungen auf das Mitarbeitervertretungsrecht

Aufgrund der Regelung in Art. 3 Abs. 1 lit. d RL, nach der sich der Geltungsbereich der Richtlinie auch auf die Mitgliedschaft und Mitwirkung in einer Arbeitnehmer- oder Arbeitgeberorganisation bezieht, ist eine Auswirkung der Richtlinie auch auf das Mitarbeitervertretungsrecht möglich.

Auch im Mitarbeitervertretungsrecht gibt es kirchenspezifische Besonderheiten. So sind die Kirchen beispielsweise vom Geltungsbereich der Gesetze über die Betriebsverfassung, die Personalvertretung und die Unternehmensmitbestimmung ausgenommen. Die Kirchen haben deshalb eigene Mitarbeitervertretungen geschaffen. Voraussetzung für die Wählbarkeit hierzu ist in der evangelischen Kirche die Zugehörigkeit zu einer christlichen Kirche oder Gemeinschaft, die der Arbeitsgemeinschaft christlicher Kirchen in Deutschland angeschlossen ist, während in der katholischen Kirche eine bestimmte Religionszugehörigkeit nur

[946] Vgl. Y.B. 32 (1989), S. 57 ff. (Rommelfanger).

noch für den Vorsitzenden der Mitarbeitervertretung eine Voraussetzung darstellt. Er muss nach wie vor katholisch sein. Ähnlich wie bei der paritätisch besetzten Arbeitsrechtlichen Kommission liegt auch hier aufgrund der vorliegenden Wählbarkeitsanforderungen eine Ungleichbehandlung aufgrund der Religion oder Weltanschauung vor, die nach Art. 4 Abs. 2 UAbs. 1 RL gerechtfertigt werden muss.

Demnach muss die Religion oder Weltanschauung eines Mitglieds in einem kirchlichen Mitarbeitervertretungsorgan aufgrund der Art dieser Tätigkeit oder der Umstände ihrer Ausübung eine wesentliche, rechtmäßige und gerechtfertigte berufliche Anforderung darstellen. Darüber hinaus müssen auch die verfassungsrechtlichen Bestimmungen der Mitgliedstaaten sowie die allgemeinen Grundsätze des Gemeinschaftsrechts beachtet werden.

Die katholische Kirche hält – abgesehen vom Vorsitzenden – die Zugehörigkeit zur katholischen Kirche bereits nicht mehr für eine Wählbarkeitsvoraussetzung zu einer kirchlichen Mitarbeitervertretung. Deshalb darf auch für die evangelische Kirche bezweifelt werden, dass eine bestimmte Religionszugehörigkeit für die Wählbarkeit zu einer Mitarbeitervertretung eine „wesentliche, rechtmäßige und gerechtfertigte berufliche Anforderung angesichts des Ethos der Organisation" darstellt. Will die Kirche weiterhin an diesen Merkmalen festhalten, müssen die Voraussetzungen von Art. 4 Abs. 2 UAbs. 1 RL vorliegen. Vor dem Hintergrund der großen Bedeutung des Diskriminierungsverbots im Gemeinschaftsrecht und der Praxis der katholischen Kirche kann die Richtlinie 2000/78/EG deshalb zur Folge haben, dass die Religionszugehörigkeit kein Kriterium für die Wählbarkeit zur kirchlichen Mitarbeitervertretung darstellt.

Ferner können sich Veränderungen des kirchlichen Mitarbeitervertretungsrechts auch daraus ergeben, dass auf europäischer Ebene kein Selbstbestimmungsrecht, sondern lediglich Tendenzschutz gewährleistet wird. Grund hierfür ist die unterschiedliche Behandlung von Kirchen und Tendenzbetrieben im Mitarbeitervertretungsrecht. Während das staatliche Mitarbeitervertretungsrecht auf die Kirchen keine Anwendung findet (z. B. § 118 Abs. 2 BetrVG), werden Tendenzunternehmen und ihre Belange darin zwar berücksichtigt, aber nicht aus dem Anwendungsbereich der jeweiligen Gesetze (z. B. § 118 Abs. 1 BetrVG) herausgenommen. Verlieren nun die Kirchen ihre Privilegierung aufgrund des fehlenden Selbstbestimmungsrechts, lässt sich schwer eine darauf gestützte fortbestehende Ausnahme begründen. Deshalb ist es möglich, dass die Richtlinie auch verfassungsrechtlich begründete Bereichsausnahmen aufbrechen kann.[947]

---

[947] Ähnlich *Reichhold*, NZA 2001, S. 1054, 1058.

4. Auswirkungen auf das kirchliche Individualarbeitsrecht

Die Kirchen haben im nationalen Recht bei der Entstehung, der Ausgestaltung sowie der Beendigung von Arbeitsverhältnissen im nationalen Recht eine besondere Stellung.[948] Nach Art. 3 Abs. 1 lit. a RL und Art. 3 Abs. 1 lit. c RL fallen diese Bereiche in den Geltungsbereich der Richtlinie, so dass Änderungen diesbezüglich bevorstehen.

Um die Auswirkungen der Richtlinie auf das kirchliche Individualarbeitsrecht zu beschreiben, muss auch hier zwischen Ungleichbehandlungen nach Art. 4 Abs. 2 UAbs. 1 und UAbs. 2 RL differenziert werden.

Unterscheiden die Kirchen nach der Religionszugehörigkeit einer Person, müssen die Voraussetzungen von UAbs. 1 RL eingehalten werden. Danach muss die Religionszugehörigkeit dieser Person „nach der Art dieser Tätigkeit oder der Umstände ihrer Ausübung eine wesentliche, rechtmäßige und gerechtfertigte berufliche Anforderung angesichts des Ethos der Organisation darstellen". Von besonderer Bedeutung in diesem Zusammenhang ist hierbei die Tatsache, dass den Kirchen im Gemeinschaftsrecht lediglich Tendenzschutz, jedoch kein Selbstbestimmungsrecht nach deutschem Vorbild zusteht. Folge hiervon ist, dass eine staatliche Instanz (z. B. ein Gericht) bestimmt, unter welchen Voraussetzungen die Bestimmungen von Art. 4 Abs. 2 UAbs. 1 RL vorliegen. Diese Instanz kann darüber hinaus auch eine Abstufung von Loyalitätsobliegenheiten vornehmen, bei der die gemeinschaftsrechtlichen Grundrechte des Arbeitnehmers berücksichtigt werden. Bei religiös motivierten Ungleichbehandlungen aufgrund anderer Kriterien als der Religionszugehörigkeit einer Person (z. B. sexuelle Ausrichtung), hat eine Rechtfertigung nach Art. 4 Abs. 1 RL unter Berücksichtigung von Erwägungsgrund Nr. 24, der darin enthaltenen Kirchenerklärung sowie dem gemeinschaftsrechtlich geschützten Tendenzschutz der Kirche zu erfolgen. Dies hat zur Folge, dass hier de facto die Rechtfertigungsvoraussetzungen von Art. 4 Abs. 2 UAbs.1 RL anzuwenden sind.

Differenzieren die Kirchen jedoch nach einem bestimmten Verhalten ihrer Mitarbeiter, gelten die Voraussetzungen von UAbs. 2 RL. Danach können die Kirchen von ihren Mitarbeitern die Einhaltung von „loyalem und aufrichtigen Verhalten im Sinne des Ethos der Organisation" verlangen, solange hierbei die Grundrechte des Arbeitnehmers nicht verletzt werden.

Eine Ungleichbehandlung der Kirchen bei der Einstellung, der Ausgestaltung oder der Beendigung eines Arbeitsverhältnisses ist nur dann gerechtfertigt, wenn

[948] Siehe B.II.3.

diese Voraussetzungen vorliegen. Dies kann bedeuten, dass die Kirchen beispielsweise einen Buchhalter, der aus der Kirche austritt, oder eine katholische Kindergärtnerin, die wieder heiratet, nicht allein wegen diesem Verhalten ungleich behandeln dürfen.

5. Auswirkungen auf die kirchliche Gerichtsbarkeit

Die kirchlichen Gerichte haben in weiten Bereichen des kirchlichen Arbeitsrechts die alleinige Kontrollbefugnis.[949] Dies betrifft insbesondere Rechtsstreitigkeiten in öffentlich-rechtlichen Dienstverhältnissen sowie im Mitarbeitervertretungsrecht. So können die kirchlichen Gerichte in öffentlich-rechtlichen Dienstverhältnissen noch immer alleine und ausschließlich bestimmen, unter welchen Voraussetzungen dieses beendet wird. Ebenso verhält es sich bei der gerichtlichen Überprüfung der Zusammensetzung der kirchlichen Mitarbeitervertretung. Darüber hinaus ist nach Auffassung einiger Gerichte die Zulassung zur staatlichen Gerichtsbarkeit bei Streitigkeiten aus diesen Bereichen überhaupt nicht gegeben. Es stellt sich deshalb die Frage, wie sichergestellt wird, dass auch in diesen Bereichen des kirchlichen Arbeitsrechts die europäischen Vorgaben eingehalten werden. Dies könnte insbesondere in den Fällen relevant werden, in denen die Kirche einen Priester oder Pfarrer wegen praktizierter Homosexualität aus dem Dienst entlässt. Gerade hier sind abweichende Auffassungen von kirchlichen Gerichten und EuGH möglich, da der Inhalt der Richtlinie mit kirchenrechtlichen Grundsätzen kollidieren kann.

Neben anderen denkbaren Möglichkeiten[950] zur Beantwortung dieser Frage wird lediglich auf die Möglichkeit einer Kooperation von kirchlichen Gerichten und dem EuGH in Form des Vorabentscheidungsverfahrens eingegangen.

Nach Art. 234 EG entscheidet der EuGH im Wege der Vorabentscheidung u. a. über die Gültigkeit und Auslegung von Handlungen der Gemeinschaftsorgane. Das Vorabentscheidungsverfahren hat zum einen die Funktion der Wahrung der Rechtseinheit innerhalb der Gemeinschaft und ist zum anderen Garant für den Individualrechtsschutz.[951] Um diese Funktionen zu sichern, kann ein Gericht ei-

---

[949] Siehe hierzu ausführlich B.III.

[950] Siehe unter C.V.

[951] *Borchardt*, Der Europäische Gerichtshof, Art. 234 EG Rn. 2; *Wißmann*, in: Erfurter Kommentar zum Arbeitsrecht, Art. 234 EG Rn. 1; *Wagner*, Funktion und praktische Auswirkungen der richterlichen Vorlagen an den Gerichtshof der Europäischen Gemeinschaften, S. 21; *Schwarze*, in: *Schwarze*, EU-Kommentar, Art. 234 EG Rn. 1; *Wegener*, in: *Calliess/Ruffert*, Kommentar zu EU-Vertrag und EG-Vertrag, Art. 234 EG Rn. 1; *Groh*, EuZW 2002, S. 460, 461.

nes Mitgliedstaates dem Gerichtshof eine Frage über die Gültigkeit und Auslegung von Handlungen der Organe der Gemeinschaft zur Vorabentscheidung vorlegen, wenn es eine Entscheidung darüber zum Erlass eines Urteils für erforderlich hält. Neben dieser Vorlagemöglichkeit der mitgliedstaatlichen Gerichte besteht eine Vorlagepflicht für Gerichte, deren Entscheidungen nicht mehr mit innerstaatlichen Rechtsmitteln angefochten werden können.

Für die kirchliche Gerichtsbarkeit stellen sich deshalb insbesondere drei Fragen: Zunächst muss geklärt werden, ob die kirchlichen Gerichte unter den Gerichtsbegriff des Art. 234 EG fallen. Nur wenn dies der Fall ist, haben die kirchlichen Gerichte die Möglichkeit, dem EuGH nach Art. 234 EG vorzulegen. Darüber hinaus muss erörtert werden, ob die kirchlichen Gerichte auch vorlageverpflichtet sein können. Sollte dies bejaht werden, stellt sich darüber hinaus insbesondere für den betroffenen Mitarbeiter die weitere Frage, welche Rechtsfolgen sich an eine Verletzung der Vorlagepflicht knüpfen.

a) Vorlageberechtigung kirchlicher Gerichte

Fraglich ist, ob kirchliche Gerichte als Gerichte im Sinne des Art. 234 EG zu verstehen sind. Der Begriff des „Gerichts eines Mitgliedstaats“ muss in einem autonom gemeinschaftsrechtlichen Sinne definiert werden.[952] Der EuGH hat eine Reihe von Kriterien aufgestellt, um den Begriff des Gerichts im Sinne von Art. 234 EG zu beurteilen. Danach muss das Gericht auf gesetzlicher Grundlage eingerichtet sein, die Gerichtsbarkeit einen ständigen und obligatorischen Charakter haben und einen Rechtsstreit auf der Grundlage eines rechtsstaatlich geordneten Verfahrens in richterlicher Unabhängigkeit entscheiden.[953] Es sollen hierdurch vornehmlich private Schiedsgerichte ausgeschlossen werden, die in

---

[952] *Wegener*, in: *Calliess/Ruffert*, Kommentar zu EU-Vertrag und EG-Vertrag, Art. 234 EG Rn. 11; *Schwarze*, in: *Schwarze*, EU-Kommentar, Art. 234 EG Rn. 25; *Borchardt*, Der Europäische Gerichtshof, Art. 234 EG Rn. 19; a. A. *Everling*, in: Vorabentscheidungsverfahren vor dem Gerichtshof der Europäischen Gemeinschaft, S. 11, 13, der die Auffassung vertritt, dass es sich grundsätzlich nach der Rechtsordnung des jeweiligen Mitgliedstaates richtet, was ein Gericht im Sinne der Vorschrift sei.

[953] Siehe hierzu *Wegener*, in: *Calliess/Ruffert*, Kommentar zu EU-Vertrag und EG-Vertrag, Art. 234 EG Rn. 11; *Schwarze*, in: *Schwarze*, EU-Kommentar, Art. 234 EG Rn. 25; *Wagner*, Funktion und praktische Auswirkung der richterlichen Vorlagen an den Gerichtshof der Europäischen Gemeinschaften, S. 29; *Wißmann*, in: Erfurter Kommentar zum Arbeitsrecht, Art. 234 EG Rn. 15 m. w. N.; *Everling*, in: Vorabentscheidungsverfahren vor dem Gerichtshof der Europäischen Gemeinschaft, S. 11, 13.

der Regel keine obligatorische Gerichtsbarkeit ausüben[954], da die Parteien frei über ihre Zuständigkeit und Zusammensetzung entscheiden können.

Legt man die durch den EuGH entwickelten Kriterien zugrunde, müssen auch die kirchlichen Gerichte als Gerichte im Sinne des Art. 234 EG beurteilt werden, da auf sie alle der vorstehenden genannten Kriterien zutreffen. Kirchliche Gerichte sind somit vorlageberechtigt. Eine andere Auffassung vertritt *Schliemann*, nach dessen Auffassung die kirchlichen Gerichte nicht am Vorlageverfahren beteiligt sind.[955] Er begründet dies damit, dass Kirchengerichte keine „Gerichte der Mitgliedstaaten, sondern eben Gerichte der Kirche" seien. Dabei verkennt er zweierlei: Zum einen berücksichtigt er nicht, dass der Begriff des Gerichts im Sinne des Art. 234 EG gemeinschaftsrechtlich ausgelegt werden muss und eine mitgliedstaatliche Bezeichnung keine Rolle spielt. Des Weiteren lässt er unberücksichtigt, dass bei einer fehlenden Vorlageberechtigung der kirchlichen Gerichte diese – selbst wenn sie dies wollten – die Gewährleistung des europäischen Standards in kirchlichen Arbeitsverhältnissen nur schwerlich sichern könnten.

b) Vorlageverpflichtung der kirchlichen Gerichte

Eine andere Frage ist hingegen, ob die kirchlichen Gerichte nicht nur zu einer Vorlage berechtigt, sondern auch verpflichtet sein können. Diese Frage ist in Anbetracht der uneinheitlichen Rechtsprechung zur Zulässigkeit von Klagen aus dem sog. „innerkirchlichen Bereich" vor staatlichen Gerichten nur sehr schwer zu beantworten.

Nach Art. 234 Abs. 3 EG besteht für ein mitgliedstaatliches Gericht eine Vorlagepflicht, wenn seine Entscheidungen nicht mehr mit Rechtsmitteln des innerstaatlichen Rechts angefochten werden können. Darüber hinaus muss ein innerstaatliches Gericht – und somit auch ein kirchliches Gericht – auch dann vorlegen, wenn es eine gemeinschaftsrechtliche Regelung für ungültig hält und diesem deshalb die Anwendung versagen will.[956]

Der Rechtsmittelbegriff erfasst hierbei alle Rechtsbehelfe, mit denen eine von einem Gericht erlassene Entscheidung in tatsächlicher und rechtlicher bzw. nur in rechtlicher Hinsicht von einer übergeordneten Gerichtsinstanz überprüft wer-

---

954 *Wagner*, Funktion und praktische Auswirkungen der richterlichen Vorlagen an den Gerichtshof der Europäischen Gemeinschaften, S. 29.
955 *Schliemann*, NZA 2003, S. 407, 414.
956 *Borchardt*, Der Europäische Gerichtshof, Art. 234 EG Rn. 38; *Lipp*, NJW 2001, S. 2657.

den kann.[957] Außerordentliche Rechtsbehelfe wie die Verfassungsbeschwerde und das Wiederaufnahmeverfahren zählen unstreitig nicht zu den Rechtsmitteln im Sinne des Art. 234 EG.[958] Noch immer ungeklärt ist die Frage, welches Gericht als letztinstanzlich zu betrachten ist.[959] Nach der abstrakten oder institutionellen Theorie sind nur die obersten Gerichte der Mitgliedstaaten als „letztinstanzliche" Gerichte zu verstehen, während nach der konkreten oder funktionalen Betrachtungsweise diese Frage nach der tatsächlichen Rechtsmittelmöglichkeit zu betrachten ist.[960] Unter Berücksichtigung des Individualrechtsschutzes verdient die konkrete Auffassung den Vorzug, da sie verhindert, dass dem Einzelnen durch eine fehlerhafte Auslegung und Anwendung von Gemeinschaftsrecht vor den nationalen Gerichten ein endgültiger Schaden entsteht.[961]

Fraglich ist deshalb, ob und unter welchen Voraussetzungen ein kirchliches Gericht letztinstanzlich im Sinne des Art. 234 EG ist. Nach der hier vertretenen konkreten oder funktionalen Betrachtungsweise ist dies der Fall, wenn keine Rechtsmittel mehr gegen dessen Entscheidung eingelegt werden können.

Problematisch ist vor diesem Hintergrund das uneinheitliche Verhalten der staatlichen Gerichte, die in einigen Fällen Klagen mit Bezug zum sog. „innerkirchlichen Bereich" zulassen und in anderen Fällen die Zulässigkeit verneinen.[962] Lassen die staatlichen Gerichte eine Klage aus einem öffentlich-rechtlichen Dienstverhältnis oder dem Mitarbeitervertretungsrecht nicht zu, ist das jeweils oberste kirchliche Gericht letztinstanzlich. Dieses müsste nach Art. 234 EG auch vorlegen. Ist in den genannten Bereichen eine Klage vor einem staatlichen Gericht zulässig, so ist das kirchliche Gericht nicht als letztinstanzlich zu betrachten. Folglich müsste das kirchliche Gericht nicht vorlegen. Allerdings muss bei dem letzten Fall beachtet werden, dass die staatlichen Gerichte im Rahmen der Begründetheit der Klage weiterreichende Prüfungsbefugnisse als bisher haben müssten, da ihnen zumindest die Überprüfung europarechtlicher Vorgaben möglich sein müsste. So könnten die staatlichen Gerichte ihr Urteil nicht – wie etwa

---

[957] *Borchardt,* Der Europäische Gerichtshof, Art. 234 EG Rn. 37

[958] *Borchardt,* Der Europäische Gerichtshof, Art. 234 EG Rn. 37; *Wegener,* in: *Calliess/Ruffert,* Kommentar zu EU-Vertrag und EG-Vertrag, Art. 234 EG Rn. 18; *Schwarze,* in: *Schwarze,* EU-Kommentar, Art. 234 EG Rn. 42.

[959] Keine eindeutige Schlussfolgerung ermöglicht die Entscheidung EuGH, Rs. 283/81, Slg. 1982, S. 3415, 3428 (Rn. 6), (Srl C.I.L.F.I.T. und Lanificio di Gavardo SpA/Ministero della sanità).

[960] Siehe hierzu *Borchardt,* Der Europäische Gerichtshof, Art. 234 EG Rn. 36.

[961] *Borchardt,* Der Europäische Gerichtshof, Art. 234 EG Rn. 36; *Schwarze,* in: *Schwarze,* EU-Kommentar, Art. 234 EG Rn. 41; *Wegener,* in: *Calliess/Ruffert,* Kommentar zu EU-Vertrag und EG-Vertrag, Art. 234 EG Rn. 19.

[962] Siehe hierzu ausführlich B.III.

der BGH in seinem Urteil vom 28. März 2003 – auf der Grundlage fällen, dass die Frage, ob ein Geistlicher aus dem Dienst wirksam entlassen worden ist, der autonomen Entscheidung der Kirche oder Glaubensgemeinschaft unterfalle.[963]

Eine abschließende Erörterung der Frage, welche Auffassung bezüglich der Zulässigkeit von Klagen aus einem öffentlich-rechtlichen Dienstverhältnis oder aus dem Mitarbeitervertretungsrecht vor einem staatlichen Gericht sich durchsetzen wird und welche weiteren Folgen sich daraus ergeben, würde den Rahmen dieser Arbeit sprengen. Jedoch muss unabhängig davon in jedem Fall sichergestellt werden, dass bei auslegungsbedürftigen Fragen zu den in Art. 234 EG genannten Sachverhalten – also auch zu der RL 2000/78/EG – eine europarechtskonforme Auslegung erfolgt. Diese kann im Zweifel nur durch den EuGH vorgenommen werden.

c) Rechtsfolgen bei einer Verletzung der Vorlagepflicht

Fraglich ist, welche Möglichkeiten ein kirchlicher Mitarbeiter hat, wenn eine bestehende Vorlagepflicht verletzt wurde. Zwar stellt eine Verletzung der Vorlagepflicht eine Vertragsverletzung dar, jedoch hat der Einzelne keinen Anspruch auf die Einleitung eines Vertragsverletzungsverfahrens.[964] Aufgrund der Unabhängigkeit der Gerichte sind darüber hinaus die praktischen Auswirkungen eines solchen Verfahrens beschränkt, da die Regierung eines Mitgliedstaates bei der Verurteilung durch den EuGH den Gerichten keine Weisungen erteilen kann.[965] Folglich liegt die Kontrolle der Vorlageverpflichtung ausschließlich in den Händen der nationalen Gerichte. Allerdings können im jeweiligen nationalen Recht Sanktionen wegen der Verletzung der Vorlagepflicht vorgesehen werden. So besteht in Deutschland bei pflichtwidriger Nichtvorlage durch ein staatliches Gericht die Möglichkeit, Verfassungsbeschwerde gestützt auf das Recht auf den gesetzlichen Richter nach Art. 101 Abs. 1 Satz 2 GG zu erheben.[966]

---

963 BGH, NJW 2003, S. 2097 Nr. 8.

964 *Nowak*, NVwZ 2002, S. 688; *Wagner*, Funktion und praktische Auswirkungen der richterlichen Vorlagen an den Gerichtshof der Europäischen Gemeinschaften, S. 40; *Wegener*, in: *Calliess/Ruffert*, Kommentar zu EU-Vertrag und EG-Vertrag, Art. 234 EG Rn. 26; *Schwarze*, in: *Schwarze*, EU-Kommentar, Art. 234 EG Rn. 50; *Borchardt*, Der Europäische Gerichtshof, Art. 234 EG Rn. 44.

965 *Wagner*, Funktion und praktische Auswirkungen der richterlichen Vorlagen an den Gerichtshof der Europäischen Gemeinschaften, S. 40.

966 BVerfG, EuZW 2002, S. 255 m. w. N.; *Nowak*, NVwZ 2002, S. 688 ff.; *Schwarze*, in: *Schwarze*, EU-Kommentar, Art. 234 EG Rn. 52; *Wegener*, in: *Calliess/Ruffert*, Kommentar zu EU-Vertrag und EG-Vertrag, Art. 234 EG Rn. 27; *Borchardt*, Der Europäische Gerichtshof, Art. 234 EG Rn. 45; *Lipp*, NJW 2001, S. 2657, 2658; *Wagner*, Funktion und praktische Auswirkungen der richterlichen Vorlagen an den Gerichtshof der Europäischen Gemeinschaften,

Nach der Rechtsprechung des BVerfG liegt ein Verstoß hiergegen vor, wenn die Nichtvorlage auf Willkür beruht, d. h. wenn die Vorlagepflicht in „offensichtlich unhaltbarer Weise“ verletzt wurde.[967] Dies trifft insbesondere in den Fällen zu, in denen ein letztinstanzliches Gericht die Vorlage trotz Entscheidungserheblichkeit der gemeinschaftsrechtlichen Frage überhaupt nicht in Frage zieht, also seine Vorlageverpflichtung grundsätzlich verkennt.[968] Dies gilt auch für Fälle, in denen sich ein Gericht nicht ausreichend kundig macht.[969] Darüber hinaus sind hiervon Fälle betroffen, bei denen das Gericht bewusst von einer bereits bestehenden Rechtsprechung des EuGH zu der entscheidungserheblichen Frage abweicht.[970] Neben den bereits geschilderten Fällen liegt eine willkürliche Verletzung der Vorlagepflicht vor, wenn zu einer entscheidungserheblichen Frage des Gemeinschaftsrechts noch keine einschlägige Rechtsprechung des EuGH vorliegt bzw. die vorliegende Rechtsprechung die entscheidungserhebliche Frage noch nicht erschöpfend beantwortet hat.[971] Schließlich ist Willkür auch dann anzunehmen, wenn das Gericht den ihm bei Fehlen einer einschlägigen Rechtsprechung des EuGH zukommenden Beurteilungsspielraum in unvertretbarer Weise überschritten hat. Eine solche Überschreitung liegt vor, wenn mögliche Gegenauffassungen zu den entscheidungserheblichen Fragen des Gemeinschaftsrechts gegenüber der vom Gericht vertretenen Meinung vorzuziehen ist.[972]

Da es noch keine Rechtsprechung des EuGH zu der Richtlinie 2000/78/EG, insbesondere zu dem für kirchliche Arbeitsverhältnisse relevanten Art. 4 RL und – soweit ersichtlich – auch nicht zum Inhalt der kollektiven Religionsfreiheit im Gemeinschaftsrecht gibt, erscheint es nach den vorstehend erarbeiteten Fällen willkürlich, wenn ein letztinstanzliches mitgliedstaatliches Gericht dem EuGH einen Fall nicht vorlegen würde, bei dem die entscheidungserhebliche Frage die Auslegung der Richtlinie 2000/78/EG darstellt.

S. 40 f.; *Everling*, in: Vorabentscheidungsverfahren vor dem Gerichtshof der Europäischen Gemeinschaft, S. 11, 20; dies forderte bereits im Jahr 1983 *Schiller*, NJW 1983, S. 2736.

[967] BVerfG, EuZW 1997, S. 575, 576; BVerfGE 82, 159, 195 f.

[968] *Borchardt*, Der Europäische Gerichtshof, Art. 234 EG Rn. 45; *Wegener*, in: *Calliess/Ruffert*, Kommentar zu EU-Vertrag und EG-Vertrag, Art. 234 EG Rn. 27; *Schwarze*, in: *Schwarze*, EU-Kommentar, Art. 234 EG Rn. 52.

[969] BVerfG, EuZW 2001, S. 255.

[970] BVerfGE 75, 223, 245; *Borchardt*, Der Europäische Gerichtshof, Art. 234 EG Rn. 45; *Schwarze*, in: *Schwarze*, EU-Kommentar, Art. 234 EG Rn. 52.

[971] BVerfG, EuZW 2002, S. 255 f.; *Wegener*, in: *Calliess/Ruffert*, Kommentar zu EU-Vertrag und EG-Vertrag, Art. 234 EG Rn. 27; *Schwarze*, in: *Schwarze*, EU-Kommentar, Art. 234 EG Rn. 52.

[972] BVerfG, EuZW 2002, S. 255, 256; BVerfGE 75, 223, 245; *Borchardt*, Der Europäische Gerichtshof, Art. 234 EG Rn. 45 m. w. N.; *Schwarze*, in: *Schwarze*, EU-Kommentar, Art. 234 EG Rn. 52; *Wegener*, in: *Calliess/Ruffert*, Kommentar zu EU-Vertrag und EG-Vertrag, Art. 234 EG Rn. 27.

Noch ist nicht abschließend geklärt, ob und unter welchen Voraussetzungen eine Klage in den Fällen, in denen es um öffentlich-rechtliche Dienstverhältnisse geht, vor einem staatlichen Gericht zulässig ist. Hiervon hängt jedoch ab, ob diesbezüglich ein kirchliches oder ein staatliches Gericht vorlageverpflichtet ist. Unabhängig von einer möglicherweise bestehenden Verpflichtung sollten die kirchlichen Gerichte jedoch von ihrer Vorlageberechtigung Gebrauch machen. Grund hierfür ist zum einen, dass ein kirchliches Gericht insbesondere auf europäischer Ebene glaubwürdiger wirkt, wenn es darum bemüht ist, europarechtliche Vorgaben einzuhalten. Vor allem im Hinblick auf weitere anstehende Verhandlungen mit den Organen der Gemeinschaft sollte die Kirche um ein gutes Verhältnis bemüht sein. Zum anderen hat das vorlegende Gericht gerade in einem Vorlageverfahren die Möglichkeit, durch seine Sachverhaltsdarstellung und Begründung wesentlichen Einfluss auf die Entscheidung des EuGH zu nehmen. So könnte beispielsweise ein kirchliches Gericht in einem Fall darlegen, in dem es um die Kündigung eines homosexuellen Priesters geht, welche Bedeutung die praktizierte Homosexualität im Kirchenrecht hat. Verzichtet die Kirche jedoch auf eine mögliche Vorlage, überlässt sie einem anderen Gericht die Darstellung der Problematik und gibt jede Einflussmöglichkeit aus der Hand.

H. Schlussbetrachtung

Im Rahmen dieser Arbeit hat sich gezeigt, dass Art. 13 EG eine wichtige Ermächtigungsgrundlage für Maßnahmen gegen Diskriminierungen auf europäischer Ebene darstellt. Allerdings bestehen bis zu entsprechenden Entscheidungen des EuGH noch erhebliche Unsicherheiten über seinen Inhalt und seine Reichweite. Nach der bisherigen Analyse von Art. 13 EG und dem Regelungsbereich der Richtlinie (Art. 3 RL) ergibt sich, dass zwar fast der gesamte Geltungsbereich der Richtlinie auf Art. 13 EG gestützt werden kann, jedoch mit Ausnahme der Bereiche des Arbeitsentgelts, des Koalitions-, Aussperrungs- sowie des Streikrechts. Auch bei Prüfung der Voraussetzungen des Subsidiaritäts- und Verhältnismäßigkeitsprinzips werden einige Schwachpunkte in der Richtlinie sichtbar. So sind zwar die materiellen Vorgaben eingehalten worden, jedoch zeigen sich bei der formellen Voraussetzung einer ordnungsgemäßen Begründung erhebliche Defizite, so dass Zweifel an deren Vorliegen bleiben.

Die Regelungen der Richtlinie 2000/78/EG haben erheblichen Einfluss auf das bereits bestehende staatskirchenrechtliche System in Deutschland. Dieses wird auf gemeinschaftsrechtlicher Ebene zwar nicht ausdrücklich erwähnt, jedoch gehört es zur nationalen Identität Deutschlands und findet deshalb in Art. 6 Abs. 3 EU Berücksichtigung. Hieraus ergibt sich jedoch keine Sicherung des Status quo, sondern lediglich ein gemeinschaftsrechtliches Gebot zur Rücksichtnahme. Auch die Kirchenerklärung beinhaltet ein Rücksichtnahmegebot der Gemeinschaft bei staatskirchenrechtlichen Belangen, das insbesondere bei der Auslegung von Gemeinschaftsrecht zum Tragen kommt. Ein solches Gebot ergibt sich jedoch nicht aus der Querschnittsklausel des Kulturartikels (Art. 151 Abs. 4 EG), da das Staatskirchenrecht nicht unter den gemeinschaftsrechtlich zu bestimmenden Kulturbegriff zu subsumieren ist.

Auf Gemeinschaftsebene werden die Grundrechtspositionen der Kirche und der kirchlichen Mitarbeiter anders gewichtet als auf nationaler Ebene, so dass eine Kollision von nationalem Verfassungs- und europäischem Gemeinschaftsrecht vorliegt. Bei einem etwaigen Konflikt zwischen kirchlichem Arbeitnehmer und Arbeitgeber entscheidet jedoch der EuGH sowohl nach der Rechtsprechung der EuGH als auch der des BVerfG über den jeweiligen Grundrechtsschutz, so dass die Gewichtung der jeweiligen Grundrechtspositionen bei einer Kollision gemeinschaftsrechtlich erfolgt.

Es ist zu erwarten, dass auch der EuGH die kollektive Religionsfreiheit der Kirchen auf Gemeinschaftsebene gewährleisten und dabei deren Inhalt v. a. durch eine Anlehnung an Art. 9 EMRK und die Rechtsprechung der Konventionsorgane hierzu entwickeln wird. Hiernach haben die Kirchen die Freiheit zur Ausübung ihrer Religion, sowie die Organisation und Durchführung von Gottesdienst, Unterricht und die Ausübung und Beachtung religiöser Gebräuche. Ferner genießen sie Schutz vor staatlichen Eingriffen und können sich auch auf die religiöse Vereinigungsfreiheit berufen. Allerdings wird ihnen im Rahmen kirchlicher Arbeitsverhältnisse lediglich Tendenzschutz gewährt. Dieses Ergebnis wird bei einer Berücksichtigung des gemeinschaftlichen Rechts auf Gleichbehandlung bestätigt und sogar verstärkt, da der Schutz vor Diskriminierungen im Gemeinschaftsrecht besonderes Gewicht hat.

Die Richtlinie enthält für den nationalen Gesetzgeber Regelungsspielräume bei der Umsetzung. Dies bedeutet, dass er bei deren Ausgestaltung sowohl nationales Verfassungsrecht als auch die Gemeinschaftsgrundrechte beachten muss. Deshalb muss der Gesetzgeber zum einen von der Regelungsbefugnis zu Gunsten der Kirchen Gebrauch machen und zum anderen muss er in diesem Rahmen auch die Gemeinschaftsgrundrechte beachten.

Die Richtlinie 2000/78/EG hat sowohl Auswirkungen auf das kirchliche Arbeitsrecht als auch die kirchliche Gerichtsbarkeit. Zwar ist der „Dritte Weg“ in seiner Substanz nicht gefährdet, jedoch sind Änderungen bei der Wählbarkeit zur Arbeitsrechtlichen Kommission und zur Mitarbeitervertretung möglich. So ist es durchaus denkbar, dass die Wählbarkeit nicht mehr von der Zugehörigkeit zu einer bestimmten Religion abhängig sein darf. Auch im Bereich des Individualarbeitsrechts ist mit Änderungen zu rechnen. Nunmehr ist es Aufgabe des Gerichts zu bestimmen, unter welchen Voraussetzungen die Religion oder Weltanschauung einer Person eine „wesentliche, rechtmäßige und gerechtfertigte berufliche Anforderung angesichts des Ethos der Organisation“ darstellt. Das Gericht berücksichtigt hierbei die Position der Kirche im Rahmen des Tendenzschutzes. Dies bedeutet, dass das Gericht bestimmt, für wen und in welchem Umfang die Loyalitätsobliegenheiten gelten. Darüber hinaus nimmt es ggf. eine Abstufung der Obliegenheiten abhängig von der Nähe zur Tendenzverwirklichung vor.

Auch im Bereich der kirchlichen Gerichtsbarkeit stehen Änderungen bevor, da die Kirchen nicht nur vorlageberechtigt, sondern u. U. auch zur Vorlage verpflichtet sind.

Nach bisher Erwähntem tun die Kirchen und ihre Einrichtungen gut daran, sich auf die bevorstehenden Umstellungen einzurichten. Im Konfliktfall müssen sie das Gericht davon überzeugen, dass die Anforderungen, die sie an ihre Mitarbeiter stellen, „wesentlich“, „rechtmäßig“ und „gerechtfertigt“ sind. Für den Bereich des kirchlichen Arbeitsrechts sollte deshalb Klarheit darüber bestehen, welche Regelungen für die Kirche in welchem Verhältnis wichtig sind. Hilfreich hierfür kann u. a. die kirchengesetzliche Festlegung kirchenspezifischer Einstellungs- und Kündigungsgründe sein, wie sie bereits in der katholischen Kirche besteht. Hierdurch wird – sowohl für den kirchlichen Mitarbeiter als auch für das entscheidende Gericht – deutlich sichtbar, welche Bedeutung die entsprechenden Regelungen für das jeweilige Arbeitsverhältnis haben. Es ist davon auszugehen, dass auch für ein Gericht entscheidend ist, ob und in welchem Umfang der kirchliche Arbeitnehmer bei Vertragsschluss über seine Verpflichtungen im Arbeitsverhältnis informiert und aufgeklärt wurde. In diesem Zusammenhang ist eine Dokumentation vertraglicher Pflichten des Arbeitnehmers durch Kirchengesetze und die Aushändigung eines Exemplars an den Arbeitnehmer bei Vertragsschluss sehr sinnvoll. Auch die evangelische Kirche sollte daher eine EKD-einheitliche Regelung in Erwägung ziehen. Neben kirchengesetzlichen Regelungen können auch bestimmte Verhaltenskataloge und darin vorgenommene Abstufungen hilfreich sein. Hierbei hat die Kirche die Möglichkeit, entweder eine Abstufung der Loyalitätsobliegenheiten oder der Rechtsfolgen bei einem Verstoß gegen für alle gleichermaßen geltende Verhaltenspflichten vorzunehmen. Unabhängig davon, für welche Variante sie sich entscheidet, sollte hieraus deutlich hervorgehen, dass eine Abstufung nach der Nähe zur Tendenzverwirklichung – mit anderen Worten nach der Nähe zum Verkündigungsauftrag – erfolgt ist.

Darüber hinaus ist es wichtig, dass die Kirchen einheitlich handeln. Die Tendenz der Kirche und ihrer Einrichtungen muss durchgehalten werden. Es wäre einem Gericht schwer vermittelbar, weshalb im westlichen Teil Deutschlands die Religionszugehörigkeit für das Entstehen eines kirchlichen Arbeitsverhältnisses „wesentlich“ sein soll, während dies im östlichen Teil Deutschlands praktisch nicht der Fall ist. Auch wenn es aufgrund historischer Gründe schwierig ist, im östlichen Teil Deutschlands genüg konfessionell gebundene Arbeitnehmer für kirchliche Einrichtungen zu finden, ist zu fragen, ob so nicht die Religionszugehörigkeit als „wesentliches“ Kriterium für eine Einstellung im Rahmen kirchlicher Arbeitsverhältnisse aufgegeben wird. Es bleibt den Kirchen also nicht erspart, zwischen der Aufgabe bestimmter Einstellungsvoraussetzungen und der Handlungsfähigkeit kirchlicher Einrichtungen in den östlichen Ländern Deutschlands abzuwägen.

Alle diese Maßnahmen können dem EuGH als Auslegungshilfe und Abwägungskriterium dienen. Es muss deshalb für das Gericht deutlich erkennbar sein, welche Pflichten für welche Mitarbeiter aus welchem Grund und in welchem Umfang gelten sollen.

Darüber hinaus ist an dieser Stelle in Erinnerung zu rufen, dass die kirchlichen Gerichte auch von ihrer Vorlageberechtigung nach Art. 234 EG Gebrauch machen sollten. Hierdurch könnten sie zum einen zeigen, dass sie darum bemüht sind, die europarechtlichen Vorgaben einzuhalten, was ihnen insbesondere mit Blick auf zukünftige Verhandlungen zu Gute kommen könnte. Zum anderen haben sie im Rahmen eines Vorlageverfahrens die Möglichkeit, durch ihre Sachverhaltsdarstellung und Begründung wesentlichen Einfluss auf die Entscheidung des EuGH zu nehmen. Machen sie von dieser Möglichkeit keinen Gebrauch, geben sie alle Einflussmöglichkeiten diesbezüglich aus der Hand.

Aus alledem ergibt sich, dass die Kirchen ihre Stellung im europäischen Gemeinschaftsrecht in vielen Bereichen neu definieren müssen. Eine Bereitschaft zur Kooperation mit den Gemeinschaftsorganen ist für die Kirchen hierbei vielerorts hilfreicher als ein Festhalten an mitgliedstaatlichen Traditionen. Wollen die Kirchen auch auf europäischer Ebene Gehör finden, sollten sie daher in einer Sprache sprechen, die die Gemeinschaft verstehen kann: „Europäisch".

Literaturverzeichnis

Alber, Siegbert:
Die Selbstbindung der europäischen Organe an die Europäische, Charta der Grundrechte, EuGRZ 2001, S. 349 ff.

ders./Widmaier, Ulrich:
Die EU-Charta der Grundrechte und ihre Auswirkungen, auf die Rechtsprechung – Zu den Beziehungen zwischen EuGH und EGMR, EuGRZ 2000, S. 497 ff.

Allen, Robin:
Artikel 13 und die Suche nach Gleichheit in Europa, in: *Europaforum Wien (Hrsg.)*, Bekämpfung der Diskriminierungen: Orientierungen für die Zukunft, Wien, 1999, S. 77 – 87

Altmaier, Peter:
Das Rangverhältnis zwischen Grundgesetz und Gemeinschaftsrecht – Rechtslage und Perspektiven, in: *Campenhausen, Axel Frhr. von (Hrsg.)*, Deutsches Staatskirchenrecht zwischen Grundgesetz und EU-Gemeinschaft, 1. Auflage, Frankfurt am Main, 2003, S. 13 – 28

Arndt, Hans-Wolfgang:
Europarecht, 6. Auflage, Heidelberg, 2003

Bauer, Jobst-Hubertus:
Europäische Antidiskriminierungsrichtlinien und ihr Einfluss auf das deutsche Arbeitsrecht, NJW 2001, 2672 ff.

Bell, Mark:
The New Article 13 EC Treaty: A Sound Basis for European Anti-Discrimination Law?, MJ 1999, S. 5 ff.

Belling, Detlef W.:
Umsetzung der Antidiskriminierungsrichtlinie im Hinblick auf das kirchliche Arbeitsrecht, NZA 2004, S. 885 ff.

Bergmann, Jan:
in: *ders./Lenz, Christofer (Hrsg.)*, Der Amsterdamer Vertrag – Eine Kommentierung der Neuerungen des EU- und EG-Vertrags, 1. Auflage, Köln, 1998

Bieback, Karl-Jürgen:

Streikrecht im kirchlichen Bereich, in: *Däubler, Wolfgang (Hrsg.)*, Arbeitskampfrecht, 2. Auflage, Baden-Baden, 1987, S. 395 – 406

Bijsterveld, Sophie C. van:

Die Kirchenerklärung von Amsterdam – Genese und Bedeutung, ÖARR 46 (1999), S. 46 ff.

dies.:

Religions and community law: Separate worlds or growing understanding?, in: Religions in European Law, European Consortium for Church-State Research, Milano 1998, S. 27 – 36

Blanke, Hermann-Josef:

in: *Calliess, Christian/Ruffert, Matthias (Hrsg.)*, Kommentar zu EU-Vertrag und EG-Vertrag, 2. Auflage, Neuwied, Kriftel, 2002

Bleckmann, Albert:

Völkerrecht, 1. Auflage, Baden-Baden, 2001

ders.:

Die Wahrung der „nationalen Identität“ im Unions-Vertrag, JZ 1997, S. 265 ff.

ders.:

Von der individuellen Religionsfreiheit des Art. 9 EMRK zum Selbstbestimmungsrecht der Kirchen – Ansätze zu einem „Europäischen Staatskirchenrecht“, Köln (u. a.), 1995

ders.:

Die Bindung der Europäischen Gemeinschaft an die Europäische Menschenrechtskonvention, Köln (u. a.), 1986

Blum, Nikolaus:

Die Gedanken-, Gewissens- und Religionsfreiheit nach Art. 9 der Europäischen Menschenrechtskonvention, Berlin, Zugl., Diss., Univ., Freiburg, 1990

Bogdandy, Armin von:

Grundrechtsgemeinschaft als Integrationsziel? Grundrechte und das Wesen der Europäischen Union, JZ 2001, S. 157 ff.

ders.:
Das Leitbild der dualistischen Legitimation für die europäische Verfassungsentwicklung – Gängige Missverständnisse des Maastricht-Urteils und deren Hintergründe (BVerfGE 89, 155 ff.), KritV 2000, S. 284 ff.

Borchardt, Klaus-Dieter:
Die rechtlichen Grundlagen der Europäischen Union, Eine systematische Darstellung für Studium und Praxis, 2. Auflage, Heidelberg, 2002

ders.:
Der Europäische Gerichtshof – Besetzung, Anrufung, Zuständigkeiten, Vorabentscheidung und einstweiliger Rechtsschutz, in: *Lenz, Carl Otto (Hrsg.),* Kommentar zu den Art. 220 – 245 EGV mit Textanhang, 2. Auflage, Köln, 2000

Bornemann, Dirk:
Die Bedeutung der Grundrechtsquellen für den Grundrechtsschutz und für Grundrechtskollisionen in der Rechtsprechung des Europäischen Gerichtshofs – Eine Analyse der Struktur des gemeinschaftlichen Grundrechtsschutzes, Hamburg, Zugl., Diss., Univ., Rostock, 2002

Bothe, Michael:
„Soft Law“ in den Europäischen Gemeinschaften?, in: *Münch, Ingo von (Hrsg.),* Staatsrecht, Völkerrecht, Europarecht, Festschrift für Hans-Jürgen Schochauer zum 75. Geburtstag, Berlin (u. a.), 1981, S. 761 – 775

Brenner, Michael:
Die Kirchen als Körperschaften des öffentlichen Rechts zwischen Grundgesetz und Gemeinschaftsrecht – Rechtslage und Perspektiven, in: *Campenhausen, Axel Frhr. von (Hrsg.),* Deutsches Staatskirchenrecht zwischen Grundgesetz und EU-Gemeinschaft, 1. Auflage, Frankfurt am Main, 2003, S. 43 – 66

Calliess, Christian,
in: *ders./Ruffert, Matthias (Hrsg.),* Kommentar zu EU-Vertrag und EG-Vertrag, 2. Auflage, Neuwied, Kriftel, 2002

ders.:
Subsidiaritäts- und Solidaritätsprinzip in der Europäischen Union, Vorgaben für die die Anwendung von Art. 5 (ex-Art. 3b) EGV nach dem Vertrag von Amsterdam, 2. Auflage, Baden-Baden, 1999

Campenhausen, Axel Frhr. von:
in: *Mangoldt, Hermann v./Klein, Friedrich/Starck, Christian (Hrsg.),* Das Bonner Grundgesetz, Kommentar, Band 3, 4. Auflage, München, 2001

ders.:
Staatskirchenrecht, Ein Studienbuch, 3. Auflage, München, 1996

ders.:
Die Verantwortung der Kirche und des Staates für die Regelung von Arbeitsverhältnissen im kirchlichen Bereich, Essener Gespräche zum Thema Staat und Kirche 18 (1984), S. 9 ff.

Canor, Iris:
Primus inter pares. Who is the ultimate guardian of fundamental rights in Europe?, E.L. Rev. 2000, S. 3 ff.

Choudhury, Tufyal:
Interpreting the Right to Equality Under Article 26 of the International Covenant on Civil and Political Rights, E.H.R.L.R. 2003, S. 24 ff.

Christoph, Joachim E.:
3. Tagung über „Europäisches Gemeinschaftsrecht – Kirchliches Dienst- und Arbeitsrecht“, ZevKR 37 (1992), S. 415 ff.

Cirkel, Johannes:
Die Bindungen der Mitgliedstaaten an die Gemeinschaftsgrundrechte, 1. Auflage, Baden- Baden, 2000, Zugl., Diss., Univ., Frankfurt (Oder), 2000

ders.:
Gleichheitsrechte im Gemeinschaftsrecht, NJW 1998, S. 3332 ff.

Cole, Mark D./Haus, Florian C.:
Grundfälle zum Europarecht, JuS 2003, S. 760 ff.

Connolly, Ursula:
The Race Directive and the Framework Directive: An Analysis of their Effect on Irish Employment – Part II, Irish law times 2001, S. 219 ff.

Conring, Hans-Tjabert:
Korporative Religionsfreiheit in Europa – Eine rechtsvergleichende Betrachtung – Zugleich ein Beitrag zu Artikel 9 EMRK, Frankfurt am Main, Zugl., Diss., Univ., Marburg, 1998

Craven, Matthew:
The International Covenant on Economic, Social and Cultural Rights, in: *Hanski, Raija/Suksi, Markku (Hrsg.)*, An Introduction to the International Protection of Human Rights, A textbook, Turku (u. a.), 1997, S. 99 – 118

Cremer, Hans-Joachim:
in: *Calliess, Christian/Ruffert, Matthias (Hrsg.)*, Kommentar zu EU-Vertrag und EG-Vertrag, 2. Auflage, Neuwied, Kriftel, 2002

Däubler, Wolfgang:
Das kirchliche Arbeitsrecht und die Grundrechte der Arbeitnehmer, RdA 2003, S. 204 ff.

de Búrca, Gráinne:
The Role of Equality in European Community Law, in: *Dashwood, Alan/O'Leary, Siofra (Hrsg.)*, The Principle of Equal Treatment in EC Law, Papers collected by the Centre for European Legal Studies, Cambridge, London (u. a.), 1997, S. 13 – 34

de Wall, Heinrich:
Neue Entwicklungen im Europäischen Staatskirchenrecht, ZevKR 47 (2002), S. 205 ff.

ders.:
Europäisches Staatskirchenrecht, ZevKR 45 (2000), S. 157 ff.

di Bucci, Vittorio/Mancini, Federico:
Die Entwicklung der Grundrechte als Teil des Europarechts, in: *Iliopoulos-Strangas, Julia (Hrsg.)*, Grundrechtsschutz im europäischen Raum – Der Beitritt der europäischen Gemeinschaften zur Europäischen Menschenrechtskonvention, 1. Auflage, Baden-Baden, 1993, S. 208 – 228

Dill, Ricarda:
Die Antidiskriminierungs-Richtlinien der EU und das deutsche Staatskirchenrecht, ZRP 2003, S. 318 ff.

Doehring, Karl:
Die nationale „Identität" der Mitgliedstaaten der Europäischen Union, in: *Due, Ole/Lutter, Marcus/Schwarze, Jürgen (Hrsg.)*, Festschrift für Ulrich Everling, Band I, 1. Auflage, Baden-Baden, 1995, S. 263 – 271

Drzewicki, Krysztof:
The United Nations Charter and the Universal Declaration of Human Rights, in: *Hanski, Raija/Suksi, Markku (Hrsg.),* An Introduction to the International Protection of Human Rights, A textbook, Turku (u. a.), 1997, S. 65 – 78

Due, Ole/Gulman, Claus:
Community Fundamental Rights as Part of National Law, in: Scritti in onore di Giuseppe Federico Mancini, Band II, Milano, 1998, S. 405 – 422

Dütz, Wilhelm:
Das Bundesverfassungsgericht zur Kündigung kirchlicher Arbeitsverhältnisse, NZA 1986, Beil. 1, S. 18 ff.

ders.:
Kirchliche Festlegung arbeitsvertraglicher Kündigungsgründe?, NJW 1990, S. 2025 ff.

Ehricke, Ulrich:
„Soft law" – Aspekte einer neuen Rechtsquelle, NJW 1989, S. 1906 ff.

Epiney, Astrid:
in: *Calliess, Christian/Ruffert, Matthias (Hrsg.),* Kommentar zu EU-Vertrag und EG-Vertrag, 2. Auflage, Neuwied, Kriftel, 2002

Etzel, Gerhard:
in: *Becker, Friedrich/Etzel, Gerhard/Bader, Peter/Fischermeier, Ernst/ Friedrich, Hans-Wolf/Lipke, Gert-Albert/Pfeiffer, Thomas/Rost, Friedhelm/Spilger, Andreas Michael/Vogt, Norbert /Weigant, Horst/Wolff, Ingeborg,* KR – Gemeinschaftskommentar zum Kündigungsschutzgesetz und zu sonstigen kündigungsschutzrechtlichen Vorschriften, 6. Auflage, 2002

Everling, Ulrich:
Vorlagerecht und Vorlagepflicht nationaler Gerichte nach Art. 177 EGV, in: *Reichelt, Gerte (Hrsg.),* Vorabentscheidungsverfahren vor dem Gerichtshof der Europäischen Gemeinschaft – Europäische Erfahrungen und österreichische Perspektiven, Wien, 1998, S. 11 – 22

Fabricius, Fritz:
Die Europäische Sozialcharta, in: *Vassilouni, Stavròula (Hrsg.),* Aspects of the protection of individual and social rights, Athen, 1995, S. 187 – 201

Fastenrath, Ulrich/Müller-Gerbes, Maike:
Europarecht, Grundlagen und Schwerpunkte, 1. Auflage, Baden-Baden, 2000

Fink, Udo:
Der Grundrechtsschutz in der Europäischen Union nach dem Amsterdamer Vertrag, in: *Kluth, Winfried (Hrsg.)*, Die Europäische Union nach dem Amsterdamer Vertrag, 1. Auflage, Baden-Baden, 2000, S. 57 – 72

Flynn, Leo:
The Implications of Article 13 EC – After Amsterdam, will some Forms of Discrimination be more equal than others?, CML Rev. 1999, S. 1127 ff.

Fries, Sybilla:
Die Grundrechtsbindung der Mitgliedstaaten nach dem Gemeinschaftsrecht, München, 2002, Zugl., Diss., Univ., München, 2001

Frowein, Jochen Abr.:
Religionsfreiheit und internationaler Menschenrechtsschutz, in: *Grote, Rainer/Marauhn, Thilo (Hrsg.)*, Religionsfreiheit zwischen individueller Selbstbestimmung, Minderheitenschutz und Staatskirchenrecht – Völker- und verfassungsrechtliche Perspektiven, Berlin, Heidelberg (u. a.), 2001, S. 73 – 88

ders. :
Freedom of Religion in the Practice of the European Commission and the Court of Human Rights, ZaöRV 1996, S. 249 ff.

ders.:
in: *ders./Peukert, Wolfgang (Hrsg.)*, Europäische Menschenrechtskonvention, EMRK-Kommentar, 2. Auflage, Kehl (u. a.), 1996

ders.:
Artikel 9 EMRK in der Rechtsprechung der Straßburger Instanzen, in: *Friedmann, Michel/Frowein, Jochen Abr./Grewe, Constanze/Noack, Axel/ Razwi, Mehdi/Vulpius, Axel/Wanke, Joachim (Hrsg.)*, Religionsfreiheit, Heidelberg, 1996, S. 1 – 15

ders.:
Die Bedeutung des die Gedanken-, Gewissens- und Religionsfreiheit garantierenden Artikels 9 der Europäischen Menschenrechtskonvention, Essener Gespräche zum Thema Staat und Kirche 27 (1993), S. 46 ff.

ders./Schulhofer, Stephen/Martin Shapiro:
The Protection of Fundamental Human Rights as a Vehicle of Integration, in: *Cappelletti, Mauro/Seccombe, Monica/Weiler, Joseph (Hrsg.)*, Integration through law, Volume 1, Forces and Potential for a European Identity, Book 3, Berlin (u. a.), 1986, S. 231 – 344

Geiger, Rudolf:
Kommentar zum EUV/EGV, Vertrag über die Europäische Union und Vertrag zur Gründung der Europäischen Gemeinschaft, 3. Auflage, München, 2000

Görlitz, Niklas:
Die Beschränkung der Wehrpflicht nur auf Männer und europarechtliche Diskriminierungsverbote – Nun auch die Wehrpflicht im Fadenkreuz der europäischen Rechtsprechung?, DÖV 2002, S. 14 ff.

Götz, Volkmar:
Anmerkung zu EuGH, Rs. C- 285/98, Slg. 2000, S. I-69 ff. (Kreil), JZ 2000, S. 413 ff.

Gomien, Donna/Harris, Davis/Zwaak, Leo:
Law and Practice of the European Convention on Human Rights and the European Social Charter, Strasbourg, 1996

Grabenwarter, Christoph:
Europäische Menschenrechtskonvention, Ein Studienbuch, München, 2003

Grethlein, Gerhard:
Probleme des Dritten Weges der Kirchen, NZA 1986, Beil. 1, S. 18 ff.

Groh, Thomas:
Auslegung des Gemeinschaftsrechts und Vorlagepflicht nach Art. 234 EG – Plädoyer für eine zielgerichtete Konzeption, EuZW 2002, S. 460 ff.

Grzeszick, Bernd:
Die Kirchenerklärung zur Schlussakte des Vertrags von Amsterdam – Europäischer Text, völkerrechtliche Verbindlichkeit, staatskirchenrechtlicher Inhalt, ZevKR 48 (2003), S. 284 ff.

Musall, Peter/Reichelt, Helmut:
in: *Haase, Richard/Keller, Rolf (Hrsg.),* Grundlagen und Grundformen des Rechts, Eine Einführung, 11. Auflage, Stuttgart, 2003

Hanau, Peter/Thüsing, Gregor:
Europarecht und kirchliches Arbeitsrecht, 1. Auflage, Baden-Baden, 2001

Harris, David:
The Council of Europe (II): The European Social Charter, in: *Hanski, Raija/Suksi, Markku (Hrsg.),* An Introduction to the International Protection of Human Rights, A textbook, Turku (u. a.), 1997, S. 243 – 263

Hector, Pascal:
Die Charta der Grundrechte der Europäischen Union, in: *Bröhmer, Jürgen (Hrsg.),* Der Grundrechtsschutz in Europa, 1. Auflage, Baden-Baden, 2002, S. 180 – 204

Heinig, Hans-Michael:
Die Stellung der Kirchen und Religionsgemeinschaften in der europäischen Rechtsordnung, in: *Müller-Graff, Peter-Christian/ Schneider, Heinrich (Hrsg.),* Kirchen und Religionsgemeinschaften in der Europäischen Union, 1. Auflage, Baden-Baden, 2003, S. 125 – 156

ders.:
Öffentlich-rechtliche Religionsgesellschaften – Studien zur Rechtsstellung der nach Art. 137 Abs. 5 WRV korporierten Religionsgesellschaften in Deutschland und in der Europäischen Union, 1. Auflage, Berlin, 2003, Zugl., Diss., Univ., Düsseldorf, 2002

ders.:
Die Religion, die Kirchen und die europäische Grundrechtscharta, ZevKR 46 (2001), S. 440 ff.

ders.:
Art. 13 EGV und die korporative Religionsfreiheit nach dem Grundgesetz, in: *Haratsch, Andreas/Janz, Norbert/Rademacher, Sonja/Schmahl, Stefanie/Weiß, Norman (Hrsg.),* Religion und Weltanschauung im säkularen Staat, Stuttgart, München, Hannover, Berlin, Weimar, Dresden, 2001, S. 215 – 254

Heintzen, Markus:
Die Kirchen im Recht der Europäischen Union, in: *Isensee, Josef/Rees, Wilhelm/Rüfner, Wolfgang (Hrsg.)*, Dem Staate, was des Staates – der Kirche, was der Kirche ist, Festschrift für Joseph Listl zum 70. Geburtstag, Berlin, 1999, S. 29 – 47

Hepple, Bob:
Towards a European Social Constitution, in: *Engels, Chris/Weiss, Manfred (Hrsg.)*, Labour Law and Industrial Relations at the Turn of the Century, Liber Amicorum – in honour – of Roger Blanpain, The Hague (u. a.), 1998, S. 292 – 304

Herrnfeld, Hans-Holger:
in: *Schwarze, Jürgen (Hrsg.)*, EU-Kommentar, 1. Auflage, Baden-Baden, 2000

Hesse, Konrad:
Das Selbstbestimmungsrecht der Kirchen und Religionsgemeinschaften, in: *Listl, Joseph/Pirson, Dietrich (Hrsg.)*, Handbuch des Staatskirchenrechts der Bundesrepublik Deutschland, Band 1, 2. Auflage, 1994, S. 521 – 559

Hilf, Meinhard:
Europäische Union und Europäische Menschenrechtskonvention, in: *Beyerlin, Ulrich/Bothe, Michael/Hofmann, Rainer/Petersmann, Ernst-Ulrich (Hrsg.)*, Recht zwischen Umbruch und Bewahrung, Völkerrecht – Europarecht – Staatsrecht, Festschrift für Rudolf Bernhardt, Berlin, Heidelberg (u. a.), 1995, S. 1193 – 1210

Hillgruber, Christian:
Staat und Religion, DVBl. 1999, S. 1155 ff.

Hirsch, Günter:
Das Verhältnismäßigkeitsprinzip, in: Scritti in onore die Federico Mancini, Band II, Milano, 1998, S. 459 – 483

ders.:
Die Rechtsprechung des Gerichtshofs der Europäischen Gemeinschaften zum Verhältnis von nationalem und supranationalem Recht, VSSR 1996, S. 159 ff.

ders.:
Europäischer Gerichtshof und Bundesverfassungsgericht – Kooperation oder Konfrontation?, NJW 1996, S. 2457 ff.

Hochbaum, Ingo:
Der Begriff der Kultur im Maastrichter und Amsterdamer Vertrag, BayVBl. 1997, S. 641 ff.

Högenauer, Nikolaus:
Die europäischen Richtlinien gegen Diskriminierung im Arbeitsrecht – Analyse, Umsetzung und Auswirkung der Richtlinien 2000/43/EG und 2000/78/EG im deutschen Arbeitsrecht, Hamburg, 2002, Zugl., Diss., U-niv., Augsburg, 2002

Hollerbach, Alexander:
Grundlagen des Staatkirchenrechts, in: *Isensee, Josef/Kirchhof, Paul (Hrsg.);* Handbuch des Staatsrechts der Bundesrepublik Deutschland; Band VI, 2. Auflage, Heidelberg, 2001, S. 471 – 555

ders.:
National identity, the constitutional tradition and the structures of law on religions in Germany, in: Religions in European Union Law, European Consortium for Church-State Research, Milano, 1998, S. 89 – 92

ders.:
Europa und das Staatskirchenrecht, ZevKR 35 (1990), S. 250 ff.

Holoubek, Michael:
in: *Schwarze, Jürgen (Hrsg.),* EU-Kommentar, 1. Auflage, Baden-Baden, 2000

Hoyningen-Huene, Gerrick von:
Öffnungsklauseln für Kirchen in Arbeitsrechts-Gesetzen?, RdA 2002, S. 65 ff.

Hummer, Waldemar:
Grundrechte in der Europäischen Union – Vom Richterrecht über eine Grundrechtscharta zur Europäischen Verfassung – in: *Karl, Wolfram/ Brandl, Ulrike (Hrsg.),* Völker- und Europarecht, Wien, 2000, S. 289 – 356

Ipsen, Hans Peter:
Europäisches Gemeinschaftsrecht, Tübingen, 1972

Isensee, Josef:
Die Zukunftsfähigkeit des deutschen Staatskirchenrechts, in: *Isensee, Josef/Rees, Wilhelm/Rüfner, Wolfgang (Hrsg.)*, Dem Staate, was des Staates – der Kirche, was der Kirche ist, Festschrift für Joseph Listl zum 70. Geburtstag, Berlin, 1999, S. 67 – 90

Jansen, Thomas:
Der europäische Integrationsprozess als Herausforderung für die Kirchen und religiösen Gemeinschaften, ÖARR 46 (1999), S. 71 ff.

Jeand'Heur, Bernd/Korioth, Stefan:
Grundzüge des Staatskirchenrechts, Stuttgart, München, Hannover, Berlin, Weimar, Dresden, 2000

Joussen, Jacob:
Die Folgen der europäischen Diskriminierungsverbote für das kirchliche Arbeitsrecht, RdA 2003, S. 32 ff.

Kahl, Wolfgang:
Möglichkeiten des Subsidiaritätsprinzips nach Art. 3b EG-Vertrag, AöR 1993, S. 414 ff.

Kampmeyer, Eva:
Protokoll und Abkommen über die Sozialpolitik der Europäischen Union, Köln (u. a.), 1998, Zugl., Diss., Univ., Osnabrück, 1998

Kania, Thomas:
in: *Küttner, Wolfdieter*, Personalhandbuch 2004, Arbeitsrecht, Lohnsteuerrecht, Sozialversicherungsrecht, München, 2004

Kästner, Karl-Hermann:
Tendenzwende in der Rechtsprechung zum staatlichen Rechtsschutz in Kirchensachen, NVwZ 2000, S. 889 ff.

Kehlen, Detlef:
Europäische Antidiskriminierung und kirchliches Selbstbestimmungsrecht, Zur Auslegung von Art. 13 EGV und Art. 4 der Richtlinie 2000/78/EG, Frankfurt, am Main, (u. a.), 2003, Zugl., Diss., Univ., Halle-Wittenberg, 2003

Kenntner, Markus:
Das Subsidiaritätsprotokoll des Amsterdamer Vertrags – Anmerkungen zum Begrenzungscharakter des gemeinschaftsrechtlichen Subsidiaritätsprinzips, NJW 1998, S. 2871 ff.

Kienitz, Andreas:
Der kirchengerichtliche Rechtsschutz bei Streitigkeiten nach dem MVG EKD, NZA 1996, S. 963 ff.

Kingreen, Thorsten:
in: *Calliess, Christian/Ruffert, Matthias (Hrsg.),* Kommentar zu EU-Vertrag und EG-Vertrag, 2. Auflage, Neuwied, Kriftel, 2002

Kirchberg, Christian:
Staatlicher Rechtsschutz für Kirchensachen, NVwZ 1999, S. 734 ff.

Kirchhof, Paul:
Der unverzichtbare Kern des deutschen Staatskirchenrechts und seine Perspektive im EU-Gemeinschaftsrecht, in: *Campenhausen, Axel Frhr. von (Hrsg.),* Deutsches Staatskirchenrecht zwischen Grundgesetz und EU-Gemeinschaft, 1. Auflage, Frankfurt am Main, 2003, S. 147 – 165

ders.:
Das Kooperationsverhältnis zwischen Bundesverfassungsgericht und Europäischem Gerichtshof, in: *Müller-Graff, Peter-Christian (Hrsg.),* Perspektiven des Rechts in der Europäischen Union, Heidelberg, 1998, S. 163 – 182

Kischel, Uwe:
Der unabdingbare grundrechtliche Mindeststandard in der Europäischen Union, Zur Auslegung des Art. 23 Abs. 1 Satz 1 GG, Der Staat 2000, S. 523 ff.

ders.:
Zur Dogmatik des Gleichheitssatzes in der Europäischen Union, EuGRZ 1997, S. 1 ff.

Klose, Bernhard:
Grundrechtsschutz in der Europäischen Union und die Europäische Menschenrechtskonvention, DRiZ 1997, 122 ff.

Koenig, Christian/Haratsch, Andreas:
Europarecht, 4. Auflage, Tübingen, 2003

König, Doris:
Antidiskriminierungsrichtlinien vor der Umsetzung, ZRP 2003, S. 315 ff.

Koukoulis-Spiliotopoulos, Sophia:
Materieller Geltungsbereich von Artikel 13, in: *Europaforum Wien (Hrsg.)*, Bekämpfung der Diskriminierungen: Orientierungen für die Zukunft, Wien, 1999, S. 108 – 113

Krebber, Sebastian:
in: *Calliess, Christian/Ruffert, Matthias (Hrsg.)*, Kommentar zu EU-Vertrag und EG-Vertrag, 2. Auflage, Neuwied, Kriftel, 2002

Kreßel, Eckhard:
in: *Schwarze, Jürgen (Hrsg.)*, EU-Kommentar, 1. Auflage, Baden-Baden, 2000

Krimphove, Dieter:
Europäisches Arbeitsrecht, 2. Auflage, München, 2001

Kruttschnitt, Jörg A.:
Europa: Christentum im Vollzug – Eine theologische Analyse der Stellung der Evangelischen Kirche in Deutschland im Recht der Europäischen Gemeinschaft, Zugl., Diss., Univ., München, 1993

Kühling, Jürgen:
Arbeitskampf in der Diakonie, AuR 2001, S. 241 ff.

Kugelmann, Dieter:
Grundrechte in Europa – Parallele Geltung aufgrund ihrer Rechtsquellen, 1997

Kummer, Pierre M.:
Umsetzungsanforderungen der neuen arbeitsrechtlichen Antidiskriminierungsrichtlinie (2000/78/EG), Frankfurt am Main, (u. a.), 2003, Zugl., Diss., Univ., Bochum, 2003

Langenfeld, Christine/Zimmermann, Andreas:
Interdependenzen zwischen nationalem Verfassungsrecht, Europäischer Menschenrechtskonvention und Europäischem Gemeinschaftsrecht, ZaöRV 1992, S. 259 ff.

Langguth, Gerd:
Grundrechtsschutz und Politische Union, in: *Weidenfeld, Werner (Hrsg.)*, Der Schutz der Grundrechte in der Europäischen Gemeinschaft, Bonn, 1992, S. 14 – 17

Lecheler, Helmut:
Zum Bananenmarkt-Beschluss des BVerfG, NJW 2000, 3124, JuS 2001, S. 120 ff.

Lenaerts, Koen/Foubert, Petra:
Social Rights in the Case-Law of the European Court of Justice – The Impact of the Charter of Fundamental Rights of the European Union on Standing Case-Law, Legal Issues of Economic Integration 28 (2001), S. 267 ff.

ders.:
Fundamental rights in the European Union, E.L. Rev. 2000, S. 575 ff.

Lenz, Carl Otto:
Frauen im Dienst mit der Waffe – nationales Reservat oder europäische Gleichberechtigung? – Zum Urteil Kreil gegen Bundesrepublik Deutschland, ZRP 2000, S. 265 ff.

ders.:
Der europäische Grundrechtsstandard in der Rechtsprechung des Europäischen Gerichtshofs, EuGRZ 1993, S. 585 ff.

Lenz, Christofer:
Anmerkungen zum Urteil des EGMR im Fall Denise Matthews/United Kingdom vom 18. Februar 1999 (Application No 24833/94), EuGRZ 1999, S. 311 ff.

Lienbacher, Georg:
in: *Schwarze, Jürgen (Hrsg.)*, EU-Kommentar, 1. Auflage, Baden-Baden, 2000

Limbach, Jutta:
Das Bundesverfassungsgericht und der Grundrechtsschutz in Europa, NJW 2001, S. 2913 ff.

dies.:
Grundrechtsschutz in der Europäischen Union – Savigny-Vorlesung des Fachbereichs Rechtswissenschaften der Philipps-Universität Marburg, Band 1, 1. Auflage, Baden-Baden, 2001

Link, Christoph:
Staat und Kirche im Rahmen des europäischen Einigungsprozesses, ZevKR 42 (1997), S. 130 ff.

Lipp, Volker:
Europäische Justizreform, NJW 2001, S. 2657 ff.

Lücke, Jörg:
Zur Dogmatik der kollektiven Religionsfreiheit, EuGRZ 1995, S. 651 ff.

Mancini, Federico/ di Bucci, Vittorio:
Die Entwicklung der Grundrechte als Teil des Gemeinschaftsrechts, in: *Iliopoulos-Strangas, Julia (Hrsg.),* Grundrechtsschutz im europäischen Raum – Der Beitritt der Europäischen Gemeinschaften zur Europäischen Menschenrechtskonvention, 1. Auflage, Baden-Baden, 1993, S. 208 – 228

Mayer, Franz:
Grundrechtsschutz gegen europäische Rechtsakte durch das BVerfG: Zur Verfassungsmäßigkeit der Bananenmarktordnung, EuZW 2000, S. 685 ff.

McGregor, Gaile:
The International Covenant on Social, Economic, and Cultural Rights: Will It Get Its Day in Court?, Manitoba Law Journal 2002, S. 321 ff.

Moon, Gay/Allen, Robin:
Substantive Rights and Equal Treatment in Respect of Religion and Belief: Towards a better Understanding of the Rights and their Implications, E.H.R.L.R. 2000, S. 580 ff.

Mückl, Stefan:
Religions- und Weltanschauungsfreiheit im Europarecht, Schriften der Philosophisch-historischen Klasse der Heidelberger Akademie der Wissenschaften Band 24 (2002), Heidelberg, 2002

ders.:
Zulässigkeit des freiwilligen Dienstes von Frauen in der Bundeswehr – Kollision von nationalem Verfassungsrecht und europäischem Gemeinschaftsrecht, Jura 2000, S. 406 ff.

Müller-Volbehr, Gerd:
Europa und das Arbeitsrecht der Kirchen, Heidelberg, 1999, Zugl., Diss., Univ., Regensburg, 1998

Müller-Volbehr, Jörg:
Staatkirchenrecht an der Jahrtausendwende – Bestandsaufnahme und Ausblick, ZevKR 44 (1999), S. 385 ff.

Mummenhoff, Winfried:
Loyalität im kirchlichen Arbeitsverhältnis, NZA 1990, S. 585 ff.

Nettesheim, Martin:
Die Zulässigkeit von Verfassungsbeschwerden und Richtervorlagen nach Art. 23 GG, NVwZ 2002, S. 932 ff.

Neubeck, Xenia:
Die Europäische Sozialcharta und deren Protokolle – Einfluss und Bedeutung der sozialrechtlichen Bestimmungen der Europäischen Sozialcharta auf das deutsche Recht und auf das Recht der Europäischen Union, Frankfurt am Main (u. a.), 2002, Zugl., Diss., Univ., Frankfurt, (Main), 2001

Neureither, Georg:
Recht und Freiheit im Staatskirchenrecht – Das Selbstbestimmungsrecht der Religionsgemeinschaften als Grundlage des Systems der Bundesrepublik Deutschland, Berlin, 2002, Zugl., Diss., Univ., Jena, 2001

Nickel, Rainer:
Handlungsaufträge zur Bekämpfung von ethnischen Diskriminierungen in der neuen Gleichbehandlungsrichtlinie 2000/43/EG, NJW 2001, S. 2668 ff.

Nicolaysen, Gert/Nowak, Carsten:
Teilrückzug des BVerfG aus der Kontrolle der Rechtmäßigkeit gemeinschaftsrechtlicher Rechtsakte: Neuere Entwicklungen und Perspektiven, NJW 2001, S. 1233 ff.

Nolte, Achim:
Durchbruch auf dem Weg zu einem gleichwertigen staatlichen Rechtsschutz in „Kirchensachen"?!, NJW 2000, S. 1844 ff.

Notz, Konstantin von:
Lebensführungspflichten im evangelischen Kirchenrecht, Frankfurt am Main, 2003, Zugl., Diss., Univ., Heidelberg 2002

Novak, Meinhard:
Basic Principles in European Social Law derived from the Case-Law of the European Court of Justice, Rivista di diritti europeo 38 (1998), S. 255 ff.

Nowak, Carsten:
Nichterfüllung der Vorlagepflicht aus Art. 234 III EG als Verstoß gegen Art. 101 I 2 GG – Das Grundrecht auf den gesetzlichen Richter in Luxemburg, NVwZ 2002, S. 688 ff.

Nowak, Manfred:
The International Covenant on Civil and Political Rights, in: *Hanski, Raija/Suksi, Markku (Hrsg.),* An Introduction to the International Protection of Human Rights, A textbook, Turku (u . a.), 1997, S. 79 – 98

Pache, Eckhard:
Der Grundsatz der Verhältnismäßigkeit in der Rechtsprechung der Gerichte der Europäischen Gemeinschaften, NVwZ 1999, S. 1033 ff.

Paehlke-Gärtner, Cornelia:
Gerichtlicher Grundrechtsschutz gegen sekundäres Gemeinschaftsrecht – Umfang und Grenzen der Kooperation deutscher Gerichte mit dem Europäischen Gerichtshof, VBlBW 2000, S. 13 ff.

Pahlke, Armin:
Der „Dritte Weg" der Kirchen im Arbeitsrecht, NJW 1987, S. 350 ff.
Pernice, Ingolf: Religionsrechtliche Aspekte im Europäischen Gemeinschaftsrecht, JZ 1977, S. 777 ff.

Peukert, Wolfgang:
in: *Frowein, Jochen Abr./Peukert, Wolfgang (Hrsg.),* Europäische Menschenrechtskonvention, EMRK-Kommentar, 2. Auflage, Kehl (u. a.), 1996

Philippi, Nina:
Die Charta der Grundrechte der Europäischen Union – Entstehung, Inhalt und Konsequenzen für den Grundrechtsschutz in Europa, 1. Auflage, Baden-Baden, 2002

dies.:
Divergenzen im Grundrechtsschutz zwischen EuGH und EGMR, ZEuS 2000, S. 97 ff.

Pieper, Stefan Ulrich/Schollmeier, Andres/Krimphove, Dieter:
Europarecht – Das Casebook, 2. Auflage, Köln, (u. a.), 2000

Pieper, Stefan.:
Subsidiaritätsprinzip – Strukturprinzip der Europäischen Union, DVBl. 1993, S. 705 ff.

Pietsch, Jörg:
Die Grundrechtscharta im Verfassungskonvent, ZRP 2003, S. 1 ff.

Potz, Richard:
Der Status von Kirchen und Religionsgemeinschaften in den Mitgliedstaaten der Europäischen Union, in: *Müller-Graff, Peter-Christian/ Schneider, Heinrich (Hrsg.),* Kirchen und Religionsgemeinschaften in der Europäischen Union, 1. Auflage, Baden-Baden, 2003, S. 25 – 38

ders.:
Europas Seele? – Kirchen und Religionsgemeinschaften im europäischen Einigungsprozess, ÖARR 46 (1999), S. 6 ff.

Puttler, Adelheid:
in: *Calliess, Christian/Ruffert, Matthias (Hrsg.),* Kommentar zu EU-Vertrag und EG-Vertrag, 2. Auflage, Neuwied, Kriftel, 2002

Ranacher, Christian:
Die Bindung der Mitgliedstaaten an die Gemeinschaftsgrundrechte, Reichweite – Konsequenzen – Perspektiven, ZÖR 58 (2003), S. 21 ff.

Rebhahn, Robert:
in: *Schwarze, Jürgen (Hrsg.),* EU-Kommentar, 1. Auflage, Baden-Baden, 2000

Reichold, Hermann:
Europa und das deutsche kirchliche Arbeitsrecht – Auswirkungen der Antidiskriminierungsrichtlinie 2000/78/EG auf kirchliche Arbeitsverhältnisse, NZA 2001, S. 1054 ff.

Rengeling, Hans-Werner:
Grundrechtsschutz in der Europäischen Gemeinschaft – Bestandsaufnahme und Analyse des Europäischen Gerichtshofs zum Schutz der Grundrechte als allgemeine Rechtsgrundsätze, München, 1993

ders.:
Anmerkung zum Urteil des EuGH vom 27. Oktober 1976, Rs. 130/75, Slg. 1976, S. 1589 ff., DÖV 1977, S. 409 f.

Ress, Georg:
Die EMRK und das europäische Gemeinschaftsrecht – Überlegungen zu den Beziehungen zwischen den Europäischen Gemeinschaften und der Europäischen Menschenrechtskonvention, ZEuS 1999, S. 471 ff.

ders.:
Die neue Kulturkompetenz der EG, DÖV 1992, S. 944 ff.

Richardi, Reinhard:
Tarifvertrag mit Arbeitskampf oder „Dritter Weg" der Kirche?, NZA 2002, S. 929 ff.

ders.:
Staatlicher und kirchlicher Rechtsschutz für das Mitarbeitervertretungsrecht der Kirchen, NZA 2000, S. 1305 ff.

ders.:
Arbeitsrecht in der Kirche, Staatliches Arbeitsrecht und kirchliches Dienstrecht, 3. Auflage, München, 2000

ders.:
Arbeitsverhältnisse der Kirchenbediensteten, in: Münchener Handbuch Arbeitsrecht, Individualarbeitsrecht, Band 2, 2. Auflage, München, 2000, S. 1554 – 1634 (§ 192 – § 196)

ders.:
Das kollektive kirchliche Dienst- und Arbeitsrecht, in: *Listl, Joseph/ Pirson, Dietrich (Hrsg.),* Handbuch des Staatskirchenrechts der Bundesrepublik Deutschland, Band 2, 2. Auflage, 1995, S. 927 – 958 (§ 65)

ders.:
Das Selbstbestimmungsrecht der Kirchen im Arbeitsrecht, NZA 1986, Beil. 1, S. 4 ff.

Ritgen, Klaus:
Grundrechtsschutz in der Europäischen Union, ZRP 2000, S. 371 ff.

Robbers, Gerhard:
Religionsrechtliche Gehalte der Europäischen Grundrechtscharta, in: *Geis, Max-Emanuel/Lorenz, Dieter (Hrsg.),* Staat – Kirche – Verwaltung, Festschrift für Hartmut Maurer zum 70. Geburtstag, München, 2001, S. 425 – 432

ders. (Hrsg.):
Church Autonomy – A Comparative Survey, Frankfurt am Main (u. a.), 2001

ders.:
Religionsfreiheit in Europa, in: *Isensee, Josef/Rees, Wilhelm/Rüfner, Wolfgang (Hrsg.),* Dem Staate, was des Staates – der Kirche, was der Kirche ist, Festschrift für Joseph Listl zum 70. Geburtstag, Berlin, 1999, S. 201 – 214

ders.:
Das Verbot religiöser und weltanschaulicher Diskriminierung im Recht der Europäischen Union, KuR 1999, S. 87 ff.

ders.:
Europa und die Kirchen – Die Kirchenerklärung von Amsterdam, Stimmen der Zeit (216) 1998, S. 147 ff.

ders.:
Staat und Kirche in der Europäischen Union, in: *Robbers, Gerhard (Hrsg.),* Staat und Kirche in der Europäischen Union, 1. Auflage, Baden-Baden, 1995, S. 351 – 361

ders.:

Europarecht und Kirchen, in: *Listl, Joseph/Pirson, Dietrich (Hrsg.)*, Handbuch des Staatskirchenrechts der Bundesrepublik Deutschland, Band 1, 2. Auflage, 1994, S. 315 – 332

ders.:

Die Fortentwicklung des Europarechts und seine Auswirkungen auf die Beziehungen zwischen Staat und Kirche in der Bundesrepublik Deutschland, Essener Gespräche zum Thema Kirche und Staat 27 (1993), S. 81 ff.

Rodriguez Iglesias, Gil Carlos:

Zur Stellung der Europäischen Menschenrechtskonvention im europäischen Gemeinschaftsrecht, in: *Beyerlin, Ulrich/Bothe, Michael/Hofmann, Rainer/Petersmann, Ernst-Ulrich (Hrsg.)*, Recht zwischen Umbruch und Bewahrung, Völkerrecht – Europarecht – Staatsrecht, Festschrift für Rudolf Bernhardt, Berlin, Heidelberg (u. a.), 1995, S. 1269 – 1281

Rothley, Willi:

Die europäische Dimension der Grundrechte, in: *Weidenfeld, Werner (Hrsg.)*, Der Schutz der Grundrechte in der Europäischen Gemeinschaft, Bonn, 1992, S. 19 – 25

Rüfner, Wolfgang:

Das kirchlich rezipierte Dienstrecht der übrigen Bediensteten, Individualrechtliche Aspekte des kirchlichen Dienst- und Arbeitsrechts, in: *Listl, Joseph/Pirson, Dietrich (Hrsg.)*, Handbuch des Staatskichenrechts der Bundesrepublik Deutschland, Band 2, 2. Auflage, 1995, S. 877 – 900

Rüthers, Bernd:

Tendenzschutz und Kirchenautonomie im Arbeitsrecht, NJW 1978, S. 2066 ff.

Ruffert, Matthias:

Die Mitgliedstaaten der Europäischen Gemeinschaft als Verpflichtete der Gemeinschaftsgrundrechte, EuGRZ 1995, S. 518 ff.

Rupp, Hans Heinrich:

Bemerkungen zum europarechtlichen Schutz der „nationalen Identität" der EU-Mitgliedstaaten; in: *Arndt, Hans-Wolfgang/Knemeyer, Franz-Ludwig/Kugelmann, Dieter/Meng, Werner/Schweitzer, Michael (Hrsg.)*, Völkerrecht und deutsches Recht, Festschrift für Walter Rudolf zum 70. Geburtstag, München, 2001, S. 173 – 187

Samuel, Lenia:
Fundamental social rights – Case law of the European Social Charter, 2. Auflage, Strasbourg, 2002

Sander, Gerald:
Kooperation oder Konfrontation? – Das Verhältnis zwischen Europäischem Gerichtshof und Bundesverfassungsgericht, ThürVBl. 2001, S. 265 ff.

Schiek, Dagmar:
Gleichbehandlungsrichtlinien der EU – Umsetzung im deutschen Arbeitsrecht, NZA 2004, S. 873 ff.

dies.:
A New Framework on Equal Treatment of Persons in EC Law? Directives 2000/43/EC, 2000/78/EC and 2002/???/EC changing Directive 76/207/ EEC in context, European Law Journal 2002, S. 290 ff.

Schiller, Klaus-Volker:
Unterlassene Vorlagepflicht nach Art. 177 III EWGV an den EuGH als Verletzung des Anspruchs auf den gesetzlichen Richter, NJW 1983, S. 2736 ff.

Schilling, Theodor:
Bestand und allgemeine Lehren der bürgerschützenden allgemeinen Rechtsgrundsätze des Gemeinschaftsrechts, EuGRZ 2000, S. 3 ff.

Schliemann, Harald:
Europa und das deutsche kirchliche Arbeitsrecht – Kooperation oder Konfrontation?, NZA 2003, S. 407 ff.

ders.:
Das kirchliche Arbeitsrecht zwischen Grundgesetz und Gemeinschaftsrecht – Rechtslagen und Perspektiven, in: *Campenhausen, Axel Frhr. von (Hrsg.),* Deutsches Staatskirchenrecht zwischen Grundgesetz und EU-Gemeinschaft, 1. Auflage, Frankfurt am Main, 2003, S. 113 – 134

Schmid, Christoph:
Ein enttäuschender Rückzug – Anmerkungen zum „Bananenbeschluss" des BVerfG, NVwZ 2001, S. 249 ff.

Schmitz, Thomas:
Die EU-Grundrechtscharta aus grundrechtsdogmatischer und grundrechtstheoretischer Sicht, JZ 2001, S. 833 ff.

Scholz, Rupert:
Zur Europäischen Grundrechtscharta, in: *Geis, Max-Emanuel/Lorenz, Dieter (Hrsg.),* Staat, Kirche, Verwaltung, Festschrift für Hartmut Maurer zum 70. Geburtstag, München, 2001, S. 993 – 1004

Schwarze, Jürgen:
in: *ders. (Hrsg.),* EU-Kommentar, 1. Auflage, Baden-Baden, 2000

ders.:
Ist das Grundgesetz ein Hindernis auf dem Weg nach Europa?, JZ 1999, S. 637 ff.

Simma, Bruno:
Der Schutz wirtschaftlicher und sozialer Rechte durch die Vereinten Nationen, in: *Vassilouni, Stavròula (Hrsg.),* Aspects of the protection of individual and social rights, Athen, 1995, S. 75 – 89

Skidmore, Paul:
EC Framework Directive on Equal Treatment in Employment: Towards a Comprehensive Community Anti-Discrimination Policy? Council Directive 2000/78/EC of 27 November 2000 establishing a general framework for equal treatment in employment and occupation, Industrial Law Journal 2001, S. 126 ff.

Sparr, Jürgen:
in: *Schwarze, Jürgen (Hrsg.),* EU-Kommentar, 1. Auflage, Baden-Baden, 2000

Spengler, Erhard:
Die Rechtsprechung zum Arbeitsrecht in kirchlichen Angelegenheiten – insbesondere zur Loyalitätspflicht der kirchlichen Mitarbeiter, NZA 1987, S. 833 ff.

Stein, Thorsten:
Die Querschnittsklausel zwischen Maastricht und Karlsruhe, in: *Due, Ole/Lutter, Marcus/Schwarze, Jürgen (Hrsg.),* Festschrift für Ulrich Everling, Band II, 1. Auflage, Baden-Baden, 1995, S. 1439 – 1453

Steiner, Udo:
Staatliche und kirchliche Gerichtsbarkeit, NVwZ 1989, S. 410 ff.

Stotz, Rüdiger:
Europa und die Kirchen, EuZW 1998, S. 737

Strasser, Kyra:
Grundrechtsschutz in Europa und der Beitritt der Europäischen Gemeinschaften zur Europäischen Menschenrechtskonvention, Franfurt am Main, (u. a.), Zugl., Diss., Univ., Köln, 2001

Streinz, Rudolf:
Europarecht, 6. Auflage, Heidelberg, 2003

ders.:
Der Vertrag von Amsterdam – Einführung in die Reform des Unionsvertrags von Maastricht und erste Bewertung der Ergebnisse, EuZW 1998, S. 137 ff.

ders.:
Auswirkungen des Europarechts auf das deutsche Staatskirchenrecht, Essener Gespräche zum Thema Staat und Kirche 31 (1997), S. 53 ff.

Struck, Gerhard:
Entwicklung und Kritik des Arbeitsrechts im kirchlichen Bereich, NZA 1991, S. 249 ff.

Stumpf, Cordula:
in: *Schwarze, Jürgen (Hrsg.)*, EU-Kommentar, 1. Auflage, Baden-Baden, 2000

Szczekalla, Peter:
Anm. zu dem Urteil des EuGH vom 17. Februar 1998 – Rs. C-249/96 (Lisa Jaqueline Grant/South-West Trains Ltd.), EuZW 1998, S. 216 f.

Szyszcak, Erika:
Building a European Constitutional Order: Prospects for a General Nondiscrimination Standard, in: *Dashwood, Alan/O'Leary, Síofra (Hrsg.)*, The Principle of Equal Treatment in EC Law, London (u. a.), 1997, S. 35 – 58

Tempel, Heidrun:
The Relationship of Church and State – Legal Developments on the Level of the European Union, in: "New liberties " and church and state relationships in Europe, Milano, 1998, S. 445 – 460

Thüsing, Gregor:
Grundrechtsschutz und kirchliches Arbeitsrecht, RdA 2003, S. 210 ff.

ders.:
Das Arbeitsrecht in der Kirche – Ein Nachtrag zu den aktuellen Entwicklungen, NZA 2002, S. 306 ff.

ders.:
Der Fortschritt des Diskriminierungsschutzes im Europäischen Arbeitsrecht – Anmerkungen zu den Richtlinien 2000/43/EG und 2000/78/EG, ZfA 2001, S. 397 ff.

ders.:
Handlungsbedarf im Diskriminierungsrecht – Die Umsetzungserfordernisse auf Grund der Richtlinien 2000/78/EG und 2000/43/EG, NZA 2001, S. 1061 ff.

ders.:
Der Fortschritt des Diskriminierungsschutzes im europäischen Arbeitsrecht – Anmerkungen zu den Richtlinien 2000/43/EG und 2000/78/EG – ZfA 2001, S. 397 ff.

Torfs, Rik:
Die rechtliche Sonderstellung von Kirchen und religiösen Gemeinschaften im europäischen Kontext, ÖARR 46 (1999), S. 14 ff.

Tridimas, Takis:
The Application of the Principle of Equality to Community Measures, in: *Dashwood, Alan/O'Leary, Síofra (Hrsg.)*, The Principle of Equal Treatment in EC Law, London (u. a.), 1997, S. 241 – 242

Triebel, Matthias:
Religion und Religionsgesellschaften im künftigen Europäischen Verfassungsvertrag – Die Debatten des Europäischen Konvents, Nomo@non-Webdokument: http://www.nomokanon.de/abhandlungen/014.htm, Stand: 13. Februar 2004, 12.25 h CET

ders.:
Kirche und Religion in der Grundrechtscharta der EU, Webdokument: http://www.nomokanon.de/aufsaetze/006.htm, Stand: 13. Februar 2004, 12.24 h CET

Urlesberger, Franz:
Von Gleichen und Gleicheren – Zum Diskriminierungspaket“ der Gemeinschaft, ZAS 2001, S. 72 ff.

Vachek, Marcel:
Das Religionsrecht der Europäischen Union im Spannungsfeld zwischen mitgliedstaatlichen Kompetenzreservaten und Art. 9 EMRK, Frankfurt am Main, (u. a.), 2000, Zugl., Diss., Univ., Passau, 2000

Waas, Bernd:
Die neue EG-Richtlinie zum Verbot der Diskriminierung aus rassischen oder ethnischen Gründen im Arbeitsverhältnis, ZIP 2000, S. 2151 ff.

Waddington, Lisa:
Throwing some light on Article 13 EC Treaty, MJ 1999, S. 1 ff.

Wagner, Thorsten:
Funktion und praktische Auswirkungen der richterlichen Vorlagen an den Gerichtshof der Europäischen Gemeinschaften dargestellt an Beispielen aus der Rechtsprechung zur Anwendung und Auslegung der Richtlinie 77/187/EWG und deren Einfluss auf das deutsche Recht, Frankfurt am Main, (u. a.), 2001, Zugl., Diss., Univ., Mannheim, 2000/01

Waldhoff, Christian:
Kirchliche Selbstbestimmung und Europarecht, JZ 2003, S. 978 ff.

Wank, Rolf:
Die Auslegung von Gesetzen, 2. Auflage, Köln, 2001

Warnken, Petra:
Das Verhältnis der Europäischen Gemeinschaft zur Europäischen Menschenrechtskonvention, Hamburg, Zugl., Diss., Univ., Mainz, 2002

Weber, Herrmann:
Kontroverses zum Rechtsschutz durch staatliche Gerichte im kirchlichen Amtsrecht, NJW 2003, S. 2067 ff.

ders.:
Die karitative Tätigkeit der Kirchen zwischen Grundgesetz und Gemeinschaftsrecht – Rechtslagen und Perspektiven, in: *Campenhausen, Axel Frhr. von (Hrsg.)*, Deutsches Staatskirchenrecht zwischen Grundgesetz und EU-Gemeinschaftsrecht, 1. Auflage, Frankfurt am Main, 2003, S. 81 – 106

ders.:
Geltungsbereiche des primären und sekundären Europarechts für die Kirchen, ZevKR 47 (2002), S. 221 ff.

ders.:
Die individuelle und kollektive Religionsfreiheit im europäischen Recht einschließlich ihres Rechtsschutzes, ZevKR 47 (2002), S. 265 ff.

ders.:
Die individuelle und kollektive Religionsfreiheit im europäischen Recht, ÖARR 49 (2002), S. 1 ff.

ders.:
Die Religionsfreiheit im nationalen und internationalen Verständnis, ZevKR 45 (2000), S. 109 ff.

ders.:
Die rechtliche Stellung der christlichen Kirchen im modernen demokratischen Staat, ZevKR 1991, S. 253 ff.

ders.:
Staatliche und kirchliche Gerichtsbarkeit, NJW 1989, S. 2217 ff.

Wegener, Bernhard:
in: *Calliess, Christian/Ruffert, Matthias (Hrsg.)*, Kommentar zu EU-Vertrag und EG-Vertrag, 2. Auflage, Neuwied, Kriftel, 2002

Weiler, Joseph H. H./Lockhart, Nicolas J. S.:
„Taking rights seriously" seriously: The European Court and its fundamental rights jurisprudence – Part I, CML Rev. 1995, S. 51 ff.

dies.:
„Taking rights seriously" seriously: The European Court and its fundamental rights jurisprudence – Part II, CML Rev. 1995, S. 579 ff.

Weiler, Joseph H. H.:
The European Court at a Crossroads: Community Human Rights and Member State Action, in: *Capartorti, F./Ehlermann, C.-D./Frowein, J./ Jacobs, F./Joliet, R./Koopmans, T./Kovar, R. (Hrsg.),* Du droit international au droit de l'intégration, Liber Amicorum Pierre Pescatore, 1. Auflage, Baden-Baden, 1987, S. 821 – 842

Weiß, Wolfgang:
Die Europäische Menschenrechtskonvention, der Grundrechtsstandard in der EU und das EG-Kartellverfahren, EWS 1997, S. 253 ff.

Wemmer, Benedikt:
Die neuen Kulturklauseln des EG-Vertrags – Eine Analyse der Art. 128 EGV und Art. 92 Abs. 3 lit. d) EGV, Frankfurt am Main, 1996, Zugl., Diss., Univ., Heidelberg, 1995

Whittle Richard:
Disability Rights after Amsterdam – The Way Forward, E.H.R.L.R. 2000, S. 33 ff.

Wieland, Joachim:
Die verfassungsrechtliche Stellung der Kirche als Arbeitgeber, DB 1987, S. 1633 ff.

Wieshaider, Wolfgang:
Stellungnahmen von religiösen und weltanschaulichen Gemeinschaften zum Entwurf einer Grundrechtscharta der Europäischen Union, ÖARR 48 (2001), S. 78 ff.

Winkler, Sebastian:
Der EGMR zum innerstaatlich und gemeinschaftsrechtlich definierten Arzneimittelbegriff beim Apothekenmonopol, EuGRZ 1999, S. 181 ff.

Winter, Jörg:
Die Stellung der Kirchen und Religionsgemeinschaften zu den Grundwerten und Grundsätzen des Art. 6 EUV, in: *Müller-Graff, Peter-Christian/ Schneider, Heinrich (Hrsg.),* Kirchen und Religionsgemeinschaften in der Europäischen Union, 1. Auflage, Baden-Baden, 2003, S. 157 – 168

ders.:
Staatskirchenrecht der Bundesrepublik Deutschland, Eine Einführung mit kirchenrechtlichen Exkursen, Neuwied (u. a.), 2001

ders.:

Das Verhältnis von Staat und Kirche als Ausdruck der kulturellen Identität der Mitgliedstaaten der Europäischen Union, in: *Bohnert, Joachim (Hrsg.),* Verfassung – Philosophie – Kirche, Festschrift für Alexander Hollerbach zum 70. Geburtstag, Berlin, 2001, S. 893 – 905

ders.:

Das Verhältnis von Kirche und Staat als Ausdruck der kulturellen Identität der Mitgliedstaaten der Europäischen Union, in: *Juristische Fakultät der Universität Heidelberg (Hrsg.),* Kultur, Tradition, eigenes Kulturbewusstsein und Europäisches Gemeinschaftsrecht, Heidelberg, 1999, S. 13 – 26

Wolf, Joachim:

Vom Grundrechtsschutz „in Europa" zu allgemeinverbindlich geltenden europäischen Grundrechten – Wege der Grundrechtssicherung unterhalb der Ebene europäischer Verfassungsgebung, in: *Bröhmer, Jürgen (Hrsg.),* Der Grundrechtsschutz in Europa, 1. Auflage, Baden-Baden, 2002, S. 9 – 65

Wißmann, Hellmut:

Art. 234 EGV, in: *Dieterich, Thomas/Müller-Glöge, Rudi/Preis, Ulrich/ Schaub, Günter (Hrsg.)*, Erfurter Kommentar zum Arbeitsrecht, 4. Auflage, München, 2004

Zachert, Ulrich:

Auf dem Weg zu europäischen Arbeitnehmergrundrechten?, NZA 2000, S. 621 ff.

Zuleeg, Manfred:

Fällt die Wehrpflicht in Deutschland durch Richterspruch?, EuZW 2002, S. 545

ders.:

Zum Verhältnis nationaler und europäischer Grundrechte – Funktionen einer EU-Charta der Grundrechte, EuGRZ 2000, S. 511 ff.

ders.:

Der Inhalt des Art. 13 EGV in der Fassung des Vertrags von Amsterdam, in: *Europaforum Wien (Hrsg.),* Bekämpfung der Diskriminierungen: Orientierungen für die Zukunft, Wien, 1999, S. 104 – 106

ders.:
Der Schutz sozialer Rechte in der Rechtsordnung der Europäischen Gemeinschaft, EuGRZ 1992, S. 329 ff.

Schriften zum Staatskirchenrecht

Herausgegeben von Axel Frhr. von Campenhausen und Christoph Link

Band 1 Christoph Link: Staat und Kirche in der neueren deutschen Geschichte. Fünf Abhandlungen. 2000.

Band 2 Andreas Franitza: Der Allgemeine Hannoversche Klosterfonds und die Klosterkammer Hannover. Untersuchung zur rechtsgeschichtlichen Entwicklung. 2000.

Band 3 Reinald Willenberg: Rundfunk unter kirchlicher Trägerschaft. 2001.

Band 4 Martin Fischer: Kirchliche Beiträge im Fernsehen. Darstellung eines abgestuften Mitgestaltungsmodells kirchlicher Beteiligung im Fernsehen. 2001.

Band 5 Bernd Albrecht von Garmissen: Landwirtschaftliches Grundvermögen in kirchlicher Hand. Dargestellt am Beispiel der Evangelischen Kirche in Deutschland und unter besonderer Berücksichtigung der Evangelisch-Lutherischen Landeskirche Hannovers. 2001.

Band 6 Berend Lindner: Entstehung und Untergang von Körperschaften des öffentlichen Rechts. Unter besonderer Berücksichtigung der Religions- und Weltanschauungsgemeinschaften. 2002.

Band 7 Gesa Dirksen: Das deutsche Staatskirchenrecht - Freiheitsordnung oder Fehlentwicklung? 2003.

Band 8 Im Dienste der Sache. Liber amicorum für Joachim Gaertner. Herausgegeben von Ricarda Dill, Stephan Reimers, Christoph Thiele. 2003.

Band 9 Arnd Diringer: Scientology. Verbotsmöglichkeit einer verfassungsfeindlichen Bekenntnisgemeinschaft. 2003.

Band 10 Konstantin v. Notz: Lebensführungspflichten im evangelischen Kirchenrecht. 2003.

Band 11 Matthias Schwara: Die Heiliggeistkirche in Heidelberg im Wandel der Zeiten. Ein Beitrag zur Rechtsgeschichte Südwestdeutschlands. 2003.

Band 12 Axel Frhr. von Campenhausen (Hrsg.): Deutsches Staatskirchenrecht zwischen Grundgesetz und EU-Gemeinschaftsrecht. Symposion im Kirchenamt der Evangelischen Kirche in Deutschland am 25. und 26. April 2002 in Hannover. 2003.

Band 13 Thomas Bauer: Die GmbH als Rechtsform karitativer Einrichtungen der Kirche. 2003.

Band 14 Anne-Ruth Glawatz: Die Zuordnung privatrechtlich organisierter Diakonie zur evangelischen Kirche. Unter besonderer Berücksichtigung von unternehmerischen Umstrukturierungen in der Diakonie. 2003.

Band 15 Detlef Kehlen: Europäische Antidiskriminierung und kirchliches Selbstbestimmungsrecht. Zur Auslegung von Art. 13 EG und Art. 4 der Richtlinie 2000/78/EG. 2003.

Band 16 Andreas Grube: Der Sonntag und die kirchlichen Feiertage zwischen Gefährdung und Bewährung. Aspekte der feiertagsrechtlichen Entwicklung im 19. und 20. Jahrhundert. 2003.

Band 17 Burghard Winkel: Kirche und Vergaberecht. Der vergaberechtliche Status der evangelischen Landeskirchen in Deutschland. 2004.

Band 18 Suzanne Mann: Das Kopftuch der muslimischen Lehramtsanwärterin als Eignungsmangel im Beamtenrecht. 2004.

Band 19 Markus Ogorek: Geltung und Fortbestand der Verfassungsgarantie staatlichen Religionsunterrichts in den neuen Bundesländern. Ein Beitrag zur Lehre vom sogenannten Verfassungswandel. 2004.

Band 20 Steffen Rupp: Verwaltungsmodernisierung in der Kirche. Eine Untersuchung am Beispiel des Neuen Steuerungsmodells der Evangelischen Landeskirche in Baden. 2004.

Band 21 Gunter Barwig: Die Geltung der Grundrechte im kirchlichen Bereich. Eine Untersuchung zur Grundrechtsfähigkeit und Grundrechtsbindung der Religionsgemeinschaften. 2004.

Band 22 Andreas Kasper: Sozialsponsoring. Eine rechtliche Bewertung unter besonderer Berücksichtigung des Sponsorings kirchlicher Werke und Einrichtungen. 2004.

Band 23 Martin Rauhaus: Das kirchenrechtliche Gemeindeprinzip und seine Auswirkungen auf die kirchliche Verfassungsgestaltung. Dargestellt am Beispiel der Verfassung der evangelisch-reformierten Kirche. 2005.

Band 24 Heidi Reichegger: Die Auswirkungen der Richtlinie 2000/78/EG auf das kirchliche Arbeitsrecht unter Berücksichtigung von Gemeinschaftsgrundrechten als Auslegungsmaxime. 2005.

www.peterlang.de

FSC
www.fsc.org
MIX
Papier | Fördert
gute Waldnutzung
FSC® C083411

Kolibri 360 GmbH
Ferdinand-Jühlke-Straße 7
99095 Erfurt, Deutschland
produktsicherheit@kolibri360.de

Druck:
CPI Druckdienstleistungen GmbH
im Auftrag der
Kolibri 360 GmbH
Ferdinand-Jühlke-Str. 7
99095 Erfurt